Inhalt

Lernfeld 3: Kunden im Servicebereich Kasse betreuen

1 Die Dreisatzrechnung

Bei der Dreisatzrechnung ermittelt man aus mindestens drei bekannten Größen durch folgerichtiges Schließen (daher auch Schlussrechnung) die zu suchende Größe. Dieses Schließen geht in drei Denkschritten oder Sätzen (daher Dreisatz) vor sich.

1.1 Der einfache Dreisatz

Beim einfachen Dreisatz ist aus **drei bekannten** Größen die **vierte** zu errechnen.

1.1.1 Der einfache Dreisatz mit geradem Verhältnis

Bei einem **geraden Verhältnis** vermehren oder vermindern sich die Größen **im gleichen Verhältnis,** z. B. je mehr Ware, desto höher der Preis; je mehr Umsatz, desto höher die Umsatzprämie. Suchen Sie weitere gerade Verhältnisse.

Beispiel: 35 m eines Stoffes kosten 125,00 €. Wie viel Euro kosten 14 m?

Ansatz: 35 m – 125,00 € = Angabesatz
14 m – x € = Fragesatz

35 m kosten $= \mathbf{125{,}00}$ **€**

1 m kostet den 35. **Teil** $= \frac{125}{\mathbf{35}}$

14 m kosten 14-mal **mehr** $= \frac{125 \cdot \mathbf{14}}{35}$

Ergebnis: $\frac{\mathbf{125 \cdot 14}}{\mathbf{35}} = \underline{\underline{50{,}00\ €}}$

1. Angabesatz mit der gesuchten Größe an den Schluss.
2. Fragesatz mit gleichen Benennungen darunter.
3. Bruchstrich in drei Denkschritten aufstellen.
4. Ergebnis überschlagen; kürzen und ausrechnen.

1 a) 8 m kosten 16,00 €. Wie viel kosten 3 m?
b) 6 m kosten 15,00 €. Wie viel kosten 11 m?

2 a) 4 l kosten 0,68 €. Wie viel kosten 9 l?
b) 1 m kostet 11,20 €. Wie viel kosten 75 cm?

3 ¼ kg einer Ware kostet 0,90 €. Wie viel g erhält man für 18 Cent?

4 In unserem Supermarkt werden wöchentlich (6 Tage) durchschnittlich 744 Eier verkauft. Wie viele Tage würde ein Eiervorrat von 2 604 Stück reichen?

5 Eine Großpackung enthält 820 (1 115) Stück und kostet 98,40 € (112,60 €). Was kosten 10 (12, 15, 18, 21) Stück?

6 Aus 4¼ kg Garn stellt man in einer Textilfabrik 3¼ m Stoff her. Wie viel m Stoff lassen sich demnach aus 23¼ kg Garn herstellen?

7 Ein Verkäufer erhält bei einem Umsatz bestimmter Artikel von 5.640,00 € (8.120,00 €) eine Prämie von 168,00 € (284,20 €). Wie hoch würde seine Prämie bei einem Umsatz von 2.750,00 € (3.450,00 €) sein?

1.1.2 Der einfache Dreisatz mit ungeradem Verhältnis

Beim einfachen Dreisatz mit **ungeradem Verhältnis** verändern sich die Größen **gegensätzlich,** z. B. je mehr Arbeiter, desto weniger Arbeitstage; je breiter ein Stoff, desto weniger Länge ist erforderlich. Nennen Sie weitere ungerade Verhältnisse.

Beispiel: 8 Arbeiter vollenden eine Arbeit in 15 Arbeitstagen.
Wie lange brauchen 5 Arbeiter für die gleiche Arbeit?

Ansatz: 8 Arbeiter — 15 Arbeitstage = Angabesatz
5 Arbeiter — x Arbeitstage = Fragesatz

8 Arbeiter brauchen = **15** Tage

1 Arbeiter braucht 8-mal **mehr** = 15 · **8**

5 Arbeiter brauchen den **5. Teil** = $\frac{15 \cdot 8}{\mathbf{5}}$

Ergebnis: $\frac{\mathbf{15 \cdot 8}}{\mathbf{5}}$ = <u>24 Arbeitstage</u>

Für den Gang der Aufgabe gilt das Gleiche wie beim Dreisatz mit geradem Verhältnis (siehe Abschnitt 1.1.1).

8 Von einem 80 cm breiten Stoff braucht man für ein Kleid 4,55 m. Wie viel m sind nötig, wenn der Stoff 140 cm breit liegt?

9 Unsere Personalabteilung soll einen neuen Teppichboden erhalten. Bei einer Breite von 400 cm benötigen wir 30 laufende Meter. Wie viel laufende Meter sind nötig bei einer Breite von 500 cm?

10 Für einen Herrenanzug mit Weste sind 3,30 m Stoff bei einer Breite von 1,40 m erforderlich. Wie viel m Stoff sind für denselben Anzug nötig, wenn der Stoff 1,50 m breit liegt?

11 Der Lebensmittelvorrat der Kantine eines Kaufhauses reicht für 125 Personen 18 Tage. Wie viel Tage würden 80 (130) Personen damit auskommen?

12 Mit dem Bau eines Kundenparkplatzes haben 12 Arbeiter 16 Tage lang zu tun. In welcher Zeit ist die Arbeit zu erledigen, wenn von vornherein 6 Arbeiter mehr eingestellt werden?

13 Ein Reisender kommt bei einem Tagesverbrauch von 150,00 € mit dem ihm zur Verfügung stehenden Reisevorschuss 35 Tage aus. Wie lange könnte er fortbleiben, wenn er täglich nur 125,00 € ausgeben würde?

14 Ein Kunde tauscht Gläser um. Er hatte 12 Stück zu je 7,50 € gekauft. Dafür nimmt er solche zu je 9,00 €. Wie viel Gläser erhält er dafür?

15 Beim Kauf von 62,5 kg einer Ware entstehen 18,75 € Nebenkosten. Wie viel Euro betragen die Nebenkosten bei a) 19 kg; b) 71,915 kg?

16 In den Kellerräumen unseres Geschäftes brennen täglich 6 Leuchtstoffröhren von gleicher Brennstärke 6 Stunden lang. Wie viel Röhren könnten brennen, wenn die Brenndauer täglich um $1\frac{1}{2}$ Stunden verkürzt würde, der Stromverbrauch aber der gleiche bleiben soll?

1.2 Der zusammengesetzte Dreisatz

Beim zusammengesetzten Dreisatz ist aus **fünf oder mehr** Größen die unbekannte zu errechnen. Ein zusammengesetzter Dreisatz besteht **aus mehreren einfachen Dreisätzen mit geradem oder ungeradem Verhältnis.**

Beispiel: Bei der vorjährigen Inventur nahmen 7 Verkäuferinnen bei 8-stündiger Arbeitszeit 5 600 Artikel auf. In diesem Jahr hat sich die Zahl der Artikel auf 6 300 erhöht. Wie lange haben nun 9 Verkäuferinnen zu tun?

1. Dreisatz

2. Dreisatz

Ansatz:	7 Verkäuferinnen	–	5 600 Artikel	–	8 Stunden	=	Angabesatz
	9 Verkäuferinnen	–	6 300 Artikel	–	x Stunden	=	Fragesatz

7 Verkäuferinnen benötigen	=	**8** Stunden	ungerades Verhältnis
1 Verkäuferin benötigt 7-mal **mehr**	=	$8 \cdot \mathbf{7}$	
9 Verkäuferinnen benötigen den 9. **Teil**	=	$\frac{8 \cdot 7}{\mathbf{9}}$	
für 1 Artikel ist der 5 600. **Teil** erforderlich	=	$\frac{8 \cdot 7}{9 \cdot \mathbf{5\,600}}$	gerades Verhältnis
für 6 300 Artikel ist 6 300-mal **mehr** erforderlich	=	$\frac{8 \cdot 7 \cdot \mathbf{6\,300}}{9 \cdot 5\,600}$	

Ergebnis: $\frac{\mathbf{8 \cdot 7 \cdot 6\,300}}{\mathbf{9 \cdot 5\,600}} = \underline{\underline{7 \text{ Stunden}}}$

Die **einzelnen einfachen Dreisätze** sind **nacheinander** zu lösen. Für den Gang der Aufgabe gilt wieder das im Abschnitt 1.1.1 Gesagte.

---

1 Die Verkäufer einer Abteilung benötigen zum Aufbau einer Ladeneinrichtung, die aus 5 600 Teilen besteht, bei 8 Stunden täglicher Arbeit 7 Tage. Wie viele Stunden pro Tag müssen die Verkäufer arbeiten, wenn 6 000 Teile in nur 6 Tagen zusammengebaut werden sollen?

---

2 Ein Kartoffelvorrat von 117 kg reicht für eine Familie von 9 Personen 52 Tage. Wie viel Tage könnte eine 5-köpfige Familie bei gleichem Verbrauch mit einem Vorrat von 100 kg auskommen?

---

3 24 Energiesparlampen benötigen bei täglich 7-stündiger Brennzeit in 26 Tagen 176 kWh. Wie viel kWh werden demnach durch 20 Lampen in 42 Tagen bei täglich $5\frac{1}{2}$-stündiger Brennzeit verbraucht? Es werden nur Lampen gleicher Leistung verwendet.

---

4 15 Schichtarbeiter erhalten bei täglich 8-stündiger Arbeitszeit am Ende von vier Arbeitswochen zusammen 38.400,00 € Lohn ausgezahlt. Welchen Lohn würden bei gleichen Verhältnissen 12 Arbeiter erhalten, die ausnahmsweise täglich 9 Stunden arbeiten?

---

5 36 Abfüllautomaten erledigen eine Arbeit in 18 Tagen, wenn sie täglich 8 Stunden laufen. Wie viel Automaten müssten eingesetzt werden, wenn die Arbeit bereits in 10 Tagen fertig sein soll?

1.3 Wiederholungsaufgaben zur Dreisatzrechnung

1 Tassen werden je 12 Stück für a) 49,20 €, b) 56,40 € verkauft. Berechnen Sie den Preis für 3 bzw. 10 Stück jeder Sorte.

2 Für die Ausführung eines Bauvorhabens benötigen 6 Maurer bei täglich 8-stündiger Arbeit 38 Arbeitstage. Wie lange würden 4 Arbeiter bei täglich ausnahmsweise 9-stündiger Arbeit für das Bauvorhaben benötigen?

3 Eine elektronische Waage zeigt für 180 g Wurst einen Preis von 2,25 € an. Auf welchen kg-Preis ist die Waage eingestellt?

4 Ein Tank lässt sich durch 12 Pumpen in 18 Stunden und 20 Minuten füllen. Welche Arbeitszeit ist zu rechnen, wenn 2 Pumpen wegen Reparatur ausfallen?

5 4 Raumpflegerinnen benötigen für die Reinigung unserer renovierten Büroräume 2 Arbeitstage zu je 8 Stunden. Wie viel tägliche Arbeitsstunden wären erforderlich, wenn die Reinigung erst in 3 Tagen beendet zu sein braucht?

6 Wir kaufen in einem Spezialgeschäft für Glas- und Porzellanwaren 18 Gläser zum Preis von je 9,00 €. Wie viel Gläser würden wir beim Umtausch gegen Gläser zum Preis von je 8,10 € erhalten?

7 Das Büro unseres Filialleiters ist 6,40 m lang und 5,60 m breit. Das Auslegen des Raumes kostet 425,70 €. Wie viel Euro kostet das Auslegen mit der gleichen Ware für einen Raum, der 4,80 m lang und 3,60 m breit ist? Verschnitt nicht berücksichtigen.

8 6 Abfüllautomaten füllen bei täglich 8-stündiger Einsatzzeit in 15 Arbeitstagen 24000 Flaschen ab. Wie lange müssten sie eingesetzt werden, wenn täglich nur 6 Stunden für diese Arbeit zur Verfügung ständen?

9 Für 12 hochwertige Biergläser sind 70,80 € zu zahlen. Wie hoch ist der Preis für a) 40 Biergläser, b) 5 Biergläser?

10 3 Arbeiter brauchen für die Renovierung der Außenfassade 12 Arbeitstage zu je 8 Stunden. Um welche Stundenzahl würde sich die Arbeitszeit insgesamt verkürzen, wenn 5 Arbeiter die Arbeit zu erledigen hätten?

11 25 Gartenbauarbeiter bepflanzen bei täglich 8-stündiger Arbeitszeit in 6 Tagen 3 120 m^2 Parkfläche. In welcher Zeit könnten, gleiche Arbeitsleistung aller Arbeiter vorausgesetzt, 32 Arbeiter bei täglich 7-stündiger Arbeitszeit 4 200 m^2 Parkfläche bepflanzen?

12 1 m eines Stückes Halbleinen von 25 m Länge und 160 cm Breite kostet 18,00 €. Wie viel Euro kostet 1 Stück dieser Ware, das 72 m lang ist und 200 cm breit liegt?

13 Ein Kleincontainer Marmelade enthält 16 kg. Die Marmelade ist in Gläser von 450 g Inhalt zu füllen.

a) Wie viel Gläser lassen sich füllen?

b) Wie viel Gläser mit 250 g Inhalt wären zu füllen?

14 Aus $2^1/_4$ ($3^1/_2$) dt Weizen werden 154,350 (224,750) kg Mehl gewonnen. Wie viel Mehl erhält man aus $1^3/_4$ ($1^1/_2$, $4^3/_4$, $5^3/_{10}$) dt Weizen?

15 Mit der Weihnachtsdekoration in einem Kaufhaus sind 8 Schauwerbegestalter 9 Tage beschäftigt. Wie viel Aushilfskräfte müssen nach 3 Tagen herangezogen werden, wenn die Dekoration bereits innerhalb von 6 Tagen fertig sein soll?

16 Für einen Bauzaun werden 8 200 Bretter von je 20 cm Breite benötigt. Von dieser Breite kann die Holzhandlung jedoch nur 4 800 Bretter liefern. Wie viel Stück in einer Breite von 17 cm müssen als Ergänzung geliefert werden?

17 Ein elektrisches Klimagerät verbraucht in einer Stunde 2 000 W (Watt). Wie hoch ist der Verbrauch in a) $4^1/_2$ Stunden, b) 15 Minuten?

18 Ein Tiefkühlartikel mit 890 g Nettoinhalt kostet 6,76 €. Welcher kg-Preis muss angegeben werden?

19 Eine Pilzkonserve mit einem Nettogewicht von 385 g enthält eine Pilzeinwaage von 235 g. Wie hoch ist die Einwaage bei einer Dose mit 850 g Nettogewicht?

20 Der Transport eines Massengutes soll in 10 Tagen durchgeführt werden. Dazu sind 5 Lkws mit je 3 t Ladefähigkeit erforderlich, die täglich je 6 Fahrten absolvieren. Um den Transport in 9 Tagen erledigen zu können, werden Fahrzeuge mit 5 t Ladefähigkeit eingesetzt. Wie viele Fahrten müssen 4 Lkws täglich durchführen?

21 Für die Fahrt von Celle nach Lüneburg benötigt unser Vertreter bei einer Durchschnittsgeschwindigkeit von 75 km/h 72 Minuten.
Welche Durchschnittsgeschwindigkeit wäre erforderlich, um das Ziel in 60 Minuten zu erreichen?

22 Eine Sortieranlage leistet in 45 Minuten 6 750 Sortiervorgänge. In wie viel Minuten schafft sie 7 950?

23 Zur Erledigung eines Großauftrages sind 14 Arbeiter bei einer täglichen Arbeitszeit von 8 Stunden 3 Tage im Einsatz. Wie viele Arbeitskräfte können eingespart werden, wenn die tägliche Arbeitszeit auf 7 Stunden gesenkt wird, insgesamt aber 4 Tage zur Verfügung stehen?

24 650 m Stoff, 90 cm breit, wiegen 105 kg. Wie viel kg wiegen 450 m, 1,10 m breit?

25 Die Lieferung von 163,8 kg Südfrüchten verursacht 24,60 € Transportkosten. Wie hoch ist der Kostenanteil für 109,2 kg?

26 Der Verlust beim Auswiegen von Käse in unserer Frischabteilung beträgt auf 100 kg etwa 2,5 kg. Wie viel kg ist der Verlust beim Verkauf von 42,5 (61,4; 38,7) kg?

27 6,65 m Dekostoff kosten 39,90 €. Wie viel Euro sind danach für a) 5 m, b) 3,83 m zu zahlen?

28 Für das Befüllen der Regale in unserer neuen Filiale benötigen 6 Angestellte 16 Stunden. Wie lange brauchen 8 Angestellte?

2 Das Rechnen mit ausländischen Währungen

Manche Einzelhändler, besonders in grenznahen Gebieten, kaufen Waren aus dem Ausland oder verkaufen dorthin. Zahlreiche ausländische Touristen besuchen die Bundesrepublik Deutschland. Viele Deutsche verbringen ihren Urlaub im Ausland. In allen diesen Fällen ist eine Kenntnis der ausländischen Währungen sowie ihre Umrechnung in Euro und umgekehrt erforderlich.

Ausländische Zahlungsmittel, einschließlich der Guthaben bei ausländischen Banken sowie Wechsel und Schecks, die in fremder Währung ausgestellt und im Ausland fällig sind, heißen **Devisen.** Ausländisches Bargeld, d. h. Banknoten und Münzen, nennt man **Sorten.** Das Umrechnungsverhältnis, der Kurs, gibt an, welchen Betrag man in ausländischer Währung für einen bestimmten Betrag in inländischer Währung (im Euroraum → 1,00 €) bekommt.

1,00 EUR	=	**1,4720 USD**
Ein Euro	entspricht	**1,4720 US-Dollar.**

Mit der Einführung des Euro gibt es nur noch diese **Mengennotierung.**

Alle wichtigen Währungen der Welt sind nach dem Dezimalsystem aufgebaut, d. h., die Hauptwährung wird in 100 Einheiten unterteilt, z. B. 1,00 € = 100 Cent.

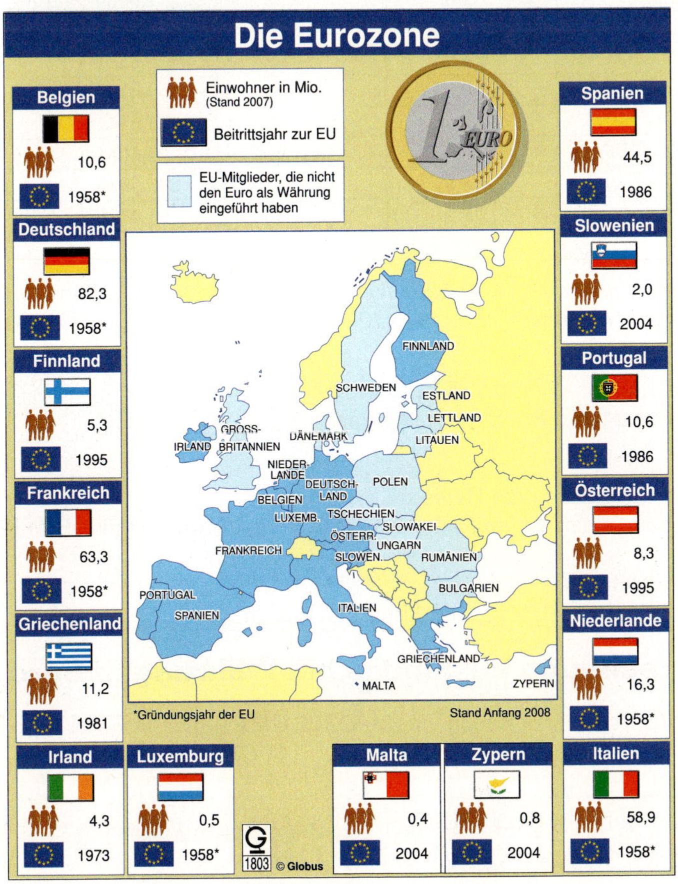

Für die Umrechnung bargeldloser Zahlung und den Umtausch von Banknoten werden unterschiedliche Kurse verwendet.

Sorten = Tausch von Banknoten		**Devisen** = bargeldloser Zahlungsverkehr	
Immer aus Sicht der Bank.			
Verkauf von Fremdwährung (= Ankauf von Euro) **= Geldkurs**	**Ankauf von Fremdwährung** (= Verkauf von Euro) **= Briefkurs**	**Verkauf von Fremdwährung** (= Ankauf von Euro) **= Geldkurs**	**Ankauf von Fremdwährung** (= Verkauf von Euro) **= Briefkurs**

Kurstabelle: 1,00 EUR entspricht … ausländischer Währung

		Sorten		**Devisen**	
		Geld (Verkauf)	**Brief (Ankauf)**	**Geld (Verkauf)**	**Brief (Ankauf)**
DKK	Dänemark	7,04	7,87	7,4378	7,4778
GBP	Großbritannien	0,77	0,85	0,8034	0,8074
JPY	Japan	153,85	172,41	159,6870	160,1670
CAD	Kanada	1,45	1,64	1,5375	1,5495
NZD	Neuseeland	1,85	2,38	2,0660	2,1077
NOK	Norwegen	7,46	8,55	7,9127	7,9607
PLN	Polen	3,04	3,68	3,3181	3,3516
SEK	Schweden	8,85	10,10	9,4195	9,4435
CHF	Schweiz	1,56	1,69	1,6141	1,6181
CZK	Tschechien	22,27	27,47	24,4035	24,8965
HUF	Ungarn	208,33	277,78	235,5933	240,3528
USD	USA	1,41	1,56	1,4688	1,4748

Lesebeispiel für USD (Sorten):

- ▶ *Für einen Euro bekommt man 1,41 USD (= Verkauf von USD aus Bankensicht).*
- ▶ *Um einen Euro zu bekommen, muss man 1,56 USD bezahlen (= Ankauf von USD aus Bankensicht).*

Der Briefkurs ist immer höher als der Geldkurs.
(Merkregel: Ein **Brief**kuvert ist **höher** als ein **Geld**schein.)

Lösungsschema:

1. Handelt es sich um Sorten oder Devisen?
2. Handelt es sich um einen Verkauf oder um einen Verkauf von Fremdwährung? (Aus Sicht der Bank.)
3. Geldkurs oder Briefkurs?
4. Kurs hinschreiben: 1,00 EUR = … ausländische Währung

2.1 Umrechnung ausländischer Währung in Euro

Beispiel: Aus der Schweiz beziehen wir für 322,82 CHF Butter. Wie viel Euro belastet die Bank für die Überweisung? Kurs 1,6141 CHF

Lösung: mit dem Dreisatz:

1,6141 CHF = 1,00 EUR
322,82 CHF = x EUR

$$\frac{1 \cdot 322{,}82}{1{,}6141} = 200{,}00 \text{ EUR}$$

668012

$$\text{Euro-Betrag} = \frac{\text{ausländischer Geldbetrag}}{\text{Kurs}}$$

Bei allen Aufgaben ist, soweit der Kurs nicht angegeben ist, die Kurstabelle zu beachten.

1 In unserer Filiale in Hamburg trifft eine Lieferung ungarischer Paprika im Wert von 141.355,98 HUF ein. Mit welchem Euro-Betrag belastet die Hausbank das Konto der Filialkette für die Überweisung?

2 Wir beziehen Handelswaren aus der Schweiz für 160.250,00 CHF. Aufgrund unserer Mängelrüge ermäßigt sich der Betrag, den wir überweisen, um 10 %. Wie viel Euro haben wir dadurch gespart?

3 Ein Einzelhändler tauscht bei seiner Bank bar um: 150,00 USD und 34.482,00 JPY in Euro. Außerdem reicht er einen Scheck über 309,90 CAD ein, den die Bank sofort auszahlt.Welchen Betrag in Euro zahlt ihm die Bank insgesamt aus?

4 Die Zentrale eines Lebensmitteldiscounters beauftragt ihre Bank, die Rechnung eines amerikanischen Lieferanten in Höhe von 12.356,00 USD zu überweisen. Der Kontostand betrug vor der Überweisung 8.512,31 EUR Guthaben. Über welchen Betrag kann der Discounter noch verfügen, wenn er das Konto nicht überziehen möchte?

5 Einem Fahrradeinzelhändler liegen für zehn Stück eines bestimmten Modells zwei Angebote aus dem Ausland vor: Der englische Großhändler bietet zu 258,00 GBP/Fahrrad + 50,00 GBP Transportkosten für die ganze Lieferung an. Der schwedische Anbieter will insgesamt 35.920,00 SEK inkl. Transport. Welches Angebot ist günstiger, wenn die Rechnung überwiesen werden soll?

6 Am Ende ihres Urlaubs in Dänemark bezahlt eine Auszubildendengruppe ihre Campingplatzrechnung. Jeder der acht Jugendlichen hatte schon 100,00 DKK angezahlt. Die Rechnung lautet insgesamt über 7.600,00 DKK. Die Azubis bezahlen 4.600,00 DKK. Den Rest bezahlt der Ausbildungsleiter mit der Girokarte. Wie viel Euro hat noch jeder Azubi zu zahlen, wenn der Ausbildungsleiter den Betrag zu Hause lt. Kontoauszug aufteilt?

7 Einem Einkäufer eines großen Lebensmitteldiscounters werden für eine Geschäftsreise nach Tschechien 2.000,00 CZK bar zur Verfügung gestellt.

a) Welchen Betrag belastete die Bank der Firma?
b) Wie lange reicht das Geld bei einem Tagesverbrauch von 400,00 CZK?
c) Welchen Betrag würde die Bank der Firma gutschreiben, falls der Einkäufer seine gesamten Ausgaben mit Kreditkarte bezahlt hätte und die 2.000,00 CZK wieder in Euro umtauscht? Wie hoch wäre der Gewinn der Bank?

2.2 Umrechnung von Euro in ausländische Währung

Beispiel: Für eine Geschäftsreise nach England benötigen wir GBP. Wie viel GBP erhalten wir für 3.000,00 EUR? Kurs 0,77 GBP

Lösung mit Dreisatz:

1,00 EUR = 0,77 GBP
3.000,00 EUR = x GBP

$$\frac{0{,}77 \cdot 3.000{,}00}{1} = 2.310{,}00 \text{ EUR}$$

$$\text{ausländischer Geldbetrag} = \text{Kurs} \cdot \text{Euro-Betrag}$$

$$\text{Kurs} = \frac{\text{ausländischer Geldbetrag}}{\text{Euro-Betrag}}$$

1 Der Spielwarenhändler Karl Bing OHG, Neumarkt in der Oberpfalz, bietet elektrische Modellautos , die jeweils 99,95 EUR kosten, im Ausland in der jeweiligen Währung an. Errechnen Sie den Preis
a) für die USA, b) für Kanada, c) für Neuseeland.

2 Ein Schmuckhändler aus Bern kauft beim Hersteller in Deutschland für 2.000,00 EUR Schmuckwaren. Wie viel CHF muss er überweisen, damit die Bank des Herstellers genau 2.000,00 EUR gutschreibt?

3 Zur Begleichung der Rechnung eines schwedischen Lieferanten lässt der deutsche Kunde die folgenden Euro-Beträge als Anzahlung überweisen: 1.250,00 EUR und 2.750,00 EUR. (Das Kreditinstitut überweist in SEK.)
Wie viel SEK müssen von der deutschen Bank noch überwiesen werden, wenn die Rechnung insgesamt über 47.678,00 SEK lautete?

4 Eine norwegische Filiale überweist vertragsgemäß eine Rechnung an die Zentrale in Deutschland. Die Abrechnung weist eine Gutschrift, nach Abzug von 10,00 EUR Gebühren, von 2.150,00 EUR aus. Über welchen Betrag in NOK lautete die Rechnung?

5 Zu welchen Kursen hat eine Bank die folgenden Umtauschgeschäfte vorgenommen?
a) Für 500,00 EUR werden 740,00 USD ausgezahlt.
b) Für 1.200,00 EUR werden 42.240,00 CZK ausgezahlt.
c) Für 7.963,44 PLN werden 2.400,00 EUR gutgeschrieben (Devisen).

6 Ein Einzelhandelskaufmann eines großen Sportgeschäfts möchte für eine Reise in die USA 2.000,00 EUR in USD umtauschen. Die Bank in Deutschland nennt ihm einen Kurs von 1,50 USD. In Amerika könnte er zu folgendem Kurs tauschen: 1 USD = 0,65 EUR. Wo sollte er wechseln?

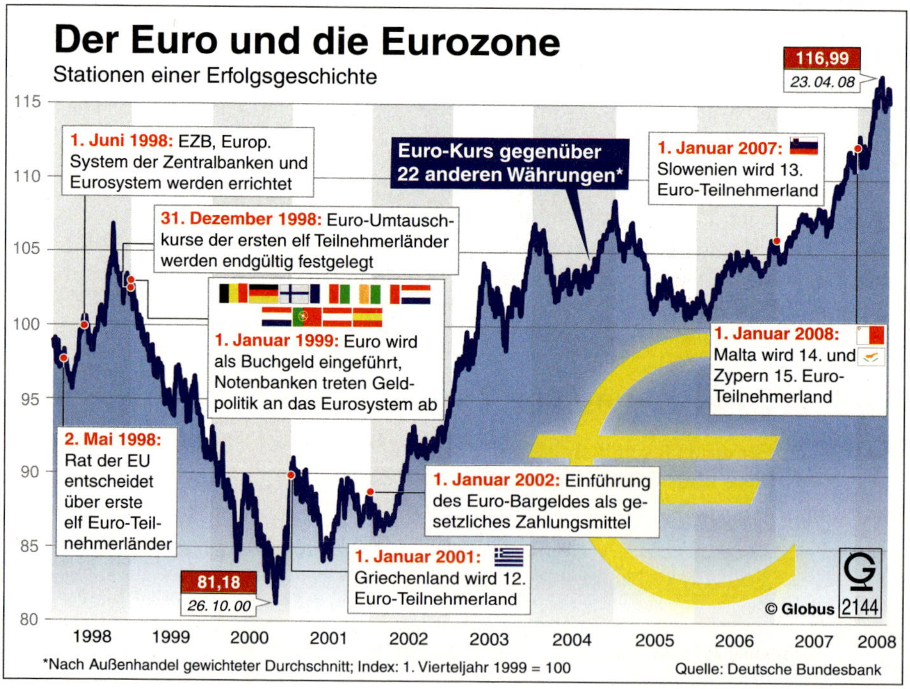

2.3 Vermischte Aufgaben

1 Ein Tourist aus Norwegen sieht im Schaufenster eines Lederwarengeschäfts in Köln einen Lederkoffer für 340,00 EUR. Wie viel NOK muss er bei der Bank auf der anderen Straßenseite umwechseln, wenn er genau 340,00 EUR bekommen will?

2 Ein Auszubildender, der in Dänemark Urlaub macht, besorgt sich mit seiner Girokarte an einem Geldautomaten in Lyngsa 2.500,00 DKK.
a) Mit welchem Betrag belastet seine Bank in Deutschland sein Konto? (Devisenkurs)
b) Zurück in Deutschland, tauscht er die restlichen 500,00 DKK bei seiner Bank in Euro um. Wie viel Euro bekommt er dafür?

3 Ein Japaner, der sich in Rothenburg aufhält, tauscht bei einer deutschen Bank 344.820,00 JPY in Euro um. Im Laufe einer Deutschlandrundreise gibt er 1.800,00 EUR aus. Den restlichen Euro-Bestand tauscht er am Rückreisetag wieder in JPY. Wie viel JPY hat er jetzt weniger im Geldbeutel?

4 Für einen deutschen Kunden bietet ein ausländischer Unterhaltungselektronikkonzer n die Möglichkeit, Rechnungen auch in anderen Währungen zu bezahlen. Es wurden 150 Handys bezogen. Entweder sollen 3.592.957,50 JPY oder 33.000,00 USD überwiesen werden. Welche Währung würden Sie wählen?

5 Ein Engländer kauft in einem Hamburger Bekleidungsgeschäft einen Anzug für 399,00 EUR. Außerdem bezahlt er noch ein Herrenhemd im Wert von 79,95 EUR. Welchen Betrag in GBP muss er bei Barzahlung an der Kasse bezahlen, wenn wir die GBP bei unserer Hausbank in Euro wechseln können?

6 Ein Weinimporteur aus Olpe bezieht aus Neuseeland 2100 Liter Wein. Er überweist dafür 13.015,80 NZD + 787,50 EUR Fracht. Was kostet eine 0,7-l-Flasche Wein im Verkauf, wenn er pro Flasche einen Gewinn von 0,50 EUR machen möchte?

7 Für eine Amerikareise gibt es für einen Einkäufer aus Weiden die Möglichkeit, Bargeld in Höhe von 3.000,00 EUR in Deutschland oder erst in Amerika in USD zu tauschen. Bei der amerikanischen Bank liest er auf der Homepage folgende Kursangabe: 1,00 USD = 0,70 EUR. Wo sollte er tauschen?

8 Der Inhaber eines Einzelhandelsgeschäfts am Flughafen Düsseldorf rechnet am Abend die Kasse ab. Dabei müssen folgende Währungen zu den Kursen berücksichtigt werden, zu denen die Hausbank abrechnet.
Bargeld: 250,00 USD, 1.200,00 NZD, 3.000,00 HUF.
Schecks: 500,00 GBP, 1.200,00 DKK.
Wie hoch ist die Gutschrift der Bank?

9 Welchem Kurs in Amerika (1,00 USD = ? EUR) entspricht eine Kursangabe in Bad Grönenbach von 1,00 EUR= 1,50 USD?

10 Ein Laptop kostet in Deutschland 799,00 EUR. Das gleiche Modell kostet in Großbritannien 629,00 GBP, in Amerika 1.099,00 USD jeweils inkl. Versand. Der Betrag soll überwiesen werden. Wo würden Sie einkaufen?

11 Ein Vertreter einer amerikanischen Firma möchte in einer Bank in Bremervörde 3.120,00 USD in GBP umtauschen. Wie viel GBP zahlt ihm die Bank aus?

3 Der Kettensatz

Der Kettensatz ist ein bequemes Rechenverfahren, um mehrere Dreisätze mit geraden Verhältnissen in einer Aufgabe zu lösen. Das gilt besonders für die Umrechnung ausländischer Geldsorten, Maße und Gewichte. Auch in der Prozentrechnung ist die Anwendung des Kettensatzes möglich.

Beispiel: Eine Handelskette in Hamburg bezieht aus Dänemark Kaffee, ½ kg zu 18,91 DKK. Gesucht ist der Preis für 250 g in Euro. Kurs 7,4365 DKK.

Lösung:

x EUR	250 g
1 000 g	1 kg
½ kg	18,91 DKK
7,4365 DKK	1,00 EUR

$$\frac{250 \cdot 1 \cdot 18{,}91 \cdot 1}{1\,000 \cdot 0{,}5 \cdot 7{,}4365} = 1{,}27 \text{ EUR}$$

1. Die Kette beginnt mit dem Fragesatz; dabei steht das Fragelied am Anfang.
2. Jede folgende Gleichung beginnt mit der Benennung, mit der die vorhergehende Gleichung schloss.
3. Die Kette ist geschlossen, wenn die letzte Gleichung mit der Benennung endet, nach der gefragt ist.
4. Die Kette ist als Bruch aufzufassen und nach links zu kippen, sodass die Zahlen der linken Seite den Nenner, die der rechten Seite den Zähler bilden.

1 Ein Exporteur aus Norwegen bietet uns 100 kg Lachs zu 10.400,00 NOK an. Wie viel Euro beträgt der Einkaufspreis für 125 g? (Kurs 8,2355 NOK)

2 Wie hoch ist der Meterpreis in Euro für folgende ausländische Stoffe? (Kurs 0,9383 USD) Faustregel: 11 m = 12 yards (yds)

a) 60 yds amerik. Viskose kosten 364,00 USD.

b) 24 yds amerik. Ballonseide kosten 291,00 USD.

3 Wir beziehen Butter aus Schweden. Die Rechnung über 2.373,56 SEK gilt für 90 kg. Gesucht ist der Preis in Euro für 250 g. (Kurs 8,9055 SEK)

4 Aus Aalborg in Dänemark wird uns Schmalz angeboten, und zwar sollen 50 kg 1.314,00 DKK kosten. Gesucht ist der Preis in Euro für 1 kg. (Kurs 7,4642 DKK)

5 Amerikanischer Speck wird zu 70,50 USD für 1 cwt angeboten. Berechnen Sie den Preis für 100 kg in Euro. (1 cwt = 50,8 kg) (Kurs 0,9383 USD)

6 Ein Exporteur aus der Schweiz bietet Schokolade an, und zwar zu 968,46 CHF für 100 kg. Wie viel Euro müssen wir für eine Sendung von 325 kg zahlen? (Kurs 1,6141 CHF)

7 Ein tschechischer Großhändler bietet an: 425 m Stoff zu 710,00 CZK für 10 m. Berechnen Sie den Preis für 30 m in USD, um einen Vergleich zu einem amerikanischen Anbieter zu haben, der für den gleichen Stoff 45,00 USD für 30 m verlangt. (Kurse 35,128 CZK, 0,9383 USD)

8 In London zahlt man für 16,50 m eines Stoffes 21,30 GBP. Wie teuer ist 1 m in Euro? (Kurs 0,63480 GBP)

9 Manchester sendet uns eine Rechnung über 11,66 GBP für 20 m. Wie hoch ist der Preis in Euro für ½ m? (Kurs 0,63480 GBP)

668016

4 Die Verteilungsrechnung

Die Verteilungsrechnung dient dazu, eine Gesamtmenge, z. B. Kosten, Prämien oder Gewinne, nach einem bestimmten Verteilungsschlüssel aufzuteilen.

Beispiel: Die Einzelhandelskaufleute Abel, Behr und Cordts sind an einem Unternehmen mit 32.000,00 €, 22.000,00 € und 16.000,00 € beteiligt. Der Reingewinn von 10.500,00 € ist im Verhältnis der Kapitaleinlagen zu verteilen. Wie viel Euro erhält jeder?

Lösung:

Bezeichnung	Verteilungsschlüssel	Teile	Anteile	Nebenrechnungen
Abel	32.000,00 →(1.)	16	4.800,00 ←(3.)	10.500,00 : 35 = 300,00
Behr	22.000,00 →(1.)	11	3.300,00 ←(3.)	300,00 · 16 = 4.800,00
Cordts	16.000,00 →(1.)	8	2.400,00 ←(3.)	300,00 · 11 = 3.300,00
	70.000,00	35 Teile 1 Teil	10.500,00 300,00	300,00 · 8 = 2.400,00

(2.: 35 Teile → Nebenrechnungen)

1. Die Schlüsselzahlen sind zur Vereinfachung zu kürzen, sodass möglichst kleine, aber ganze Zahlen als Teile entstehen.
2. Die Teile werden addiert und der Anteil für 1 Einheit berechnet.
3. Der Anteil, der auf 1 Einheit entfällt, wird mit den einzelnen Teilmengen multipliziert.

1 An einer Gesellschaft sind A mit 16.000,00 €, B mit 12.000,00 € und C mit 18.000,00 € beteiligt. Der Jahresreingewinn von 7.590,00 € ist im Verhältnis der Einlagen zu verteilen. Wie viel Euro erhält jeder?

2 Verteilen Sie den Reingewinn im Verhältnis der Kapitaleinlagen:

	A	B	C	Reingewinn
a)	15.000,00 €	9.000,00 €	12.600,00 €	7.930,00 €
b)	24.000,00 €	12.900,00 €	18.300,00 €	6.348,00 €
c)	23.460,00 €	19.800,00 €	21.600,00 €	16.755,50 €

3 In einem Kaufhaus sind fünf Abteilungen mit einer Verkaufsfläche von 625 m^2, 510 m^2, 475 m^2, 440 m^2 und 300 m^2. Die raumbedingten Jahreskosten belaufen sich auf 5.522,50 € und sind flächenmäßig auf die fünf Abteilungen umzulegen. Wie viel entfällt auf jede Abteilung?

4 Ein Einzelhandelsgeschäft bezieht drei Sorten einer Ware in einer gemeinsamen Sendung. Die Spesen für den Bezug belaufen sich auf 350,15 €.

Gewicht der Ware I: 345 kg, II: 225 kg, III: 175 kg.

Die Spesen sind nach dem Gewicht auf die drei Sorten Waren zu verteilen. Wie viel Euro Spesen entfallen somit auf jede Warensorte?

5 Bei einer gemeinsamen Lieferung für ein Bürgerfest sind A mit $\frac{1}{3}$, B mit $\frac{1}{4}$, C mit $\frac{1}{6}$ und D mit dem Rest beteiligt. Wie viel hat jeder von dem Reingewinn von 750,00 € zu beanspruchen, wenn dieser im Verhältnis der Beteiligung an die vier Lieferanten verteilt werden soll?

6 Ein Unternehmer hat für seine sechs Abteilungsleiterinnen anlässlich seines Geschäftsjubiläums 3.000,00 € als Gratifikation ausgesetzt. Die Abteilungsleiterinnen sind 4¾ Jahre, 6½ Jahre, 9¾ Jahre, 10½ Jahre, 13 Jahre und 18 Jahre bei ihm tätig und beziehen monatlich 2.430,00 €, 2.700,00 €, 2.790,00 €, 3.060,00 €, 3.330,00 €, 3.690,00 € Gehalt.
Wie viel erhält jede Abteilungsleiterin, wenn die Verteilung der Gratifikation
a) nach den Dienstjahren,
b) nach den Gehältern erfolgt?

7 Die vier Zweigstellen eines Lebensmittel-Einzelhandelsgeschäftes weisen die folgenden Monatsumsätze auf:
Zweigstelle 1: 26.400,00 €
Zweigstelle 2: 18.350,00 €
Zweigstelle 3: 30.750,00 €
Zweigstelle 4: 12.900,00 €

Die Betriebskosten des Unternehmens betragen 17.680,00 € und sind im Verhältnis der Umsätze auf die Zweigstellen zu verteilen.

8 Vier Einzelhandelskaufleute kaufen gemeinschaftlich Ware ein, und zwar:
A 380 kg zum Preis von 2,50 € je kg
B 630 kg zum Preis von 3,50 € je kg
C 320 kg zum Preis von 4,00 € je kg
D 270 kg zum Preis von 2,00 € je kg

Die gewichtsabhängigen Bezugskosten betragen 560,00 €, die wertabhängigen 398,00 €. Wie verteilen sich die Gesamtkosten auf die Sorten A bis D?

9 Die Kaufleute A, B und C gründen ein Einzelhandelsunternehmen, es werden von A 10.250,00 €, von B ¼ und von C ⅓ des Gesamtkapitals aufgebracht.
a) Wie hoch sind die Einlagen von B und C?
b) Wie erfolgt die Verteilung des Gewinns von 8.948,00 €, wenn A 500,00 € vorweg erhält und der Rest im Verhältnis der Kapitaleinlagen auf die drei Gesellschafter verteilt werden soll?

10 Ein Filialunternehmen kauft für seine fünf Zweigstellen insgesamt 3 850 Flaschen Wein. Die Transportkosten betragen 448,80 € und sind nach der Warenmenge zu verteilen. Filiale 1: 750 Flaschen; Filiale 2: 1 180 Flaschen; Filiale 3: 475 Flaschen; Filiale 4: 235 Flaschen; Filiale 5: den Rest.

11 Die Kosten für Werbung in einem Jahr betragen 24.400,00 € und sollen nach dem Umsatz der drei Zweigstellen umgelegt werden. Wie viel Euro sind das je Zweigstelle, wenn Zweigstelle A: 168.600,00 €; B: 224.800,00 €; C: 288.400,00 € Umsatz erzielte?

12 An einem Geschäft, das 25.320,00 € Gewinn erbrachte, waren A mit ¼, B mit ⅓, C mit ⅙ und D mit dem Rest beteiligt. Wie viel Euro Gewinn erhält jeder Teilhaber, wenn dieser nach den Einlagen verteilt wird?

13 Nach dem Jahresabschluss erhalten fünf Mitarbeiter Gewinnanteile wie folgt: A 20 %; B 25 % weniger als A; C so viel wie A und B gemeinsam; D die Hälfte von C; E den Rest von 482,00 €. Wie viel Euro wurden verteilt?

5 Die Durchschnitts- und Mischungsrechnung

5.1 Die Berechnung des einfachen Durchschnittswertes

Beispiel: In einem Geschäft werden von vier Verkäuferinnen unterschiedliche Umsätze erzielt. Errechnen Sie den durchschnittlichen Umsatz je Verkäuferin.

Lösung:

Verkäuferin A:	1.698,40 €
Verkäuferin B:	1.837,60 €
Verkäuferin C:	2.548,20 €
Verkäuferin D:	1.955,40 €
Gesamtwert =	8.039,60 € : 4

Einfacher Durchschnitt = 2.009,90 €

Die Summe der einzelnen Werte geteilt durch die Anzahl der Posten ergibt den einfachen Durchschnitt.

1 Die Kundenzahl an den einzelnen Tagen einer Woche betrug: Mo. 385, Di. 295, Mi. 210, Do. 215, Fr. 445, Sa. 430. Berechnen Sie den Durchschnitt je Wochentag.

2 Die Tageslosungen eines Gemüseeinzelhändlers betrugen in einer Woche:

	a)	b)		a)	b)
Mo.:	2.328,45 €	10.640,00 €	Do.:	1.059,34 €	12.489,30 €
Di.:	1.655,57 €	8.934,55 €	Fr.:	1.778,86 €	18.995,88 €
M.i:	1.236,28 €	9.424,67 €	Sa.:	2.014,53 €	22.165,95 €

Wie viel Euro beträgt die tägliche Einnahme im Durchschnitt?

3 Wie hoch war der durchschnittliche Lagerbestand?

	a)	b)	c)	d)
1. Jan.	1 598,50 m	5 713,6 kg	1 027,75 hl	958,75 m
28. Febr.	3 482,75 m	3 922,75 kg	938,20 hl	2 126,25 m
30. April	4 962,30 m	8 846,125 kg	662,70 hl	2 985,60 m
30. Juni	4 431,30 m	6 692,625 kg	2 076,25 hl	1 428,70 m
31. Aug.	2 874,60 m	8 212,875 kg	1 289,10 hl	3 396,75 m
31. Okt.	5 377,90 m	7 289,5 kg	3 826,90 hl	2 055,20 m
31. Dez.	908,25 m	3 186,125 kg	514,50 hl	735,25 m

4 Einem Kaufhaus sind im abgelaufenen Jahr durch die firmeneigene Warenzustellung an die Kunden folgende Kosten entstanden:

Vierteljahr	Abteilung I	Abteilung II	Abteilung III	Abteilung IV
1.	947,60 €	426,50 €	1.055,30 €	822,20 €
2.	458,50 €	297,70 €	773,50 €	589,60 €
3.	662,40 €	395,50 €	928,40 €	813,40 €
4.	1.428,10 €	736,40 €	1.285,50 €	1.189,90 €

Berechnen Sie die durchschnittlichen Kosten im Vierteljahr

a) je Abteilung,

b) für das gesamte Kaufhaus.

5.2 Die Berechnung des gewogenen Durchschnittswertes

Beispiel: Es werden 4 l Farbe zu 10,50 € je Liter und 3 l Farbe zu 12,00 € je Liter und 2 l Farbe zu 15,00 € je Liter gemischt. Wie viel kostet 1 l der Farbmischung?

Lösung:

Gesamtmenge		Gesamtwert	
4 l zu je 10,50 €	=	42,00 €	
3 l zu je 12,00 €	=	36,00 €	
2 l zu je 15,00 €	=	30,00 €	
9 l Mischung	=	108,00 €	(108,00 : 9 = 12,00)
1 l Mischung	=	12,00 €	

Gesamtwert : Gesamtmenge = gewogener Durchschnitt.

1 Wie hoch ist der Durchschnittswert, wenn gemischt werden:

a) 25 kg je 3,00 €
10 kg je 4,00 €
5 kg je 4,80 €

b) 14 kg je 2,50 €
8 kg je 3,20 €
3 kg je 4,80 €

c) 48 kg je 0,95 €
27 kg je 1,20 €
15 kg je 2,80 € ?

2 Zwei Teemischungen werden hergestellt:

a) 12 kg zu 54,00 € je kg
15 kg zu 57,00 € je kg
9 kg zu 60,00 € je kg

b) 4,5 kg zu 25,50 € je ½ kg
9,0 kg zu 30,00 € je ½ kg
2,5 kg zu 33,00 € je ½ kg

Wie viel Euro kosten Packungen zu 125 g, 100 g, 1/16 kg, 50 g, 10 g?

3 Aus verschiedenen Nusssorten soll eine Mischung hergestellt werden:

a) 6 kg Sorte I zu 9,00 € je kg und 8 kg Sorte II zu 3,80 € je ½ kg
b) 6 kg Sorte I zu 10,40 € je kg und 9 kg Sorte II zu 4,60 € je ½ kg
c) 16 kg Sorte I zu 15,60 € je kg und 24 kg Sorte II zu 4,80 € je ½ kg

Wie viel Euro kostet ½ kg der Mischung?
Wie viel Packungen zu 250 g und 100 g können abgepackt werden?

4 Ein Kunde bestellt 120 l Tafelwein, je hl 240,00 €. Als 1. Sorten kommen für den Verschnitt infrage:

a) 75 l (85 l) Wein zu 2,00 € (1,90; 2,10; 2,25 €) je l
b) 50 l (60 l) Wein zu 3,80 € (3,70; 3,85; 3,95 €) je l

Berechnen Sie Menge und Wert der 2. Sorte. Wie viel 1-l-Flaschen (0,7-l-Flaschen) können abgefüllt werden und wie teuer ist eine Flasche?

5 Für die Herstellung von Garnen, die 70 % (80 %) Synthetik und 30 % (20 %) Naturseide enthalten und 8,00 € (8,50 €) je kg kosten, wird ein Restposten von 105 kg (165,8 kg) Naturseide, je kg 6,00 € (7,00 €), verwertet.

a) Wie viel kg Garn werden hergestellt?
b) Wie viel kg Synthetik werden benötigt?
c) Was kostet 1 kg des verarbeiteten Synthetik?

5.3 Die Berechnung des Mischungsverhältnisses

Bei den folgenden Aufgaben steht der Mischungswert fest. Zwei oder mehr Waren sollen so gemischt werden, dass die Mischung zum festgelegten **Mischungswert** verkauft werden kann. Dazu muss das **Mischungsverhältnis,** d. h. der Mengenanteil der zur Verfügung stehenden Sorten, errechnet werden.

Die Mischung besteht aus zwei Sorten ohne besondere Mengenangabe

Beispiel: Eine Bonbonmischung zum Preis von 4,80 € je **kg** soll aus zwei Sorten zum Preis von 2,75 € und 1,90 € je ½ **kg** hergestellt werden. In welchem Verhältnis müssen beide Sorten gemischt werden?

Lösung:

1. Sorte:	5,50 € – 70 oder 7	↗	**10** Teile	Verhältnis:
Mischung:	4,80 €	✕		10 : 7
2. Sorte:	3,80 € + 100 oder 10	↘	**7** Teile	

Probe:

10 Teile	=	10 kg zu 5,50 €	=	55,00 €	
7 Teile	=	7 kg zu 3,80 €	=	26,60 €	**Vergessen Sie nie**
17 Teile	=	17 kg Mischung	=	81,60 €	**die Probe.**
1 Teil	=	1 kg Mischung	=	4,80 €	

Vor Beginn der Lösung sind gegebenenfalls Mischung und Sorten auf **ein gleiches Maß oder Gewicht** zu bringen.

Wird die erste Sorte zum vorgeschriebenen Mischungspreis verkauft, so ergibt das einen Verlust von 0,70 € je Einheit, während beim Verkauf der zweiten Sorte ein Gewinn von 1,00 € je Einheit erzielt würde. Der Verlust auf der einen Seite muss stets durch einen entsprechend hohen Gewinn auf der anderen Seite ausgeglichen werden. Im Beispiel wird der Verlust der **ersten** Sorte bei 10 Einheiten oder 10 kg durch 7 Einheiten oder 7 kg der **zweiten** Sorte ausgeglichen. Daraus ergibt sich das Mischungsverhältnis 10 : 7, wenn **„über Kreuz"** gemischt wird.

Die Mischung besteht aus zwei Sorten mit besonderer Mengenangabe

Beispiel: Aus zwei Sorten Pralinen zu 32,50 € und 21,50 € je kg stellen wir eine Mischung zum Preis von 14,00 € je ½ kg her.

a) In welchem Verhältnis müssen wir beide Sorten mischen?

b) Wie viel kg der ersten Sorte sind mit 40,5 kg der 2. Sorte zu mischen?

Lösung: *zu a)*

1. Sorte:	32,50 € – 450 oder 9	↗	**13** Teile	Verhältnis:
Mischung:	28,00 €	✕		13 : 9
2. Sorte:	21,50 € + 650 oder 13	↘	**9** Teile	

zu b)

Auf die 2. Sorte entfallen 9 Teile	=	40,5 kg
Somit beträgt 1 Teil 1/9 der Menge	=	4,5 kg
Dann sind 13 Teile der 1. Sorte	=	58,5 kg

Probe:				
58,5 kg der 1. Sorte	je 32,50 €	=	1.901,25 €	**Vergessen Sie nie die Probe.**
40,5 kg der 2. Sorte	je 21,50 €	=	870,75 €	
99 kg Mischung	je 28,00 €	=	2.772,00 €	
1 kg Mischung		=	28,00 €	

Bei Warenmischungen mit **Mengenangabe für eine Sorte** muss zunächst das Mischungsverhältnis gesucht werden. Die für diese Sorte ermittelten Mischungsanteile werden der bekannten Warenmenge gleichgesetzt. Dann errechnet man die auf **einen** Mischungsanteil entfallende Menge, um dadurch wiederum die Warenmenge für die andere Sorte zu finden.

1 Zwei Sorten Trockenobst werden gemischt. In welchem Verhältnis geschieht das?

	a)	b)	c)
I. Sorte:	1,80 €	2,50 €	3,28 € je 1/4 kg
II. Sorte:	1,40 €	1,60 €	2,44 € je 1/4 kg
Mischungspreis:	1,50 €	1,75 €	2,80 € je 1/4 kg

2 Für eine Keksmischung verwenden wir die folgenden Sorten. Wie ist das Mischungsverhältnis?

	a)	b)	c)
Sorte A:	2,25 € je 1/2 kg	0,96 € je 100 g	2,75 € je 1/4 kg
Sorte B:	1,70 € je 1/2 kg	0,48 € je 1/8 kg	0,85 € je 125 g
Neue Mischung:	0,96 € je 1/4 kg	2,10 € je 1/2 kg	0,78 € je 100 g

3 Wie viel Stück einer zweiten Warensorte sind erforderlich, um den gewünschten Mischungspreis zu erzielen?

	1. Sorte	2. Sorte	Mischungspreis
a)	80 St. zu 0,96 € (75 St. zu 1,14 €)	0,48 (0,72) €	0,80 (0,90) €
b)	26 St. zu 1,90 € (39 St. zu 1,75 €)	1,44 (1,35) €	1,70 (1,48) €
c)	108 St. zu 2,88 € (45 St. zu 2,36 €)	1,68 (1,88) €	2,16 (1,98) €

4 Zwei Pralinensorten sollen gemischt werden.

	Warensorte I	Warensorte II	Mischung
a)	100 g kosten 3,00 €	16,8 kg zu 23,20 € je kg	125 g kosten 3,60 €
b)	250 g kosten 7,25 €	36,150 kg zu 24,60 € je kg	1/8 kg kostet 3,25 €
c)	1/10 kg kostet 2,40 €	27,3 kg zu 20,80 € je kg	50 g kosten 1,13 €

Berechnen Sie das Mischungsverhältnis und die Menge der ersten Sorte. Wie viel Beutel je 50 g können abgefüllt werden?

5 Zur Füllung von Oberbetten verwenden wir:

2,5 kg Daunen	je kg 88,00 € (120,00 €)
5,5 kg Halbdaunen	je kg 72,00 € (68,00 €)
7 kg gerissene Federn	je kg 40,00 € (46,00 €)

Wie teuer ist eine Füllung, für die 2,250 kg verwendet werden?

6 Für eine Bonbonmischung nehmen wir zwei Sorten. Der Mischungspreis je 100 g soll 0,88 € betragen. Wie ist das Mischungsverhältnis, wenn Sorte I 9,80 € je kg und Sorte II 7,00 € je kg kosten?

6 Wiederholungsaufgaben zu den Abschnitten 1–5

1 4 Verkäuferinnen erhalten bei einer täglichen Arbeitszeit von 8 Stunden einen Wochenlohn von 1.600,00 €. Welcher Wochenlohn wäre an 18 Verkäuferinnen bei täglich 7½-stündiger Arbeitszeit zu zahlen?

---

2 Ein Posten Trockenobst wird aus folgenden Sorten gemischt:

10 kg Birnen je ½ kg	= 5,70 €	20 kg Apfelringe je ⅛ kg	= 2,10 €
6 kg Pfirsiche je ¼ kg	= 2,40 €	60 kg Pflaumen je ½ kg	= 3,60 €
4 kg Aprikosen je 125 g	= 1,65 €	Was kostet 1 Beutel zu 250 g?	

---

3 Von einem Stoff in 1,40 m Breite fertigen 12 Webautomaten täglich 4 800 m. Wie viel Meter dieser Ware in 1,60 m Breite können 20 Automaten herstellen?

---

4 Ein Hotel bestellt bei uns 75 kg (65 kg) einer Teemischung zu 17,00 € (14,00 €) je ½ kg. Wir haben jedoch nur 2 Sorten zu 10,25 € (8,80 €) und zu 7,75 € (6,40 €) je ¼ kg am Lager, die wir mischen.

Berechnen Sie:

a) das Mischungsverhältnis,
b) die Menge jeder Sorte in kg,
c) die Anzahl der Beutel mit je ⅛ kg Tee und deren Einzelpreis.

---

5 Im Zahlenlotto gewinnen 5 Spieler 4.238,00 €. Wie viel erhält jeder Spieler, wenn A 0,75 €, B 1,75 €, C 0,50 €, D 1,25 € und E 1,05 € als Einsatz zahlten?

---

6 Weintrauben kosten an sechs Tagen einer Woche 2,25; 1,98; 1,88; 1,95; 2,15; 2,20 € je kg. Wie hoch ist der Durchschnittspreis je ½ kg?

---

7 Folgende Rohkaffeesorten werden geröstet und gemischt (beim Rösten verliert Rohkaffee ⅕ des Gewichtes):

625 kg (375; 445 kg) zu 11,00 € (12,00; 12,80; 13,38 €) je kg
128 kg (136; 215 kg) zu 12,00 € (12,50; 13,75; 13,88 €) je kg
72kg (96; 125 kg) zu 13,75 € (14,00; 14,18; 14,40 €) je kg

a) Wie viel Euro kostet ½ kg Rohkaffee jeder Mischung im Durchschnitt?
b) Was kostet demnach ½ kg der neuen Mischung im Verkauf?

---

8 Es ist eine Federnmischung für Kopfkissen zu 32,00 € je kg herzustellen mit 2,8 kg Federn zu 13,00 € je ½ kg und einem Rest Federn zu 17,00 € je ½ kg.

Berechnen Sie:

a) die Menge der 2. Sorte in kg, b) die Anzahl der Kissenfüllungen je 950 g.

---

9 Unsere Einkaufsabteilung ist 45 m lang und 14½ m breit. Die Auslegung des Bodens kostet 4.240,00 €. Wie hoch wären die Kosten für den gleichen Bodenbelag bei einer Raumgröße von 45 m x 15 m?

---

10 Für eine Mischung zu 4,75 € je 250 g werden verwendet: Sorte I 2,25 € je 100 g und Sorte II 18,00 € je 1 kg. Wie viel kg der Sorte I sind erforderlich, wenn von der Sorte II nur 49 kg zur Verfügung stehen?

7 Die Prozentrechnung

Einführung in die Prozentrechnung

Die Prozentrechnung hat für den Kaufmann eine sehr große Bedeutung. Viele Größen werden in Prozenten angegeben, z. B. Skonto, Rabatt, Kosten- und Gewinnanteile, Preisaufschläge, Umsatzsteuer. Außerdem ist die Prozentrechnung die Grundlage für andere Rechenarten, die später behandelt werden. Es ist also unbedingt erforderlich, sich mit dieser Rechenart besonders gut vertraut zu machen.

Worin liegt die Aufgabe der Prozentrechnung? Nehmen wir an, wir bekommen beim Kauf eines Anzuges zum Preis von 250,00 € einen Nachlass von 25,00 €, beim Kauf eines Pullovers zum Preis von 120,00 € einen Nachlass von 15,00 €. Auf den ersten Blick ist der Nachlass beim Kauf des Anzugs günstiger, da er mit 25,00 € höher ist als die 15,00 € beim Kauf des Pullovers. Dabei wird aber nicht berücksichtigt, dass beide Artikel einen unterschiedlichen Preis haben, die Nachlässe also nicht ohne Weiteres vergleichbar sind. Die Prozentrechnung hat nun die Aufgabe, eine echte Vergleichsmöglichkeit herzustellen, indem sie die unterschiedlichen Ausgangszahlen, in unserem Fall die Preise, auf eine einheitliche Größe bezieht. Diese Bezugsgröße ist die Zahl 100. Damit lässt sich auch die Bezeichnung „Prozentrechnung“ erklären, denn Prozent (lat. = pro centum) bedeutet „vom Hundert“. Die Schreibweise lautet % oder v. H.

Wollen wir die Nachlässe vergleichbar machen, indem wir sie auf die Zahl 100 beziehen, so ergeben sich folgende Rechnungen:

Anzug

x € Nachlass	100,00 € Preis
250,00 € Preis	25,00 € Nachlass

$$\frac{100{,}00 \cdot 25{,}00}{250{,}00} = \underline{\underline{10{,}00\ €}} \text{ Nachlass}$$

oder 10 von 100,00 €
oder 10 %

Pullover

x € Nachlass	100,00 € Preis
120,00 € Preis	15,00 € Nachlass

$$\frac{100{,}00 \cdot 15{,}00}{120{,}00} = \underline{\underline{12{,}50\ €}} \text{ Nachlass}$$

oder 12½ von 100,00 €
oder 12½ %

Im prozentualen Vergleich ist also der Nachlass vom Pullover günstiger.

Für die in den Beispielen vorkommenden Größen gelten die Bezeichnungen:

10 %	von 250,00 €	=	25,00 €
12½ %	von 120,00 €	=	15,00 €
↓	↓		↓
Prozentsatz (p)	**Grundwert (g)**		**Prozentwert (w)**

1. In der Prozentrechnung kennen wir außer der Bezugsgröße 100 drei Größen: Prozentsatz, Grundwert und Prozentwert. Zwei davon müssen bekannt sein, um die dritte mithilfe des Ketten- oder des Dreisatzes berechnen zu können.
2. Bei besonders kleinen Prozentsätzen wird die Bezugszahl 1 000 verwendet. Für die Rechnung „vom Tausend“ (‰, v. T.), die Promillerechnung, gelten die Regeln der Prozentrechnung entsprechend.

668024

7.1 Die Berechnung des Prozentwertes

Bekannt sind: der **Grundwert** und der **Prozentsatz.**

Beispiel: Eine Lieferantenrechnung über 250,00 € wird um 2 % Skonto gekürzt. Um wie viel Euro vermindert sich der Rechnungsbetrag und wie hoch ist die Zahlung?

Lösung:

x €	2 %
100 %	250,00 €

$$\frac{2 \cdot 250{,}00}{100} = \underline{\underline{5{,}00\ €}}\ \text{Skonto}$$

Rechnungsbetrag	250,00 €
– 2 % Skonto	5,00 €
Zahlung	245,00 €

$$\text{Prozentwert (w)} = \frac{\text{Grundwert} \cdot \text{Prozentsatz}}{100}$$

$$w = \frac{g \cdot p}{100} \quad \text{oder} \quad w = \frac{g}{100} \cdot p$$

Beispiel: Wie viel Euro ergeben 20 % von 635,00 €?

Lösung: 20 % = $^{20}/_{100}$ = $^{1}/_{5}$ des Grundwerts

$$\frac{635{,}00}{5} = 127{,}00\ €$$

---

1 Berechnen Sie den Nachlass: **Kopfrechnen**

a) 2 % von 120,00 €	e) 15 % von 900,00 €
b) 6 % von 8,00 €	f) 50 % von 1.000,00 €
c) 1,5 % von 250,00 €	g) 150 % von 200,00 €
d) 10 % von 90,00 €	h) 200 % von 500,00 €

---

2 Ein Textileinzelhändler muss am 31.12... fällige Zahlungen überweisen. Dabei fallen an:

Brandversicherung:	2,00 % von 150.000,00 €
Haftpflichtversicherung:	1,5 % von 200.000,00 €
Autoversicherungen:	1.400,00 €
Mitarbeiterprämien:	2,5 % von 70.000,00 €

Welchen Betrag überweist er an diesem Tag insgesamt?

---

3 Ein Stammkunde bekommt auf einzelne Warengruppen unterschiedliche Rabattsätze.

Er kauft ein:	Warengruppe A (2,5 % Rabatt):	2.500,00 €
	Warengruppe B (1 % Rabatt):	1.250,00 €
	Warengruppe C (0,75 % Rabatt):	750,00 €

Wie hoch ist der gesamte Nachlass in Euro?

---

4 Die Elektroeinzelhändlerin Eva Stiebler begleicht folgende Lieferantenrechnungen unter Abzug von Skonto:

Rechnungsbetrag	Skonto
2.000,00 €	2 %
3.500,00 €	4 %
1.000,00 €	3 %

Wie viel Euro hat sie durch den Skontoabzug insgesamt gespart?

---

5 Ein Angestellter eines Lebensmitteldiscounters erhält eine tarifliche Gehaltserhöhung von 3 % auf sein bisheriges Gehalt von 2.460,00 €. Berechnen Sie die Gehaltserhöhung und das neue Gehalt.

---

6 Einer Firma liegen drei Angebote für einen Bürostuhl vor. Der französische Lieferant bietet für 850,00 € bei Barzahlung an. Der dänische Hersteller möchte 5.800,00 DKK (Kurs 7,4378) haben, gewährt aber noch 5 % Rabatt. Der Fabrikant aus der Schweiz verlangt 1.400,00 CHF (Kurs 1,6141) abzüglich 3 % Rabatt und 2 % Skonto. Welches Angebot ist das günstigste?

Merken Sie sich die folgenden bequemen Prozentsätze:

$1\frac{1}{3}$ %	= $\frac{1}{75}$	5 %	= $\frac{1}{20}$	$16\frac{2}{3}$ %	= $\frac{1}{6}$
$1\frac{2}{3}$ %	= $\frac{1}{60}$	$6\frac{1}{4}$ %	= $\frac{1}{16}$	20 %	= $\frac{1}{5}$
2 %	= $\frac{1}{50}$	$6\frac{2}{3}$ %	= $\frac{1}{15}$	25 %	= $\frac{1}{4}$
$2\frac{1}{2}$ %	= $\frac{1}{40}$	$8\frac{1}{3}$ %	= $\frac{1}{12}$	$33\frac{1}{3}$ %	= $\frac{1}{3}$
$3\frac{1}{3}$ %	= $\frac{1}{30}$	10 %	= $\frac{1}{10}$	50 %	= $\frac{1}{2}$
4 %	= $\frac{1}{25}$	$12\frac{1}{2}$ %	= $\frac{1}{8}$	$66\frac{2}{3}$ %	= $\frac{2}{3}$
$4\frac{1}{6}$ %	= $\frac{1}{24}$	$14\frac{2}{7}$ %	= $\frac{1}{7}$	75 %	= $\frac{3}{4}$

Wie hoch ist der Prozentwert? **Kopfrechnen**

7
a) 10 % von 275,00 €
b) $12\frac{1}{2}$ % von 840,00 €
c) 4 % von 525,00 €

8
a) $6\frac{1}{4}$ % von 320,00 €
b) $16\frac{2}{3}$ % von 624,00 €
c) $33\frac{1}{3}$ % von 918,00 €

9
a) $3\frac{1}{3}$ % von 1.590,30 €
b) $6\frac{2}{3}$ % von 375,75 €
c) $8\frac{1}{3}$ % von 2.472,80 €
d) $12\frac{1}{2}$ % von 728,24 €

10
a) 5 % von 240,20 €
b) $1\frac{2}{3}$ % von 660,60 €
c) $6\frac{1}{4}$ % von 48,80 €
d) $33\frac{1}{3}$ % von 9.513,27 €

Zerlegen des Prozentsatzes

In manchen Fällen lässt sich die Rechnung vereinfachen, wenn unbequeme Prozentsätze so zerlegt werden, dass bequeme Teile entstehen.

Beispiel: Berechnen Sie $5\frac{1}{2}$ % von 348,00 €.

Lösung:	5 %	= $\frac{1}{20}$	von 348,00 €	= 17,40 €
	$\frac{1}{2}$ %	= $\frac{1}{10}$	von 17,40 €	= 1,74 €
	$5\frac{1}{2}$ %			= <u>19,14 €</u>

Merken Sie sich folgende Beispiele:

$1\frac{3}{4}$ % = 2 % − $\frac{1}{8}$ v. 2 %	$17\frac{1}{2}$ % = 20 % ($\frac{1}{5}$) − $2\frac{1}{2}$ % ($\frac{1}{8}$ v. 20 %)
$2\frac{1}{3}$ % = 2 % + $\frac{1}{6}$ v. 2 %	18 % = 20 % ($\frac{1}{5}$) − 2 % ($\frac{1}{10}$ v. 20 %)
$4\frac{1}{3}$ % = 4 % + $\frac{1}{12}$ v. 4 %	$22\frac{1}{2}$ % = 20 % ($\frac{1}{5}$) + $2\frac{1}{2}$ % ($\frac{1}{8}$ v. 20 %)
$4\frac{1}{2}$ % = 5 % − $\frac{1}{10}$ v. 5 %	45 % = 50 % ($\frac{1}{2}$) − 5 % ($\frac{1}{10}$ v. 50 %)
$7\frac{1}{2}$ % = 10 % − $\frac{1}{4}$ v. 10 %	$66\frac{2}{3}$ % = 2 · $33\frac{1}{3}$ (2 · $\frac{1}{3}$)

Nennen Sie weitere Prozentsätze, deren Zerlegung möglich ist und eine Vereinfachung bedeutet.

11
a) $1\frac{3}{4}$ % von 24,00 €
b) $4\frac{1}{2}$ % von 96,00 €
c) $7\frac{1}{2}$ % von 36,50 €
d) 22 % von 48,20 €

12
a) $22\frac{1}{2}$ % von 236,00 €
b) 125 % von 420,00 €
c) 75 % von 815,00 €
d) $27\frac{1}{2}$ % von 582,00 €

13

	a)	b)	c)	d)	e)	f)
Bisheriger Preis:	59,00 €	48,90 €	42,00 €	39,50 €	32,75 €	29,25 €
Nachlass:	25 %	$16\frac{2}{3}$ %	18 %	15 %	$33\frac{1}{3}$ %	$37\frac{1}{2}$ %

Wie hoch sind der Nachlass und der neue Preis?

14 Drei Verkäufer erhalten eine Verkaufsprovision, die a) $1\frac{1}{3}$ %, b) $2\frac{1}{2}$ % beträgt. Berechnen Sie nach den Umsätzen die Provision für die Verkäufer:

Umsätze:	A 4.388,00 €	B 4.656,00 €	C 5.626,00 €

15 Der Lieferant gewährt uns für fehlerhafte Waren einen Nachlass. Berechnen Sie die Höhe des Nachlasses und den zu zahlenden Betrag:

	Rechnungsbetrag	Nachlass		Rechnungsbetrag	Nachlass
a)	177,50 €	15 %	c)	76,50 €	5 %
b)	286,20 €	25 %	d)	302,40 €	20 %

7.2 Die Berechnung des Prozentsatzes

Bekannt sind: der **Grundwert** und der **Prozentwert.**

Beispiel: Einen Kühlschrank kaufen wir für 580,00 € ein und zeichnen ihn mit 725,00 € aus. Wie viel Prozent beträgt der Aufschlag?

Lösung:

Verkaufspreis	725,00 €
– Einkaufspreis	580,00 €
	145,00 €

x % | 145,00 €

580,00 € | 100 %

$$\frac{145{,}00 \cdot 100}{580{,}00} = \underline{\underline{25\ \%}}\ \text{Aufschlag}$$

$$\text{Prozentsatz} = \frac{\text{Prozentwert} \cdot 100}{\text{Grundwert}}$$

$$p = \frac{w \cdot 100}{g} \quad \text{oder} \quad p = w : \frac{g}{100}$$

1 Wie hoch ist der Aufschlag in Bruchteilen und in Prozenten des Grundwertes?

Kopfrechnen:	a)	b)	c)	d)	e)	f)
Einkaufspreis:	150,00;	60,00;	250,00;	1,44;	1,20;	1,50 €
Aufschlag:	50,00;	12,00;	25,00;	0,36;	0,15;	0,30 €

2 Für den Winterschlussverkauf werden verschiedene Textilien im Preis herabgesetzt. Wie viel beträgt die Ermäßigung in Euro und in Prozent?

	a)	b)	c)	d)	e)	f)
Alter Preis:	18,75;	27,90;	44,00;	265,00;	348,00;	570,00 €
Neuer Preis:	15,00;	18,60;	26,40;	185,50;	261,00;	532,00 €

3 Eine Lieferung aus dem Ausland ist mit 18.500,00 € versichert. Wie hoch ist der Promillesatz der Prämie, wenn diese 46,25 € beträgt?

4 Wie hoch ist der Aufschlag in Euro und Prozent, wenn dem Auszubildenden im Warenlager für die Auszeichnung folgende Preise angegeben werden?

	a)	b)	c)	d)	e)	f)
Einkaufspreis:	8,50;	17,05;	25,80;	47,20;	55,50;	72,80 €
Verkaufspreis:	12,50;	25,50;	37,90;	58,75;	75,00;	99,50 €

5 In der Warenannahme unserer Filiale werden Waren vor und nach dem Auspacken gewogen. Wie viel Prozent beträgt das Verpackungsgewicht vom Rohgewicht?

	a)	b)	c)	d)	e)
Rohgewicht:	37,000 kg	64,000 kg	96,000 kg	162,000 kg	312,000 kg
Reingewicht:	31,450 kg	62,080 kg	88,800 kg	152,950 kg	299,550 kg

6 In der Buchhaltung eines Einzelhandelsgeschäftes werden fällige Rechnungen nach Skontoabzug überwiesen. Berechnen Sie den Skontobetrag und den Prozentsatz des vereinbarten Skontos.

Betrag	a)	b)	c)	d)	e)	f)
der Rechnung:	37,50	128,40	619,90	460,80	792,40	936,00 €
der Überweisg.:	36,75	126,26	609,05	453,88	774,58	920,40 €

7 Wie hoch ist die Umsatzsteigerung in Euro und in Prozent?

	1. Quartal €	2. Quartal €
a)	3.450,00	4.200,00
b)	9.770,00	11.350,00
c)	17.380,00	18.795,00

8 Um wie viel Prozent unterbietet Lieferant B den Mitbewerber A?

	Artikel-Nr.	Lieferant A €	Lieferant B €
a)	067	19,50	18,95
b)	105	55,90	52,65
c)	222	69,25	64,75

9 Die Verkehrsbetriebe einer Großstadt erhöhen die Preise für den Nahverkehr folgendermaßen:

a) Einzelfahrscheine für Erwachsene:	von	1,20 €	auf	1,50 €
b) Einzelfahrscheine für Kinder/Schüler:	von	0,60 €	auf	1,00 €
c) Wochenkarten:	von	8,40 €	auf	10,50 €
d) Monatskarten:	von	23,50 €	auf	28,20 €

Wie hoch ist jeweils die Erhöhung in Prozenten?

10 In einem Supermarkt arbeiten die Verkäuferinnen A, B, C und die Aushilfskraft D. Berechnen Sie für jede Beschäftigte den Prozentanteil an dem Umsatz jedes Wochentages und der gesamten Woche.

Umsätze:	Insgesamt	A	B	C	D
a) Montag:	16.480,00	5.800,00	6.250,00	3.260,00 €	Rest
b) Dienstag:	10.520,00	2.980,00	3.820,00	2.950,00 €	Rest
c) Mittwoch:	9.470,00	3.020,00	2.460,00	2.890,00 €	Rest
d) Donnerstag:	9.980,00	3.660,00	3.030,00	2.470,00 €	Rest
e) Freitag:	13.260,00	5.550,00	4.120,00	2.410,00 €	Rest
f) Sonnabend:	18.480,00	5.370,00	6.110,00	5.720,00 €	Rest

11 Die National-Versicherung AG versichert das Geschäftshaus eines Textilfachgeschäftes mit 1.465.000,00 € gegen Feuer, Leitungswasserschaden und Sturm. Die Jahresprämie beträgt 1.831,00 €. Wie viel Promille beträgt die Prämie?

12 Eine Verkäuferin hatte ein monatliches Gehalt von 1.550,00 €. Sie erhält nunmehr 1.650,75 € monatlich. Wie viel Prozent beträgt die Erhöhung?

7.3 Die Berechnung des Grundwertes

Bekannt sind der Prozentwert und der Prozentsatz.

Beispiel: Beim Kauf eines Kleides erhält eine Stammkundin 3 % Treuerabatt in Höhe von 7,65 €. Wie teuer war das Kleid?

Lösung:

x €	100 %	$\frac{100 \cdot 7{,}65}{3}$	= <u>255,00 €</u> Preis des Kleides
3 %	7,65 €		

$$\text{Grundwert} = \frac{\text{Prozentwert} \cdot 100}{\text{Prozentsatz}} \qquad g = \frac{w \cdot 100}{p}$$

Bei bequemen Prozentsätzen vereinfacht sich die Rechnung.

Beispiel: $8\frac{1}{3}$ % Nachlass machen 15,00 € aus. Wie hoch ist der Preis der Ware?

Lösung: $8\frac{1}{3}$ % = $\frac{1}{12}$ des Grundwertes
12 · 15 = 180,00 € Preis der Ware

---

1 Wie hoch sind der reguläre und der ermäßigte Preis? **Kopfrechnen**

	a)	b)	c)	d)	e)
Rabatt in €:	12,42 €	1,98 €	1,45 €	1,10 €	0,27 €
Rabattsatz:	50 %	331/3 %	162/3 %	81/3 %	21/2 %

---

2 Berechnen Sie den alten und neuen Preis, wenn die Preiserhöhung für verschiedene Artikel beträgt:

a) 3 % = 1,35 €
b) 5 % = 66,60 €
c) 20 % = 12,40 €
d) 15 % = 32,20 €
e) $3\frac{1}{3}$ % = 23,10 €
f) $12\frac{1}{2}$ % = 36,48 €

---

3 Die Umsatzsteuer, die ein Lebensmittelgeschäft im Dezember an das Finanzamt abführte, betrug 3.800,00 € (19 % Umsatzsteuer) und 2.100,00 € (7 % Umsatzsteuer). Berechnen Sie den Bruttoumsatz für Dezember.

---

4 Das Verpackungsgewicht verschiedener Sendungen beträgt:

a) 2,500 kg = 5 % des Bruttogewichts
b) 1,800 kg = $3\frac{1}{3}$ %
c) 4,500 kg = $16\frac{2}{3}$ % des Bruttogewichts
d) 7,200 kg = $12\frac{1}{2}$ %

Wie hoch sind das Brutto- und das Nettogewicht?

---

5 Unsere Buchhaltung ermittelt folgende Umsatzsteueranteile:

a)	Lebensmittel	zu 7 % USt	12.971,00 €
b)	Spirituosen, Bier	zu 19 % USt	665,00 €
c)	Tabakwaren	zu 19 % USt	266,00 €

Berechnen Sie den Nettoumsatz jeder Warengruppe und den Gesamtumsatz.

---

6 Infolge Mieterhöhungen steigen die Mieten für die Geschäftsräume
um $27\frac{1}{2}$ % = 2.220,00 € und für die Lagerräume einschließlich Garage
um $12\frac{1}{2}$ % = 250,00 €. Wie viel Euro waren bisher zu zahlen?

Wiederholungsaufgaben zu den Abschnitten 7.1–7.3

1 Wegen Modernisierung der Ladenausstattung wurden die Preise sämtlicher Waren zunächst um 25 % und 14 Tage später nochmals um 12½ % herabgesetzt. Wie hoch ist nunmehr der Verkaufspreis für folgende Waren:

a) Elektroherd (alter Preis) 425,00 €, b) Kühlschrank (alter Preis) 395,00 €.

2 Berechnen Sie den Prozentsatz des Lieferantenrabatts.

	a)	b)	c)	d)	e)	f)
Einkauf:	15,50;	26,40;	14,40;	16,80;	33,60;	45,00 €
Rabatt:	3,10;	2,20;	0,80;	1,12;	2,80;	6,75 €

3 Welche Provision erhält ein Vertreter für folgende Verkäufe:

	a)	b)	c)	d)	e)
Verkäufe:	2.500,00;	15.000,00;	6.340,00;	950,60;	4.265,85 €
Provisionssatz:	½ %;	¼ %;	¾ %;	1⅔ %;	2⅓ %

4 Unsere Filiale in Dresden hatte in zwei aufeinanderfolgenden Jahren folgende Vierteljahresumsätze:

a) 1. Jahr:	85.945,00 €	91.348,00 €	72.486,00 €	92.395,00 €
b) 2. Jahr:	89.344,00 €	107.586,00 €	74.165,00 €	98.268,00 €

1. Um wie viel Prozent ist der Umsatz in jedem Jahr von Vierteljahr zu Vierteljahr gestiegen oder zurückgegangen?
2. Berechnen Sie die Steigerung im 2. gegenüber dem 1. Jahr.

5 Unsere Lieferanten gewähren uns bei sofortiger Barzahlung Skonto. Berechnen Sie den Skontobetrag in Euro und den zu zahlenden Betrag:

	a)	b)	c)	d)	e)
Einkäufe:	177,50;	286,20;	636,36;	1.624,42;	302,56 €
Skonto:	2 %;	1½ %;	2¼ %;	1¾ %;	3 %

6 Für die Feuerversicherung sind Jahresprämien zu zahlen. Berechnen Sie die Prämie bei folgenden Versicherungsbeträgen:

	a)	b)	c)	d)
Versicherungsbetrag:	124.000,00;	135.000,00;	238.600,00;	205.500,00 €
Prämiensatz:	3 ‰;	3½ ‰;	4¾ ‰;	2¼ ‰

7 Die Rechnungen der Lieferanten wurden um den vereinbarten Skonto gekürzt. Wie hoch sind die Rechnungsbeträge und die Barzahlungsbeträge?

a) 3 % Skonto = 1,17 €
b) 1½ % Skonto = 6,54 €
c) 2½ % Skonto = 12,50 €
d) 1¼ % Skonto = 13,75 €

8 Ein Tabakfachhändler versichert seinen Lagerbestand gegen Diebstahl und zahlt bei einem Prämiensatz von 1⅓ ‰ jährlich 180,00 €. Wie hoch ist sein Lager versichert?

9 Ein Vertreter erhält für 7 % Provision 1.624,00 € überwiesen. Berechnen Sie den von ihm erzielten Umsatz.

10 Wie viel Prozent beträgt der Gewichtsverlust?

	Frischgewicht	Trockengewicht
a)	5,660 kg	4,835 kg
b)	36,800 kg	28,520 kg

11 Wie viel Prozent des Umsatzes beträgt der Anteil der Gesamtkosten?

	Umsatz in €	Gesamtkosten in €
a)	665.000,00	237.430,00
b)	1.258.000,00	327.296,00

12 Ein Einzelhändler erhält beim Verkauf von Markenartikeln mit vom Hersteller empfohlenen Richtpreisen einen Wiederverkäuferrabatt. Wie hoch sind für ihn die Einkaufspreise, wenn ihm für Artikel A mit einem Verkaufspreis von 289,00 € 35 % Rabatt und für Artikel B mit einem Verkaufspreis von 396,00 € 33⅓ % Rabatt gewährt werden?

13 Im Schlussverkauf setzen wir die Preise für Herrenschuhe, Modell Kansas, von 98,00 € auf 79,00 € und Modell Alaska von 138,00 € auf 118,00 € herab. Bei welchem Modell ist der Prozentsatz des Nachlasses höher?

14 Ein neuer Tarifvertrag zwischen der Gewerkschaft und dem Einzelhandelsverband sieht eine Gehaltserhöhung von 1,5 % vor. Wie viel Euro erhält eine Verkäuferin jetzt, wenn ihr nach dem alten Tarif ein Bruttogehalt von 1.420,25 € zustand?

15 Für die Glasversicherung bezahlen wir eine Jahresprämie von 168,00 € bei einem Prämiensatz von 1¾ ‰. Wie viel Euro beträgt der Versicherungswert?

16 Eine Verkäuferin erhält für einen Monatsumsatz, der über 25.000,00 € liegt, eine Umsatzprämie von 2½ %.
a) Wie hoch ist ihre Prämie im 1. Quartal bei einem Umsatz von 29.800,00 € im Januar, 31.120,00 € im Februar und 34.895,00 € im März?
b) Welchen Umsatz hat sie im 2. Quartal gemacht, wenn sie 385,00 € Prämie bekommt?

17 Das Textilhaus „Fashion" erzielte einen Umsatz von 585.452,80 €. Daran war die Herrenabteilung mit 262.453,20 € beteiligt. Berechnen Sie ihren Anteil.

18 Wegen hervorragender Leistungen in der Abschlussprüfung einer IHK erhielten 42 Prüflinge eine Buchprämie. Das sind 8⅓ % aller Teilnehmer. Wie viele Auszubildende haben an der Prüfung teilgenommen?

19 Eine Kundin kauft bei einem Versandhaus ein Kaffeeservice für 185,00 €. Im Falle der Ratenzahlung muss sie mit einem Teilzahlungsaufschlag von 6½ % rechnen, bei sofortiger Barzahlung werden ihr 2 % Skonto gewährt. Wie viel Euro beträgt der Preisunterschied zwischen Ratenzahlung und Barzahlung?

20 Nach Beendigung einer Verbraucherwerbung erhöhte sich der Umsatz eines Waschmittels um 36.425,40 € oder 33 % gegenüber dem Vormonat. Wie hoch waren der Umsatz des alten Monats und der Umsatz des neuen Monats?

21 Ein Kaufmann ist an einer Gesellschaft beteiligt. Er erhält einen Gewinnanteil von 7.257,60 €, das sind 14 % seiner Kapitaleinlage. Mit wie viel Euro ist er beteiligt? Sein Kapitalanteil beträgt 20 % des Gesamtkapitals. Berechnen Sie das Gesamtkapital.

7.4 Der vermehrte und der verminderte Grundwert

Häufig ist in einer Aufgabe nicht der Grundwert gegeben, der 100 % ausmacht, der reine Grundwert, sondern ein Grundwert, der um den jeweiligen Prozentsatz vermehrt oder vermindert ist.

reiner Grundwert	= 100 %	
vermehrter Grundwert	= 100 %	+ p
verminderter Grundwert	= 100 %	– p

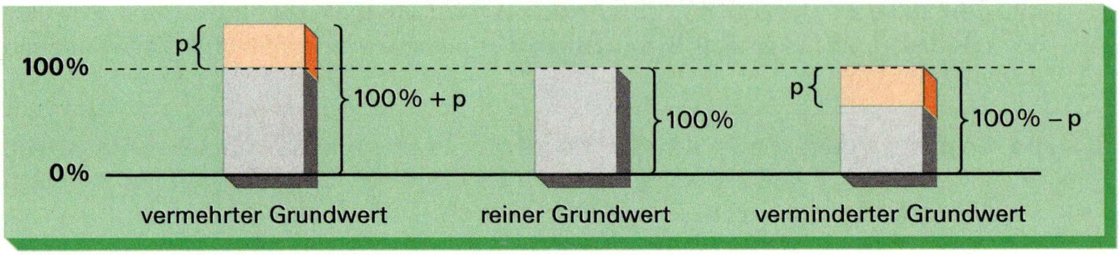

Merken Sie sich folgende Fachausdrücke:

1. Rechnen mit dem **reinen Grundwert** = Prozentrechnung **vom 100**
2. Rechnen mit dem **vermehrten Grundwert** = Prozentrechnung **auf 100**
3. Rechnen mit dem **verminderten Grundwert** = Prozentrechnung **im 100**

Sie haben bereits die Vorteile des Rechnens mit bequemen Prozentsätzen kennengelernt (Seite 26). Diese lassen sich entsprechend auch bei der Prozentrechnung auf oder im 100 anwenden. Ein Prozentsatz von z. B. 25 % bedeutet $^1/_4$ des reinen Grundwertes. Vom vermehrten Grundwert (125 %) beträgt er $^1/_5$ und vom verminderten Grundwert (75 %) $^1/_3$.

Merken Sie sich folgende Teiler:

Prozentsatz	Prozentrechnung		
	auf 100	vom 100	im 100
$1^1/_3$ %	$^1/_{76}$	$^1/_{75}$	$^1/_{74}$
$1^2/_3$ %	$^1/_{61}$	$^1/_{60}$	$^1/_{59}$
2 %	$^1/_{51}$	$^1/_{50}$	$^1/_{49}$
$2^1/_2$ %	$^1/_{41}$	$^1/_{40}$	$^1/_{39}$
$3^1/_3$ %	$^1/_{31}$	$^1/_{30}$	$^1/_{29}$
4 %	$^1/_{26}$	$^1/_{25}$	$^1/_{24}$
5 %	$^1/_{21}$	$^1/_{20}$	$^1/_{19}$
$6^1/_4$ %	$^1/_{17}$	$^1/_{16}$	$^1/_{15}$

Prozentsatz	Prozentrechnung		
	auf 100	vom 100	im 100
$6^2/_3$ %	$^1/_{16}$	$^1/_{15}$	$^1/_{14}$
$8^1/_3$ %	$^1/_{13}$	$^1/_{12}$	$^1/_{11}$
10 %	$^1/_{11}$	$^1/_{10}$	$^1/_9$
$12^1/_2$ %	$^1/_9$	$^1/_8$	$^1/_7$
$16^2/_3$ %	$^1/_7$	$^1/_6$	$^1/_5$
20 %	$^1/_6$	$^1/_5$	$^1/_4$
25 %	$^1/_5$	$^1/_4$	$^1/_3$
$33^1/_3$ %	$^1/_4$	$^1/_3$	$^1/_2$

Der vermehrte Grundwert

Beispiel 1: Die Miete für unsere Geschäftsräume wird um 8 % erhöht und beträgt nun 8.910,00 €. Wie hoch waren die Erhöhung in Euro und die bisherige Miete?

Lösung:

x €	100 %
108 %	8.910,00 €

$$\left(\frac{100 \cdot 8.910{,}00}{108}\right) = \underline{\underline{8.250{,}00\ €}} \text{ bish. Miete}$$

Probe:

8.910,00 €	neue Miete	108 %
– 8.250,00 €	bish. Miete	– 100 %
660,00 €	Erhöhung	8 %

668032

Beispiel 2: Eine Ware kostet nach einer Preiserhöhung um 4 % 6,76 €. Berechnen Sie die Erhöhung in Euro und den alten Preis.

Lösung:

x €	4 %
104 %	6,76 €

$\frac{4 \cdot 6{,}76}{104}$ = <u>0,26 €</u> Erhöhung

Probe:

6,76 €	neuer Preis	↑	104 %
+ 0,26 €	Erhöhung		+ 4 %
6,50 €	alter Preis		100 %

Wenn in der Aufgabe kein bequemer Prozentsatz vorkommt, empfiehlt es sich, grundsätzlich zuerst den reinen Grundwert zu berechnen. Sie haben es dann bei der Ausrechnung mit der angenehmen Zahl 100 zu tun. (Beispiel 1) Ist dagegen ein bequemer Prozentsatz gegeben, sollten Sie zunächst den Prozentwert ausrechnen. Sie können dann kürzen, evtl. das Ergebnis sogar im Kopf ausrechnen. (Beispiel 2)

1 Wie hoch war der alte Preis? **Kopfrechnen**

	a)	b)	c)	d)	e)	f)
Neuer Preis:	18,00	35,00	48,00	70,00	39,00	68,00 €
Erhöhung:	20 %	25 %	$33\frac{1}{3}$ %	$16\frac{2}{3}$ %	30 %	$6\frac{1}{4}$ %

2 In den folgenden Verkaufspreisen ist der angegebene Gewinn enthalten. Berechnen Sie diesen Gewinn in Euro.

Verkaufspreis	Gewinn	Verkaufspreis	Gewinn
a) 77,00 €	10 %	c) 276,30 €	20 %
b) 364,00 €	$16\frac{2}{3}$ %	d) 666,40 €	$17\frac{1}{2}$ %

3 Infolge Verteuerung der Rohstoffe mussten verschiedene Warenpreise erhöht werden, und zwar:

a) um 15 % auf 55,20 €; b) um $7\frac{1}{2}$ % auf 68,80 €.

Wie viel Euro beträgt die Preiserhöhung? Wie viel kostete die Ware vorher?

4 Ein Versandhaus, das Teilzahlung gewährt, gibt in seinem Katalog Preise an, die $4\frac{1}{2}$ % Aufschlag auf die Barpreise enthalten.

Errechnen Sie den Aufschlag und den Barpreis.

a) Herde 564,30 €; b) Personal Computer 888,50 €; c) Fernseher 752,40 €.

5 Eine Couchgarnitur kostet einschl. 7 % Bezugsspesen 2.484,54 €.

Wie viel Euro betragen die Spesen und der Rechnungsbetrag ohne Spesen?

6 Die Personalkosten eines Blumengeschäftes sind im abgelaufenen Jahr um $15\frac{1}{2}$ % gestiegen und belaufen sich jetzt auf 51.513,00 €.

a) Um wie viel Euro sind die Personalkosten gestiegen?
b) Wie hoch waren sie vorher?

7 Nach einer 15%igen Erhöhung betragen die neuen Preise:

Ware A: 2.277,50 €; Ware B: 3.602,50 €; Ware C: 1.848,40 €.
Wie viel Euro betragen die Erhöhungen und die früheren Preise?

Der verminderte Grundwert

Beispiel 1: Ein Standventilator wird wegen eines Lackschadens mit einem Nachlass von 9 % für 43,68 € verkauft. Berechnen Sie den Nachlass in Euro und den regulären Preis.

Lösung:

x €	100 %
91 %	43,68 €

$$\frac{100 \cdot 43{,}68}{91} = \underline{\underline{48{,}00\ €}} \text{ regul. Preis}$$

Probe:

48,00 €	regulärer Preis	100 %
− 43,68 €	ermäßigter Preis	− 91 %
4,32 €	Nachlass	9 %

Beispiel 2: Eine Verkäuferin zahlt nach Abzug von 10 % Personalrabatt für ein Kostüm 270,00 €. Wie hoch sind der Ladenpreis und der Personalrabatt in Euro?

Lösung:

x €	10 %
90 %	270,00 €

$$\frac{10 \cdot 270{,}00}{90} = \underline{\underline{30{,}00\ €}} \text{ Rabatt}$$

Probe:

270,00 €	Personalpreis	90 %
− 30,00 €	Rabatt	− 10 %
300,00 €	Ladenpreis	100 %

Beachten Sie auch beim Rechnen mit dem verminderten Grundwert die für das Rechnen mit dem vermehrten Grundwert gegebenen Empfehlungen.

8 Berechnen Sie nach folgenden Angaben den regulären Preis der Waren und die Preissenkung in Euro. **Kopfrechnen**

	a)	b)	c)	d)	e)	f)
Schlussverkauf:	22,00	20,00	13,50	3,60	3,00	8,40 €
Preissenkung:	$33\frac{1}{3}$ %	20 %	25 %	10 %	$16\frac{2}{3}$ %	40 %

9 Eine Verkäuferin bezahlte nach Abzug von 15 % Personalrabatt für einen Mantel 91,80 € (160,65 €; 423,81 €). Wie hoch war der Mantel ausgezeichnet?

10 Es sind die Verkaufspreise herabgesetzt worden, und zwar:

a) um $33\frac{1}{3}$ % auf 9,00 €
b) um $12\frac{1}{2}$ % auf 31,85 €
c) um $17\frac{1}{2}$ % auf 18,54 €
d) um 35 % auf 10,66 €

Wie hoch waren die Preise vor der Herabsetzung?

11 Unser Buchhalter überweist Rechnungen nach Skontoabzug. Ermitteln Sie Rechnungsbeträge und Skonti.

Skonti	Barzahlung	Skonti	Barzahlung
a) 3 %	266,75 €	c) $2\frac{1}{2}$ %	124,80 €
b) $1\frac{1}{2}$ %	94,56 €	d) $1\frac{3}{4}$ %	86,46 €

12 Errechnen Sie den Gewichtsverlust und das Frischgewicht folgender Waren:

Trockengewicht	Schwund	Trockengewicht	Schwund
a) 32,5 kg	$37\frac{1}{2}$ %	c) 65,6 kg	18 %
b) 49,4 kg	35 %	d) 26,4 kg	$8\frac{1}{3}$ %

Wiederholungsaufgaben zum vermehrten und verminderten Grundwert

1 Nach Umstellung auf eine elektronische Lagerverwaltung werden in einem Großmarkt nur zwölf Angestellte mit Lagerarbeiten beschäftigt. Die Einsparung beträgt 60 %. Wie hoch war der Personalbestand vor der Umstellung?

2 Gelegentlich werden die Bezugskosten (Bahn- und Hausfracht), die beim Einkauf entstehen, in einem Prozentsatz des Einkaufspreises angegeben. Wie hoch ist der Einkaufspreis, wenn beim Kauf dieses Artikels bei $5\frac{1}{2}$ % Bezugskosten insgesamt 130,82 € zu zahlen sind?

3 In einem Gartencenter erhöhen sich die Preise folgender Artikel:

	Neuer Preis	Erhöhung		Neuer Preis	Erhöhung
a) Rasenmäher	324,00 €	$12\frac{1}{2}$ %	c) Gießkanne	18,20 €	4 %
b) Spaten	35,20 €	$6\frac{2}{3}$ %	d) Gartenkarre	72,45 €	5 %

Wie viel Euro betragen Erhöhung und alter Preis?

4 Berechnen Sie die Tara in kg und das Bruttogewicht:

a) Nettogewicht bei 10 % Tara = 270,000 kg
b) Nettogewicht bei 11 % Tara = 195,800 kg
c) Nettogewicht bei 15 % Tara = 599,400 kg

5 Ein Einzelhandelskaufmann hatte im letzten Jahr Betriebskosten von 37.190,00 €. Das waren $4\frac{1}{2}$ % weniger als im Vorjahr.

a) Wie hoch waren die vorjährigen Betriebskosten?
b) Wie viel Euro wurden eingespart?

6 Berechnen Sie das Brutto- und das Verpackungsgewicht folgender Sendungen:

Nettogewicht	Verpackung	Nettogewicht	Verpackung
a) 168,4 kg	20 %	c) 583,4 kg	15 %
b) 364,7 kg	$12\frac{1}{2}$ %	d) 274,82 kg	9 %

7 Wie viel kg Rohkaffee sind erforderlich, um bei einem Röstverlust von $17\frac{1}{2}$ % 13,2 kg Röstkaffee zu erhalten?

8 Die EDV-Anlagen in unserer Rechnungsabteilung werden wegen der im Laufe eines Jahres eintretenden Abnutzung mit $12\frac{1}{2}$ % im Wert herabgesetzt (abgeschrieben).

a) Wie hoch waren der Anschaffungswert einer Teilanlage und der Abschreibungsbetrag in Euro, wenn sie am Ende des 1. Jahres noch mit 1.099,00 € zu Buch steht?
b) Berechnen Sie Anschaffungswert und Abschreibungsbetrag der Ausgabegeräte, die bereits drei Jahre lang benutzt und abgeschrieben wurden und nun mit 1.161,50 € zu Buch stehen, wenn auch bei diesen Geräten die jährliche Abschreibung vom Anschaffungswert vorgenommen wurde.

9 Berechnen Sie Anschaffungswert und Abschreibungsbeträge eines Laminiergerätes, das nach zwei Jahren einen Buchwert von 2.146,50 € hat, aber jährlich mit 10 % vom Anschaffungswert abgeschrieben wurde.

7.5 Wiederholungsaufgaben zur Prozentrechnung

1. Prüfen Sie, welche Größe der Prozentrechnung gegeben ist bzw. gesucht wird und welcher Grundwert vorliegt.
2. Ordnen Sie die vorkommende absolute Zahl (Prozentwert und/oder Grundwert in €, kg, l oder dgl.) der richtigen Prozentzahl zu.

---

1 Überlegen Sie, welcher Grundwert vorliegt und wie viel Prozent er ausmacht.

a) Neues Gehalt nach 5 % Zulage gegenüber bisherigem Gehalt
b) Neuer Preis nach 20 % Senkung gegenüber bisherigem Preis
c) Umsatz nach 15 % Steigerung gegenüber dem Vorjahr
d) Rechnungsbetrag vor dem Abzug von 3 % Skonto
e) Kosten 7 % niedriger als im Vorjahr
f) Benzinpreis vor einer Erhöhung um $4\frac{1}{2}$ %
g) Bruttogewicht bei 3 % Tara
h) Ratenpreis einschließlich 5 % Zuschlag
i) Röstkaffee nach einem Gewichtsverlust von $17\frac{1}{2}$ % gegenüber dem Rohgewicht
j) Personalkaufpreis nach 15 % Rabatt
k) Barzahlungspreis nach 3 % Barrabatt
l) Versicherungssumme bei $1\frac{1}{2}$ ‰ Prämie
m) Überweisungsbetrag nach 3 % Skonto
n) Verkaufspreis nach 55 % Aufschlag auf Einkaufspreis
o) Reingewicht gegenüber Rohgewicht bei 6 % Verpackungsgewicht
p) Umsatz bei $2\frac{1}{2}$ % Provision
q) Einkaufspreis eines Markenartikels bei $33\frac{1}{3}$ % Händlerrabatt auf Rechnungspreis des Lieferanten
r) Warenpreis bei 15 % Nachlass wegen Schäden
s) Gewichtszunahme einer Ware um 12 % infolge feuchter Lagerung gegenüber dem Trockengewicht
t) Fahrpreis nach einer Erhöhung um 15 % gegenüber altem Preis
u) Rohgewicht bei 17 % Gewichtsverlust durch das Rösten
v) Preis für Rückfahrkarte bei 30 % Vergünstigung gegenüber regulärer Fahrkarte

---

2 Die Anfertigung einer Vitrine kostete 1.219,05 €. Dieser Betrag lag $3\frac{1}{4}$ % unter dem Kostenvoranschlag. Welcher Betrag war ursprünglich vereinbart?

---

3 Wegen vereinbarter Teilzahlung wird einer Kundin ein Aufschlag von 7 % auf den normalen Verkaufspreis berechnet. Sie hat dadurch für eine Stereoanlage 2.407,50 € zu zahlen.

a) Wie viel Euro betragen der Aufschlag und der reine Verkaufspreis?
b) Wie viel Euro hätte die Kundin gespart, wenn sie bei Barzahlung 3 % Skonto ausgenutzt hätte?

668036

4 Das Gehalt eines Angestellten wurde um 9 % erhöht. Sein monatliches Bruttoeinkommen ist damit auf 2.670,50 € angestiegen. Wie hoch war sein Gehalt vor der Zulage?

5 Ein von uns preisgünstig eingekaufter Wäschetrockner wird nach einem Aufschlag von $33\frac{1}{3}$ % für 352,00 € verkauft. Wie viel Euro wurden von uns beim Einkauf gezahlt?

6 Wir verkaufen einen Schrank für 1.685,00 €. Der Käufer verpflichtet sich zu einer Anzahlung von 485,00 €. Für den Rest berechnen wir ihm einen Aufschlag von 8 %. Den sich dadurch ergebenden Schuldbetrag zahlt er in 6 gleichen Raten. Wie hoch sind diese?

7 Der Ladenverkaufspreis einer Lederjacke beträgt 198,00 €. Welcher Preis wird erzielt, wenn wir die Jacke wegen leichter Schäden mit 12 % Nachlass verkaufen?

8 Ein Kaufmann muss nach der Saison Winterbekleidung mit Nachlass verkaufen. Wie viel Prozent vom regulären Preis beträgt der Nachlass?

a) regulärer Preis	435,00 €,	erzielter Preis	382,80 €
b) regulärer Preis	375,00 €,	Nachlass	130,00 €
c) erzielter Preis	487,20 €,	Nachlass	352,80 €
d) Nachlass	343,75 €,	regulärer Preis	625,00 €

9 Beim Kauf eines neuen Personal Computers geben wir einen gebrauchten mit 33 % seines Anschaffungswertes, das sind 1.188,00 €, in Zahlung. Wie hoch war der Neuwert des in Zahlung gegebenen Computers?

10 Ein Angestellter erhält beim Kauf eines CD-Players 15 % Personalrabatt und zahlt 204,00 €. Was kostet das Gerät im regulären Verkauf?

11 Für eine Sitzgarnitur überweist ein Kunde 2.454,10 €. Wie hoch war der Rechnungsbetrag, wenn der Käufer zunächst 8 % Rabatt und von dem verbleibenden Betrag 3 % Skonto abgezogen hat?

12 Durch einen Vergleich erhalten wir von einem Kunden 217,36 €. Das sind nur 69 % unserer Forderung.

a) Wie hoch ist unser Verlust?
b) Wie viel betrug unsere Forderung?

13 Für eine Rechnung von 268,00 € zahlen wir nach Abzug von Skonto 261,30 €. Wie viel Prozent Skonto wurden gewährt?

14 Der Preis für Herrenhalbschuhe wird im Winterschlussverkauf um $12\frac{1}{2}$ % herabgesetzt und beträgt nunmehr 42,55 €. Mit welchem Preis waren die Schuhe vorher ausgezeichnet?

15 Ein Artikel wird uns von zwei Lieferanten zu demselben Preis angeboten. Die Zahlungsbedingungen lauten: Lieferant A 10 % Rabatt, Lieferant B 8 % Rabatt und $2\frac{1}{2}$ % Skonto. Welches Angebot ist günstiger?

8 Wiederholungsaufgaben zu den Abschnitten 1–7

1 Stellen Sie einen Kassenzettel aus und kürzen Sie um 3 % Skonto:

6,50 m Shetland	zu 16,80 € je m	5 St. Knöpfe	zu 1,60 € je St.
4,8 m Futterstoff	zu 5,50 € je m	2,0 m Gurtband	zu 1,00 € je m
2,0 m Vlieseline	zu 6,80 € je m	4 Reißverschlüsse	zu 5,20 € je St.

2 Nach einem Gewichtsverlust von $12\frac{1}{2}$ % wiegt eine Ware noch 28,720 kg.

a) Welches Gewicht hatte die Ware vor dem Gewichtsverlust?
b) Wie viel kg betrug der Gewichtsverlust?

3 Eine Teestube verlangt 25 kg einer Gebäckmischung zu 6,40 € je kg. Dafür stehen als 1. Sorte 20 kg zu je 5,60 € zur Verfügung. Menge und Preis der 2. Sorte sind zu berechnen.

4 Ein Verkäufer erhält 15 % Personalrabatt und zahlt 397,80 € für einen Kühlschrank. Was kostet dieser im regulären Verkauf?

5 Wie viel Euro hat ein Lebensmitteleinzelhändler für 84 kg Teigwaren zu zahlen, wenn 100 kg dieser Ware mit 208,32 € angeboten werden?

6 Ein Süßwarenhändler hat 50 kg gemischte Bonbons zum Preis von 5,80 € je kg zu liefern. Für die Mischung verwendet er zwei Sorten zu 5,00 € je kg und zu 6,60 € je kg. Wie viel kg werden von beiden benötigt?

7 Wir kaufen Ware ein, die erfahrungsgemäß um 9 % eintrocknet. Wie viel kg müssen wir bestellen, wenn wir über 750 kg verfügen wollen?

8 An einer Gesellschaft sind A mit 25.000,00 €, B mit 20.000,00 € und C mit 15.000,00 € beteiligt. Der Gewinn von 12.240,00 € ist im Verhältnis der Kapitaleinlagen an die drei Gesellschafter zu verteilen.

9 Eine Verkäuferin bezog bisher ein Gehalt von 1.460,00 €. Nach einer Gehaltserhöhung erhält sie 1.503,80 €. Wie viel Prozent beträgt die Erhöhung?

10 Es werden vier Warengruppen im Gewicht von 7 kg, 11 kg, 23 kg und 34 kg bezogen. Die Gesamtfracht beträgt 37,50 €. Welcher Anteil entfällt auf jede Gruppe?

11 Wie hoch war der Rechnungspreis, wenn an den Lieferanten nach Abzug von 4 % Skonto 560,64 € überwiesen werden mussten?

12 Um 210 kg einer Mischungssorte zu 4,40 € je kg zu erhalten, verwenden wir 126 kg einer Sorte zu 4,00 €. Wie teuer ist 1 kg von der zur Mischung verwendeten 2. Sorte?

13 Der Verkäufer Pinzl erhält folgende Abrechnung: Gehalt brutto 1.585,00 €; Abzüge für Lohnsteuer 23,33 €, Kirchensteuer 2,10 €, Sozialversicherungsbeiträge 324,13 €. Wie viel Prozent betragen die Abzüge?

668038

14 Der Preis einer Ware musste um $8\frac{1}{2}$ % auf 162,75 € erhöht werden. Was kostete diese Ware vor der Preiserhöhung?

15 Die Renovierung eines Verkaufsraumes von 18 m Länge und 9 m Breite erfordert 19,6 kg Lack. Welche Menge Lack ist notwendig, wenn dazu ein weiterer Raum von 6,5 m Länge, 6 m Breite und gleicher Höhe gestrichen werden soll?

16 Ein Reisender erhält 3 % Provision auf die von ihm erzielten Umsätze. Für wie viel Euro hat er Ware verkauft, wenn ihm 1.860,00 € ausgezahlt werden?

17 Zum Kauf einer Maschine gaben A $\frac{3}{10}$, B $\frac{1}{4}$, C $\frac{1}{8}$ und D als Rest des Kaufpreises 6.500,00 €. Berechnen Sie den Kaufpreis und die Höhe der Anteile.

18 Eine Kundin kauft zwei Blusen für 49,00 € und 69,00 €. Wie viel muss sie insgesamt bezahlen bei einem Preisnachlass von 25 %?

19 12 Heizkörper verursachen bei täglich 9-stündiger Einschaltung 1.650,00 € Kosten. Wie hoch sind die Kosten bei 10 Heizkörpern, die 8 Stunden täglich in Betrieb sind? Welcher Bruchsatz ist richtig?

a) $\frac{1.650,00 \cdot 9 \cdot 10}{8 \cdot 12}$ b) $\frac{1.650,00 \cdot 8 \cdot 10}{9 \cdot 12}$ c) $\frac{10 \cdot 9 \cdot 12}{1.650,00 \cdot 8}$

d) $\frac{1.650,00 \cdot 9 \cdot 12}{8 \cdot 10}$ e) $\frac{1.650,00 \cdot 8 \cdot 12}{9 \cdot 10}$ f) $\frac{12 \cdot 8 \cdot 10}{1.650,00 \cdot 9}$

20 Bei Ladenöffnung waren 57,25 € Wechselgeld in der Kasse, bei Geschäftsschluss beträgt der Kassenbestand 836,40 €. Wie hoch ist die Tageslosung, wenn im Laufe des Tages folgende Ausgaben getätigt wurden: 120,00 €, 65,50 € und 24,70 €?

21 Vier Kaufleute betreiben gemeinsam ein Einzelhandelsunternehmen. A ist mit $\frac{1}{4}$, B mit $\frac{1}{5}$, C mit $\frac{1}{6}$ und D mit dem Rest beteiligt. Der Gesamtgewinn von 480.000,00 € ist nach den Einlagen zu verteilen. Wie viel Euro erhält D?

22 Wegen eines Umbaus werden drei Schaufensterscheiben benötigt, jeweils 5,60 m breit und 2,40 m hoch. Wie hoch sind die Gesamtkosten, wenn für 1 m^2 82,50 € und für den Einbau je Scheibe 145,00 € berechnet werden?

23 Drei Kaufleute führen gemeinsam eine Werbeaktion durch, die 775,00 € kostet. Die Kosten werden anteilmäßig verteilt. A ist mit 40 % mehr als B, C mit 50 % weniger als A beteiligt. Wie viel Kosten muss C übernehmen?

24 Wir haben einen Rest von 2,5 kg Bonbons zu 6,00 € je 500 g. Wie viel kg einer 2. Sorte zu 1,00 € je 125 g müssen wir damit mischen, um die Mischung für 0,90 € je 100 g verkaufen zu können?

25 Drei Kaufleute betreiben gemeinsam ein Geschäft. A ist mit 35.000,00 €, B mit 60.000,00 € und C mit 50.000,00 € beteiligt. Ein Gewinn von 12.268,00 € ist anteilmäßig zu verteilen.

26 Ein Gemüsehändler hatte 67,2 kg Tomaten eingekauft. Infolge unsachgemäßer Lagerung verdarben 8,4 kg. a) Wie viel kg konnten noch verkauft werden? b) Wie viel Prozent der gekauften Tomaten waren verdorben?

9 Die Zinsrechnung

Zinsen sind eine Vergütung, die ein Gläubiger seinem Schuldner für geliehenes Geld berechnet. Die Höhe der Zinsen wird durch den Zinssatz bestimmt, der angibt, wie viel Zinsen für ein Kapital von 100,00 € in einem Jahr bezahlt werden müssen. Ein Zinssatz von 6 % bedeutet also: 100,00 € Kapital bringen in einem Jahr 6,00 € Zinsen.

Die Zinsrechnung ist eine Anwendung der Prozentrechnung unter Einbeziehung der Laufzeit (Jahre, Monate, Tage). Von den 4 Größen müssen 3 bekannt sein, um mit dem Dreisatz die 4. berechnen zu können.

Die Prozent- und Zinsrechnung kennen folgende Größen:				
Prozentrechnung:	Prozentwert (w)	Grundwert (g)	Prozentsatz (p)	~~—~~
Zinsrechnung:	Zinsen (Z)	Kapital (K)	Zinssatz (p)	Laufzeit (t)

9.1 Die Berechnung von Jahreszinsen

Beispiel: Wie viel Zinsen bringen 650,00 € zu 8 % in 3 Jahren?

Lösung:

100,00 € Kapital	–	in 1 Jahr	–	8,00 € Zinsen
650,00 € Kapital	–	in 3 Jahren	–	x € Zinsen

$$\frac{8 \cdot 650{,}00 \cdot 3}{100 \cdot 1} = \underline{\underline{156{,}00\ €}}\ \text{Zinsen}$$

$$\text{Jahreszinsen} = \frac{\text{Kapital} \cdot \text{Zinssatz} \cdot \text{Jahre}}{100} = \frac{K}{100} \cdot p \cdot t$$

1 Berechnen Sie die Zinsen für 1, $\frac{1}{2}$, 2, 3 bzw. 5 Jahre von: **Kopfrechnen**

a) 900,00 € zu 6 %
b) 1.350,00 € zu 8 %
c) 665,00 € zu 5 %
d) 1.600,00 € zu 7 %
e) 1.880,00 € zu 3 %
f) 1.635,00 € zu 2 %
g) 800,00 € zu 9 %
h) 700,00 € zu 12 %
i) 2.500,00 € zu 4 %

2 Der Chef der Rechnungswesenabteilung eines großen Textilfachgeschäfts hat bei der Durchsicht der Konten festgestellt, dass es bei zwei Kunden seit Längerem Außenstände gibt.
Kundin Lene Rupprecht schuldet noch 1.500,00 €, fällig seit zwei Jahren,
Kunde Jan Adler schuldet 2.000,00 € seit genau einem Jahr.
Wie hoch ist die Forderung gegenüber diesen zwei Kunden insgesamt?

3 Berechnen Sie die Zinsen für $\frac{1}{2}$, $\frac{3}{4}$, $1\frac{1}{4}$, $2\frac{1}{2}$, $3\frac{3}{4}$, $4\frac{1}{4}$, $5\frac{1}{2}$ Jahre:

a) 730,00 € zu 6,5 %[1]
b) 995,00 € zu 3,75 %
c) 1.440,00 € zu 7,25 %
d) 328,50 € zu 5,5 %
e) 940,80 € zu 4,75 %
f) 1.419,20 € zu 3,4 %

4 Ein Einzelhandelskaufmann erhält von seiner Bank für drei Jahre ein Darlehen von 28.000,00 €. Er muss 7,5 % Jahreszinsen und für die Vermittlung eine vereinbarte Provision von 1,5 % der Darlehenssumme zahlen.
Berechnen Sie a) die Provision, b) die Zinsen für drei Jahre.

1 Schreibweise sowohl mit Bruchzahlen wie auch mit Dezimalzahlen möglich.

668040

9.2 Die Berechnung von Monatszinsen

Beispiel: Berechnen Sie die Zinsen von 600,00 € zu 9 % in 7 Monaten.

Lösung:

100,00 €	Kapital	–	in 12 Monaten	–	9,00 €	Zinsen
600,00 €	Kapital	–	in 7 Monaten	–	x €	Zinsen

$$\frac{9 \cdot 600{,}00 \cdot 7}{100 \cdot 12} = \underline{\underline{31{,}50\ €}}\ \text{Zinsen}$$

$$\text{Monatszinsen} = \frac{\text{Kapital} \cdot \text{Zinssatz} \cdot \text{Monate}}{100 \cdot 12} = \frac{\frac{K}{100} \cdot p \cdot t}{12}$$

---

1 Wie viel Zinsen bringen:

a) 748,00 € (636,00 €) zu 5 % (4,5 %) in 3 Monaten?
b) 982,50 € (864,60 €) zu 6 % (5,25 %) in 8 Monaten?

---

2 Ein Darlehen zu 8 % von 675,00 € (1.954,60 €) wird nach 9 (4) Monaten einschl. Zinsen zurückgezahlt. Wie hoch ist die Rückzahlungssumme?

---

3 Der Großhändler gewährt uns für folgende Rechnungsbeträge Zahlungsaufschub bei Berechnung von $8\frac{1}{2}$ % Verzugszinsen:

a) 4.856,00 €, fällig zum 31. Aug., Zahlungsaufschub bis 31. Okt.,
b) 7.873,50 €, fällig zum 30. Sept., Zahlungsaufschub bis Jahresende.

Berechnen Sie die Zahlung für die einzelnen Beträge.

---

4 Ein Einzelhandelskaufmann gewährt seinem Kunden Stundung. Berechnen Sie die Zahlung, die der Kunde unter Berücksichtigung von $6\frac{1}{2}$ % ($7\frac{1}{2}$ %) Verzugszinsen zu leisten hat:

a) 3.192,50 € (4.688,50 €), fällig am 13. März, Stundung bis 13. April,
b) 2.906,00 € (2.112,40 €), fällig am 2. Nov., Stundung einen Monat.

9.3 Die Berechnung von Tageszinsen

Deutsche Kaufleute rechnen wegen der besseren Teilbarkeit das Jahr zu **360 Tagen**, Privatpersonen, Behörden und Gerichte dagegen zu 365 Tagen. Im Ausland ist die Regelung unterschiedlich.

Beispiel: Wie hoch sind die Zinsen von 720,00 € zu 10 % für 45 Tage?

Lösung:

100,00 €	Kapital	–	in 360 Tagen	–	10,00 €	Zinsen
720,00 €	Kapital	–	in 45 Tagen	–	x €	Zinsen

$$\frac{10 \cdot 720{,}00 \cdot 45}{100 \cdot 360} = \underline{\underline{9{,}00\ €}}\ \text{Zinsen}$$

$$\text{Tageszinsen} = \frac{\text{Kapital} \cdot \text{Zinssatz} \cdot \text{Tage}}{100 \cdot 360} = \frac{\frac{K}{100} \cdot p \cdot t}{360}$$

Im Geschäftsleben werden gelegentlich, wenn die Laufzeit in Tagen angegeben ist, nur Euro-Beträge verzinst; Cent bleiben bei der Zinsberechnung unberücksichtigt. Diese Regelung diente früher der Vereinfachung. Wegen des Einsatzes von Rechnern verliert sie an Bedeutung und wird daher nicht mehr einheitlich von Banken, Sparkassen usw. angewendet.

1 Wie viel Zinsen bringen

a) 495,00 € zu 6 % in 70 Tagen?
b) 1.325,00 € zu 8 % in 95 Tagen?
c) 2.145,00 € zu 9 % in 48 Tagen?
d) 12.729,00 € zu 7,5 % in 44 Tagen?
e) 8.428,00 € zu 4,5 % in 96 Tagen?
f) 4.756,00 € zu 3,75 % in 84 Tagen?

Die Berechnung der Laufzeit

Beispiel 1: Berechnen Sie die Tage vom 9. Mai bis 16. Oktober.

Lösung:	9. Mai bis 9. Okt. = 5 Monate	=	150 Tage
	9. Okt. bis 16. Okt.	=	+ 7 Tage
			157 Tage

Beispiel 2: Berechnen Sie die Tage vom 25. August bis 12. November.

Lösung:	25. Aug. bis 25. Nov. = 3 Monate	=	90 Tage
	12. Nov. bis 25. Nov (zurück)	=	- 13 Tage
			77 Tage

Jeder Monat wird zu 30 Tagen gerechnet. Eine Ausnahme bildet der Februar, wenn der Fälligkeitstag auf den 28. bzw. 29. Februar fällt. Der erste Tag wird nicht mitgezählt, wohl aber der letzte.

2 Berechnen Sie die Tage:

a) vom 12. Nov. bis 18. Dez.
b) vom 13. Aug. bis 22. Nov.
c) vom 29. Sept. bis 31. Dez.
d) vom 27. Febr. bis 1. März
e) vom 18. Febr. bis 29. Febr.
f) vom 23. Dez. bis 31. Jan.

3 Berechnen Sie nach der Zinsformel die Zinsen für folgende Kapitalien:

a) 4.500,00 € zu 3 % vom 20. Jan. bis 1. Juli
b) 2.640,00 € zu 5 % vom 11. Febr. bis 7. Mai
c) 3.760,00 € zu 2 % vom 26. Jan. bis 18. Juni
d) 8.520,00 € zu 6 % vom 18. März bis 3. Mai

4 Unser Kunde erhält am 9. Mai für 1.950,00 € Waren, Ziel 30 Tage. Nach erfolgloser Mahnung wird der Betrag am 18. Juli zuzüglich 2,20 € Spesen und 9 % Verzugszinsen eingezogen. Ermitteln Sie die Höhe des eingezogenen Betrages.

Die kaufmännische Zinsformel

Die Zinsformel lässt sich vereinfachen, da in vielen Fällen der Zinssatz gegen 360 gekürzt werden kann. Das Ergebnis dieses Kürzens steht im Nenner und heißt **Zinsteiler.** Die übrigen Größen, nämlich 1 % des Kapitals · Laufzeit in Tagen, stehen im Zähler und werden **Zinszahl** (#) genannt.

668042

Die verkürzte kaufmännische Zinsformel: $\text{Zinsen} = \dfrac{\text{Zinszahl}}{\text{Zinsteiler}}$, wobei Zinszahl $\rightarrow \dfrac{K}{100} \cdot t$ und Zinsteiler $\rightarrow \dfrac{360}{p}$

5 Fertigen Sie für folgende Zinssätze eine Tabelle der Zinsteiler an:

1 %	$2\frac{1}{4}$ %	$3\frac{1}{3}$ %	$4\frac{1}{2}$ %	$6\frac{2}{3}$ %	10 %
$1\frac{1}{4}$ %	$2\frac{1}{2}$ %	$3\frac{3}{4}$ %	$4\frac{4}{5}$ %	$7\frac{1}{2}$ %	12 %
$1\frac{1}{2}$ %	$2\frac{2}{3}$ %	$3\frac{3}{5}$ %	5 %	8 %	15 %
2 %	3 %	4 %	6 %	9 %	18 %

6 Berechnen Sie die Zinsen für:
a) 930,00 € zu $3\frac{1}{3}$ % vom 5. Mai bis 25. Juni
b) 3.040,00 € zu $2\frac{1}{4}$ % vom 30. Nov. bis 2. März
c) 546,00 € zu $7\frac{1}{2}$ % vom 1. Juli bis 30. Sept.
d) 289,00 € zu $6\frac{2}{3}$ % vom 30. Juli bis 21. Okt.

7 Ein Darlehen von 80.000,00 € (95.000,00 €) wurde am 1. April aufgenommen und ist mit 9 % (7,5 %) zu verzinsen. Berechnen Sie die Halbjahreszinsen mithilfe der Formeln für Jahre, Monate und Tage.

8 Für eine Rechnung von 2.378,00 € sind die vertraglich festgelegten Verzugszinsen von 6 % zu berechnen. Wie viel Euro betragen diese, wenn die am 5. September fällige Rechnung erst am 31. Oktober von dem säumigen Schuldner beglichen wurde?

9 Ein Kunde begleicht eine am 20. August fällige Rechnung von 9.200,00 € erst am 12. September. Wie viel Euro Zinsen sind bei 8 % zu zahlen?

10 Eine Stereoanlage zum Barverkaufspreis von 585,00 € wird am 15. Oktober unter folgenden Bedingungen verkauft: Anzahlung 300,00 €, Zahlung der Restsumme am Jahresende bei Berechnung von 9 % Zinsen. Wie hoch ist die Restzahlung?

Das Zerfällen eines unbequemen Zinssatzes

Ergibt sich kein glatter Zinsteiler, weil die Division 360 : Zinssatz nicht aufgeht, so brauchen wir trotzdem nicht die ungekürzte Zinsformel anzuwenden. Es sind aber nur glatte Zinsteiler zu empfehlen, da das Rechnen mit Dezimalbrüchen umständlich und durch Auf- und Abrunden ungenau ist. Wir suchen vielmehr einen Zinssatz, der in der Nähe des unbequemen Zinssatzes liegt, und korrigieren das Ergebnis entsprechend.

Beispiel: Wie viel Zinsen bringen 1.800,00 € zu 3,5 % in 50 Tagen?

Lösung 1:

$$3\,\% = \frac{18 \cdot 50}{120} = 7{,}50\ €$$
$$+\ 0{,}5\,\% = \tfrac{1}{6} \text{ von } 7{,}50 = 1{,}25\ €$$
$$3{,}5\,\% = \underline{\underline{8{,}75\ €}}$$

Lösung 2:

$$4\,\% = \frac{18 \cdot 50}{90} = 10{,}00\ €$$
$$-\ 0{,}5\,\% = \tfrac{1}{8} \text{ von } 10{,}00 = 1{,}25\ €$$
$$3{,}5\,\% = \underline{\underline{8{,}75\ €}}$$

Erläuterung: Für $3\frac{1}{2}$ % bekommen wir keinen glatten Zinsteiler. Es bieten sich hier aber zwei Auswege an: **1.** Wir nehmen 3 % und zählen $\frac{1}{2}$ % hinzu. Zunächst rechnen wir die Zinsen für 3 % aus = 7,50 €. Da $\frac{1}{2}$ % von 3 % der 6. Teil ist, rechnen wir auch von 7,50 € den 6. Teil aus = 1,25 € und addieren beide Teilergebnisse = 8,75 € für $3\frac{1}{2}$ %. **2.** Wir nehmen 4 % und ziehen $\frac{1}{2}$ % ab. Zunächst rechnen wir die Zinsen für 4 % aus = 10,00 €. Da $\frac{1}{2}$ % von 4 % der 8. Teil ist, rechnen wir auch von 10,00 € den 8. Teil aus = 1,25 € und kommen durch Subtraktion zum gleichen Endergebnis.

11 Zerlegen Sie die folgenden Zinssätze: $2\frac{3}{4}$ %, $3\frac{1}{4}$ %, $6\frac{1}{2}$ %, $8\frac{1}{2}$ %, $5\frac{1}{2}$ %, 7 %, $4\frac{1}{4}$ %, $6\frac{1}{3}$ %, $3\frac{2}{3}$ %, $4\frac{7}{8}$ %, $4\frac{3}{8}$ %, $4\frac{3}{4}$ %

12 Wie viel Zinsen bringen:

a) 1.200,00 (1.500,00) € in 36 (54) Tagen zu $3\frac{1}{4}$ % ($5\frac{1}{2}$ %),
b) 920,00 (2.160,00) € in 72 (24) Tagen zu $4\frac{1}{4}$ % ($6\frac{1}{2}$ %)?

Bei **Verwendung eines Rechners** ist ein unbequemer Zinssatz kein besonderer Nachteil. Wir unterlassen die Bildung eines Zinsteilers und rechnen:

$$\text{Zinsen} = \text{Zinszahl} \cdot \frac{p}{360}$$

13 Für die folgenden Rechnungsbeträge müssen Verzugszinsen bezahlt werden. Berechnen Sie die Zahlung einschließlich Zinsen.

	Rechnungsbetrag	fällig am	bezahlt am	Zinssatz
a)	750,00 €	3. Sept.	23. Nov.	$9\frac{1}{2}$ %
b)	2.316,00 €	21. Okt.	11. Dez.	$7\frac{3}{4}$ %

14

	Rechnungsbetrag	Rechnungsdatum	Zahlungsziel	bezahlt am	Zinssatz
a)	870,00 €	2. März	2 Monate	24. Juni	$8\frac{3}{4}$ %
b)	2.560,00 €	8. Mai	14 Tage	1. Sept.	$8\frac{1}{3}$ %

9.4 Die summarische Zinsrechnung

Sind **mehrere Kapitalien zum gleichen Zinssatz** zu verzinsen, so ist es nicht erforderlich, für jeden Betrag getrennt die Zinsen zu berechnen und diese dann zu addieren. Da bei gleichem Zinssatz ja auch der Zinsteiler gleich ist, teilen wir nicht jede Zinszahl durch den Zinsteiler. Das wäre umständlich, besonders bei unbequemen Zinssätzen. Wir rechnen vielmehr summarisch ab, d. h., **wir addieren die Zinszahlen und dividieren die Summe durch den Zinsteiler.** Beim Einsatz eines Rechners wird die Vereinfachung überflüssig.

Beispiel: Wir schulden einem Lieferanten 4.360,00 €, fällig am 10. Sept., 2.755,00 €, fällig am 20. Okt., und 1.972,00 €, fällig am 30. Nov. Wie viel müssen wir am 31. Dez. bei 8 % Verzugszinsen bezahlen?

Lösung:

	Kapital	Fälligkeit	Tage	Zinszahlen
	4.360,00 €	10. Sept.	110	4 796
	2.755,00 €	20. Okt.	70	1 929
	1.972,00 €	30. Nov.	30	592
	9.087,00 €			7 317
+	162,60 €	8 % Verzugszinsen		
	9.249,60 €	Schuld am 31. Dez.		

Nebenrechnungen

43,60 · 110 = 4 796
27,55 · 70 = 1 929
19,72 · 30 = 592
7 317 : 45 = 162,60

Die Zinszahlen werden zu ganzen Zahlen auf- oder abgerundet.

$$\text{Zinsen} = \frac{\text{Summe der Zinszahlen}}{\text{Zinsteiler}}$$

---

1 Berechnen Sie das Gesamtguthaben einschließlich Zinsen per 30. Juni.

a)

Kapital	Einzahlung
448,00 €	14. Febr.
660,00 €	17. März
598,00 €	27. März

b)

Kapital	Einzahlung
976,00 €	30. April
538,00 €	1. März
770,00 €	20. April

c)

Kapital	Einzahlung
1.260,00 €	30. Jan.
1.312,00 €	29. Febr.
695,00 €	1. April

Die Verzinsung beträgt 2 % (3 %, 4 %, 3,5 %, 2,75 %, 5 %).

---

2 Verschiedene Bankkonten sind vorzeitig am 30. Mai bei 3¼ % (2½ %, 3¾ %) Verzinsung abzurechnen. Wie hoch sind die Guthaben an diesem Tag für die Sparer A, B, C und D?

A	Einzahlung	B	Einzahlung	C	Einzahlung	D	Einzahlung
€		€		€		€	
136,00	5. Febr.	95,00	2. Jan.	48,00	3. Jan.	428,00	31. Jan.
115,00	14. März	376,00	5. April	268,00	4. März	349,00	1. März
112,00	16. Mai	110,65	2. Mai	198,00	29. April	292,00	11. Mai

---

3 Von einem am 15. Februar eingeräumten Kredit werden folgende Beträge zur Bezahlung von Warenlieferungen verwendet:

960,00 € am 28. Febr.
1.480,00 € am 14. März
3.820,00 € am 17. April
5.550,00 € am 1. Juni

Mit wie viel Euro Zinsen belastet die Bank den Kontoinhaber am 30. Juni, wenn sie einen Zinssatz von 7 % (8 %, 8,5 %, 9 %) berechnet?

---

4 Folgende Rechnungsbeträge wurden verspätet in einer Summe am Jahresschluss überwiesen, sodass Verzugszinsen berechnet werden mussten. Welchen Betrag einschließlich Zinsen hatte der Kunde am 31. Dezember bei 6 % (6,5 %, 6,75 %, 7,25 %, 7,5 %) Zinsen zu zahlen?

a)

Rechn.-Betrag	fällig am
653,00 €	16. Okt.
717,00 €	27. Okt.
848,00 €	1. Nov.
967,00 €	14. Dez.

b)

Rechn.-Betrag	fällig am
728,00 €	19. Sept.
737,00 €	1. Okt.
664,00 €	31. Okt.
814,00 €	12. Nov.

c)

Rechn.-Betrag	fällig am
647,00 €	12. Okt.
668,00 €	19. Okt.
710,00 €	2. Nov.
868,00 €	9. Nov.
754,00 €	15. Dez.

9.5 Die Berechnung des Kapitals

Soll das Kapital errechnet werden, so müssen alle übrigen Größen, nämlich Zinssatz, Zeit und Zinsen, bekannt sein.

Beispiel: Ein Lieferant berechnet für eine Rechnung, die 80 Tage zu spät bezahlt wurde, 6 % Verzugszinsen = 5,60 €. Wie hoch war der Rechnungsbetrag?

Lösung: 6,00 € Zinsen – in 360 Tagen – von 100,00 € Kapital
5,60 € Zinsen – in 80 Tagen – von x € Kapital

$$\frac{100 \cdot 360 \cdot 5{,}60}{80 \cdot 6} = \underline{\underline{420{,}00\text{ €}}}\text{ Kapital}$$

$$\text{Kapital} = \frac{\text{Zinsen} \cdot 100 \cdot 360}{\text{Tage} \cdot \text{Zinssatz}} = \frac{Z \cdot 100 \cdot 360}{t \cdot p}$$

1 Wie hoch ist der Rechnungsbetrag?

Zinssatz	Verzugszinsen	Fälligkeit der Rechnung	Zahltag der Rechnung
a) 5 %	21,60 €	15. März	3. Juli
b) 7½ %	82,80 €	15. Sept.	9. Febr.
c) 9½ %	142,40 €	1. Nov.	27. Febr.

2 Berechnen Sie die Höhe des Guthabens:

Zinssatz	Zinsen	Verzinst
a) 3,75 %	109,20 €	18. Nov. bis 12. April
b) 7,75 %	321,80 €	28. Juli bis 13. März
c) 5,5 %	195,30 €	2. Jan. bis 7. April

3 Am 31. Dezember bucht eine Bank bei verschiedenen Kunden die fälligen Zinsen für gewährte Darlehensbeträge ab. Errechnen Sie anhand der folgenden Angaben die gewährten Kredite.

Kredit	Zinssatz	Zinsen
a) 14. Sept.	9 %	1.590,00 €
b) 6. Aug.	7½ %	3.750,00 €

Kredit	Zinssatz	Zinsen
c) 12. Juli	7 %	2.254,00 €
d) 6. Aug.	8½ %	2.295,00 €

4 Der Reingewinn eines zum Kauf angebotenen Einzelhandelsgeschäftes beträgt vierteljährlich im Durchschnitt 18.750,00 € (21.250,00 €). Welcher Kaufpreis darf höchstens angelegt werden, wenn die Verzinsung des Eigenkapitals 3,75 % (4,25 %) betragen soll?

9.6 Die Berechnung des Zinssatzes

Soll der Zinssatz errechnet werden, so müssen alle übrigen Größen, nämlich Kapital, Zeit und Zinsen, bekannt sein.

Beispiel: Ein Lieferant berechnet für eine 20 Tage zu spät bezahlte Rechnung über 7.200,00 € Verzugszinsen von 24,00 €. Wie viel Prozent Zinsen verlangt er?

Lösung: 7.200,00 € Kapital – in 20 Tagen – 24,00 € Zinsen
100,00 € Kapital – in 360 Tagen – x € Zinsen

$$\frac{24{,}00 \cdot 100 \cdot 360}{7.200{,}00 \cdot 20} = \underline{\underline{6\ \%}}\ \text{Zinsen}$$

$$\text{Zinssatz} = \frac{\text{Zinsen} \cdot 100 \cdot 360}{\text{Kapital} \cdot \text{Tage}} = \frac{Z \cdot 100 \cdot 360}{K \cdot t}$$

1 Wie viel Prozent betragen die Verzugszinsen?

	Rechnungsbetrag	Fälligkeitstag	Zahltag	Verzugszinsen
a)	2.890,00 €	31. März	15. Mai	21,68 €
b)	6.950,00 €	18. März	31. Mai	55,60 €
c)	4.480,00 €	28. Febr.	13. April	33,60 €
d)	4.690,00 €	17. Sept.	11. Nov.	70,35 €

2 Die Sparkasse gewährte uns am 1. Mai einen Kredit von 50.000,00 €, den wir nach 6 Monaten einschließlich Zinsen mit 52.000,00 € zurückzahlen. Welcher Zinssatz wurde vereinbart?

3 Bei welchem Zinssatz bringt ein Sparkapital von 12.600,00 € in der Zeit vom 1. April bis 9. Dezember 651,00 € Zinsen?

4 Wir zahlen ein Darlehen von 24.000,00 € vereinbarungsgemäß nach 16 Monaten mit 26.560,00 € zurück. Welcher Zinssatz wurde berechnet?

5 Welchem Zinssatz entspricht folgende Zahlungsbedingung: 30 Tage Ziel, bei Barzahlung innerhalb von 10 Tagen 3 % Skonto?

6 Ein Kreditinstitut gewährt einer jungen Einzelhandelskauffrau zwei Kredite von insgesamt 80.000,00 €. Dafür muss sie monatlich 450,00 € Zinsen zahlen. Für den ersten Kredit in Höhe von 50.000,00 € zahlt sie 6 % Zinsen. Wie hoch ist der Zinssatz des zweiten Kredits?

9.7 Die Berechnung der Zeit

Soll die Zeit errechnet werden, so müssen alle übrigen Größen, nämlich Kapital, Zinssatz und Zinsen, bekannt sein.

Beispiel: Eine Rechnung über 2.250,00 € wird verspätet bezahlt. Dafür werden dem Kunden 6 % Verzugszinsen berechnet, das sind 16,50 €. Wie viel Tage ist die Rechnung zu spät bezahlt worden?

Lösung: 100,00 € Kapital – 6,00 € Zinsen – in 360 Tagen
2.250,00 € Kapital – 16,50 € Zinsen – in x Tagen

$$\frac{360 \cdot 16{,}50 \cdot 100}{6 \cdot 2.250{,}00} = \underline{\underline{44\ \text{Tage}}}$$

$$\text{Zeit} = \frac{\text{Zinsen} \cdot 100 \cdot 360}{\text{Zinssatz} \cdot \text{Kapital}} = \frac{Z \cdot 100 \cdot 360}{p \cdot K}$$

1 Um wie viel Tage verzögerte sich die Begleichung folgender Beträge:

Rechnungsbetrag	Zinssatz	Verzugszinsen	
a) 1.140,00 € (2.150,00 €)	6 % (7 %)	7,60 €	(10,87 €)
b) 3.360,00 € (4.950,00 €)	5 % ($5\frac{1}{2}$ %)	50,40 €	(91,51 €)
c) 4.960,00 € (6.380,00 €)	$7\frac{1}{2}$ % ($7\frac{3}{4}$ %)	248,00 €	(243,10 €)

2 Unser Lieferant berechnet uns 8 % Verzugszinsen. Für wie viel Tage wurden die Verzugszinsen berechnet?

Rechnungsbetrag	Verzugszinsen	Rechnungsbetrag	Verzugszinsen
a) 3.680,00 €	13,08 €	e) 1.450,00 €	13,53 €
b) 1.950,00 €	20,80 €	f) 980,00 €	10,24 €
c) 4.250,00 €	71,78 €	g) 410,00 €	7,74 €
d) 2.980,00 €	21,19 €	h) 5.190,00 €	39,21 €

3 Wann wurden den Kaufleuten folgende Darlehen gegeben:

Kaufmann	Darlehen	Zinssatz	Tag d. Rückzahlung	Zurückgez. Betrag
A	120.000,00 €	6 %	27. Febr.	120.960,00 €
B	145.000,00 €	7,5 %	13. März	146.691,67 €
C	112.500,00 €	9 %	24. Mai	114.918,75 €
D	240.000,00 €	9,5 %	23. Aug.	248.613,33 €

9.8 Wiederholungsaufgaben zur Zinsrechnung

In den vorhergehenden Abschnitten wurden die Zinsformeln mithilfe des Dreisatzes entwickelt. Da das erfahrungsgemäß vielen nicht leichtfällt, ist zu empfehlen, sich die **Zinsformeln gut** zu **merken.**

$$Z = \frac{\frac{K}{100} \cdot p \cdot t}{360} \qquad \text{oder verkürzt} \qquad Z = \frac{\text{Zinszahl}}{\text{Zinsteiler}}$$

$$K = \frac{\mathbf{Z \cdot 100 \cdot 360}}{p \cdot t} \qquad p = \frac{\mathbf{Z \cdot 100 \cdot 360}}{K \cdot t} \qquad t = \frac{\mathbf{Z \cdot 100 \cdot 360}}{K \cdot p}$$

1. Werden die Zinsen gesucht, so ist grundsätzlich die verkürzte Zinsformel anzuwenden.
2. Wird eine andere Größe (K, p oder t) gesucht, so haben die Formeln denselben Zähler (**Z · 100 · 360**). Im Nenner stehen die beiden noch gegebenen Größen.
3. Die Formeln gehen, wie aus der Zahl von 360 Tagen zu ersehen ist, von der Zeitangabe in Tagen aus. Sie lassen sich leicht abwandeln für die Zeitangabe in Monaten oder Jahren.

668048

1 Ein Kaufmann nahm am 30. Juli einen Bankkredit von 4.500,00 € auf. Wann zahlt er das Darlehen bei 6%iger Verzinsung mit 4.541,25 € zurück?

2 Ein Geschäftsfreund erhielt von uns ein Darlehen von 4.680,00 €. Nach Ablauf von 96 Tagen erfolgte die Rückzahlung einschließlich Zinsen mit 4.773,60 €. Zu welchem Zinssatz wurde ihm das Darlehen gewährt?

3 Wie hoch war das von uns einem alten Kunden gewährte Darlehen, wenn bei einer Verzinsung von 6,5 % nach 4 Monaten 390,00 € Zinsen zu zahlen waren?

4 Unser Sparbuch wies einen Betrag von 4.345,00 € aus. Bei Vorlage am Jahresschluss wurden uns von der Bank 59,74 € Zinsen gutgeschrieben. Für welchen Zeitraum waren die Zinsen bei einem Zinssatz von 5½ % berechnet?

5 Wir gewähren einem Freund ein Darlehen von 2.400,00 € für die Dauer von sechs Monaten bei einer Verzinsung von 4,5 %.

a) Wie hoch ist der Betrag, der nach ½ Jahr zurückzuzahlen ist?
b) Wie viel Euro wären bei einem Zinssatz von 5,5 % zurückzuzahlen?

6 In welcher Zeit wächst ein Kapital von 3.250,00 € bei einer Verzinsung von 5 % auf 3.274,38 € an?

7 Unsere Bank gewährte uns ein kurzfristiges Darlehen von 28.800,00 €. Nach Ablauf von einem Vierteljahr zahlten wir es mit 29.160,00 € zurück. Wie viel Prozent Zinsen hatte die Bank berechnet?

8 Ein Haus ist mit einer 1. Hypothek von 85.000,00 € und einer 2. Hypothek von 60.000,00 € belastet. Der Hypothekenzinssatz beträgt für die 1. Hypothek 8 %, für die 2. Hypothek 9 %. Berechnen Sie die jährlich zu zahlenden Hypothekenzinsen.

9 Wie hoch ist das von uns einem Geschäftsfreund gewährte Darlehen, wenn bei einer vertraglich festgelegten Verzinsung von 4½ % halbjährlich 54,00 € Zinsen zu zahlen sind?

10 Für welchen Darlehensbetrag wurden für die Zeit vom 7. April bis 17. August bei 4 % 650,00 € Zinsen gezahlt?

11 Es sind für eine Hypothek von 24.000,00 € halbjährlich 720,00 € Zinsen zu zahlen. Wie hoch ist der Zinssatz?

12 Von einem unserer Schuldner erhielten wir bei einem für verspätete Zahlungseingänge vereinbarten Zinssatz von 3,75 % für die Zeit vom Fälligkeitstag (2. Nov.) bis zur erfolgten Zahlung (12. März) 169,20 € Zinsen. Wie hoch war der Betrag der Rechnung?

13 An einem Unternehmen ist A mit 36.000,00 € beteiligt. Vom Jahresreingewinn erhält er 4.140,00 €. An einem anderen Unternehmen betragen seine Beteiligung 30.000,00 € und sein Gewinnanteil 3.825,00 €. Wie hoch ist die Verzinsung der Einlagen?

14 Welches Kapital bringt in der Zeit vom 23. März bis zum 1. August bei einer Verzinsung von $4\frac{1}{2}$ % Zinsen von 44,80 €?

15 Am 23. August wurde ein Darlehen von 2.450,00 € gewährt, das am 2. November desselben Jahres mit 2.478,18 € zurückgezahlt wurde. Wie viel Prozent betrug die Verzinsung?

16 In welcher Zeit wächst ein Sparkonto bei einer Einlage von 1.470,00 € und einem Zinssatz von 5 % auf 1.489,60 € an?

17 Die Firma Ruppert OHG erhielt von uns am 8. November Waren im Wert von 345,00 € mit einem Ziel von drei Monaten. Nach mehrfach wiederholten Mahnungen ziehen wir am 27. Februar d. n. J. den überfälligen Betrag durch Postnachnahme ein. Dabei werden $4\frac{1}{2}$ % Verzugszinsen sowie 2,40 € Mahngebühren in Rechnung gestellt. Wie hoch ist der uns zustehende Betrag?

18 Um überfällige Rechnungen einzuziehen, wird am 15. Juli ein Mahnschreiben zuzüglich 6,5 % Zinsen ausgestellt. Über welchen Betrag muss dieses lauten, wenn folgende Beträge ausstehen:

224,00 €, fällig am 20. Februar
472,00 €, fällig am 28. März
355,00 €, fällig am 1. April
618,00 €, fällig am 22. April?

19 Von einem unserer Kunden wird eine am 5. Februar fällig gewordene Rechnung infolge aufgetretener Zahlungsschwierigkeiten erst am 1. Juni einschließlich 6 % vereinbarter Verzugszinsen beglichen. Wie viel Euro überweist er auf unser Bankkonto, wenn der Betrag unserer Rechnung über 1.875,75 € lautet?

20 Auf einem Haus lasten folgende Hypotheken:

a) 7.500,00 € zu 4,75 %
b) 3.500,00 € zu 5,75 %
c) 20.000,00 € zu 6,75 %
d) 15.000,00 € zu 7,25 %

Wie viel Hypothekenzinsen sind jeweils zum 30. Juni und 31. Dezember fällig?

21 Ein Rechnungsbetrag von 484,00 € war am 2. Nov. fällig. Nach mehrfacher Mahnung wurde er endlich am 27. Jan. n. J. mit 494,17 € beglichen, und zwar einschließlich Mahngebühren von 1,60 € und Verzugszinsen. Wie viel Prozent Verzugszinsen waren dem säumigen Schuldner in Rechnung gestellt worden?

22 Ein Kaufmann erhält am 12. September ein Darlehen über 12.000,00 € zu 8 %. Nach einem halben Jahr tilgt er 5.000,00 €. Wann muss er den Rest zurückzahlen, wenn seine Zinsen insgesamt nicht mehr als 800,00 € betragen sollen?

23 Zu welchem Preis muss ein Kaufmann sein Unternehmen verkaufen, wenn er aus dem Erlös bei 5 % Zinsen monatlich 1.250,00 € zur Verfügung haben will?

24 Ein Kredit über 2.250,00 € wurde am 5. März zu 8 % Zinsen aufgenommen und mit 2.350,00 € zurückgezahlt. Wie lange wurde der Kredit gewährt?

25 Eine Lieferantenrechnung vom 16. Mai über 660,00 € mit einem Zahlungsziel von 14 Tagen ab Rechnungsdatum wurde erst am 18. Juli bezahlt. Welcher Betrag muss bei 6 % Verzugszinsen überwiesen werden?

10 Die Aufgaben der Buchführung

Ein geordnetes kaufmännisches Unternehmen ist ohne Buchführung nicht mehr denkbar. Auch im kleinsten Einzelhandelsgeschäft muss der Kaufmann „anschreiben", was er von seinen Kunden noch zu fordern hat. Umgekehrt ist es natürlich auch wichtig zu wissen, welche Beträge er seinen Lieferanten schuldet.

So ist aus einfachen Aufzeichnungen die Buchführung entstanden, nämlich aus dem Aufschreiben der Forderungen und der Schulden (Verbindlichkeiten).

Je größer das Unternehmen ist, desto umfangreicher werden die **Aufgaben der Buchführung.** Stand und Entwicklung des Unternehmens lassen sich nur dann erkennen und beurteilen, wenn aufgrund der Geschäftsvorfälle **lückenlose, zeitlich und sachlich geordnete Aufzeichnungen über**

Einnahmen und Ausgaben, Vermögen und Schulden, Aufwendungen und Erträge

gemacht werden. Geschieht das nicht, so geht der Überblick schnell verloren und die Geschäftsleitung ist nicht dazu in der Lage, wirtschaftlich sinnvolle Entscheidungen anhand von buchhalterischen Unterlagen zu treffen.

> Es ist Aufgabe der Buchführung, alle Geschäftsvorfälle des Unternehmens, zeitlich und sachlich geordnet, aufzuzeichnen und der Unternehmensleitung Entscheidungshilfen zu geben.

Die **Zahlen der Buchführung werden** im Unternehmen **auch für andere Berechnungen benötigt.** Die **Kalkulation** (Kostenrechnung) kann ohne Aufzeichnungen der Buchführung keine Preisberechnungen aufstellen. **Die Statistik** verarbeitet die Zahlen der Buchführung zu Schaubildern, Diagrammen usw. Jede **Planungsrechnung** ist ohne Buchführung unmöglich.

> Die Buchführung muss rechnerische Unterlagen für die Kostenrechnung, Statistik und Planungsrechnung schaffen.

Die Aufgaben der Buchführung werden aber nicht nur von innerbetrieblichen Zwecken bestimmt. **Auch für Außenstehende ist die Buchführung** des Unternehmens **von Bedeutung.**

Dem Finanzamt gegenüber kann der Kaufmann durch eine ordnungsmäßige Buchführung nachweisen, dass sein Gewinn richtig ermittelt ist. Bei Rechtsstreitigkeiten hat die Buchführung Beweiskraft. Gesellschafter des Unternehmens können sich durch Einsicht in die Buchführung ein Bild vom Stand des Unternehmens machen. Die Sozialversicherungsträger (Krankenkassen usw.) überprüfen die Beitragszahlungen anhand der Buchführung des Unternehmens.

> Die Buchführung ermöglicht den Nachweis, dass das Unternehmen gegenüber Außenstehenden seine Verpflichtungen (Beitragspflicht, Steuerpflicht) erfüllt hat.

Zur Erfüllung dieser vielfältigen Aufgaben muss die Buchführung zweckmäßig organisiert und sorgfältig gehandhabt werden.

11 Die gesetzlichen Grundlagen der Buchführung

Es gibt eine Reihe von gesetzlichen Vorschriften, die dem Kaufmann die Buchführung zur Pflicht machen. Die grundlegenden Vorschriften finden sich im **Handelsgesetzbuch** (§§ 238–263 HGB). Dort heißt es:

„Jeder Kaufmann ist verpflichtet, Bücher zu führen und in diesen seine Handelsgeschäfte und die Lage seines Vermögens nach den Grundsätzen ordnungsmäßiger Buchführung ersichtlich zu machen (§ 238 Abs. 1)."

Diese Vorschrift gilt für alle in das Handelsregister eingetragenen Kaufleute. Kaufleute, die nach § 238 HGB buchführungspflichtig sind, haben diese Pflicht auch im Interesse der Besteuerung nach **§ 140 Abgabenordnung** (AO) zu erfüllen.

Alle anderen Gewerbetreibenden, z. B. Handwerker, Land- und Forstwirte, **sind zur Buchführung verpflichtet, wenn sie** gemäß § 141 AO **eine der folgenden Voraussetzungen erfüllen:**

Umsätze von mehr als 500.000,00 € (im Kalenderjahr) oder Gewinn aus Gewerbebetrieb von mehr als 50.000,00 € (Wirtschaftsjahr). Selbst bewirtschaftete land- und forstwirtschaftliche Flächen von mehr als 25.000,00 € (Wirtschaftswert) [...]

Handelsgesetzbuch und Abgabenordnung enthalten die grundlegenden Bestimmungen über die Buchführungspflicht.

Handelsgesetzbuch und Abgabenordnung enthalten außerdem noch wichtige Vorschriften über die Ordnungsmäßigkeit der Buchführung.

Weitere steuerrechtliche Vorschriften zur Buchführung sind im **Einkommensteuergesetz** (ergänzt durch Einkommensteuerrichtlinien), im **Körperschaftsteuergesetz,** im **Umsatzsteuergesetz** und im **Gewerbesteuergesetz** enthalten. Das Handelsgesetzbuch enthält in den §§ 264–335 HGB ergänzende Vorschriften für die Buchführung der Kapitalgesellschaften und in den §§ 336–339 HGB die Vorschriften für Genossenschaften.

Vorschriften für den Jahresabschluss der Aktiengesellschaft findet man im Aktiengesetz. Das GmbH-Gesetz enthält die Bestimmungen für den Jahresabschluss der Gesellschaften, die als Gesellschaft mit beschränkter Haftung geführt werden. Die entsprechenden Vorschriften für die Genossenschaften findet man im Genossenschaftsgesetz.

Unternehmen, die nicht als Gesellschaften betrieben werden, aber trotzdem eine große wirtschaftliche Bedeutung haben, sind durch das **Publizitätsgesetz** zur Veröffentlichung ihres Jahresabschlusses verpflichtet.

Aktiengesetz, GmbH-Gesetz, Genossenschaftsgesetz, Bilanzrichtlinien-Gesetz und Publizitätsgesetz ergänzen die Buchführungsvorschriften für bestimmte Unternehmensformen.

12 Die Ordnungsmäßigkeit der Buchführung

Die **Grundsätze ordnungsmäßiger Buchführung** sind **nicht in einem eigenen Gesetz** festgelegt, **sondern** ergeben sich aus dem **HGB,** der **AO**, dem **Aktiengesetz,** den **Einkommensteuerrichtlinien,** den **handels- und steuerrechtlichen Entscheidungen** und aus der **Fachliteratur.** Dadurch wurde die starre Bindung an ein bestimmtes Buchführungssystem vermieden und die Möglichkeit geschaffen, Veränderungen in der Buchführungstechnik und Buchführungsorganisation laufend zu berücksichtigen.

Ordnungsmäßig ist eine Buchführung, wenn sie „einem sachverständigen Dritten innerhalb angemessener Zeit einen Überblick über die Geschäftsvorfälle und über die Lage des Unternehmens vermitteln kann. Die Geschäftsvorfälle müssen sich in ihrer Entstehung und Abwicklung verfolgen lassen." (§ 238 HGB, § 145 AO)

Für die Ordnungsmäßigkeit ist es unerlässlich, dass die gesetzlichen Vorschriften zur Buchführung eingehalten werden. **Nur** eine **ordnungsmäßige Buchführung besitzt Beweiskraft** für Finanzbehörden und Gerichte. Stellen Finanzbehörden Verstöße gegen die Ordnungsmäßigkeit der Buchführung fest, so ermitteln sie die Besteuerungsgrundlage durch Schätzung, die erfahrungsgemäß für den Steuerpflichtigen nicht vorteilhaft ist.

Man unterscheidet zwischen der formellen und der materiellen Ordnungsmäßigkeit:

formell: Die vorgeschriebenen Bücher müssen mit der entsprechenden Sorgfalt geführt werden. Die Buchungen müssen in einer vertretbaren Zeitspanne auffindbar sein.

materiell: Alle Geschäftsvorfälle sind richtig und vollständig zu buchen.

Wichtige Grundsätze ordnungsmäßiger Buchführung (GOB):

- Alle **Aufzeichnungen** müssen **wahr, klar** und **übersichtlich** sein.
- Die **Geschäftsvorfälle** sind **vollständig, richtig, zeitgerecht** und **sachlich** geordnet **zu buchen.**
- Für alle Buchungen müssen **Belege** vorhanden sein (Belegzwang).
- **Eintragungen** oder Aufzeichnungen dürfen **nicht so verändert** werden, **dass** der **ursprüngliche Inhalt nicht mehr feststellbar** ist.
- Bei der Führung von Handelsbüchern hat sich der Kaufmann einer lebenden Sprache zu bedienen. Werden anstelle eines Textes **Symbole** verwendet, muss deren Bedeutung **eindeutig festliegen.**
- Die **Eintragungen** müssen für die **Dauer der Aufbewahrungsfrist lesbar** sein.
- Zwischen den Buchungen dürfen **keine Leerräume** gelassen werden, die man zu späteren Eintragungen verwenden kann.
- **Alle Handelsbücher, Inventare und Bilanzen sind 10 Jahre lang aufzubewahren.** Die Urschriften der eingehenden sowie die Durchschriften der ausgehenden Handelsbriefe **müssen 6 Jahre lang aufbewahrt werden.** Dienen sie aber als **Buchungsgrundlage,** so müssen sie wie alle anderen **Buchungsbelege 10 Jahre** lang aufbewahrt werden.

13 Die einfache Einnahmen- und Ausgabenrechnung

Private und öffentliche Haushalte erfassen mithilfe dieser Rechnung ihre Einnahmen und Ausgaben. Auch kleine gewerbliche Unternehmen führen zumindest ein Buch über die eingehenden und ausgehenden Zahlungen.

Das Haushaltsbuch der Hausfrau ist nach dem gleichen Prinzip aufgebaut. Es enthält gesonderte Spalten für Einnahmen und Ausgaben, mit denen man den Bestand des Bargeldes ermitteln und überwachen kann.

Die öffentlichen Haushalte verfahren ähnlich. Mit Einnahmen aus Steuern, Abgaben und Gebühren werden die Ausgaben für öffentliche Sicherheit, Schulen, Wohnungs- und Verkehrswesen usw. bestritten. Dabei gilt der Grundsatz: Keine Ausgabe ohne entsprechende Deckung durch Einnahme.

Auszug aus dem Haushaltsplan einer Gemeinde:

Haushaltstitel	Einnahmen €	Ausgaben €	Zuschuss/ Überschuss €
Übertrag	6.993.000,00	10.450.000,00	– 3.457.000,00
Öffentliche Sicherheit	125.000,00	120.000,00	+ 5.000,00
Schulen	287.000,00	1.300.000,00	– 1.013.000,00
Wohnungs- und Verkehrswesen	195.000,00	970.000,00	– 775.000,00
Allgemeine Finanzwirtschaft	6.500.000,00	1.260.000,00	+ 5.240.000,00
	14.100.000,00	14.100.000,00	0,00

Steuerpflichtige, die nicht aufgrund gesetzlicher Vorschriften verpflichtet sind, Bücher zu führen und Abschlüsse zu machen, ermitteln den Gewinn als Überschuss der Einnahmen über die Ausgaben. In der einfachsten Form genügt hierzu ein Zweispaltenbuch. Am Schluss des Monats oder des Jahres stellt man die Einnahmen den Ausgaben gegenüber und ermittelt so den Betriebserfolg.

Beispiel einer Einnahmen-Ausgaben-Buchführung (Einzelhandel):

Tag	Monat Januar ..	Beleg Nr.	Einnahmen €	Ausgaben €
	Übertrag:		44.101,00	42.270,00
29.	Reparatur Weber	E 61	120,00	
	Telekommunikationsrechnung Januar	A 20		348,00
30.	Verkäufe Elektroherde	E 62	8.695,00	
31.	Verkäufe Küchenmaschinen	E 63	2.064,00	
	Einkauf Büromaterial	A 21		12,00
			54.980,00	42.630,00
		– Ausgaben	42.630,00	
		Reingewinn	12.350,00	

668054

14 Die Inventur

14.1 Das Wesen der Inventur

Nach § 240 HGB (Handelsgesetzbuch) und §§ 140, 141 AO (Abgabenordnung) muss der Kaufmann

1. **beim *Beginn seines Handelsgewerbes,***
2. **für den *Schluss eines jeden Geschäftsjahres***

Vermögen und Schulden seines Unternehmens **feststellen.**

Die hierzu erforderliche **Tätigkeit** nennt man Bestandsaufnahme oder **Inventur.** Man sagt: Der Kaufmann macht Inventur.

Die Inventur erstreckt sich auf alle Vermögensteile und Schulden, die nach Art, Menge und Wert zu erfassen sind. Sie bezieht sich auf einen bestimmten Tag (Inventurstichtag).

Große **Teile des Vermögens** sind **körperlich vorhanden und lassen sich** durch Messen, Zählen, Wiegen und notfalls Schätzen **mengen- und wertmäßig erfassen.** Diese Art der Inventur bezeichnet man als **körperliche Inventur.**

Die nicht körperlichen Teile des Vermögens wie Forderungen an Kunden und Bankguthaben **sowie alle Schulden sind nur durch Aufzeichnungen** und Belege der Buchhaltung **zu erfassen** und zu belegen. Diesen Teil der Inventur nennt man **Buchinventur.**

Die Inventur ist die mengen- und wertmäßige Bestandsaufnahme des Vermögens und der Schulden zu einem bestimmten Zeitpunkt (Stichtag).

Körperliche Wirtschaftsgüter werden durch Messen, Zählen und Wiegen inventarisiert (körperliche Inventur).

Nicht körperliche Wirtschaftsgüter und Schulden weist man buchhalterisch nach (Buchinventur).

Da die körperliche Bestandsaufnahme mit erheblichem Arbeitsaufwand verbunden ist und der Geschäftsbetrieb möglichst wenig gestört werden soll, ist es notwendig, die Inventur sorgfältig zu planen und vorzubereiten.

Der Inventurstichtag wird im Rahmen der zulässigen Zeitspanne so gewählt, dass er möglichst günstig liegt. Ein Inventurplan legt Verfahren und Ablauf der Bestandsaufnahme fest. Man teilt das Unternehmen in Aufnahmebereiche auf, für die verantwortliche Mitarbeiter eingeteilt werden. Vorbereitete Listen, Vordrucke und Arbeitsanweisungen erleichtern die Arbeit. Durch Stichproben überprüft man die richtige und vollständige Erfassung der Wirtschaftsgüter.

---

1 Stellen Sie fest, in welchen Fällen man die körperliche Inventur durchführen kann und wo man zur Buchinventur übergehen muss.

1. Warenvorräte	5. Bankschulden	9. Darlehensschulden
2. Forderungen an Kunden	6. Kassenbestand	10. Hypothekenschulden
3. Verbindlichkeiten an Lieferanten	7. Postbankguthaben	11. Geschäftsausstattung
4. Fahrzeuge	8. Bankguthaben	12. Personal Computer

14.2 Die Verfahren der Inventur

Die **körperliche Aufnahme** muss **mindestens einmal im Laufe des Geschäftsjahres** durchgeführt werden. Das braucht nicht am Abschlusstag des Geschäftsjahres zu sein, sondern ist innerhalb bestimmter Fristen zulässig. Nach dem Zeitpunkt der Inventur unterscheidet man drei Verfahren. Der Kaufmann wählt daraus das Verfahren aus, durch das der Geschäftsbetrieb am Abschlussstichtag am wenigsten beeinträchtigt wird.

1. Stichtagsinventur

Man führt die Inventur **innerhalb einer Frist von 10 Tagen vor oder nach dem Abschlussstichtag** durch. In dieser Frist werden alle Vermögens- und Schuldteile inventarisiert. Die **Bestände am Abschlussstichtag** können **durch wert- und mengenmäßige Fortschreibung bzw. Rückrechnung ermittelt** werden. Man bezeichnet sie daher auch als ausgeweitete Stichtagsinventur.

Abschlussstichtag: 30. Juni (Fortschreibung)

Inventurbestand	am 25. Juni	250 Stück	je 100,00 €		25.000,00 €
– Verkäufe	bis 30. Juni	100 Stück		10.000,00 €	
+ Einkäufe	bis 30. Juni	80 Stück		8.000,00 €	– 2.000,00 €
Inventurbestand	am 30. Juni	230 Stück			23.000,00 €

Abschlussstichtag: 30. Sept. (Rückrechnung)

Inventurbestand	am 10. Okt.	400 Stück	je 50,00 €		20.000,00 €
+ Verkäufe	ab 30. Sept.	250 Stück		12.500,00 €	
– Einkäufe	ab 30. Sept.	150 Stück		7.500,00 €	+ 5.000,00 €
Inventurbestand	am 30. Sept.	500 Stück			25.000,00 €

2. Verlegte Inventur

Die **körperliche Bestandsaufnahme** erfolgt an einem Tag, der **innerhalb der letzten drei Monate vor oder innerhalb der beiden Monate nach dem Abschlussstichtag** liegt. Der am Inventurtag ermittelte Bestand wird **wertmäßig auf den Abschlussstichtag fortgeschrieben oder zurückgerechnet.**

3. Permanente Inventur

Sie bietet dem Kaufmann den größten Spielraum für die körperliche Erfassung. Wichtige **Voraussetzung** dieses Verfahrens **ist eine Lagerkartei**, aus der der Bestand nach Art und Menge jederzeit entnommen werden kann. **Einmal im Laufe des Geschäftsjahres muss durch Inventur die Stichhaltigkeit der Lagerkartei überprüft werden.**

---

2 Ein Einzelhandelsunternehmen hat als Abschlussstichtag den 31. März.

a) Nennen Sie mögliche Inventurtage für die Stichtagsinventur.
b) Nennen Sie mögliche Inventurtage für die verlegte Inventur.

---

3 Ein Einzelhandelsunternehmen wendet die Stichtagsinventur an, Abschlussstichtag 31. Dezember. Ermitteln Sie den Inventurbestand zum 31. Dezember.

Inventurbestände	am	5. Januar	700 Stück	(je 200,00 €)
Einkäufe	vom	2. Januar – 4. Januar	600 Stück	
Verkäufe	vom	2. Januar – 4. Januar	200 Stück	

15 Das Inventar

Das Ergebnis der Bestandsaufnahme trägt man in Listen ein, die geordnet und nummeriert werden. Je nach Größe des Unternehmens können diese Aufzeichnungen den Umfang eines Buches annehmen. Sie bieten einen detaillierten Einblick in Vermögen und Schulden des Unternehmens.

Alle Ergebnisse fasst man in einem besonderen Verzeichnis, dem Inventar, zusammen.

> Das Inventar ist ein ausführliches Verzeichnis des Vermögens und der Schulden eines Unternehmens nach Art, Menge und Wert zum Abschlussstichtag.
>
> Inventur = Bestandsaufnahme — Inventar = Bestandsverzeichnis

Darstellung im Inventar:

A. Das Vermögen

Die **Gesamtheit aller im Unternehmen eingesetzten Werte** fasst man unter dem Begriff **Vermögen** zusammen. Im Inventar wird das Vermögen **nach der Flüssigkeit geordnet,** wobei man mit den am wenigsten flüssigen Mitteln beginnt. Daher werden an erster Stelle die Vermögenswerte aufgeführt, die langfristig im Unternehmen genutzt werden und erst nach langer Zeit wieder zu flüssigen Mitteln werden. Das Vermögen gliedert man in:

1. Anlagevermögen. Hierzu gehören alle **Vermögensbestandteile, die langfristig an das Unternehmen gebunden** sind, wie Grundstücke und Gebäude, Maschinen, Fahrzeuge, Betriebs- und Geschäftsausstattung usw.

Das Anlagevermögen ist für die Aufrechterhaltung des Unternehmens notwendig, weil es die Grundlage für die ganze Geschäftstätigkeit bildet.

2. Umlaufvermögen. Umlaufvermögen sind alle **Vermögensbestandteile, die nur kurzfristig im Betrieb bleiben,** die umlaufen und umgesetzt werden. Zum Umlaufvermögen gehören: Warenvorräte, Forderungen, Bargeld, Postbank-, Bank-, Sparkassenguthaben usw.

Das Umlaufvermögen unterliegt einem ständigen Umwandlungsprozess, es ändert Form und Zusammensetzung kurzfristig. Durch den Warenverkauf entstehen Forderungen, diese werden beim Ausgleich der Rechnungen zu Zahlungsmitteln, die wieder zum Einkauf von Waren verwendet werden.

> Das Vermögen gliedert man in Anlage- und Umlaufvermögen, und zwar in der Reihenfolge zunehmender Flüssigkeit (Liquidität). Am Anfang der Vermögensaufstellung stehen die am wenigsten flüssigen (illiquiden), am Ende die flüssigen (liquiden) Bestandteile.

---

1 Ordnen Sie folgende Vermögensbestandteile dem Anlage- bzw. Umlaufvermögen zu:

Einzelhandels-unternehmen:	Lagerregale	*Großhandels-unternehmen:*	Waren
	Bankguthaben		Kasse
	Personenkraftwagen		Postbankguthaben
	Forderungen a. LL		Gebäude
	Waren		Lagerhalle
	Kasse		Lastkraftwagen

B. Die Schulden

Neben den Vermögensbestandteilen muss der Kaufmann auch seine Schulden erfassen. **Schulden werden** im Inventar **nach der Fälligkeit** bzw. Dringlichkeit der Zahlung **gegliedert.** Man unterscheidet:

1. Langfristige Schulden, wie Hypotheken- und Darlehensschulden;

2. Kurzfristige Schulden, wie Bank- und Lieferantenschulden.

Schulden entstehen dadurch, dass Außenstehende Kredit gewähren. Die **Schulden sind** daher das im Unternehmen arbeitende **Fremdkapital.** Im Gegensatz dazu steht das **Eigenkapital** (siehe unten).

Die Schulden gliedert man in langfristige und kurzfristige Schulden, und zwar in der Reihenfolge steigender Fälligkeit.

C. Die Ermittlung des Reinvermögens

Aus dem Unterschied zwischen der Summe des Vermögens und der Summe der Schulden kann der Kaufmann erkennen, wie hoch sein Reinvermögen ist. Die Summe des Vermögens wird mit der Summe der Schulden verglichen. Je niedriger die Summe der Schulden im Vergleich zur Summe des Vermögens ist, desto höher ist der Anteil des Reinvermögens (Eigenkapital). Das Reinvermögen ermittelt man:

  Summe des Vermögens
– Summe der Schulden
= Reinvermögen = Eigenkapital

Das Inventar besteht daher aus drei Teilen:

A. Vermögen
I. Anlagevermögen
II. Umlaufvermögen

B. Schulden
I. Langfristige Schulden
II. Kurzfristige Schulden

C. Ermittlung des Reinvermögens

Da das Inventar dem Nachweis der in der Bilanz (vgl. Seite 63 ff.) aufgeführten und bewerteten Wirtschaftsgüter dient, bezieht sich die Unterschrift unter der Bilanz auch auf die ihr zugrunde liegende Inventarisierung.

---

2 Unterscheiden Sie Anlage- und Umlaufvermögen. Nennen Sie Beispiele dazu.
Unterscheiden Sie Eigen- und Fremdkapital. Führen Sie Beispiele dazu an.

Welche Bestände müssen durch eine Buchinventur festgestellt werden?
Welche Bestände eignen sich für eine körperliche Bestandsaufnahme?
Nennen Sie die wesentlichen Kennzeichen der permanenten Inventur.

---

3 Für welchen Teil des Inventars gilt die Gliederung nach der Liquidität?
Für welchen Teil des Inventars gilt die Gliederung nach der Fälligkeit?

668058

Inventar
der Weinhandlung Peter Schulz e. K., Osnabrück,
für den 31. Dezember ..

	€	€
A. Vermögen		
I. Anlagevermögen		
1. Gebäude, Turmstraße 39		126.000,00
2. Ladenausstattung lt. bes. Verzeichnis, Anlage 1		7.200,00
3. Fuhrpark lt. bes. Verz., Anlage 2		32.500,00
II. Umlaufvermögen		
1. Waren lt. bes. Verz., Anl. 3-8		
3 680 Flaschen Rhein-, Pfalz- und Naheweine	18.400,00	
10 280 Flaschen Mosel-, Saar- und Ruwerweine	25.700,00	
800 Flaschen Frankenweine	2.800,00	
640 Flaschen Badische Weine	1.600,00	
2 250 Flaschen Franz. Rotweine	7.900,00	
1 740 Flaschen Deutscher Sekt	5.200,00	61.600,00
2. Forderungen aus Lieferungen		
Herbert Möller, Osnabrück	3.730,00	
Thomas Kisters, Lengerich	2.850,00	
Otmar Diebisch, Tecklenburg	2.310,00	8.890,00
3. Kassenbestand 3.140,00		
4. Bankguthaben		
Deutsche Bank, Zweigst. Osnabrück	7.800,00	
Stadtsparkasse Osnabrück	4.900,00	12.700,00
Summe des Vermögens		252.030,00
B. Schulden		
I. Langfristige Schulden		
Hypothekenschulden bei der Stadtsparkasse Osnabrück		32.600,00
II. Kurzfristige Schulden		
Verbindlichkeiten aus Lieferungen		
Paul Schmidt e. K., Nierstein	4.450,00	
Krüger GmbH, Rüdesheim	5.770,00	
Bernhard Pauly e. Kfm., Bernkastel-Kues	7.560,00	17.780,00
Summe der Schulden		50.380,00
C. Ermittlung des Reinvermögens		
Summe des Vermögens		252.030,00
– Summe der Schulden		50.380,00
= **Reinvermögen** (Eigenkapital)		201.650,00

Stellen Sie in den folgenden Übungen die Inventare auf. Beachten Sie dabei die auf der Seite 59 angegebene Gliederung.

---

4 Walter Körner e. K., Krefeld, hat in seinem Schuheinzelhandelsgeschäft zum 31. Dezember .. Inventur gemacht und folgende Vermögensbestände und Schulden festgestellt:

Gebäude, Ostwall 95			185.000,00
Ladenausstattung lt. bes. Verzeichnis			17.000,00
Waren:	Herrenschuhe	12.320,00	
	Damenschuhe	17.670,00	
	Kinderschuhe	5.460,00	
	Hausschuhe	1.940,00	
	Sonstige Waren	2.180,00	39.570,00
Forderungen aus Lieferungen:			
	Peter Flören, Krefeld, Rheinstraße 8	69,00	
	Anni Meesters, Krefeld, Königstraße 34	54,00	
	Kurt Braun, Krefeld, Hochstraße 67	112,00	235,00
Bargeld			1.280,00
Guthaben bei der Dresdner Bank, Filiale Krefeld			5.760,00
Hypothekenschulden bei der Westdeutschen Hypothekenbank AG, Düsseldorf			68.600,00
Verbindlichkeiten aus Lieferungen:			
	Müller KG, Tuttlingen	7.370,00	
	Schuhfabrik Palatia AG, Pirmasens	10.120,00	
	Kinderschuhfabrik Karl Rütter e. Kfm., Kleve	2.860,00	20.350,00

---

5 Helmut Seeger e. K., Nürnberg, hat in seinem Haushaltswarengeschäft zum 31. Dezember .. Inventur gemacht und dabei ermittelt:

Ladenausstattung lt. bes. Verzeichnis			14.170,00
Personenkraftwagen			10.700,00
Waren laut Warenliste:			
	Gartengeräte	8.970,00	
	Geschenkartikel	9.230,00	
	Haushaltsgeräte	70.420,00	
	Werkzeuge	21.380,00	110.000,00
Forderungen aus Lieferungen:			
	Ernst Kirschner, Nürnberg	720,00	
	Betty Weiß, Fürth	410,00	
	Margot Halfer, Nürnberg	370,00	1.500,00

668060

Kassenbestand		1.450,00
Bankguthaben, Stadtsparkasse Nürnberg		480,00
Bankschulden, Dresdner Bank AG, Nürnberg		14.260,00
Verbindlichkeiten aus Lieferungen:		
Bayerische Metallfabriken AG, Nürnberg	33.770,00	
Gerätewerke Fuchs KG, Pegnitz	4.020,00	
Porzellan AG, Selb	3.360,00	
Werner Weiß e. K., Fürth	9.650,00	50.800,00

6 Der Lebensmitteleinzelhändler Helmut Reimann e. K., Karlsruhe, hat zum 31. Dezember . . Inventur gemacht und folgende Werte festgestellt:

Gebäude, Hauptstraße 68		120.000,00
Waren lt. Warenlisten:		
Fette und Molkereierzeugnisse	7.900,00	
Fleisch- und Wurstwaren	15.100,00	
Zucker und Zuckerwaren	11.800,00	
Getreideerzeugnisse	17.200,00	
Brot- und Backwaren	2.400,00	
Obstkonserven	12.300,00	
Gemüsekonserven	15.500,00	
Kassenbestand		2.760,00
Forderungen aus Lieferungen:		
Ludwig Prellenthin, Pforzheim	2.310,00	
Hans Böckstein, Bruchsal	3.080,00	
Paul Wottke, Ettlingen	4.620,00	
Verbindlichkeiten aus Lieferungen:		
Günter Schell OHG, Stuttgart	6.160,00	
Krause KG, Köln	5.280,00	
Hartmut Petersen e. K., Hamburg	9.835,00	
Ladenausstattung lt. bes. Verzeichnis		18.000,00
Fuhrpark lt. bes. Verzeichnis		75.000,00
Darlehensschulden bei Wilhelm Reimann, Karlsruhe		45.000,00
Guthaben bei der Postbank, Karlsruhe		3.180,00
Guthaben bei der		
Commerzbank, Karlsruhe	4.175,00	
Sparkasse der Stadt Karlsruhe, Karlsruhe	8.340,00	

16 Die Bilanz

16.1 Die Bilanz und ihre Gliederung

Der junge Einzelhandelskaufmann Oskar Krüger hat ein Bankguthaben von 100.000,00 € und bares Geld 40.000,00 €. Damit gründet er ein Geschäft.

① Krüger hat 100.000,00 € Bankguthaben und 40.000,00 € Bargeld.

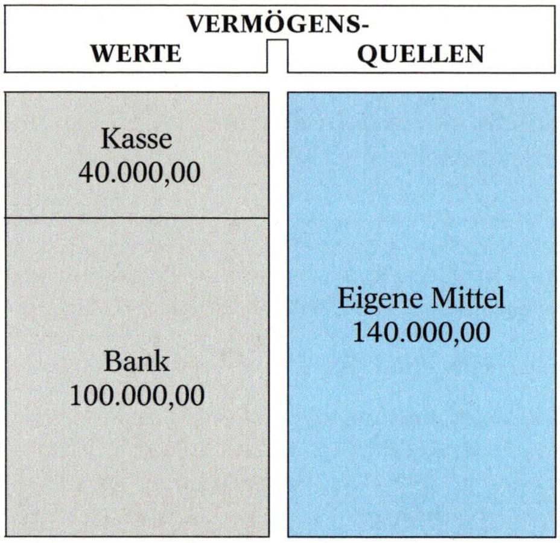

② Er kauft für 80.000,00 € Waren gegen einen Bankscheck.

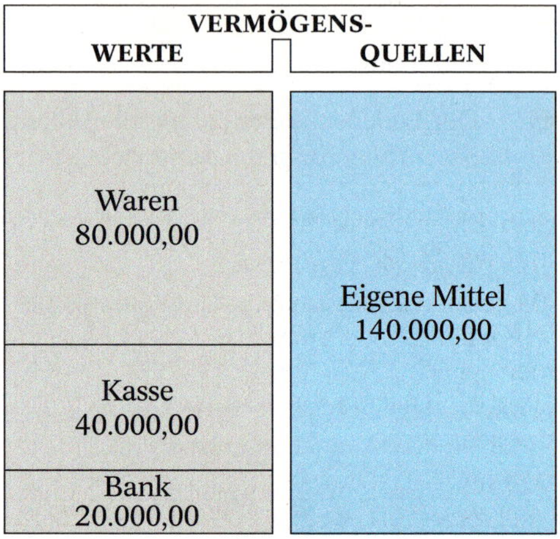

③ Dann kauft er eine Ladenausstattung gegen 10.000,00 € Barzahlung.

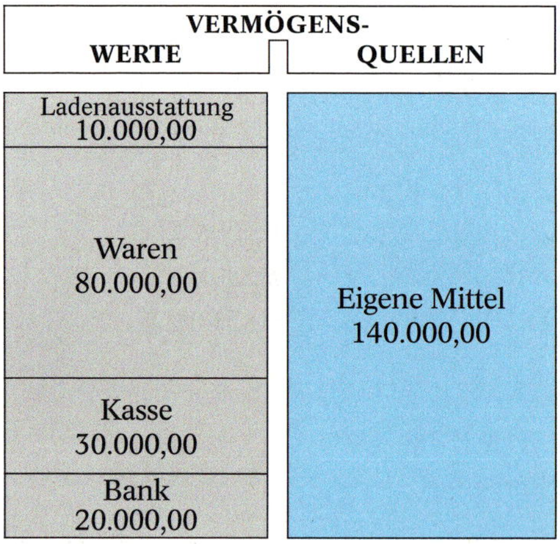

④ Er kauft noch für 60.000,00 € Waren hinzu, und zwar auf Kredit.

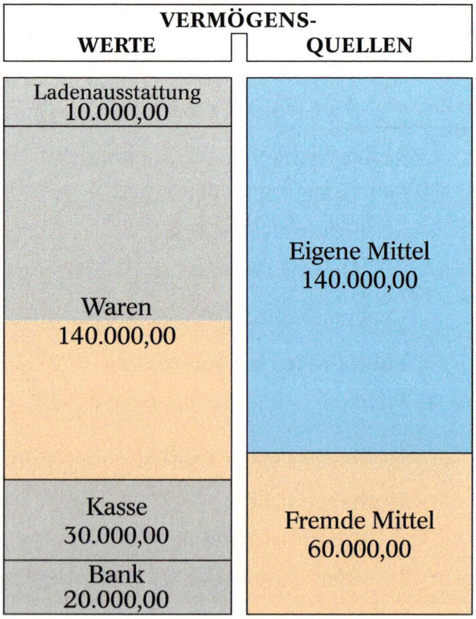

Krüger stellt die Vermögenswerte und die Vermögensquellen **in Kontenform dar.** Auf die **linke Seite** schreibt er die **Werte,** auf die **rechte Seite** schreibt er die **Quellen,** aus denen das Vermögen geflossen ist. Die 5. Aufstellung sieht bei ihm so aus:

Aktiva *(Vermögenswerte)*		**Bilanz** *(Vermögensquellen)* Passiva	
I. Anlagevermögen		I. Eigenkapital	140.000,00
Ladenausstattung	10.000,00		
II. Umlaufvermögen		II. Fremdkapital	
1. Waren	140.000,00	Lieferantenschulden ..	60.000,00
2. Kasse[1]	30.000,00		
3. Bank[1]	20.000,00		
	200.000,00		200.000,00

Sein Eigenkapital kann Krüger auch unabhängig von der Ermittlung des Reinvermögens im Inventar feststellen. Er zieht von der Summe des Vermögens das Fremdkapital ab.

Da jeder Vermögenswert entweder durch eigenes oder durch fremdes Kapital finanziert worden ist, müssen beide Seiten dieser Aufstellung gleich groß sein. Weil die Endsummen gleich sind, nennt man diese Gegenüberstellung **Bilanz** (italienisch: bilancia = Waage). Die Vermögenswerte werden als Aktiva, die Vermögensquellen als Passiva bezeichnet.

Während im Inventar die Vermögensteile und die Schulden nach Art, Menge und Wert sehr detailliert ausgewiesen werden, fasst man **in der Bilanz Vermögen und Schulden gruppenweise** zusammen **und verzichtet auf alle Mengenangaben.** § 242 HGB verlangt neben der regelmäßigen Aufstellung des Inventars auch die Erstellung der Bilanz. Der **Unternehmer muss die Bilanz unter Angabe des Datums persönlich unterschreiben.** Damit zwingt der Gesetzgeber ihn, vom Stand des Vermögens und der Höhe der Schulden Kenntnis zu nehmen und die Richtigkeit zu bestätigen.

Eine umfangreichere Bilanz ergibt sich aus dem Inventar von Seite 59:

Aktiva		**Bilanz**	Passiva
I. Anlagevermögen		I. Eigenkapital	201.650,00
1. Gebäude	126.000,00	II. Fremdkapital	
2. Ladenausstattung	7.200,00	1. Hypothekenschulden ...	32.600,00
3. Fuhrpark	32.500,00	2. Verbindlichkeiten a. LL .	17.780,00
II. Umlaufvermögen			
1. Waren	61.600,00		
2. Forderungen a. LL	8.890,00		
3. Kasse	3.140,00		
4. Bank	12.700,00		
	252.030,00		252.030,00

Osnabrück, 8. Januar .. *Peter Schulz*

1 Laut § 266 HGB werden Kassenbestand und Bankguthaben bei Kreditinstituten zu einer Position zusammengefasst. Aus methodischen Gründen bleiben sie hier getrennt.

1 Vergleichen Sie, in welcher Anordnung die Vermögenswerte (Aktiva) und die Vermögensquellen (Passiva) im Inventar und in der Bilanz dargestellt sind.

Die Bilanz ist die kurz gefasste Gegenüberstellung von Vermögenswerten und Vermögensquellen.
Die Bilanz ist vom Unternehmer unter Angabe des Datums persönlich zu unterschreiben.

Summe der Aktiva = Summe der Passiva

Die Summengleichheit von Aktiv- und Passivseite der Bilanz kommt auch in folgenden Bilanzgleichungen zum Ausdruck:

Vermögen	=	Kapital		
Vermögen	=	Eigenkapital	+	Fremdkapital
Eigenkapital	=	Vermögen	–	Fremdkapital
Fremdkapital	=	Vermögen	–	Eigenkapital

Die Bilanz zeigt auf der

Aktivseite	**Passivseite**
die Verwendung der Mittel	die Herkunft der Mittel
die Formen des Vermögens	die Quellen des Kapitals
die Art der Investierung	die Art der Finanzierung
Anlagevermögen + Umlaufvermögen	Eigenkapital + Fremdkapital
= Vermögen	= Kapital

Beide Seiten der Bilanz sind gleich; denn das Eigenkapital ist der Unterschied zwischen dem Vermögen und dem Fremdkapital.

2 Stellen Sie die Bilanzen nach den Inventaren der Aufgaben 4 bis 6 (Kapitel 15) auf und stellen Sie für die Aufgaben 3 bis 5 ebenfalls die Bilanzen auf.

3 Haushaltswarengeschäft Max Göbel KG, Leipzig.

Das Geschäftsjahr endet am 31. Dezember.

Bankschulden	70.000,00
Darlehensschulden	110.000,00
Forderungen a. LL	97.000,00
Fuhrpark	10.000,00
Kasse	5.000,00
Ladenausstattung	175.000,00
Postbankguthaben	18.000,00
Verbindlichkeiten	120.000,00
Waren	145.000,00

4 Heimwerkerabholmarkt Otto Gerlacher e. K., Dresden.
Das Geschäftsjahr endet am 30. Juni.

Bankguthaben	91.000,00
Darlehensschulden	120.000,00
Forderungen a. LL	1.000,00
Gebäude	560.000,00
Hypothekenschulden	220.000,00
Kasse	4.000,00
Ladenausstattung	190.000,00
Postbankguthaben	5.000,00
Verbindlichkeiten a. LL	110.000,00
Waren	220.000,00

5 Textilgeschäft Hans Bülow e. K., Hildesheim.
Das Geschäftsjahr endet am 31. März.

Bankguthaben	46.000,00
Darlehensschulden	175.000,00
Forderungen a. LL	15.000,00
Fuhrpark	79.000,00
Kasse	3.000,00
Ladenausstattung	114.000,00
Näh- und Steppmaschinen	8.000,00
Postbankschulden	500,00
Verbindlichkeiten a. LL	89.000,00
Waren	97.000,00

16.2 Die Auswertung der Bilanz

Eine Bilanz ist schneller auszuwerten, wenn man ihre Zahlen vereinfacht. Man weist **auf der Aktivseite nur noch die Sammelbegriffe Anlagevermögen** und **Umlaufvermögen** aus und **auf der Passivseite nur noch** die **Summen des Eigenkapitals und des Fremdkapitals.**

Aktiva	**Bilanz**		Passiva
Anlagevermögen	800.000,00	Eigenkapital	900.000,00
Umlaufvermögen	400.000,00	Fremdkapital	300.000,00
	1.200.000,00		1.200.000,00

Aussagen dieser Bilanz:

Das Kapital stammt mit 900.000,00 € aus eigenen Mitteln,
mit 300.000,00 € aus fremden Mitteln.

Das Vermögen ist zu 800.000,00 € im Anlagevermögen investiert,
zu 400.000,00 € im Umlaufvermögen investiert.

Die **vereinfachte Darstellung der Bilanz** von Seite 65 **zeigt** den Aufbau **(die Struktur) des Vermögens und des Kapitals.**

Ein sehr großer Teil des Vermögens ist im Anlagevermögen langfristig an das Unternehmen gebunden. Beruhigend ist die gute Ausstattung des Unternehmens mit Eigenkapital und der nur geringe Anteil des Fremdkapitals.

Es ist ein Zeichen solider Finanzierung, dass das gesamte Anlagevermögen mit Eigenkapital finanziert wurde. Darüber hinaus ist sogar ein Teil des Umlaufvermögens durch Eigenkapital abgedeckt.

Die Struktur der Bilanz wird noch stärker sichtbar, wenn man die absoluten Zahlen dieser Bilanz in relative Zahlen (%) umrechnet.

Aktiva **Bilanz** Passiva

Aktiva			Passiva		
Anlagevermögen ..	800.000,00	66 2/3 %	Eigenkapital	900.000,00	75 %
Umlaufvermögen ..	400.000,00	33 1/3 %	Fremdkapital	300.000,00	25 %
	1.200.000,00	100 %		1.200.000,00	100 %

---

6 Erstellen Sie aus den folgenden Anfangsbeständen eine Bilanz. Vereinfachen Sie diese wie auf Seite 65 und berechnen Sie den prozentualen Anteil des Anlage- und des Umlaufvermögens am Gesamtvermögen. Stellen Sie ebenfalls fest, wie hoch der prozentuale Anteil des Eigen- und des Fremdkapitals am Gesamtkapital ist.

Anfangsbestände:	**Jahr 01**	**Jahr 02**
Gebäude	520.000,00	500.000,00
Ladenausstattung	110.000,00	90.000,00
Fuhrpark	70.000,00	60.000,00
Waren	980.000,00	920.000,00
Forderungen a. LL	310.000,00	280.000,00
Kasse	6.000,00	7.000,00
Postbankguthaben	4.000,00	3.000,00
Hypothekenschulden	390.000,00	360.000,00
Bankschulden	220.000,00	180.000,00
Verbindlichkeiten a. LL	590.000,00	480.000,00

Beantworten Sie für beide Jahre die folgenden Fragen:

Wie hoch ist der prozentuale Anteil vom Anlage- und Umlaufvermögen am Gesamtkapital?

Wie hoch ist der prozentuale Anteil des Eigen- und Fremdkapitals am Gesamtkapital?

Wie weit ist das Anlagevermögen durch Eigenkapital finanziert?

Worin liegen die wichtigsten Unterschiede zwischen den Bilanzen der beiden Jahre?

16.3 Inventar und Bilanz

Inventar- und Bilanzwerte ergeben sich aus der Inventur. Sie zeigen beide den Stand des Vermögens und der Schulden eines Unternehmens. Sie gelten für den gleichen Zeitpunkt, den Abschlussstichtag. Zu beiden Aufstellungen ist der Kaufmann gesetzlich verpflichtet. Die Art der Darstellung unterscheidet sich jedoch. Das ist auf die unterschiedliche Zwecksetzung der beiden Abschlüsse zurückzuführen.

Das **Inventar entspricht** dem Bedürfnis nach **detaillierter Information** über Art, Menge und Wert aller Vermögens- und Schuldbestandteile. Es ist daher sehr umfangreich und tief gegliedert und vermittelt einen Einblick in die Einzelheiten.

Die **Bilanz enthält einen kurz gefassten Überblick** über Vermögen und Kapital. Einzelpositionen des Inventars werden in der Bilanz gruppenweise zusammengefasst und ohne Mengenangaben dargestellt. Die Bilanz verschafft einen groben Einblick in die Vermögens- und Kapitalstruktur eines Unternehmens.

Inventar und Bilanz unterscheiden sich auch **in der Form.** Die Vermögens- und Schuldbestandteile stehen im **Inventar listenförmig** untereinander. In der **Bilanz** stehen Vermögen und Kapital einander **kontenmäßig gegenüber.**

Die folgende Übersicht verdeutlicht die Unterschiede zwischen Inventar und Bilanz:

Inventur	**Inventar**		**Bilanz**
Messen Zählen Wiegen	Detailliertes Verzeichnis aller Vermögens- und Schuldbestandteile mit Ermittlung des Reinvermögens	**Komprimierung**	Komprimiertes Verzeichnis der gruppenweise zusammengefassten Aktiva (Vermögen) und Passiva (Kapital) ohne Mengenangaben
	• ausführliche Darstellung der einzelnen Vermögens- und Schuldteile • Angabe der Mengen, der Einzelwerte und der Gesamtwerte • Darstellung des Vermögens, der Schulden und des Reinvermögens in Listenform		• kurz gefasste, überschaubare Darstellung des Vermögens und des Kapitals • Angabe der Gesamtwerte der Aktiva und Passiva (Bilanzposten) • Darstellung der Aktiva und der Passiva nebeneinander in Kontenform

§ 257 HGB: Inventare und Bilanzen sind 10 Jahre lang im Inventar- und Bilanzbuch aufzubewahren.

17 Die Veränderung der Bilanzposten

Tauschvorgänge

Wir können uns die Bilanz auch in Form einer Waage vorstellen :

	Waren	Kasse	Bank	Summe	Eigen-kapital	Darlehens-schulden	Verbindlich-keiten a. LL
	7.000,00	1.200,00	3.800,00	12.000,00	6.500,00	3.000,00	2.500,00
1.	6.700,00	1.500,00	3.800,00	12.000,00	6.500,00	3.000,00	2.500,00
2.	6.700,00	1.500,00	3.800,00	12.000,00	6.500,00	4.000,00	1.500,00
3.	7.500,00	1.500,00	3.800,00	12.800,00	6.500,00	4.000,00	2.300,00
4.	7.500,00	1.500,00	3.200,00	12.200,00	6.500,00	4.000,00	1.700,00

Jeder Geschäftsvorfall verändert die Bilanz, und zwar in doppelter Weise. Dabei sind vier verschiedenartige Veränderungen der Bilanz möglich.

1. Aktivtausch — Wir verkaufen Waren gegen bar . . . . 300,00 €

W	K	B		E	D	V
	+					
−						
			0			

Der Aktivposten Kasse nimmt zu,
der Aktivposten Waren nimmt ab,
die Bilanzsumme ändert sich nicht.

2. Passivtausch — Eine Lieferantenschuld wird in eine Darlehensschuld umgewandelt . . . 1.000,00 €

W	K	B		E	D	V
					+	
						−
			0			

Der Passivposten Darlehensschulden nimmt zu,
der Passivposten Verbindlichkeiten a. LL nimmt ab,
die Bilanzsumme ändert sich nicht.

3. Aktiv-, Passivmehrung — Wir kaufen Waren auf Ziel . . . . 800,00 €

W	K	B		E	D	V
+						
						+
			+			

Der Aktivposten Waren nimmt zu,
der Passivposten Verbindlichkeiten a. LL nimmt auch zu,
die Bilanzsumme wird größer.

4. Aktiv-, Passivminderung — Wir überweisen einem Lieferanten durch die Bank . . . . 600,00 €

W	K	B		E	D	V
		−				
						−
			−			

Der Aktivposten Bank nimmt ab,
der Passivposten Verbindlichkeiten a. LL nimmt auch ab,
die Bilanzsumme wird kleiner.

Jeder Geschäftsvorfall verändert zwei Posten der Bilanz.

Bei der Veränderung auf **einer** Bilanzseite gibt es einen

- Aktivtausch *oder* - Passivtausch = Mehrung eines Postens und Minderung eines anderen ohne Veränderung der Bilanzsumme

Bei der Veränderung auf **beiden** Bilanzseiten gibt es eine

- Aktiv-, Passivmehrung = Zunahme beider Bilanzseiten
  oder
- Aktiv-, Passivminderung = Abnahme beider Bilanzseiten.

Das Gleichgewicht beider Seiten der Bilanz bleibt stets erhalten.

---

1 Zeichnen Sie eine Bilanzwaage und tragen Sie die Veränderungen ein.

Fragen Sie stets:
- **Welche Posten der Bilanz werden berührt?**
- **Handelt es sich um Aktiv- oder/und Passivposten?**
- **Wie verändert der Geschäftsvorfall die Bilanzposten?**
- **Welche der vier Arten der Bilanzveränderung liegt vor?**

Aktiva: Waren 14.400,00 €, Forderungen a. LL 2.500,00 €, Kasse 1.800,00 €, Bank 3.200,00 €.

Passiva: Eigenkapital 12.800,00 €, Darlehensschulden 5.000,00 €, Verbindlichkeiten a. LL 4.100,00 €.

1. Ein Kunde zahlt bar	300,00
2. Eine Lieferantenschuld wird in eine Darlehensschuld umgewandelt	1.200,00
3. Wir kaufen Waren auf Ziel	800,00
4. Ein Lieferant erhält durch Banküberweisung	600,00
5. Wir verkaufen Waren auf Ziel	200,00
6. Wir tilgen einen Teil der Darlehensschuld bar	1.500,00

---

2 *Aktiva:* Geschäftsausstattung 31.800,00 €, Waren 24.500,00 €, Forderungen a. LL 12.200,00 €, Kasse 1.600,00 €, Bank 21.700,00 €.

Passiva: Eigenkapital 57.500,00 €, Darlehensschulden 11.400,00 €, Verbindlichkeiten a. LL 22.900,00 €.

1. Wir verkaufen Waren gegen bar	4.000,00
2. Wir überweisen an den Lieferanten durch die Bank	7.500,00
3. Eine Lieferantenschuld wird in eine Darlehensschuld umgewandelt	2.900,00
4. Wir kaufen Waren auf Kredit	11.400,00
5. Wir bringen Geld zur Bank	5.000,00
6. Wir überweisen einen Teil des Darlehens durch die Bank	3.500,00
7. Wir verkaufen Waren auf Kredit	2.700,00
8. Wir kaufen ein Kopiergerät gegen Banküberweisung	1.400,00

Erstellen Sie eine ordnungsgemäße Bilanz.

---

3 **Fragen:**

1. *Auf welche Weise kann die Mehrung eines Aktivpostens durch die Veränderung eines anderen Bilanzpostens ausgeglichen werden?*
2. *In welcher Weise kann sich die Minderung eines Passivpostens bei einem anderen Bilanzposten auswirken?*
3. *Welche Aussage können Sie über das Bilanzgleichgewicht machen?*

18 Die Auflösung der Bilanz in Konten

Wollte man jede Veränderung, die ein Geschäftsvorfall hervorruft, in der Bilanzform darstellen, so würde viel überflüssige Schreibarbeit zu leisten sein. Denn es verändern sich nur zwei Posten; die anderen müssten genauso übernommen werden, wie sie vorher schon dastanden. Außerdem benötigt man für jeden Bilanzposten eine genaue und übersichtliche Einzelabrechnung.

Daher löst man die Bilanz in Konten auf. Für jeden Bilanzposten wird **ein** entsprechendes **Konto** eingerichtet.

Man unterscheidet – entsprechend den Seiten der Bilanz – **Aktiv- und Passivkonten.** Sie nehmen aus der Bilanz am Anfang eines Geschäftsjahres, der Eröffnungsbilanz, die Bestände auf (AB) und erfassen die Veränderungen aufgrund der Geschäftsvorfälle. Daher werden sie **aktive und passive Bestandskonten** genannt.

Bei allen Konten wird die linke Seite mit **„Soll"** (S) und die rechte Seite mit **„Haben"** (H) bezeichnet.

Eröffnungsbilanz

Aktiva		Passiva	
Waren	17.000,00	Eigenkapital	26.500,00
Kasse	1.200,00	Darlehensschulden	3.000,00
Bank	23.800,00	Verbindlichk. a. LL	12.500,00
	42.000,00		42.000,00

S	**Waren**	H
AB 17.000,00		

S	**Eigenkapital**	H
		AB 26.500,00

S	**Kasse**	H
AB 1.200,00		

S	**Darlehensschulden**	H
		AB 3.000,00

S	**Bank**	H
AB 23.800,00		

S	**Verbindlichkeiten a. LL**	H
		AB 12.500,00

Die **Aktivkonten** nehmen die Anfangsbestände **auf der linken Seite** (Soll-Seite) auf, weil sie auch in der Bilanz auf der linken Seite stehen.

Die **Passivkonten** nehmen die Anfangsbestände **auf der rechten Seite** (Haben-Seite) auf, weil sie auch in der Bilanz auf der rechten Seite stehen.

1 Stellen Sie eine Eröffnungsbilanz auf und lösen Sie diese in Konten auf.

Geschäftsausstattung	17.200,00	Eigenkapital	?
Waren	20.600,00	Darlehensschulden	15.000,00
Forderungen a. LL	6.400,00	Verbindlichkeiten a. LL	9.700,00
Kasse	800,00		
Bank	12.300,00		

Auswirkungen von Geschäftsvorfällen in den Konten:

Zugänge *vermehren* die Anfangsbestände.
Abgänge *verringern* die Anfangsbestände.

Bei Aktivkonten:	Zugänge im Soll Abgänge im Haben
Bei Passivkonten:	Zugänge im Haben Abgänge im Soll

Muster eines aktiven Bestandskontos:

Soll		**Kasse**		Haben
Jan. 1. Anfangsbestand	680,00		Jan. 4. Zahlung an F. Meyer	550,00
3. Zahlung v. G. Stein	330,00		5. Bürobedarf	66,00
5. Barverk. v. Waren	154,00		6. Bankeinzahlung	800,00
6. Zahlung v. W. Gross	495,00		6. Bahn- und Hausfracht ..	19,80
			6. Saldo (Schlussbest.)	223,20
	1.659,00			1.659,00

Soll		**Kasse**		Haben
Jan. 7. Saldovortrag	223,20			

Beim **Abschluss eines Kontos** geht man so vor:

1. **Feststellen, welche Seite stärker ist.**
2. **Auf der schwächeren Seite (wenn nötig) eine Zeile frei lassen.**
3. **Abschlussstriche auf beiden Seiten ziehen.**
4. **Die stärkere Seite addieren.**
5. **Die Summe auch auf der schwächeren Seite einsetzen.**
6. **Auf der schwächeren Seite die Differenz (den Saldo) ergänzen.**
7. **Wenn nötig, Leerraum durch Schrägstriche entwerten.**

---

2 Führen Sie ein Kassenkonto für die Woche vom 26. bis 31. März.

März	26.	Anfangsbestand (Saldovortrag)	325,85
	26.	Zahlung von B. Mohn	187,00
	27.	Zahlung für Bahn- und Hausfracht	16,50
	28.	Privatentnahme des Inhabers	200,00
	29.	Bareinlage durch Abhebung vom Bankkonto	2.000,00
	29.	Zahlung an W. Poth	352,00
	30.	Zahlung für Dekorationsmaterial	480,00
	30.	Zahlung von A. Berg	264,00
	30.	Zahlung an den Fensterputzer	42,00
	31.	Ladeneinnahme vom 26.–31. März	1.925,00
	31.	Gehaltsvorschüsse an die Mitarbeiter	1.320,00
	31.	Einzahlung auf Bankkonto	1.200,00

3 Tragen Sie folgende Vorgänge auf dem Bankkonto ein.

Juli	1.	Anfangsbestand (Saldovortrag, Guthaben)	780,00
	3.	Unsere Einzahlung	1.400,00
	4.	Überweisung an das Finanzamt	280,00
	6.	Überweisung an den Lieferanten P. Brauer KG	979,00
	7.	Zahlung des Kunden H. Prinz	154,00
	9.	Barabhebung	500,00
	12.	Lastschrift der Bank für Telekommunikationsgebühren	182,00
	15.	Überweisung der Kundin G. Kremer	473,00

Schließen Sie das Konto zum 15. Juli ab. Tragen Sie den Saldo wieder vor.

4 Führen Sie ein Konto „Forderungen“ (aus Lieferungen und Leistungen).

Juni	1.	Anfangsbestand (Saldovortrag)	5.368,00
	2.	Zielverkäufe lt. AR (Ausgangsrechnung) 195–197	935,00
	3.	Barzahlung eines Kunden	209,00
	5.	Banküberweisung eines Kunden	341,00
	7.	Zielverkäufe lt. AR 198–202	1.573,00
	8.	Postbanküberweisungen von Kunden	1.397,00
	10.	Zielverkauf lt. AR 203	405,00

Schließen Sie das Konto zum 10. Juni ab und tragen Sie den Saldo vor.

Erhalten wir von unseren Lieferanten Waren auf Ziel, so buchen wir im Konto **„Verbindlichkeiten“** (aus Lieferungen). Das Konto „Verbindlichkeiten a. LL“ ist ein **passives Bestandskonto.** Die Ansprüche der Lieferanten kommen ins Haben, unsere Zahlungen an die Lieferanten ins Soll.

Soll		**Verbindlichkeiten a. LL**		Haben
Juli 19. Postbanküberw. (ER 275)	4.560,00		Juli 1. Saldovortrag	9.348,00
26. Banküberw. (ER 276)	1.368,00		8. Zieleinkauf (ER 279)	5.700,00
31. Saldo	9.120,00			
	15.048,00			15.048,00

5 Stellen Sie ein Konto „Verbindlichkeiten“ (aus Lieferungen) nach folgenden Angaben auf. Schließen Sie das Konto zum 30. September ab und tragen Sie den Saldo vor.

Sept.	1.	Anfangsbestand (Saldovortrag)	9.636,00
	3.	Zieleinkauf lt. ER (Eingangsrechnung) 372	1.353,00
	5.	Banküberweisung für ER 366	1.375,00
	8.	Zieleinkauf lt. ER 373	1.539,00
	12.	Banküberweisung für ER 368	1.078,00
	15.	Ausgleich der ER 367 durch Bankscheck	2.140,00
	17.	Warenrücksendung betr. ER 370	572,00
	22.	Postbanküberweisung für ER 371	913,00
	28.	Zieleinkauf lt. ER 374	858,00
	29.	Barzahlung für ER 369	452,00
	30.	Zieleinkauf lt. ER 375	2.670,00

19 Das Buchen in Bestandskonten und der Kontenabschluss

Eröffnung der Konten: Zuerst wird die Eröffnungsbilanz in Aktiv- und Passivkonten aufgelöst und der Anfangsbestand jedes Kontos vorgetragen.

Laufende Buchungen: Anschließend werden die Geschäftsvorfälle aufgrund der vorhandenen Belege (z. B. Bankauszüge, Ein- und Ausgangsrechnungen) in den entsprechenden Aktiv- bzw. Passivkonten gebucht.

Jeder Geschäftsvorfall bewirkt Veränderungen auf zwei Konten. **Fragen Sie:**

1. **Welche Konten werden berührt?**
2. **Handelt es sich um Aktiv- oder Passivkonten?**
3. **Wie verändert der Geschäftsvorfall die Bestände?**

Bei den Aktivkonten stehen auf der Soll-Seite der Anfangsbestand und die Zugänge (+), auf der Haben-Seite die Abgänge (–).

Soll	**Aktivkonten** Haben
Anfangsbestand **+ Zugänge**	**– Abgänge**

Bei den Passivkonten ist es umgekehrt. Hier stehen Anfangsbestand und Zugänge auf der Haben-Seite (+), die Abgänge auf der Soll-Seite (–).

Soll	**Passivkonten** Haben
– Abgänge	Anfangsbestand **+ Zugänge**

Wie aus den folgenden Beispielen hervorgeht, wird jeder Geschäftsvorfall **doppelt** gebucht, einmal im **Soll** und einmal im **Haben.**

Erst Soll – dann Haben!

Beispiele:

		Buchung
Aktivtausch	*Wir verkaufen Waren gegen bar.* Der Kassenbestand vermehrt sich, der Warenbestand vermindert sich.	 (+) Soll (–) Haben
Passivtausch	*Eine Lieferantenschuld wird in eine Darlehensschuld umgewandelt.* Die Verbindlichkeiten vermindern sich, die Darlehensschulden vermehren sich.	 (–) Soll (+) Haben
Aktiv-, Passivmehrung	*Wir kaufen Waren auf Ziel.* Der Warenbestand vermehrt sich, die Verbindlichkeiten vermehren sich auch.	 (+) Soll (+) Haben
Aktiv-, Passivminderung	*Wir überweisen einem Lieferanten durch die Bank.* Die Verbindlichkeiten vermindern sich, das Bankguthaben vermindert sich auch.	 (–) Soll (–) Haben

Prägen Sie sich folgendes Schaubild ein.

	Aktivkonten		Passivkonten	
	Soll	Haben	Soll	Haben
1. Aktivtausch	+	–		
2. Passivtausch			–	+
3. Aktiv- und Passivmehrung	+			+
4. Aktiv- und Passivminderung		–	–	

Wir buchen diese Geschäftsvorfälle in den Konten:

1. Wir verkaufen Waren gegen bar .... 200,00 €

Kasse + (Soll) — Waren – (Haben)

2. Eine Lieferantenschuld wird in eine Darlehensschuld umgewandelt .... 1.000,00 €

Verbindlichkeiten a. LL – (Soll) — Darlehensschulden + (Haben)

3. Wir kaufen Waren auf Ziel .... 1.400,00 €

Waren + (Soll) — Verbindlichkeiten a. LL + (Haben)

4. Wir überweisen an einen Lieferanten durch die Bank ....600,00 €

Verbindlichkeiten a. LL – (Soll) — Bank – (Haben)

Jeder Geschäftsvorfall wird doppelt gebucht:
zuerst im Soll – dann im Haben.

Abschluss der Bestandskonten: Nach dem Buchen der Geschäftsvorfälle werden am Jahresende alle Konten abgeschlossen, indem man den Schlussbestand (Saldo) errechnet und jeweils auf der schwächeren Seite einsetzt. Die errechneten Schlussbestände müssen mit den am Jahresende durch die Inventur ermittelten Beständen übereinstimmen.

Die Schlussbestände der Aktivkonten stehen im Haben,
die Schlussbestände der Passivkonten stehen im Soll.

Die **Schlussbilanz** wird aufgestellt, indem die Schlussbestände der Aktivkonten auf die Aktivseite der Schlussbilanz und die der Passivkonten auf die Passivseite der Schlussbilanz übertragen werden.

Aktivkonten:	Anfangsbestand	+ Zugänge	**Soll**
	Abgänge	+ Schlussbestand	**Haben**
Passivkonten:	Anfangsbestand	+ Zugänge	**Haben**
	Abgänge	+ Schlussbestand	**Soll**

Aktiva	**Eröffnungsbilanz**		Passiva
Waren	17.000,00	Eigenkapital	26.500,00
Kasse	1.200,00	Darlehensschulden	3.000,00
Bank	23.800,00	Verbindlichkeiten a. LL	12.500,00
	42.000,00		42.000,00

S	**Waren**		H
AB	17.000,00	1.	**– 200,00**
3.	**+ 1.400,00**	SB	18.200,00
	18.400,00		18.400,00

S	**Eigenkapital**		H
SB	26.500,00	AB	26.500,00

S	**Kasse**		H
AB	1.200,00	SB	1.400,00
1.	**+ 200,00**		
	1.400,00		1.400,00

S	**Darlehensschulden**		H
SB	4.000,00	AB	3.000,00
		2.	**+ 1.000,00**
	4.000,00		4.000,00

S	**Bank**		H
AB	23.800,00	4.	**– 600,00**
		SB	23.200,00
	23.800,00		23.800,00

S	**Verbindlichkeiten a. LL**		H
2.	**– 1.000,00**	AB	12.500,00
4.	**– 600,00**	3.	**+ 1.400,00**
SB	12.300,00		
	13.900,00		13.900,00

Aktiva	**Schlussbilanz**		Passiva
Waren	18.200,00	Eigenkapital	26.500,00
Kasse	1.400,00	Darlehensschulden	4.000,00
Bank	23.200,00	Verbindlichk. a. LL	12.300,00
	42.800,00		42.800,00

Die Soll- und Haben-Seite jedes Kontos weist die gleiche Summe aus, da der Schlussbestand immer auf der wertmäßig schwächeren Seite eingesetzt wird.

Die Schlussbestände der Aktiv- und Passivkonten müssen mit den am Jahresende durch die Inventur ermittelten Beständen übereinstimmen.

Die Summen der Aktiv- und Passivseite der Schlussbilanz sind gleich, da jeder Geschäftsvorfall auf den Konten mit dem gleichen Betrag einmal im Soll und einmal im Haben gebucht wird.

Lösungsweg von der Eröffnungs- zur Schlussbilanz:

1. **Aufstellen der Eröffnungsbilanz**
2. **Auflösen der Eröffnungsbilanz in Konten**
3. **Vortragen der Anfangsbestände auf die Konten**
4. **Buchen der Geschäftsvorfälle**
5. **Abschließen der Konten**
6. **Aufstellen der Schlussbilanz**

Überlegungen vor dem Buchen der Geschäftsvorfälle:

1. **Welche Konten werden berührt?**
2. **Handelt es sich um Aktiv- oder Passivkonten?**
3. **Wie verändert der Geschäftsvorfall die Bestände?**

---

1 Anfangsbestände: Waren 12.400,00 €, Forderungen a. LL 1.500,00 €, Kasse 600,00 €; Verbindlichkeiten a. LL 5.900,00 €, Eigenkapital? €.

1. Verkauf von Waren gegen bar 1.300,00
2. Barzahlung eines Kunden 200,00
3. Wareneinkauf auf Ziel 2.700,00
4. Barzahlung an einen Lieferanten 500,00

---

2 Benno Krause e. K., Dortmund, hat am 1. Okt. .. folgende Anfangsbestände: Geschäftsausstattung 10.000,00 €, Waren 8.000,00 €, bares Geld 2.000,00 €, Eigenkapital? €.

1. Kauf einer Registrierkasse gegen Barzahlung 600,00
2. Kauf von Waren auf Ziel 1.500,00
3. Verkauf von Waren gegen bar 500,00
4. Verkauf von Waren auf Ziel 1.000,00
5. Barzahlung eines Kunden 700,00
6. Bareinkauf von Waren 800,00
7. Barzahlung an einen Lieferanten 1.500,00

---

3 Die Biederstein GmbH, Köln, eröffnet am 1. Januar .. mit folgenden Anfangsbeständen: Geschäftsausstattung 8.500,00 €, Waren 5.000,00 €, bares Geld 1.400,00 €; Verbindlichkeiten a. LL 2.000,00 €, Eigenkapital? €.

1. Barverkauf von Waren 1.000,00
2. Warenverkauf auf Ziel 800,00
3. Zahlung an einen Lieferanten bar 1.200,00
4. Wareneinkauf auf Ziel 500,00
5. Barzahlung eines Kunden 400,00
6. Wareneinkauf gegen bar 1.100,00
7. Warenverkauf auf Ziel 600,00
8. Kauf eines Telefaxgerätes gegen Barzahlung 400,00
9. Warenverkauf gegen bar 900,00
10. Einzahlung auf Bankkonto 700,00

---

4 **Anfangsbestände:**

Gebäude	230.000,00	Eigenkapital	?
Geschäftsausstattung	40.000,00	Hypothekenschulden	160.000,00
Waren	54.700,00	Darlehensschulden	21.400,00
Forderungen a. LL	21.500,00	Verbindlichkeiten a. LL	32.000,00
Kasse	4.800,00		
Bank	31.000,00		

Geschäftsvorfälle:

1.	Verkauf von Waren auf Ziel	3.400,00
2.	Banküberweisung zur Tilgung einer Darlehensschuld	2.500,00
3.	Kauf von Waren auf Ziel	5.800,00
4.	Banküberweisung an einen Lieferanten	2.600,00
5.	Barzahlung eines Kunden	300,00
6.	Eröffnung eines Postbankkontos durch Bareinzahlung	1.000,00
7.	Umwandlung einer Lieferantenschuld in eine Darlehensschuld	1.700,00
8.	Warenverkauf gegen bar	900,00
9.	Postbanküberweisung eines Kunden	100,00
10.	Wareneinkauf auf Ziel	4.100,00
11.	Banküberweisung für Hypothekenrückzahlung	10.000,00
12.	Kauf einer Computeranlage gegen Bankscheck	8.400,00

5
6

Aktiva		**Eröffnungsbilanz**	Passiva
Geschäftsausstattung	5.800,00	Eigenkapital	16.100,00
Waren	12.600,00	Darlehensschulden	6.000,00
Forderungen a. LL	3.200,00	Verbindlichkeiten a. LL	4.700,00
Kasse	1.040,00		
Bank	4.160,00		
	26.800,00		26.800,00

Geschäftsvorfälle:

		5	6
1.	Wareneinkauf auf Ziel	1.200,00	1.500,00
2.	Barzahlung eines Kunden	300,00	400,00
3.	Teilrückzahlung des Darlehens durch Banküberweisung	2.000,00	2.500,00
4.	Verkauf einer Ausstellungsvitrine gegen bar	400,00	300,00
5.	Warenverkauf auf Ziel	580,00	620,00
6.	Banküberweisung an einen Lieferanten	960,00	840,00
7.	Wareneinkauf bar	850,00	1.050,00
8.	Einzahlung auf Bankkonto	600,00	500,00
9.	Warenverkäufe bar	1.230,00	1.170,00
10.	Banküberweisung eines Kunden	420,00	380,00
11.	Barzahlung an einen Lieferanten	1.040,00	960,00
12.	Kauf eines Rollschrankes gegen Bankscheck	790,00	710,00

20 Der Buchungssatz

20.1 Einfache Buchungssätze

Nach den Grundsätzen ordnungsmäßiger Buchführung müssen für alle Buchungen **Belege** vorhanden sein (Belegzwang). Die Wichtigkeit des Beleges dokumentiert der Grundsatz:

Keine Buchung ohne Beleg.

Buchungsbelege können sein

- Originale der eingegangenen Schriftstücke
  (z. B. Eingangsrechnungen, Briefe, Auszüge der Bank, oder der Postbank),
- Durchschriften der ausgegangenen Schriftstücke
  (z. B. Ausgangsrechnungen, Briefe),
- innerbetrieblich angefertigte Belege
  (z. B. Kassenbelege, Quittungen, Lohn- und Gehaltslisten).

Der Beleg ist das Bindeglied zwischen dem Geschäftsvorfall und der Buchung. Die Verbindung ergibt sich dadurch, dass vor dem Buchen die Belege artgemäß fortlaufend nummeriert und mit einem Buchungsvermerk (meist Kontierungsstempel) versehen werden.

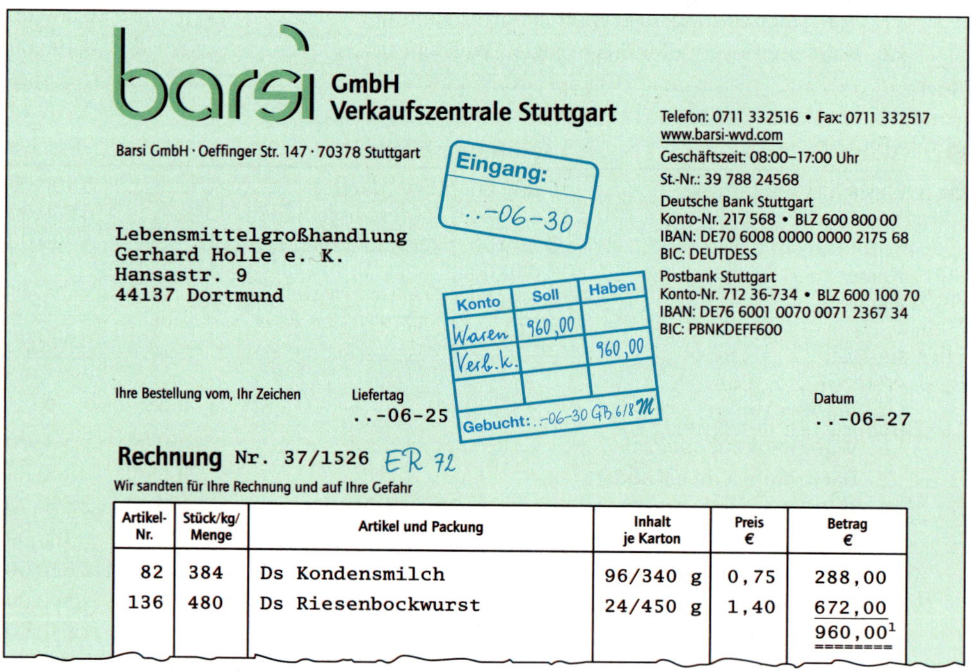

barsi GmbH
Verkaufszentrale Stuttgart

Telefon: 0711 332516 • Fax: 0711 332517
www.barsi-wvd.com
Geschäftszeit: 08:00–17:00 Uhr
St.-Nr.: 39 788 24568
Deutsche Bank Stuttgart
Konto-Nr. 217 568 • BLZ 600 800 00
IBAN: DE70 6008 0000 0000 2175 68
BIC: DEUTDESS
Postbank Stuttgart
Konto-Nr. 712 36-734 • BLZ 600 100 70
IBAN: DE76 6001 0070 0071 2367 34
BIC: PBNKDEFF600

Barsi GmbH · Oeffinger Str. 147 · 70378 Stuttgart

Lebensmittelgroßhandlung
Gerhard Holle e. K.
Hansastr. 9
44137 Dortmund

Eingang: ..-06-30

Konto	Soll	Haben
Waren	960,00	
Verb. k.		960,00

Gebucht: ..-06-30 GB 6/8 M

Ihre Bestellung vom, Ihr Zeichen

Liefertag ..-06-25

Datum ..-06-27

Rechnung Nr. 37/1526 ER 72

Wir sandten für Ihre Rechnung und auf Ihre Gefahr

Artikel-Nr.	Stück/kg/Menge	Artikel und Packung	Inhalt je Karton	Preis €	Betrag €
82	384	Ds Kondensmilch	96/340 g	0,75	288,00
136	480	Ds Riesenbockwurst	24/450 g	1,40	672,00
					960,00[1]

Aus diesem Beleg lässt sich folgender **Geschäftsvorfall** (Buchungstext) ablesen:

Wareneinkauf auf Ziel lt. ER 72 .... 960,00 €

1 Die Umsatzsteuer bleibt aus methodischen Gründen noch unberücksichtigt.

Jeder Geschäftsvorfall wird doppelt gebucht. Die Buchungsarbeit wird in der Praxis im Allgemeinen durch die **Kontierung** auf dem Beleg vorbereitet, d. h., es wird zuerst das Konto mit der Soll-Buchung, dann das Konto mit der Haben-Buchung genannt:

Buchung:	**Waren**	**Soll**	**960,00**
	Verbindlichkeiten a. LL	**Haben**	**960,00**

Bevor die Buchung auf den entsprechenden Konten erfolgt, werden alle Geschäftsvorfälle in zeitlicher (chronologischer) Reihenfolge im **Grundbuch** mit Tag, Belegangabe, Buchungstext, Kontierung und Betrag festgehalten.

Grundbuch

Monat: Juni — Seite 8

Tag	Beleg	Buchungstext	Kontierung		Beträge	
			Soll	Haben	Soll	Haben
06-30	ER 72	Zielkauf von Barsi	Waren	Verbindl.	960,00	960,00

Nach der Eintragung im Grundbuch nimmt der Buchhalter auf dem Beleg im Kontierungsstempel seinen Buchungsvermerk vor. Dieser enthält das Buchungsdatum, die Nr. (Monat) und die Seite des Grundbuches sowie das Namenszeichen.

Für die Kontierung hat sich eine bestimmte Form der Darstellung entwickelt: **der Buchungssatz.** Im Buchungssatz wird immer zuerst das Konto mit der Soll-Buchung genannt, dann das Konto mit der Haben-Buchung. Beide Konten werden durch das Wort „an" verbunden.

Buchungssatz: **Waren** an **Verbindlichkeiten a. LL** **960,00**

Aufgrund der Angaben im Grundbuch werden nun die Geschäftsvorfälle im Soll und Haben der entsprechenden Konten gebucht. Alle Konten sind im **Hauptbuch** enthalten. Hier sind die Geschäftsvorfälle nach ihrer sachlichen Zusammengehörigkeit angeordnet (z. B. Waren, Kasse, Bank).

Die **Buchung auf den Konten** im Hauptbuch sieht folgendermaßen aus:

S	**Waren**	H
AB 15.400,00		
06-30 Verb. 960,00		

S	**Verbindlichkeiten a. LL**	H
		AB 12.300,00
		06-30 Waren 960,00

Bei der Soll-Buchung im Warenkonto wird vermerkt „Verbindlichkeiten", d. h., die Gegenbuchung ist im Haben des Kontos Verbindlichkeiten zu finden. Bei der Haben-Buchung im Konto „Verbindlichkeiten a. LL" wird vermerkt „Waren", d. h., die Gegenbuchung muss im Soll des Warenkontos stehen.

Durch die Eintragung des Gegenkontos erkennt man auf einem der beiden Konten bereits den zugrunde liegenden Geschäftsvorfall. Gleichzeitig ist die Buchung dadurch jederzeit leicht nachzuprüfen.

Der **Buchungssatz** nennt die Konten, auf denen ein Geschäftsvorfall gebucht werden muss.

Zuerst wird das Konto mit der Soll-Buchung genannt; es folgt das Wort „an“ und dann das Konto mit der Haben-Buchung.

Das **Grundbuch** nimmt die Geschäftsvorfälle in zeitlicher Reihenfolge auf.

Das **Hauptbuch** enthält die Buchungen nach sachlicher Zusammengehörigkeit.

---

1 Bilden Sie die Buchungssätze für die folgenden Geschäftsvorfälle.
Nennen Sie auch den der Buchung zugrunde liegenden Beleg.

1.	Wareneinkauf gegen bar	1.200,00
2.	Zielverkauf von Waren	340,00
3.	Banküberweisung an einen Lieferanten	1.870,00
4.	Barabhebung vom Postbankkonto	1.500,00
5.	Kauf eines Laserdruckers gegen Bankscheck	820,00
6.	Aufnahme eines Darlehens bar	4.000,00
7.	Ausgleich einer Kundenrechnung durch Banküberweisung	560,00
8.	Wareneinkauf auf Ziel	2.900,00
9.	Überweisung vom Postbankkonto auf das Bankkonto	1.000,00
10.	Umwandlung einer Lieferantenschuld in ein Darlehen	2.400,00
11.	Einzahlung auf unser Bankkonto	1.600,00
12.	Tilgung einer Hypothekenschuld durch Banküberweisung	3.000,00
13.	Barverkauf eines gebrauchten Warenregals	130,00
14.	Zahlung eines Kunden durch Bankscheck	480,00
15.	Warenverkauf gegen bar	210,00
16.	Barzahlung an einen Lieferanten	1.150,00
17.	Kauf eines Grundstücks gegen Bankscheck	65.000,00
18.	Warenrücksendung an einen Lieferanten	390,00
19.	Barabhebung vom Bankkonto	1.200,00
20.	Barzahlung eines Kunden	170,00

---

2 Nennen Sie die Geschäftsvorfälle zu den folgenden Buchungssätzen.

1. Kasse an Bank
2. Waren an Verbindlichkeiten a. LL
3. Postbank an Kasse
4. Darlehensschulden an Bank
5. Forderungen a. LL an Waren
6. Verbindlichkeiten a. LL an Bank
7. Kasse an Geschäftsausstattung
8. Bank an Postbank
9. Kasse an Forderungen a. LL
10. Kasse an Waren
11. Fuhrpark an Bank
12. Bank an Forderungen a. LL
13. Waren an Kasse
14. Beb. Grundstücke an Bank
15. Bank an Darlehensschulden
16. Geschäftsausstattung an Kasse

668080

3 Als Buchhalter/-in im Modehaus Elfriede Blum e. Kffr., Köln, liegen Ihnen die folgenden Belege zur Buchung vor.

1. Welche Geschäftsvorfälle liegen den Belegen zugrunde?
2. Nennen Sie die Buchungssätze und tragen Sie diese in das Grundbuch ein (siehe Muster auf Seite 79).

Beleg 1 – Buchungstag: 11. April ..

H. Freund KG, Schwabenstr. 6-8, 47169 Düsseldorf

Herbert Freund KG
Textilvertrieb
Tel.: 0211 8317-0
Fax: 0211 831726
www.freund-wvd.com

Modehaus
Elfriede Blum e. Kffr.
Luxemburger Str. 360
50937 Köln

Eingang: ..-04-11

Konto | Soll | Haben
geprüft und gebucht

Datum
..-04-10

Rechnung Nr. 1 479
Ihre Bestellung vom 6. April ..

Wir lieferten frei Haus am 8. April ..:

Artikel-Nr.	Stückzahl	Artikel	Einzelpreis	Gesamtpreis
216	20	Damenpullis „Rita“	42,45 €	849,00 €
92	30	Damenblusen „Elena“	52,80 €	1.584,00 €
173	40	Sweatshirts „Regina“	29,90 €	1.196,00 €
				3.629,00 €

Zahlungsbedingungen:
2 % Skonto bei Zahlung innerhalb von 10 Tagen
oder nach 30 Tagen netto Kasse.

USt-IdNr.: DE 673 283 640
Deutsche Bank Düsseldorf • Konto 21 742 617 • BLZ 300 700 10
IBAN: DE32 3007 0010 0021 7426 17 • BIC: DEUTDEDD

Beleg 2 – Buchungstag: 19. April ..

E. Blum e. Kffr., Luxemburger Str. 360, 50937 Köln

Elfriede Blum e. Kffr.
Telefon und Fax:
0221 428741

Fashion 2000
Heide Esser e. Kffr.
Berrenrather Str. 125
50937 Köln

Konto | Soll | Haben
geprüft und gebucht

Datum
..-04-18

Rechnung Nr. 289

Entsprechend Ihrer telefonischen Bestellung
vom 17. April .. lieferte ich Ihnen am 17. April:

10 Damenpullis „Rita“	je 51,00 €	510,00 €
16 Sweatshirts „Regina“	je 36,00 €	576,00 €
		1.086,00 €

Kölner Bank eG, Konto-Nr. 16 534 208, BLZ 371 600 87
IBAN: DE84 3716 0087 0016 5342 08 • BIC: GENODED1CGN
Steuer-Nr.: 47 623 89418

Beleg 3 –
Buchungstag: 19. April ..

Modehaus
ELFRIEDE BLUM e. Kffr.
Luxemburger Str. 360
50937 Koeln
Tel./Fax.: 0221 428741
St.-Nr.: 47 623 8941 8

..-04-19 0048
16:27

Konto | Soll | Haben
geprüft und gebucht

1 Damenmantel
Art.-Nr. 348 *389,00

TOTAL *389,00

GEGEBEN *400,00
RUECKGELD *11,00

Beleg 4 –
Buchungstag: 30. April ..

Sparkasse KölnBonn

Nur zur Verrechnung

Zahlen Sie gegen diesen Scheck
eintausendsechsundachtzig
Betrag in Buchstaben

DE

EUR

Betrag: Euro, Cent
1.086,00

noch Betrag in Buchstaben

an

ELFRIEDE BLUM e. Kffr.
Luxemburger Str. 360
50937 Köln

oder Überbringer
Köln
Ausstellungsort
..-04-25
Datum

Heide Esser
Unterschrift des Ausstellers

Der vorgedruckte Schecktext darf nicht geändert oder gestrichen werden. Die Angabe einer Zahlungsfrist auf dem Scheck gilt als nicht geschrieben.

Scheck-Nr. | Konto-Nr. | Betrag | Bankleitzahl | Text

0008159096⑈ 684718658⑆ 37050198⑈ 11⑆

Bitte dieses Feld nicht beschriften und nicht bestempeln

Beleg 5 – Buchungstag: 30. April ..

Kundendurchschrift GENODED1CGN Nur für Überweisungen in Deutschland, in andere EU-/EWR-Staaten und in die Schweiz in Euro.

€uro-Überweisung GENODED1CGN Nur für Überweisungen in Deutschland, in andere EU-/EWR-Staaten und in die Schweiz in Euro.
Bitte Meldepflicht gemäß Außenwirtschaftsverordnung beachten!

KölnerBank eG

Angaben zum Begünstigten: Name, Vorname/Firma (max. 27 Stellen, bei maschineller Beschriftung max. 35 Stellen)
Herbert Freund KG, Schwabenstr. 6 - 8, Düsseldorf
IBAN
DE32 3007 0010 0021 7426 17
BIC des Kreditinstituts (8 oder 11 Stellen)
DEUTDEDD
Betrag: Euro, Cent
3.629,00-----------
Kunden-Referenznummer - Verwendungszweck, ggf. Name und Anschrift des Überweisenden - (nur für Begünstigten)
Rechnung Nr. 1 479
noch Verwendungszweck (insgesamt max. 2 Zeilen à 27 Stellen, bei maschineller Beschriftung max. 2 Zeilen à 35 Stellen)
Rechnung vom 10. April ..
Angaben zum Kontoinhaber: Name, Vorname/Firma, Ort (max. 27 Stellen, keine Straßen- oder Postfachangaben)
E. Blum e. Kffr., Luxemburger Str. 360, 50937 Köln
IBAN
DE84 3716 0087 0016 5342 08 16

SEPA

Datum
..-04-28
Unterschrift(en)
E. Blum

Beleg 6 – Buchungstag: 30. April ..

KölnerBank eG

Kontonummer	erstellt am	Auszug	Blatt
16 534 208	..-04-29 15:23	56	1/1

Kontokorrent

BLZ 371 600 87 Kontoauszug EUR-Konto

Bu-Tag	Wert	Vorgang	
		alter Kontostand vom ..-04-27	46.065,45 H
04-29	04-29	Scheck Nr. 8159096	1.086,00 H
04-29	04-29	Überweisung Herbert Freund KG, Schwabenstr. 6 - 8, Düsseldorf, Rechnung Nr. 1 479 vom 10. April ..	3.629,00 S
		neuer Kontostand vom ..-04-29	43.522,45 H

Konto | Soll | Haben
geprüft und gebucht

Konto | Soll | Haben
geprüft und gebucht

Eingang:
..-04-30

Textilhaus
Elfriede Blum e. Kffr.
Luxemburger Str. 360
50937 Köln

IBAN: DE84 3716 0087 0016 5342 08 BIC: GENODED1CGN

20.2 Zusammengesetzte Buchungssätze

Bei den bisherigen Geschäftsvorfällen wurden jeweils zwei Konten berührt. Einer Buchung im Soll stand immer eine Buchung im Haben gegenüber. Dadurch entstanden einfache Buchungssätze.

Werden durch einen Geschäftsvorfall **mehr als zwei Konten** berührt, so entstehen **zusammengesetzte Buchungssätze.**

1. Beispiel:

Wir begleichen die Rechnung eines Lieferanten		
durch Barzahlung (KB 67)	200,00 €	
durch Banküberweisung (BA 42)	1.000,00 €	1.200,00 €

Buchungssatz:

	Soll	Haben
Verbindlichkeiten a. LL	**1.200,00**	
an **Kasse**		**200,00**
an **Bank**		**1.000,00**

1 Soll-Buchung an **2 Haben-Buchungen**

Buchungen auf den Konten:

S Verbindlichkeiten a. LL H

S		H	
Kasse und Bank	1.200,00	AB	17.300,00

S Kasse H

S		H	
AB	2.400,00	Verbindlichkeiten a. LL	200,00

S Bank H

S		H	
AB	15.600,00	Verbindlichkeiten a. LL	1.000,00

2. Beispiel:

Ein Kunde kauft Waren		
gegen bar (KB 68)	500,00 €	
und auf Kredit (auf Ziel) (AR 217)	820,00 €	1.320,00 €

Buchungssatz:

	Soll	Haben
Kasse	**500,00**	
Forderungen a. LL	**820,00**	
an **Waren**		**1.320,00**

2 Soll-Buchungen an **1 Haben-Buchung**

Bei allen (einfachen wie zusammengesetzten) Buchungssätzen gilt immer:
Summe der Soll-Buchung(en) = Summe der Haben-Buchung(en)

Im **Grundbuch** sehen beide Geschäftsvorfälle folgendermaßen aus:

Tag	Beleg	Buchungstext	Kontierung		Beträge	
			Soll	Haben	Soll	Haben
1.	KB 67 BA 42	Rg.-Ausgl. an Lief. bar und durch Banküberw.	Verb.	Kasse Bank	1.200,00	200,00 1.000,00
2.	KB 68 AR 217	Warenverkauf bar und auf Ziel	Kasse Ford.	 Waren	500,00 820,00	 1.320,00

Erläutern Sie die Belegangaben.

4 Bilden Sie die zusammengesetzten Buchungssätze.

1. Zahlung eines Kunden		
durch Banküberweisung	1.200,00	
durch Postbanküberweisung	185,00	1.385,00
2. Warenverkauf		
gegen bar	180,00	
auf Kredit	900,00	1.080,00
3. Kauf eines Personenwagens		
gegen Barzahlung	5.000,00	
gegen Bankscheck	14.000,00	
gegen Postbankscheck	12.375,00	31.375,00
4. Verkauf eines gebrauchten Stahlschranks		
gegen Barzahlung	290,00	
gegen Bankscheck	600,00	890,00
5. Wareneinkauf		
gegen Bankscheck	1.500,00	
auf Ziel	3.000,00	4.500,00
6. Ausgleich einer Lieferantenrechnung		
durch Banküberweisung	1.600,00	
durch Postbankscheck	700,00	2.300,00
7. Kauf eines Lagerhauses		
gegen Bankscheck	180.000,00	
gegen Übernahme einer Hypothekenschuld	140.000,00	320.000,00
8. Tilgung einer Darlehensschuld		
durch Banküberweisung	2.000,00	
durch Postbanküberweisung	1.400,00	3.400,00

5 Welche Geschäftsvorfälle liegen den folgenden Buchungssätzen zugrunde?

1. Verbindlichkeiten a. LL
an Bank
an Postbank

2. Kasse
Forderungen a. LL
an Waren

3. Kasse
Bank
an Geschäftsausstattung

4. Waren
an Kasse
an Verbindlichkeiten a. LL

5. Kasse
Bank
Postbank
an Forderungen a. LL

6. Darlehensschulden
an Bank
an Postbank

21 Das Eröffnungsbilanzkonto und das Schlussbilanzkonto

21.1 Das Eröffnungsbilanzkonto

Die Buchführung eines Geschäftsjahres beginnt mit der Eröffnungsbilanz, die in allen Positionen der Schlussbilanz des Vorjahres entsprechen muss. Diese Bilanzidentität ist ein wichtiger Grundsatz ordnungsmäßiger Buchführung.

Um die laufenden Geschäftsvorfälle buchen zu können, muss man die Anfangsbestände in die Aktiv- und Passivkonten eintragen. Die Bestände der Aktivkonten wurden ins Soll, die der Passivkonten ins Haben der entsprechenden Konten übernommen. Dieses Vorgehen widerspricht aber dem Grundsatz der doppelten Buchführung, wonach jeder Soll-Buchung eine Haben-Buchung gegenüberstehen muss. Aus diesem Grund richtet man **für die Eröffnung der Konten** zusätzlich ein Hilfskonto ein,

das Eröffnungsbilanzkonto (EBK),

das die Aktivposten im Haben und die Passivposten im Soll aufnimmt.

Da in der Bilanz mehrere Konten zu einem Posten zusammengefasst werden (vgl. § 266 HGB), in der Buchhaltung jedoch alle Einzelbestände des Vorjahres wieder übernommen werden, ist das Eröffnungsbilanzkonto ein Spiegelbild des Schlussbilanzkontos des Vorjahres.

Die **Buchungssätze bei der Eröffnung der Bestandskonten** lauten:

Aktivkonten an **EBK**
EBK an **Passivkonten**

Das Eröffnungsbilanzkonto ist das Gegenkonto für das Buchen der Anfangsbestände in den Bestandskonten.
Es ist das Spiegelbild des Schlussbilanzkontos des Vorjahres.

21.2 Das Schlussbilanzkonto

Am Schluss des Geschäftsjahres werden die Konten des Hauptbuches abgeschlossen. Zunächst errechnet man die Schlussbestände (Salden) der Aktiv- und Passivkonten. Ergeben sich Differenzen zwischen den in den Konten errechneten Beständen und den laut Inventur vorhandenen Beständen, so sind sie vor dem Abschluss in den Konten auszugleichen. Damit stimmen die Werte in den Konten mit denen der Schlussbilanz überein.

Beim **Kontenabschluss** wird als Gegenkonto **für die** Eintragung bzw. **Buchung der Schlussbestände**

das Schlussbilanzkonto (SBK)

benutzt. Die Salden der Aktivkonten stehen im Soll des Schlussbilanzkontos und im Haben der Aktivkonten. Die Salden der Passivkonten erscheinen dagegen im Soll der Passivkonten und im Haben des Schlussbilanzkontos.

Die **Buchungssätze beim Abschluss der Bestandskonten** lauten:

SBK an **Aktivkonten**
Passivkonten an **SBK**

Die **Schlussbilanz** wird aufgrund der tatsächlich vorhandenen Bestände (Ist-Bestände) des Inventars aufgestellt. Sie wird in das Bilanzbuch eingetragen.

Das Schlussbilanzkonto ist das Gegenkonto für das Buchen der Endbestände in den Bestandskonten.

Inventur
↓
Inventar
↓
Schlussbilanz
↓

Bilanzbuch

Aktiva	**Eröffnungsbilanz**		Passiva
Waren	22.000,00	Eigenkapital	20.000,00
Forder. a. LL	6.000,00	Darlehen	3.000,00
Kasse	5.000,00	Verb. a. LL	10.000,00
	33.000,00		33.000,00

Ort, Datum *Unterschrift*

Grundbuch

I. Eröffnungsbuchungen:

Waren	an	EBK	22.000,00
Forder. a. LL	an	EBK	6.000,00
Kasse	an	EBK	5.000,00
EBK	an	Eigenkapital	20.000,00
EBK	an	Darlehen	3.000,00
EBK	an	Verbindlichkeiten a. LL	10.000,00

II. Laufende Buchungen:

1. Waren	an	Verbindlichkeiten a. LL	2.000,00
2. Kasse	an	Forderungen a. LL	500,00
3. Verb. a. LL	an	Darlehen	1.000,00
4. Verb. a. LL	an	Kasse	1.200,00

III. Vorbereitende Abschlussbuchungen

IV. Abschlussbuchungen:

SBK	an	Waren	24.000,00
SBK	an	Forderungen a. LL	5.500,00
SBK	an	Kasse	4.300,00
Eigenkapital	an	SBK	20.000,00
Darlehen	an	SBK	4.000,00
Verb. a. LL	an	SBK	9.800,00

Bilanzbuch

Aktiva	**Schlussbilanz**		Passiva
Waren	24.000,00	Eigenkapital	20.000,00
Forder. a. LL	5.500,00	Darlehen	4.000,00
Kasse	4.300,00	Verb. a. LL	9.800,00
	33.800,00		33.800,00

Ort, Datum *Unterschrift*

↑
Inventar
↑
Inventur

Hauptbuch

Soll	**Eröffnungsbilanzkonto**		Haben
Eigenkapital	20.000,00	Waren	22.000,00
Darlehen	3.000,00	Forderungen a. LL	6.000,00
Verbindlichkeiten a. LL	10.000,00	Kasse	5.000,00
	33.000,00		33.000,00

S	**Waren**		H
AB	22.000,00	SBK	24.000,00
1. Verb. a. LL	2.000,00		
	24.000,00		24.000,00

S	**Eigenkapital**		H
SBK	20.000,00	AB	20.000,00

S	**Forderungen a. LL**		H
AB	6.000,00	2. Ka.	500,00
		SBK	5.500,00
	6.000,00		6.000,00

S	**Darlehen**		H
SBK	4.000,00	AB	3.000,00
		3. Verb. a. LL	1.000,00
	4.000,00		4.000,00

S	**Kasse**		H
AB	5.000,00	4. Verb. a. LL	1.200,00
2. Ford. a. LL	500,00	SBK	4.300,00
	5.500,00		5.500,00

S	**Verbindlichkeiten a. LL**		H
3. Darl.	1.000,00	AB	10.000,00
4. Ka.	1.200,00	1. Wa.	2.000,00
SBK	9.800,00		
	12.000,00		12.000,00

Soll	**Schlussbilanzkonto**		Haben
Waren	24.000,00	Eigenkapital	20.000,00
Forderungen a. LL	5.500,00	Darlehen	4.000,00
Kasse	4.300,00	Verbindlichkeiten a. LL	9.800,00
	33.800,00		33.800,00

Wie lauten die Geschäftsvorfälle, die den Buchungen 1.–4. auf den Konten des Hauptbuches zugrunde liegen?

Eröffnungsbilanz	=	identisch mit der Schlussbilanz des letzten Jahres
Eröffnungsbilanzkonto	=	Eröffnungskonto im Hauptbuch, Spiegelbild des SBK (Vorjahr)
Schlussbilanzkonto	=	Abschlusskonto im Hauptbuch
Schlussbilanz	=	ergibt sich aus dem Inventar

Arbeitsanweisungen:

1. Stellen Sie aufgrund der Anfangsbestände eine Eröffnungsbilanz auf.
2. Eröffnen Sie die Konten und schalten Sie das Eröffnungsbilanzkonto ein.
3. Buchen Sie die Geschäftsvorfälle in den Konten.
4. Schließen Sie die Konten ab und stellen Sie das Schlussbilanzkonto auf.

1
2

Anfangsbestände:

	1	2		1	2
Geschäftsausst. . . .	18.000,00	12.000,00	Bankguthaben . . .	3.720,00	2.640,00
Waren	24.000,00	16.000,00	Eigenkapital	35.500,00	23.600,00
Forderungen a. LL	6.000,00	4.000,00	Darlehensschulden	8.000,00	6.000,00
Kasse	980,00	760,00	Verbindlichk. a. LL	9.200,00	5.800,00

Geschäftsvorfälle:

	1	2
1. Warenverkauf gegen bar	1.200,00	800,00
2. Ausgleich einer Kundenrechnung durch Banküberweisung .	970,00	710,00
3. Teilweise Tilgung des Darlehens durch Banküberweisung . . .	2.000,00	1.500,00
4. Wareneinkauf auf Ziel	1.700,00	1.100,00
5. Banküberweisung an einen Lieferanten	1.480,00	960,00
6. Kauf eines Büroschreibtisches bar	920,00	880,00

Abschlussangabe:

Die Schlussbestände auf den Konten entsprechen den Inventurwerten.

---

3 **Anfangsbestände:**

Geschäftsausstattung	45.000,00	Postbankguthaben	3.700,00
Fuhrpark	60.000,00	Bankguthaben	24.600,00
Waren	32.000,00	Eigenkapital	?
Forderungen a. LL	18.000,00	Darlehensschulden	40.000,00
Kasse	1.200,00	Verbindlichkeiten a. LL	38.000,00

Geschäftsvorfälle:

1. Zahlungen von Kunden durch Banküberweisung	2.400,00	
durch Postbanküberweisung	1.800,00	4.200,00
2. Barverkauf eines gebrauchten Personenwagens		4.900,00
3. Warenverkäufe auf Ziel lt. AR 307–310		7.450,00
4. Aufnahme eines weiteren Darlehens bei der Bank		8.000,00
5. Zahlungen an Lieferanten durch Postbankscheck	2.100,00	
durch Banküberweisung	16.300,00	18.400,00
6. Wareneinkäufe auf Kredit lt. ER 126–127		4.700,00
7. Bareinzahlung aufs Bankkonto		5.000,00

Abschlussangabe:

Die Schlussbestände auf den Konten entsprechen den Inventurwerten.

---

4 **Fragen:**

1. *Wodurch unterscheiden sich Eröffnungsbilanz und Eröffnungsbilanzkonto?*
2. *Wodurch unterscheiden sich Schlussbilanzkonto und Schlussbilanz?*
3. *Wie erklärt es sich, dass die in den Konten errechneten Soll-Bestände nicht immer mit den Ist-Beständen der Schlussbilanz übereinstimmen? Denken Sie besonders an den Kassen-, Waren- und Forderungsbestand.*
4. *Welche Aussagen können Sie über Grundbuch, Hauptbuch und Bilanzbuch machen?*

---

22 Die Erfolgskonten

22.1 Kapitalveränderung durch Aufwendungen und Erträge

Die bisherigen Geschäftsvorfälle wurden nur auf Bestandskonten gebucht, d. h., es veränderten sich die Vermögenswerte und das Fremdkapital. Das Eigenkapital blieb unberührt, da diese Geschäftsvorfälle keinen Einfluss auf den Erfolg (Gewinn oder Verlust) des Unternehmens hatten.

Die Buchführung ist aber nicht nur eine Bestandsrechnung, sondern **auch eine Erfolgsrechnung.** Besonders aus dem **Einkauf von Waren,** der **Lagerhaltung** und dem **Warenverkauf** ergeben sich Geschäftsvorfälle, die Auswirkungen auf den Erfolg des Unternehmens haben; sie **beeinflussen und verändern** damit **das Eigenkapital.**

Der Unternehmer will sein eingesetztes Kapital vermehren. Durch den Verkauf von Waren oder durch Dienstleistungen erzielt er **Erträge.** Hierfür müssen aber zunächst Waren eingekauft und Arbeitskräfte, Maschinen, Energie u. a. eingesetzt werden = **Aufwendungen.**

Aufwendungen entstehen durch den Gebrauch oder Verbrauch von Gütern und Dienstleistungen. Hierzu zählen die Nutzung der Anlagegüter, der Wareneinsatz (= Wert der eingekauften und weiterveräußerten Waren), die Aufwendungen für Löhne, Gehälter, Sozialabgaben, Mieten, Betriebsteuern, Werbung, Verwaltung usw. Das heißt, es werden Werte (Anlagen, Geld) verzehrt, ohne dass ein unmittelbarer Vermögenszuwachs vorliegt oder eine Verringerung der Schulden eintritt. **Aufwendungen vermindern das Eigenkapital.**

> Aufwendungen sind Werteverzehr an Gütern und Dienstleistungen.
> Aufwendungen vermindern das Eigenkapital.

Erträge erzielt das Unternehmen dadurch, dass es Güter verkauft oder Leistungen erbringt. Der Hauptertrag ergibt sich aus dem Verkauf der Waren (Umsatzerlöse). Sie sollten sowohl die Aufwendungen abdecken als auch einen angemessenen Gewinn bringen. Weitere Erträge können anfallen aus Vermietung und Verpachtung, Kapitalausleihe u. a. **Erträge vermehren das Eigenkapital.**

> Erträge sind Wertezuflüsse durch unternehmerische Leistung.
> Erträge vermehren das Eigenkapital.

Die Differenz zwischen den **Erträgen** und den **Aufwendungen** innerhalb einer Rechnungsperiode **ist der Erfolg** (Gewinn oder Verlust) eines Unternehmens.

Beispiel einer Aufwendung:

Wir zahlen Miete für die Geschäftsräume durch Banküberweisung .... 1.400,00 €

Durch diesen Geschäftsvorfall verringert sich unser Bankguthaben. Es vermehrt sich aber weder ein anderer Aktivposten, noch vermindert sich das Fremdkapital. Es handelt sich hier um eine Aufwendung, die das Eigenkapital vermindert. Sie wirkt sich ungünstig auf den Erfolg aus.

Buchung: **Eigenkapital** an **Bank** **1.400,00**

Beispiel eines Ertrages:

Die Bank schreibt uns Zinsen gut	264,00 €

Dieser Vorgang vermehrt unser Bankguthaben. Es verringert sich aber weder ein anderer Aktivposten, noch vermehrt sich das Fremdkapital. Hier liegt ein Ertrag vor, der das Eigenkapital vermehrt. Er wirkt sich günstig auf den Erfolg aus.

Buchung: **Bank** an **Eigenkapital** **264,00**

Erfolge sind

Aufwendungen
Aufwendungen für Wareneinkäufe[1], bezogenes Material, Löhne, Gehälter, Mieten, Büromaterial, Werbung, Steuern u. a.

oder

Erträge
Erträge aus Warenverkäufen[1], Mieterträge, Zinserträge, Provisionserträge u. a.

S	**Eigenkapital**	H
	– Aufwendungen	Anfangsbestand **+ Erträge**

Erträge > Aufwendungen = Kapitalmehrung
Erträge < Aufwendungen = Kapitalminderung

1 Führen Sie auch ein Eröffnungs- und Schlussbilanzkonto.

Anfangsbestände: Kasse 1.000,00 €, Bank 14.000,00 €, Eigenkapital ? €.

1. Bareinnahmen für Provision	6.600,00
2. Banküberweisung für Geschäftsmiete	2.980,00
3. Gutschrift der Bank für Zinsen	190,00
4. Banküberweisung für Löhne	3.640,00

22.2 Buchen auf Erfolgskonten

Das Buchen der verschiedenen Aufwendungen und Erträge unmittelbar auf dem Eigenkapitalkonto hat erhebliche Nachteile. Das Eigenkapitalkonto wird unübersichtlich, da

- nicht zu erkennen ist, durch welche Aufwendungen und Erträge die Kapitalveränderung entstanden ist;
- die Höhe der unterschiedlichen Aufwands- und Ertragsarten sich nicht aus dem Eigenkapitalkonto ablesen lässt.

Es ist jedoch Aufgabe der Buchführung, alle Arten von Aufwendungen und Erträgen so klar auszuweisen, dass die **Quellen des Erfolges** zu erkennen sind und der Kaufmann eine Erfolgskontrolle vornehmen kann.

Deshalb werden die Aufwendungen und Erträge auf besonderen **Aufwands-** und **Ertragskonten** erfasst. Diese **Erfolgskonten sind Unterkonten des Eigenkapitalkontos.** Sie nehmen daher die Aufwendungen im Soll und die Erträge im Haben auf.

Alle Aufwendungen und Erträge werden auf Einzelkonten erfasst:
Aufwendungen im Soll
Erträge im Haben
Die Erfolgskonten sind Unterkonten des Eigenkapitalkontos.

1 Aufwendungen für Waren und Umsatzerlöse werden auf Seite 104 ff. behandelt.

Erfolgskonten

Aufwandskonten

S	Gehälter	H
Aufwendungen		

S	Werbung	H
Aufwendungen		

S	Post und Telekommunikation	H
Aufwendungen		

Ertragskonten

S	Zinserträge	H
		Erträge

S	Mieterträge	H
		Erträge

S	Eigenkapital	H
Aufwendungen = Minderungen		Anfangsbestand Erträge = Mehrungen

Beispiele für das Buchen von Aufwendungen und Erträgen:

Anfangsbestände: Bankguthaben 42.500,00 €, Eigenkapital 42.500,00 €.

Geschäftsvorfälle:

1. Wir zahlen Gehalt durch Banküberweisung	2.600,00
2. Die Bank schreibt uns Zinsen gut	90,00
3. Wir zahlen für eine Werbeanzeige durch Bankscheck	400,00
4. Wir bezahlen eine Telekommunikationsrechnung durch Banküberweisung	210,00
5. Wir erhalten Miete (für ein Geschäftshaus) durch Bankscheck	4.000,00

Buchung auf Aufwandskonten:

1. Gehälter	an **Bank**	**2.600,00**
3. Werbung	an **Bank**	**400,00**
4. Post und Telekommunikation	an **Bank**	**210,00**

Buchung auf Ertragskonten:

2. Bank an **Zinserträge**	**90,00**
5. Bank an **Mieterträge**	**4.000,00**

S	Gehälter		H
1. Bank	2.600,00		

S	Werbung		H
3. Bank	400,00		

S	Post und Telekommunikation		H
4. Bank	210,00		

S	Zinserträge		H
		2. Bank	90,00

S	Mieterträge		H
		5. Bank	4.000,00

S	Bank		H
AB	42.500,00	1. Gehälter	2.600,00
2. Zinserträge	90,00	3. Werbung	400,00
5. Mieterträge	4.000,00	4. Post und Telekommunikation	210,00

Aufwands- und Ertragskonten = Erfolgskonten
Aktiv- und Passivkonten = Bestandskonten

22.3 Abschluss der Erfolgskonten

Am Ende des Geschäftsjahres wird der Erfolg (Gewinn oder Verlust) des Unternehmens durch die Gegenüberstellung aller Aufwendungen und Erträge ermittelt. Dazu schließt man die Erfolgskonten ab, überträgt die **Salden** jedoch nicht auf das Eigenkapitalkonto, sondern **auf ein Erfolgssammelkonto,** das

Gewinn- und Verlustkonto.

Die Abschlussbuchungen dazu lauten:

Gewinn- und Verlustkonto	an	**Aufwandskonten**
Ertragskonten	an	**Gewinn- und Verlustkonto**

Das **Gewinn- und Verlustkonto** weist somit im Soll alle Aufwendungen und im Haben alle Erträge aus. Der Saldo **zeigt den Unternehmenserfolg** (den Gewinn oder den Verlust).

Erträge > Aufwendungen = Gewinn
Erträge < Aufwendungen = Verlust

Das **Gewinn- und Verlustkonto** ist ein Unterkonto des Eigenkapitalkontos. Daher wird der **Saldo auf das Eigenkapitalkonto** übertragen.

Die Abschlussbuchungen lauten:

bei Gewinn:	**Gewinn- und Verlustkonto**	an	**Eigenkapital**
bei Verlust:	**Eigenkapital**	an	**Gewinn- und Verlustkonto**

Der Gewinn erhöht das Eigenkapital.
Der Verlust mindert das Eigenkapital.

Abschluss der Erfolgskonten mit Gewinn

S Gehälter H

1. Bank	2.600,00	GuV	2.600,00

S Werbung H

3. Bank	400,00	GuV	400,00

S Post und Telekommunikation H

4. Bank	210,00	GuV	210,00

S Zinserträge H

GuV	90,00	2. Bank	90,00

S Mieterträge H

GuV	4.000,00	5. Bank	4.000,00

S Gewinn- und Verlustkonto H

Gehälter	2.600,00	Zinserträge	90,00
Werbung	400,00	Mieterträge	4.000,00
Post und Telekommunikation	210,00		
Gewinn	**880,00**		
	4.090,00		4.090,00

S Eigenkapital H

SB	43.380,00	AB	42.500,00
		Gewinn	**880,00**
	43.380,00		43.380,00

Abschluss der Erfolgskonten mit Verlust

Ist die Summe der Aufwendungen größer als die der Erträge, dann ergibt sich ein Verlust. Der Verlust erscheint im Gewinn- und Verlustkonto als Saldo auf der Haben-Seite.

Die Abschlussbuchung lautet: Eigenkapital an Gewinn- und Verlustkonto

S	Gewinn- und Verlustkonto		H
Mieten	1.500,00	Provisionserträge	2.700,00
Steuern	900,00	**Verlust**	**460,00**
Instandhaltung	760,00		
	3.160,00		3.160,00

S	Eigenkapital		H
Verlust	**460,00**	AB	42.500,00
SB	42.040,00		
	42.500,00		42.500,00

Die Salden der Aufwands- und Ertragskonten werden im Gewinn- und Verlustkonto gesammelt (Aufwendungen im Soll – Erträge im Haben).

Der Saldo des Gewinn- und Verlustkontos zeigt den Erfolg der Rechnungsperiode (den Gewinn oder den Verlust).

Das Gewinn- und Verlustkonto ist das Unterkonto des Eigenkapitalkontos. Daher wird der Gewinn oder der Verlust auf das Eigenkapitalkonto übertragen.

Aufgaben mit Bestands- und Erfolgskonten

2 Lösen Sie die Aufgabe 1 (Seite 89) noch einmal, buchen Sie jetzt die Aufwendungen auf den Aufwandskonten „Mieten“ und „Löhne“ und die Erträge auf den Ertragskonten „Provisionserträge“ und „Zinserträge“.

3 **Aktiva:** Gebäude 80.000,00 €, Kasse 800,00 €, Bank 6.400,00 €.
Passiva: Darlehensschulden 4.000,00 €, Eigenkapital ? €.

Kontenplan:

Außer den oben genannten Bestandskonten sowie den Eröffnungs- und Schlussbilanzkonten sind noch einzurichten die
Erfolgskonten: Löhne, Büromaterial, Post und Telekommunikation, Zinsaufwendungen, Mieterträge, Zinserträge, Gewinn und Verlust.

Geschäftsvorfälle:

1. Wir zahlen Lohn an den Lagerarbeiter durch Banküberweisung	1.900,00
2. Ein Mieter überweist auf unser Bankkonto	1.800,00
3. Die Bank schreibt uns Zinsen gut	100,00
4. Wir kaufen Büromaterial bar	50,00
5. Wir überweisen dem Darlehensgläubiger für Zinsen	160,00
6. Wir kaufen Postwertzeichen bar	30,00

Abschlussangabe:

Die Buchwerte auf den Bestandskonten stimmen mit den Inventurwerten überein.

4 Sie sind Angestellte(r) des Einzelhändlers Heinz Mohr e. K., Kleve, und sollen die folgenden Belege buchen.

1. Welche Geschäftsvorfälle liegen den Belegen zugrunde?
2. Nennen Sie die Buchungssätze und tragen Sie diese in das Grundbuch ein.

Beleg 1:

h. e. theisen KG • büroorganisation
ringstraße 5 • 47533 kleve
telefon und fax: 02821 462810
St.-Nr. 86 254 5623 5

Heinz Mohr, Kleve

Datum ..-07-25

Konto | Soll | Haben
geprüft und gebucht

Anzahl	Gegenstand	Preis Euro	ct
	Bürobedarf	47	80

Betrag erhalten

Verkäufer: Bs

00436-12

Bei Irrtum oder Umtausch bitte diesen Zettel vorlegen.

Beleg 2:

Quittung Nr.

Konto | Soll | Haben
geprüft und gebucht

	Euro in Ziffern	ct
Nettowert		
% USt		
Gesamtbetrag	84,	00

Euro in Worten: vierundachtzig — Cent wie oben

von Heinz Mohr, Kleve

für Fensterreinigung (3 Std. zu 28,00 €) bar

richtig erhalten zu haben, bestätigt

Ort Kleve Datum ..-07-26

Buchungsvermerke

Stempel/Unterschrift des Empfängers: Josef Krings

Beleg 3:

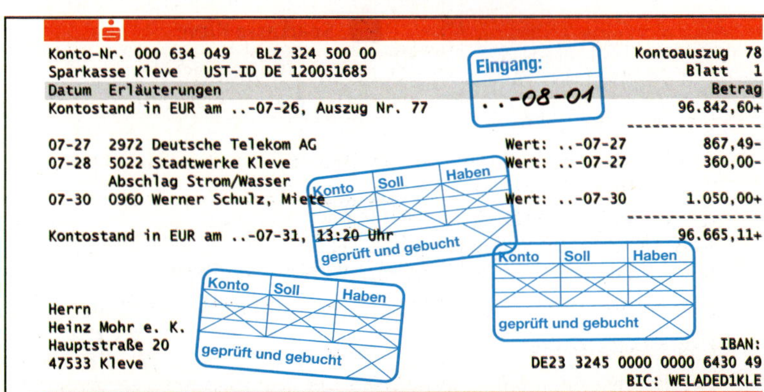

Konto-Nr. 000 634 049 BLZ 324 500 00 — Kontoauszug 78
Sparkasse Kleve UST-ID DE 120051685 — Blatt 1

Eingang: ..-08-01

Datum	Erläuterungen		Betrag
	Kontostand in EUR am ..-07-26, Auszug Nr. 77		96.842,60+
07-27	2972 Deutsche Telekom AG	Wert: ..-07-27	867,49-
07-28	5022 Stadtwerke Kleve Abschlag Strom/Wasser	Wert: ..-07-27	360,00-
07-30	0960 Werner Schulz, Miete	Wert: ..-07-30	1.050,00+
	Kontostand in EUR am ..-07-31, 13:20 Uhr		96.665,11+

Konto | Soll | Haben
geprüft und gebucht

Herrn
Heinz Mohr e. K.
Hauptstraße 20
47533 Kleve

IBAN: DE23 3245 0000 0000 6430 49
BIC: WELADED1KLE

Beleg 4:

DEKO-STUDIO GMBH
exklusive Dekostoffe, Gardinen,
Teppichböden, Sonnenschutz

Kirchweg 16 • 47533 Kleve • Tel. u. Fax: 02821 264437
Steuer-Nr.: 86 347 1598 3

HEINZ MOHR,
KLEVE

Konto | Soll | Haben
geprüft und gebucht

Datum ..-08-01 Preis

Anzahl	Gegenstand	Euro	ct
	VERSCHIEDENE DEKORATIONS-STOFFE	340,	00
	Betrag dankend erhalten		
Verkäufer	000 621-09	Bei Irrtum oder Umtausch bitte diesen Zettel vorlegen.	

Beleg 5:

Kundendurchschrift WELADED1KLE Nur für Überweisungen in Deutschland, in andere EU-/EWR-Staaten und in die Schweiz in Euro.

€uro-Überweisung WELADED1KLE
Nur für Überweisungen in Deutschland, in andere EU-/EWR-Staaten und in die Schweiz in Euro.
Bitte Meldepflicht gemäß Außenwirtschaftsverordnung beachten!

Sparkasse Kleve

Angaben zum Begünstigten: Name, Vorname/Firma (max. 27 Stellen, bei maschineller Beschriftung max. 35 Stellen)
Hans W. Jäger, Gartenstr., Kleve
IBAN
DE17 3247 0077 0002 8644 58
BIC des Kreditinstituts (8 oder 11 Stellen)
DEUTDEDD324
Betrag: Euro, Cent
2.000,00-----------
Kunden-Referenznummer - Verwendungszweck, ggf. Name und Anschrift des Überweisenden - (nur für Begünstigten)
Miete für Lagerhalle August ..
noch Verwendungszweck (insgesamt max. 2 Zeilen à 27 Stellen, bei maschineller Beschriftung max. 2 Zeilen à 35 Stellen)
Angaben zum Kontoinhaber: Name, Vorname/Firma, Ort (max. 27 Stellen, keine Straßen- oder Postfachangaben)
Heinz Mohr e. K., Kleve
IBAN
DE23 3245 0000 0000 6430 49 16
Datum
..-08-01
Unterschrift(en)
H. Mohr

SEPA

Konto | Soll | Haben
geprüft und gebucht

Beleg 6:

Kundendurchschrift WELADED1KLE Nur für Überweisungen in Deutschland, in andere EU-/EWR-Staaten und in die Schweiz in Euro.

€uro-Überweisung WELADED1KLE
Nur für Überweisungen in Deutschland, in andere EU-/EWR-Staaten und in die Schweiz in Euro.
Bitte Meldepflicht gemäß Außenwirtschaftsverordnung beachten!

Sparkasse Kleve

Angaben zum Begünstigten: Name, Vorname/Firma (max. 27 Stellen, bei maschineller Beschriftung max. 35 Stellen)
B. Stiller KG, Haustechnik, Kleve
IBAN
DE19 3244 0023 0006 1407 83
BIC des Kreditinstituts (8 oder 11 Stellen)
COBADEFF324
Betrag: Euro, Cent
586,00-------------
Kunden-Referenznummer - Verwendungszweck, ggf. Name und Anschrift des Überweisenden - (nur für Begünstigten)
Kunden-Nr. 6 0003
noch Verwendungszweck (insgesamt max. 2 Zeilen à 27 Stellen, bei maschineller Beschriftung max. 2 Zeilen à 35 Stellen)
Rechnungs-Nr. 750 104 für Heizungswartung
Angaben zum Kontoinhaber: Name, Vorname/Firma, Ort (max. 27 Stellen, keine Straßen- oder Postfachangaben)
Heinz Mohr e. K., Kleve
IBAN
DE23 3245 0000 0000 6430 49 16
Datum
..-08-02
Unterschrift(en)
H. Mohr

SEPA

Konto | Soll | Haben
geprüft und gebucht

5–8

Eröffnen Sie die Bestandskonten über das EBK, bilden Sie die Buchungssätze, buchen Sie auf den Bestands- und Erfolgskonten und schließen Sie die Konten ab.
Die Schlussbestände auf den Bestandskonten entsprechen den Inventurwerten.

5

Anfangsbestände:

Gebäude	95.000,00	Kasse	400,00
Geschäftsausstattung	6.000,00	Bank	5.000,00
Waren	24.000,00	Eigenkapital	?
Forderungen a. LL	7.000,00	Verbindlichkeiten a. LL	11.000,00

Kontenplan: Außer den o. a. Bestandskonten sowie dem Eröffnungs- und Schlussbilanzkonto sind zu führen die
Erfolgskonten: Aufwendungen für Reinigungsmaterial, Löhne, Grundsteuer, Mieterträge, Zinserträge, Provisionserträge, Gewinn und Verlust.

Geschäftsvorfälle:

1. Wir verkaufen Waren auf Ziel	1.000,00
2. Die Bank schreibt uns Zinsen gut	30,00
3. Wir zahlen Grundsteuer bar	160,00
4. Wir kaufen Waren auf Ziel	1.500,00
5. Für Miete werden uns überwiesen	620,00
6. Wir erhalten Provision durch Banküberweisung	750,00
7. Wir zahlen Lohn an den Kraftwagenfahrer durch die Bank	2.490,00
8. Ein Kunde zahlt bar	600,00
9. Wir bringen Geld zur Bank	800,00
10. Wir überweisen für Reinigungsmaterial durch die Bank	180,00

6
7

Anfangsbestände:

Gebäude	73.000,00	Bankguthaben	7.300,00
Geschäftsausstattung	10.000,00	Eigenkapital	?
Waren	30.000,00	Darlehensschulden	25.000,00
Forderungen a. LL	5.000,00	Verbindlichkeiten a. LL	12.700,00
Kasse	1.500,00		

Kontenplan: Außer den o. a. Bestandskonten sowie dem Eröffnungs- und Schlussbilanzkonto sind zu führen die
Erfolgskonten: Aufwendungen für Energie, Gehälter, Zinsaufwendungen, Mieterträge, Zinserträge, Provisionserträge, Gewinn und Verlust.

Geschäftsvorfälle:

	6	7
1. Wir begleichen die Stromrechnung d. Banküberweisung	200,00	300,00
2. Wir verkaufen Waren auf Ziel	700,00	1.100,00
3. Ein Kunde zahlt bar	100,00	200,00
4. Wir kaufen einen Aktenschrank gegen Bankscheck	350,00	460,00
5. Die Bank schreibt uns Zinsen gut	170,00	250,00
6. Wir erhalten Provision durch Bankscheck	1.800,00	2.000,00
7. Wir kaufen Waren auf Ziel	1.900,00	2.100,00
8. Für Miete werden uns überwiesen	1.400,00	1.500,00
9. Ein Lieferant erhält durch Banküberweisung	600,00	800,00
10. Wir zahlen Gehalt durch Banküberweisung	3.120,00	3.280,00
11. Wir überweisen Darlehenszinsen durch die Bank	500,00	550,00

8 **Anfangsbestände:**

Gebäude	300.000,00	Eigenkapital	?
Geschäftsausstattung	65.000,00	Darlehensschulden	120.000,00
Waren	51.000,00	Bankschulden	21.000,00
Forderungen a. LL	42.000,00	Verbindlichkeiten a. LL	45.000,00
Kasse	4.200,00		
Postbankguthaben	7.300,00		

Kontenplan:

Bestandskonten: wie oben angegeben, zusätzlich EBK und SBK.
Erfolgskonten: Instandhaltung, Büromaterial, Fachliteratur, Werbung und Dekoration, Verbandsbeiträge, Grundsteuer, Zinsaufwendungen, Mieterträge, Provisionserträge, Gewinn und Verlust.

Geschäftsvorfälle im Monat Januar:

Datum	*Beleg*	*Buchungstext*	
2.	KB 1	Barkauf von Rechnungsformularen	120,00
4.	PBank 1	Gutschrift: Postbankscheck von Kunden (AR 562)	2.400,00
		Lastschrift: Postbanküberweisung für Grundsteuern	480,00
7.	ER 1	Wareneinkauf auf Ziel	4.200,00
10.	KB 2	Warenverkauf bar	460,00
14.	KB 3	Barkauf von Dekorationsmaterial	100,00
16.	BA 1	Gutschrift: Banküberweisung für Provisionen	2.500,00
		Lastschrift: Banküberweisung an Lieferanten (ER 219)	1.700,00
		Lastschrift: Banküberweisung für IHK-Beiträge	150,00
18.	KB 4	Barkauf einer Fachzeitschrift	5,00
20.	AR 1	Warenverkauf auf Ziel	3.900,00
23.	KB 5	Barkauf von Aktenschränken	1.400,00
26.	BA 2	Gutschrift: Scheckeingang für Miete	3.000,00
		Lastschrift: Banküberweisung für eine Werbeanzeige	200,00
29.	PBank 2	Lastschrift: Postbanküberweisung für eine Malerrechnung (Renovieren eines Büroraumes)	1.260,00
31.	BA 3	Lastschrift: Zinsen für Bankschulden	70,00
		Lastschrift: Zinsen für Darlehensschulden	800,00

Aufgaben:

1. Stellen Sie ein Grundbuch auf mit Eröffnungsbuchungen, laufenden Buchungen und Abschlussbuchungen.
2. Eröffnen Sie die Bestandskonten über das Eröffnungsbilanzkonto.
3. Buchen Sie die Geschäftsvorfälle in den Bestands- und Erfolgskonten.
4. Schließen Sie die Erfolgskonten über das Konto „Gewinn und Verlust“ ab.
5. Schließen Sie die Bestandskonten über das Schlussbilanzkonto ab.
6. Stellen Sie eine Schlussbilanz auf (Buchwerte = Inventurbestände).

9 **Fragen:**

1. Welcher Unterschied besteht zwischen Bestands- und Erfolgskonten?
2. Wodurch werden die „Quellen des Erfolges“ besonders deutlich?
3. Warum nennt man die Erfolgskonten „Unterkonten des Eigenkapitalkontos“?
4. Wie wirkt sich der Erfolg auf das Eigenkapital aus?

23 Das Privatkonto

Zu seinem Lebensunterhalt nimmt der Geschäftsinhaber Bargeld oder Waren[1] aus seinem Betrieb. Auch lässt er Überweisungen für private Zwecke über die Finanzkonten des Betriebes ausführen, z. B. Zahlungen für Versicherungen, Einkommen- und Kirchensteuer, Arztrechnungen, Miete für die Privatwohnung u. a. Diese Geschäftsvorfälle sind nicht betrieblich bedingt. Sie sind **Privatentnahmen** und **vermindern das Eigenkapital.** Privatentnahmen stellen einen Vorgriff auf den zu erwartenden Gewinn des laufenden Geschäftsjahres dar.

Der Geschäftsinhaber kann auch neue Mittel (Geld oder Sachwerte) in das Unternehmen einbringen. Diese **Privateinlagen** (Kapitaleinlagen) **vermehren das Eigenkapital.**

Für die Buchungen der Entnahmen und Einlagen sind stets **Belege** auszustellen.

Private Entnahmen werden wegen der Übersichtlichkeit nicht direkt dem Kapitalkonto, sondern **dem Privatkonto belastet.** Als Unterkonto des Kapitalkontos wird das Privatkonto **über das Eigenkapitalkonto abgeschlossen.**

Ein Privatkonto wird nur bei Einzelunternehmen und Personengesellschaften geführt. Es zeigt alle Veränderungen des Eigenkapitals, die durch die Beziehungen zwischen privatem Bereich und Betrieb verursacht werden.

1. Der Inhaber entnimmt der Geschäftskasse für seinen Haushalt bar	2.000,00 €
2. Er lässt für seine Lebensversicherung durch die Bank überweisen	3.400,00 €

Buchungen:

Geschäftsvorfälle:	**1. Privat**	an	**Kasse**	..... **2.000,00**
	2. Privat	an	**Bank**	..... **3.400,00**
Vorbereitende Abschlussbuchung:	**Eigenkapital**	an	**Privat**	..... **5.400,00**

S	Privat		H
Kasse	2.000,00	E.-Kap.	5.400,00
Bank	3.400,00		
	5.400,00		5.400,00

S	Gewinn- und Verlustkonto		H
Aufw.	16.000,00	Erträge	25.000,00
Gewinn	9.000,00		
	25.000,00		25.000,00

S	Eigenkapital		H
Privat	5.400,00	AB	230.000,00
SB	233.600,00	Gewinn	9.000,00
	239.000,00		239.000,00

Das Privatkonto erfasst alle Entnahmen für private Zwecke.
Das Privatkonto wird über das Eigenkapitalkonto abgeschlossen.

Aus den vorstehenden Konten wird klar ersichtlich, dass zwischen „Betrieb" und „privatem Bereich" getrennt wird. Das Eigenkapitalkonto weist am Ende der Rechnungsperiode den Betriebserfolg und die privaten Entnahmen gesondert aus.
Die Privatentnahmen des laufenden Jahres sollten nicht höher sein als der Jahresgewinn, da sonst ein Teil des Eigenkapitals verzehrt wird (Substanzverlust).

1 Die Privatentnahme von Waren wird aus methodischen Gründen später behandelt.

Neue Einlagen des Geschäftsinhabers **(Privateinlagen)** sind kein Ausgleich für private Entnahmen. Sie **werden** deshalb nicht auf dem Privatkonto gebucht, sondern **direkt dem Eigenkapitalkonto gutgeschrieben.**

Der Geschäftsinhaber bringt ein bisher privat genutztes Grundstück im Wert von 148.000,00 € in das Anlagevermögen seines Betriebes ein.

Buchung: Grundstücke an **Eigenkapital** **148.000,00**

Privateinlagen werden direkt dem Eigenkapitalkonto gutgeschrieben.

Das Eigenkapital
vermehrt sich durch Gewinn und Einlagen,
vermindert sich durch Verlust und private Entnahmen.

---

1 Bilden Sie die Buchungssätze.

1. Banküberweisung	für die Geschäftsmiete	2.500,00
	für die Wohnung des Geschäftsinhabers	930,00
2. Postbanküberweisung	für Lebensversicherung	1.500,00
	für Gebäudebrandversicherung (Geschäft)	1.210,00
	für Hausratversicherung (Wohnung)	180,00
3. Einlage des Inhabers auf Bankkonto		5.000,00
4. Barentnahme	für eine Geschäftsreise	1.450,00
	für eine Urlaubsreise	2.800,00
5. Banküberweisung	für eine Arztrechnung	135,00
	für die Einkommensteuervorauszahlung	1.800,00
	für die Kirchensteuervorauszahlung	160,00
6. Barzahlung des Lohns an die Hausgehilfin		1.200,00
7. Banküberweisung des Lohns an einen Lagerarbeiter		1.300,00

2
3 Führen Sie nur die Konten „Privat“, „Gewinn und Verlust“, „Eigenkapital“.

	2	3
Anfangskapital	42.600,00	51.700,00
Privatentnahmen bar	9.900,00	10.800,00
Überweisungen für private Zwecke	2.770,00	3.690,00
Aufwendungen	17.300,00	24.500,00
Erträge	32.900,00	36.800,00

Schließen Sie die Konten ab und ermitteln Sie den Erfolg. Nehmen Sie auch einen Vergleich vor zwischen Anfangs- und Endkapital.

---

4 **Fragen:**

1. *Wie wirken sich private Entnahmen und private Einlagen auf das Geschäftskapital aus?*
2. *Warum wird jeder strebsame Kaufmann bemüht sein, das Geschäftskapital von Jahr zu Jahr zu vermehren?*
   Mit welchen Mitteln kann er dieses Ziel erreichen?
3. *Welche Höchstgrenze sollten die Privatentnahmen im Allgemeinen nicht überschreiten?*
4. *Woran kann es liegen, dass es trotz bescheidener Privatentnahmen des Inhabers nicht gelingt, den Kapitalbestand zu erhalten? (Substanzverlust)*

668098

5 Sie sollen die folgenden Belege im Einzelhandelsunternehmen Josef Abel e. K., Köln, buchen.

1. Welche Geschäftsvorfälle liegen den Belegen zugrunde?
2. Nennen Sie die Buchungssätze.

Beleg 1:

Quittung
Nr.

	Euro in Ziffern	ct
Nettowert		
+ – % USt		
Gesamtbetrag	800	00

Euro in Worten: achthundert — Cent wie oben

von Geschäftskasse

für private Zwecke

richtig erhalten zu haben, bestätigt

Ort Köln — Datum ..-06-01

Buchungsvermerke — Stempel/Unterschrift des Empfängers: Josef Abel

Konto | Soll | Haben — geprüft und gebucht

Beleg 2:

Konto-Nr. 043 685 046 BLZ 370 501 98 — Kontoauszug 58
Sparkasse KölnBonn UST-ID DE DE 122661493 — Blatt 1

Datum	Erläuterungen		Betrag
	Kontostand in EUR am ..-05-28, Auszug Nr. 57		71.486,12+
06-01	4021 Hausratversicherung Wohnung	Wert: ..-06-01	852,50-
06-01	3091 Miete Geschäft Juni	Wert: ..-06-01	1.500,00-
	Kontostand in EUR am ..-06-02, 15:40 Uhr		69.133,62+

Konto | Soll | Haben — geprüft und gebucht

Konto | Soll | Haben — geprüft und gebucht

Eingang: ..-06-03

Herrn
Josef Abel e. K.
Gottesweg 17
50969 Köln

IBAN:
DE43 3705 0198 0043 6850 46
BIC: COLSDE33

Beleg 3:

Kundendurchschrift — COLSDE33 — Nur für Überweisungen in Deutschland, in andere EU-/EWR-Staaten und in die Schweiz in Euro.

€uro-Überweisung — COLSDE33 — Nur für Überweisungen in Deutschland, in andere EU-/EWR-Staaten und in die Schweiz in Euro. Bitte Meldepflicht gemäß Außenwirtschaftsverordnung beachten!

Sparkasse KölnBonn

Angaben zum Begünstigten: Name, Vorname/Firma (max. 27 Stellen, bei maschineller Beschriftung max. 35 Stellen)
Dr. med. H. Stark, Berrenrather Str. 80, Köln

IBAN
DE83 3707 0060 0721 5846 00

BIC des Kreditinstituts (8 oder 11 Stellen)
DEUTDEDK

Betrag: Euro, Cent
487,19

Kunden-Referenznummer - Verwendungszweck, ggf. Name und Anschrift des Überweisenden - (nur für Begünstigten)
Rechnungs-Nr. ../641 vom 30. Juni ..

noch Verwendungszweck (insgesamt max. 2 Zeilen à 27 Stellen, bei maschineller Beschriftung max. 2 Zeilen à 35 Stellen)

Angaben zum Kontoinhaber: Name, Vorname/Firma, Ort (max. 27 Stellen, keine Straßen- oder Postfachangaben)
Josef Abel e. K., 50959 Köln

IBAN
DE43 3705 0198 0043 6850 46 — 16

SEPA

Konto | Soll | Haben — geprüft und gebucht

Datum ..-07-03 — Unterschrift(en) Josef Abel

6
7

Anfangsbestände:

	6	7		6	7
Gebäude	82.000,00	96.000,00	Postbankguthaben	2.280,00	2.340,00
Geschäftsausst. .	10.500,00	12.300,00	Bankguthaben . .	5.400,00	6.200,00
Fuhrpark	17.500,00	21.600,00	Eigenkapital	?	?
Waren	35.300,00	38.400,00	Hyp.-Schulden . .	12.000,00	15.000,00
Forder. a. LL . . .	17.600,00	26.900,00	Verbindl. a. LL . .	13.160,00	24.850,00
Kasse	900,00	1.100,00			

Kontenplan: Außer den o. a. Bestandskonten einschließlich Eröffnungsbilanz- und Schlussbilanzkonto sind folgende Konten zu führen: Aufwendungen für Reinigungsmaterial, Löhne, Werbung, Provisionserträge, Gewinn und Verlust, Privat.

Geschäftsvorfälle:

	6	7
1. Wir überweisen an einen Lieferanten durch die Bank	2.800,00	3.200,00
2. Wir verkaufen Waren auf Ziel	14.200,00	15.600,00
3. Der Geschäftsinhaber entnimmt der Kasse f. d. Haushalt . .	400,00	500,00
4. Ein Kunde überweist auf Postbankkonto	1.930,00	2.140,00
5. Wir kaufen Waren auf Ziel	3.260,00	4.780,00
6. Wir zahlen Lohn durch Banküberweisung	2.450,00	2.510,00
7. Der Inhaber überweist vom Postbankkonto für		
Hausratversicherung	175,00	190,00
Wohnhausrenovierung (Malerrechnung)	1.420,00	1.450,00
8. Banküberweisung für einen Werbeauftrag	440,00	460,00
9. Bankgutschrift für eine weitere Hypothek	8.000,00	10.000,00
10. Wir kaufen Reinigungsmaterial gegen Bankscheck	80,00	90,00
11. Provisionseingang auf Postbankkonto	4.300,00	2.800,00
12. Der Inhaber zahlt eine Erbschaft auf das Bankkonto ein . . .	30.000,00	20.000,00

Abschlussangabe: Die Buchwerte stimmen mit den Inventurbeständen überein.

24 Die Wege der Erfolgsermittlung

Eine der wichtigsten Aufgaben der Buchführung besteht darin, den Erfolg (Gewinn oder Verlust) einer Rechnungsperiode (eines Geschäftsjahres) festzustellen. Dies lässt sich auf zwei Arten durchführen: einmal durch einen Aufwands- und Ertragsvergleich, zum anderen durch einen Kapitalvergleich.

24.1 Erfolgsermittlung durch Aufwands- und Ertragsvergleich

Viele Geschäftsvorfälle bewirken nicht nur eine Umschichtung von Bilanzposten, sondern auch eine Veränderung des Eigenkapitals (Rein- oder Betriebsvermögens).

Wir haben den Werteverzehr durch den Betrieb als **Aufwand** bezeichnet (z. B. Aufwendungen für Waren, Löhne, Gehälter, Betriebsteuern, Werbung und Verwaltung). **Aufwendungen vermindern das Eigenkapital.**

Einen Wertezufluss in den Betrieb haben wir **Ertrag** genannt (z. B. Umsatzerlöse, Miet-, Zins- und Provisionserträge). **Erträge erhöhen das Eigenkapital.**

Der Erfolg lässt sich durch eine Gegenüberstellung von Aufwendungen und Erträgen ermitteln. Der Erfolg kann positiv (ein Gewinn) oder negativ (ein Verlust) sein.

S	Eigenkapital A		H
Aufwendungen	**150.000,00**	**Anfangsbestand**	**400.000,00**
Schlussbestand	**500.000,00**	**Erträge**	**250.000,00**
	650.000,00		**650.000,00**

S	Eigenkapital B		H
Aufwendungen	**150.000,00**	**Anfangsbestand**	**400.000,00**
Schlussbestand	**350.000,00**	**Erträge**	**100.000,00**
	500.000,00		**500.000,00**

Aufwands-Ertrags-Vergleich

Erträge	250.000,00
– Aufwendungen	150.000,00
= Gewinn	100.000,00

Aufwands-Ertrags-Vergleich

Aufwendungen	150.000,00
– Erträge	100.000,00
= Verlust	50.000,00

Erträge > Aufwendungen = Gewinn
Erträge < Aufwendungen = Verlust

24.2 Erfolgsermittlung durch Kapitalvergleich

Ein Kapitalvergleich, bei dem das Eigenkapital am Ende des Geschäftsjahres dem Eigenkapital am Anfang des Geschäftsjahres gegenübergestellt wird, führt zu demselben Ergebnis wie der Aufwands- und Ertragsvergleich.

Kapitalvergleich *ohne* private Entnahmen und Einlagen	**A**	**B**
Eigenkapital am Ende des Geschäftsjahres	500.000,00	350.000,00
– Eigenkapital am Anfang des Geschäftsjahres	400.000,00	400.000,00
= **Erfolg = Kapitalmehrung** bzw. **Kapitalminderung**	**100.000,00**	**50.000,00**
Gewinn	**100.000,00**	
Verlust		**50.000,00**

Die Kapitalmehrung bei A bzw. die Kapitalminderung bei B kann nur dann als Gewinn bzw. Verlust des Unternehmens angesehen werden, wenn keine privaten Geschäftsvorfälle über den Betrieb abgewickelt worden sind.

Falls im Laufe des Geschäftsjahres jedoch auch **private Entnahmen** und/oder **Einlagen** gebucht wurden, dann haben sie sich auf das Eigenkapitalkonto ausgewirkt; denn Privatentnahmen mindern das Eigenkapital und Privateinlagen erhöhen es. Der Erfolg kann in diesem Falle nur ermittelt werden, wenn die Auswirkungen der privaten Entnahmen und Einlagen auf das Eigenkapital rückgängig gemacht werden. Das heißt:

- Private Entnahmen vermindern zwar das Eigenkapital, stellen aber keinen betrieblichen Werteverzehr dar; sie müssen der Kapitalveränderung zugezählt werden.
- Private Einlagen erhöhen zwar das Eigenkapital, sind aber kein betrieblicher Wertezufluss; sie müssen von der Kapitalveränderung abgezogen werden.

Kapitalvergleich mit privaten Entnahmen und Einlagen

S	Eigenkapital A		H
Aufwendungen	**150.000,00**	**Anfangsbestand**	**400.000,00**
P.-Entn.	**36.000,00**	**Erträge**	**250.000,00**
Schlussbestand	**514.000,00**	**P.-Einl.**	**50.000,00**
	700.000,00		**700.000,00**

S	Eigenkapital B		H
Aufwendungen	**150.000,00**	**Anfangsbestand**	**400.000,00**
P.-Entn.	**20.000,00**	**Erträge**	**100.000,00**
Schlussbestand	**370.000,00**	**P.-Einl.**	**40.000,00**
	540.000,00		**540.000,00**

	Kapital am Jahresende ...	514.000,00
–	Kapital am Jahresanfang .	400.000,00
=	**Kapitalmehrung**	**114.000,00**
+	Privatentnahmen	+ 36.000,00
		+ **150.000,00**
–	Privateinlagen...........	– 50.000,00
=	**Gewinn**	**100.000,00**

	Kapital am Jahresende	370.000,00
–	Kapital am Jahresanfang ...	400.000,00
=	**Kapitalminderung**	– **30.000,00**
+	Privatentnahmen	+ 20.000,00
		– **10.000,00**
–	Privateinlagen	– 40.000,00
=	**Verlust**	**50.000,00**

Privatentnahmen:	bei Kapitalmehrung und Kapitalminderung	= zuzählen
Privateinlagen:	bei Kapitalmehrung und Kapitalminderung	= abziehen

Die Erfolgsermittlung durch Kapitalvergleich wird im Steuerrecht (§ 5 EStG) „Gewinnermittlung durch Betriebsvermögensvergleich“ genannt. Eine Erfolgsermittlung unter Berücksichtigung von Privatentnahmen und Einlagen kann nur bei Einzelunternehmen und Personengesellschaften durchgeführt werden; denn bei Kapitalgesellschaften (AG, GmbH) gibt es keine privaten Geschäftsvorgänge.

> Gewinn ist der Unterschied zwischen dem Eigenkapital am Ende und am Anfang des Geschäftsjahres, vermehrt um die Privatentnahmen und verringert um die Privateinlagen.

1
2 Tragen Sie die folgenden Beträge in ein Eigenkapitalkonto ein und schließen Sie es ab.

	1	2
Anfangsbestand	200.000,00	300.000,00
Aufwendungen	120.000,00	160.000,00
Erträge	180.000,00	140.000,00
Privatentnahmen	45.000,00	40.000,00
Privateinlagen	20.000,00	35.000,00

Ermitteln Sie den Geschäftserfolg (Gewinn oder Verlust) durch einen Aufwands- und Ertragsvergleich sowie durch einen Kapitalvergleich.

3
4 **Anfangsbestände:**

	3	4		3	4
Gebäude	80.000,00	90.000,00	Kasse	1.000,00	1.200,00
Geschäftsausst.	25.000,00	30.000,00	Bankguthaben	26.000,00	30.000,00
Waren	32.000,00	35.000,00	Eigenkapital	?	?
Forder. a. LL	12.000,00	14.000,00	Verbindl. a. LL	42.000,00	45.000,00

Kontenplan:

Eröffnungsbilanzkonto, Gebäude, Geschäftsausstattung, Waren, Forderungen, Kasse, Bank, Verbindlichkeiten, Mieterträge, Instandhaltung, Gehälter, Grundsteuer, Gewinn und Verlust, Privat, Eigenkapital, Schlussbilanzkonto.

Geschäftsvorfälle:

	3	4
1. Wareneinkauf auf Ziel	4.500,00	5.000,00
2. Barabhebung bei der Bank	4.000,00	4.500,00
3. Banküberweisung für Reparatur des Zentralcomputers	420,00	460,00
für Kfz-Inspektion (Inhaber)	180,00	200,00
4. Privatentnahme bar	1.500,00	1.800,00
5. Banküberweisung für Gehälter	2.400,00	2.700,00
6. Banküberweisung der Grundsteuer	300,00	320,00
der Miete für die Privatwohnung	800,00	850,00
7. Mieteinnahmen durch Bankscheck	5.000,00	3.000,00
8. Banküberweisung von Kunden	4.100,00	4.700,00

Aufgaben:

1. Eröffnen Sie die Bestandskonten über das Eröffnungsbilanzkonto, bilden Sie die Buchungssätze, buchen Sie auf den Bestands- und Erfolgskonten (Reihenfolge wie im Kontenplan angegeben) und schließen Sie die Konten ab (Buchwerte entsprechen den Inventurbeständen).
2. Ermitteln Sie den Erfolg durch einen Aufwands- und Ertragsvergleich sowie durch einen Kapitalvergleich.

---

25 Die Konten des Warenverkehrs

Die Hauptaufgabe eines Einzelhandelsbetriebes besteht im Ein- und Verkauf von Waren. Daher muss der Gewinn des Unternehmens in erster Linie aus dieser Tätigkeit herrühren.

Bislang wurden die Waren immer zum Einkaufspreis verkauft. Deshalb konnte aus den Warengeschäften weder Gewinn noch Verlust entstehen. In Wirklichkeit schlägt der Händler dem Einkaufspreis die Kosten des Einkaufs, der Lagerung und des Verkaufs hinzu, rechnet eine angemessene Verzinsung seines Kapitals ein und versucht, einen Verkaufspreis zu erzielen, der ihm außerdem noch einen Gewinn einbringt. **Der Verkaufspreis liegt höher als der Einkaufspreis.** Es kommt allerdings auch vor, dass Waren in besonderen Fällen mit Verlust verkauft werden müssen.

Wollte man die eingekauften Waren zum Einkaufspreis und die verkauften Waren zum Verkaufspreis auf unserem bisherigen Warenkonto verrechnen, so würde dieses Konto wegen der unterschiedlichen Preise unübersichtlich.

Daher bucht man die Einkäufe in einem Konto „Aufwendungen für Waren", die Verkäufe in einem Konto „Umsatzerlöse für Waren". Beide Konten sind Erfolgskonten. Das Konto „Aufwendungen für Waren" (Aufwandskonto) zeigt den Verkehr mit unseren Lieferanten, das Konto „Umsatzerlöse für Waren" (Ertragskonto) den Verkehr mit unseren Kunden.

25.1 Wareneinkauf als Aufwand

Auf die Soll-Seite des Kontos „Aufwendungen für Waren" kommen die Einkäufe zu Einkaufspreisen (EP). Die Haben-Seite bleibt vorerst frei.

Ein Einzelhändler bezieht von einem Großhändler Waren auf Ziel (EP) . . . 4.000,00 €

Buchung: Aufwendungen für Waren **4.000,00**
an **Verbindlichkeiten a. LL** **4.000,00**

S	Aufwendungen für Waren	H
4.000,00		

S	Verbindlichkeiten a. LL	H
		4.000,00

25.2 Warenverkauf als Ertrag

Auf die Haben-Seite des Kontos „Umsatzerlöse für Waren" kommen die Verkäufe zu Verkaufspreisen (VP). Die Soll-Seite bleibt zunächst frei.

Der Einzelhändler verkauft die Waren an einen Kunden auf Ziel (VP) . . . . . 5.000,00 €

Buchung: Forderungen a. LL **5.000,00**
an **Umsatzerlöse für Waren** **5.000,00**

S	Forderungen a. LL	H
5.000,00		

S	Umsatzerlöse für Waren	H
		5.000,00

Der Warenverkehr wird in zwei Erfolgskonten erfasst:

1. im Konto „Aufwendungen für Waren" (Aufwandskonto) zu EP, es enthält den Warenverkehr mit den Lieferanten;
2. im „Konto Umsatzerlöse für Waren" (Ertragskonto) zu VP, es enthält den Warenverkehr mit den Kunden.

25.3 Abschluss der Warenkonten

Will man feststellen, ob bei den Warengeschäften ein Gewinn erzielt wurde oder ein Verlust entstanden ist, so muss man die Warenkonten abschließen. Dies geschieht meist am Ende des Geschäftsjahres.

Abschluss der Warenkonten *ohne* Warenbestände

Wareneinkäufe zu	(EP)	300.000,00 €
Die gesamten Waren wurden verkauft zu	(VP)	360.000,00 €

Beim Abschluss werden **die verkauften Waren** zum Einkaufspreis **über das Gewinn- und Verlustkonto abgeschlossen** und die Gegenbuchung auf **dem Konto „Aufwendungen für Waren" vorgenommen.** Die Verkaufspreise der **verkauften Waren bucht man auf dem Konto „Umsatzerlöse für Waren"** und **nimmt die Gegenbuchung auf dem Gewinn- und Verlustkonto vor.**

Buchungen: **Gewinn und Verlust** **300.000,00**
an **Aufwendungen für Waren** **300.000,00**
Umsatzerlöse für Waren **360.000,00**
an **Gewinn und Verlust** **360.000,00**

S	Aufwendungen für Waren		H
(EP)	300.000,00	GuV	300.000,00
	300.000,00		300.000,00

S	Umsatzerlöse für Waren		H
GuV	360.000,00	(VP)	360.000,00
	360.000,00		360.000,00

S	Gewinn- und Verlustkonto		H
AfW	300.000,00	UfW	360.000,00
Rohgew.	60.000,00		
	360.000,00		360.000,00

Auf dem Gewinn- und Verlustkonto stehen jetzt den **verkauften Waren zu Verkaufspreisen die verkauften Waren zu Einkaufspreisen** (Wareneinsatz) gegenüber. Der **Saldo** ist das **Ergebnis** des Warengeschäftes (360.000,00 € – 300.000,00 € = 60.000,00 €). Den Gewinn von 60.000,00 € bezeichnet man als **Warenrohgewinn.** Ein Reingewinn liegt erst vor, wenn nach Abzug der Kosten des Einkaufs, der Lagerung und des Verkaufs noch ein restlicher Gewinn vorhanden ist!

Abschluss der Warenkonten *mit* Warenbeständen

Bislang sind wir davon ausgegangen, dass im Abrechnungszeitraum kein Anfangsbestand an Waren vorhanden war und gleiche Warenmengen eingekauft und verkauft wurden. In der Praxis haben alle Handelsbetriebe **Warenbestände.** Diese **Bestände werden in dem aktiven Bestandskonto „Warenbestände" geführt.** Sie werden durch Inventur ermittelt.

Anfangsbestand und Endbestand dieses Kontos weichen meist voneinander ab. Ist der **Endbestand** an Waren **größer als** der **Anfangsbestand,** so sind **mehr Waren eingekauft als verkauft** worden. Es liegt ein **Mehrbestand** vor.

Warenanfangsbestand laut Inventur	(EP) 30.000,00 €	Wareneinkäufe (EP)	440.000,00 €
Warenendbestand laut Inventur	(EP) 40.000,00 €	Warenverkäufe (VP)	500.000,00 €

Aus dem Vergleich zwischen Anfangs- und Endbestand der Waren ergibt sich ein **Mehrbestand.** Es sind demnach mehr Waren eingekauft als verkauft worden. Würde dieser Mehrbestand nicht berücksichtigt, dann enthielte das Gewinn- und Verlustkonto im Soll die Aufwendungen für die größere Einkaufsmenge, während im Haben die Umsatzerlöse für die kleinere Verkaufsmenge ständen.

Zur Berichtigung des Ergebnisses muss daher der **Mehrbestand** von 10.000,00 € **im Haben** des Kontos **„Aufwendungen für Waren“ berücksichtigt werden** durch die

Vorb. Abschlussbuchung: **Warenbestände** **10.000,00**
an **Aufwendungen für Waren** **10.000,00**

Für die Übertragung des Warenbestandes lautet die

Abschlussbuchung: **Schlussbilanzkonto** **40.000,00**
an **Warenbestände** **40.000,00**

Die Salden der Konten „Aufwendungen für Waren“ und „Umsatzerlöse für Waren“ werden wie bisher über das Gewinn- und Verlustkonto abgeschlossen.

S	**Warenbestände**		H
AB	30.000,00	EB	40.000,00
AfW	10.000,00		
	40.000,00		40.000,00

S	**Aufwendungen für Waren**		H
(EP)	440.000,00	Warenb.	10.000,00
		GuV	430.000,00
	440.000,00		440.000,00

S	**Umsatzerlöse für Waren**		H
GuV	500.000,00	(VP)	500.000,00
	500.000,00		500.000,00

S	**Schlussbilanzkonto**		H
Warenb.	40.000,00		

S	**Gewinn- und Verlustkonto**		H
AfW	430.000,00	UfW	500.000,00
Rohg.	70.000,00		
	500.000,00		500.000,00

Stellt sich bei der Inventur des Warenbestandes heraus, dass der Endbestand kleiner als der Anfangsbestand ist, so liegt ein **Minderbestand** vor. Es sind mehr Waren verkauft als eingekauft worden. Das ist nur zulasten des Lagerbestandes möglich, der zu Beginn des Jahres vorhanden war. Auch hier muss eine Berichtigung vorgenommen werden.

Für den **Minderbestand** lautet die

Vorb. Abschlussbuchung: Aufwendungen für Waren an **Warenbestände**

> Warenendbestand größer als Anfangsbestand = Mehrbestand
> Warenendbestand kleiner als Anfangsbestand = Minderbestand
>
> Die Umbuchungen der Bestandsveränderungen werden auf das Konto „Aufwendungen für Waren“ wie folgt vorgenommen:
> bei Mehrbestand: Warenbestände an Aufwendungen für Waren
> bei Minderbestand: Aufwendungen für Waren an Warenbestände
>
> Wareneinsatz und Umsatzerlöse werden auf das Gewinn- und Verlustkonto übertragen.
>
> Der Warenendbestand wird über das SBK abgeschlossen.

Diesen Abschluss der Warenkonten **bezeichnet man als Bruttoabschluss,** weil im **Gewinn- und Verlustkonto** sowohl der **Wareneinsatz (Soll)** als auch die **Umsatzerlöse (Haben)** ausgewiesen werden, ohne dass sie gegeneinander verrechnet werden. Das Nettoergebnis des Warenrohgewinns kann man nur durch eine Nebenrechnung ermitteln:

Umsatzerlöse – Wareneinsatz = Warenrohgewinn

Das **Verhältnis zwischen Wareneinsatz und Rohgewinn ist** für den Kaufmann aufschlussreich, es kennzeichnet **die Wirtschaftlichkeit des Warengeschäftes.**

1. Jahr: Wareneinsatz 750.000,00 €; Verkaufserlöse 825.000,00 €; Rohgewinn 75.000,00 €
2. Jahr: Wareneinsatz 800.000,00 €; Verkaufserlöse 880.000,00 €; Rohgewinn 80.000,00 €
3. Jahr: Wareneinsatz 1.000.000,00 €; Verkaufserlöse 1.075.000,00 €; Rohgewinn 75.000,00 €

Während in den beiden ersten Jahren der Rohgewinn 10 % des Wareneinsatzes beträgt, macht er im 3. Jahr nur 7,5 % aus und ist damit ungünstiger.

---

1 Stellen Sie die folgenden Angaben in den entsprechenden Konten dar. Ermitteln Sie mithilfe des Gewinn- und Verlustkontos den Rohgewinn/-verlust.

Warenanfangsbestand	60.000,00 €	30.000,00 €	50.000,00 €	45.000,00 €
Warenendbestand	80.000,00 €	20.000,00 €	30.000,00 €	55.000,00 €
Wareneinkäufe	820.000,00 €	760.000,00 €	680.000,00 €	530.000,00 €
Warenverkäufe	900.000,00 €	850.000,00 €	690.000,00 €	525.000,00 €

---

2 **Fragen:**

1. *Wo erscheint bei der Eröffnung der Konten der Warenbestand?*
2. *Welche Vorgänge werden auf den Warenkonten gebucht? Geben Sie auch an, auf welchen Seiten der Konten gebucht wird und zu welchen Preisen.*
3. *Welcher Wert muss Ihnen bekannt sein, bevor Sie die Warenkonten abschließen können?*
4. *Wie berechnen Sie den Wareneinsatz?*
5. *Nennen Sie die Buchungssätze für den Abschluss der Warenkonten.*

Stellen Sie in den folgenden Aufgaben die Warenkonten, das Gewinn- und Verlustkonto sowie das Schlussbilanzkonto dar. Ermitteln Sie das Rohergebnis.

3

Anfangsbestand	(EP)	12.500,00 €
Einkäufe	(EP)	147.500,00 €
Endbestand laut Inventur	(EP)	10.000,00 €
Verkäufe	(VP)	165.000,00 €

4

Anfangsbestand	(EP)	8.900,00 €
Einkäufe	(EP)	87.400,00 €
Endbestand laut Inventur	(EP)	11.300,00 €
Verkäufe	(VP)	89.500,00 €

5

Anfangsbestand	500 Packungen	je 4,00 €
Einkäufe	900 Packungen	
Endbestand laut Inventur	400 Packungen	
Verkaufspreis je Packung		4,80 €

6

Anfangsbestand	1 300 m	je 1,50 €
Einkäufe	6 200 m	
Endbestand laut Inventur	1 500 m	
Verkaufspreis je m		1,45 €

7

Anfangsbestand	Einkäufe	Verkäufe	Endbestand
28.000,00 €			
	1. 10.000,00 €		
		2. 2.400,00 €	
		3. 9.600,00 €	
	4. 8.000,00 €		
		5. 14.000,00 €	
	6. 14.000,00 €		
		7. 18.000,00 €	
			23.000,00 €

8

Anfangsbestand	450 Stück zu 1.350,00 €	Verkauf zu 1.500,00 €
Einkauf	800 Stück zu 2.400,00 €	Verkauf zu 3.000,00 €
Einkauf	1 200 Stück zu 3.480,00 €	Verkauf zu 3.360,00 €
Einkauf	1 750 Stück zu 4.900,00 €	Verkauf zu 4.800,00 €
Einkauf	550 Stück zu 1.650,00 €	noch nicht verkauft

9 Stellen Sie bei den Aufgaben 3 bis 8 fest, ob aus den Warengeschäften ein Reingewinn entstanden ist, wenn die folgenden Aufwendungen noch zu berücksichtigen sind.

Aufg. 3:	7.600,00 € Aufwendungen	Aufg. 6:	900,00 € Aufwendungen
Aufg. 4:	2.800,00 € Aufwendungen	Aufg. 7:	3.400,00 € Aufwendungen
Aufg. 5:	1.700,00 € Aufwendungen	Aufg. 8:	1.800,00 € Aufwendungen

10 **Anfangsbestände:**

Ladenausstattung	13.200,00	Eigenkapital	23.530,00
Waren	17.900,00	Bankschulden	1.300,00
Forderungen a. LL	1.200,00	Verbindlichkeiten a. LL	9.200,00
Kasse	1.730,00		

Aufwandskonten: Aufwendungen für Waren, Gehälter, Miete, Büromaterial, Post und Telekommunikation, Betriebliche Steuern

Ertragskonto: Umsatzerlöse für Waren

Geschäftsvorfälle:

1.	Wir kaufen Waren auf Ziel	520,00
2.	Wir zahlen Steuern durch Banküberweisung	360,00
3.	Tageslosung (Barverkäufe von Waren)	10.200,00
4.	Die Verkäufer erhalten einen Vorschuss auf ihr Gehalt bar	2.210,00
5.	Wir zahlen an Lieferanten durch Banküberweisung	8.340,00
6.	Büromaterial wird bar gekauft	60,00
7.	Tageslosung	6.580,00
8.	Wir zahlen bei der Bank bar ein	13.000,00
9.	Wir überweisen für Miete durch die Bank	850,00
10.	Postwertzeichen werden bar gezahlt	130,00
11.	Ein Kunde zahlt bar	240,00
12.	Tageslosung	7.030,00

Abschlussangabe: Der gesamte Warenbestand wurde verkauft.

11 **Anfangsbestände:**

Bankguthaben	6.580,00	Hypothekenschuld	25.000,00
Gebäude	81.600,00	Kasse	1.240,00
Eigenkapital	74.300,00	Ladenausstattung	8.200,00
Forderungen a. LL	370,00	Verbindlichkeiten a. LL	5.940,00
		Waren	7.250,00

Legen Sie die erforderlichen Konten an.

Geschäftsvorfälle:

1. Wareneinkäufe	auf Ziel	700,00	
	gegen Bankscheck	250,00	
	bar	70,00	1.020,00
2. Gehaltszahlung durch Banküberweisung			2.730,00
3. Banküberweisung für Stromrechnung			150,00
4. Barkauf von Büromaterial			42,00
5. Tageslosung			3.645,00
6. Bareinzahlung bei der Bank			1.400,00
7. Banküberweisung an einen Lieferanten			2.610,00
8. Banküberweisung eines Kunden			190,00
9. Barzahlung einer Werbeanzeige			120,00
10. Banküberweisung für Hypothekentilgung			1.000,00
11. Tageslosung			2.460,00

Abschlussangabe: Warenbestand laut Inventur 5.380,00

12 **Anfangsbestände:**

Bankschulden	20.300,00	Kasse	1.500,00
Darlehensschulden	12.000,00	Ladenausstattung	32.000,00
Eigenkapital	53.000,00	Postbankguthaben	4.300,00
Forderungen a. LL	26.700,00	Verbindlichkeiten a. LL	30.600,00
Waren	51.400,00		

Geschäftsvorfälle:

1. Banküberweisung für Darlehensrückzahlung	6.000,00
2. Banküberweisung eines Kunden	9.450,00
3. Tageslosung	5.320,00
4. Postbankbelastung für Telekom-Rechnung	470,00
5. Wareneinkauf gegen Bankscheck	4.090,00
6. Barzahlung eines Kunden	3.740,00
7. Bareinzahlung auf Bankkonto	8.000,00
8. Banküberweisung für Miete	980,00
9. Lohnzahlung bar an Aushilfskräfte	1.560,00
10. Banküberweisung an Lieferanten	4.110,00
11. Wareneinkauf auf Ziel	8.160,00
12. Tageslosung	7.050,00
13. Privatentnahme bar	600,00
14. Postbanküberweisung an Lieferanten	3.320,00
15. Postbanküberweisung für Betriebsteuern	890,00
16. Warenverkauf auf Ziel	6.500,00

Abschlussangabe: Warenbestand laut Inventur 47.650,00

26 Die Warenwirtschaft

Die erfolgreiche Nutzung rechtzeitig aufgefundener oder bereitgestellter Informationen beeinflusst heute in immer stärkerem Maße die Wettbewerbsfähigkeit eines Einzelhandelsunternehmens. Um auf den unübersichtlichen und schwierigen Märkten bestehen zu können, müssen sich die betrieblichen Entscheidungen als richtig erweisen: Je mehr Informationen einem Unternehmen zur Verfügung stehen – und je besser diese sind –, desto höher wird die Qualität der Entscheidung im Handel sein.

Vor diesem Hintergrund hat die Einzelhandelspraxis die Notwendigkeit von aktuellen und zuverlässigen Informationen erkannt. Die Buchführung liefert in diesem Zusammenhang für das Einzelhandelsunternehmen Daten über

- das Vermögen und dessen Veränderungen,
- die Schulden und deren Veränderungen,
- die Aufwendungen und Erträge,
- das Kapital und dessen Veränderungen.

Mithilfe der Informationen der Kosten- und Leistungsrechnung, die auf den Zahlen der Buchführung basiert, kann die Wirtschaftlichkeit und Leistungsfähigkeit des Einzelhandelsbetriebes kontrolliert werden.

Diese leistungsfähigen Informations- und Steuerungssysteme sind unerlässlich, um die finanzielle Situation und die Kostenstruktur des Betriebes verfolgen zu können. Darüber hinaus sollte besonders der Kernbereich des Handelsbetriebes beobachtet werden: der Bereich der Ware. Dieser wird sehr oft auch Warenwirtschaft genannt.

26.1 Warenwirtschaftliche Tätigkeiten

Die Warenwirtschaft umfasst sämtliche Tätigkeiten, die mit der Beschaffung, der Lagerung und dem Absatz der Handelswaren verbunden sind.

Die Entscheidung, Waren zu erwerben, löst in der Warenwirtschaft des Betriebes eine Reihe voneinander abhängiger Vorgänge aus: Die Ware muss bestellt, geliefert, geprüft, ausgezeichnet und verteilt werden, bevor sie zur Auslage kommt und verkauft werden kann. Warenwirtschaftliche Tätigkeiten im

- Bestellwesen,
- Wareneingang,
- Bereich der Rechnungsprüfung und des Rechnungsausgleichs,
- Bereich der Artikelauszeichnung,
- Verkauf

sind notwendig, damit der Handel seine Verteilungsaufgabe erfüllen kann.

Die Ware ist die wichtigste und meist die größte Investition im Handelsunternehmen. Da die Ware in der Regel nur kurzfristig geordert werden kann, können Fehler im Bereich der Ware den Bestand des Unternehmens direkt und relativ kurzfristig gefährden.

In der Warenwirtschaft geht das Bestreben des Handelsbetriebes dahin, die rechte Ware zur rechten Zeit, zum richtigen Preis, in der richtigen Menge und am richtigen Ort vorrätig zu haben. Sobald eine dieser Forderungen nicht erfüllt ist, entstehen dem Unternehmen zusätzliche Kosten bzw. es entgeht Gewinn: Ist die Ware z. B. zu früh oder in zu großen Mengen am Lager und in den Verkaufsräumen, so entstehen unnötige Lagerkosten und evtl. an anderer Stelle dringend benötigtes Kapital wird gebunden. Im umgekehrten Fall – wenn z. B. die Nachfrage nach einem Artikel das Angebot übersteigt –, steht der kaufwillige Kunde vor leeren Regalen und das Unternehmen kann wegen der ausbleibenden Verkäufe keinen Gewinn machen. Die gleichen Feststellungen können gemacht werden, sobald im Sortiment die nachgefragte Ware nicht enthalten oder nicht zum richtigen Preis angeboten wird.

26.2 Das Warenwirtschaftssystem

Damit die Ware möglichst rationell vom Hersteller zum Kunden gebracht wird, arbeitet der Einzelhandelsbetrieb mit einem Warenwirtschaftssystem.

> Ein Warenwirtschaftssystem ist das Steuerungs- und Informationssystem in der Warenwirtschaft des Handelsbetriebes.

Es soll den gesamten Weg der Ware durch das Einzelhandelsunternehmen – angefangen vom Lieferanten bis hin zum Käufer – abbilden und durch warenbezogene Auswertungen kontrollieren. Diese warenbezogenen Informationen können dem Einzelhändler helfen, optimale Entscheidungen im Warenbereich zu treffen.

Ein rationell arbeitendes Warenwirtschaftssystem, das den Warenkreislauf steuert und kontrolliert, kann wesentlich zum Unternehmenserfolg beitragen. Es hilft dem Einzelhändler vor allem bei der Lösung von Konflikten zwischen den beiden grundlegenden Zielen der Warenwirtschaft: Die Beschaffung und Bereitstellung aller Artikel sollte möglichst wenig Kapital binden und geringe Kosten verursachen. Der Lagerbestand ist daher so niedrig wie möglich zu halten. Gleichzeitig strebt der Handel aus Service- und Imagegründen die permanente, sofortige Erfüllung aller Kaufwünsche der Verbraucher an.

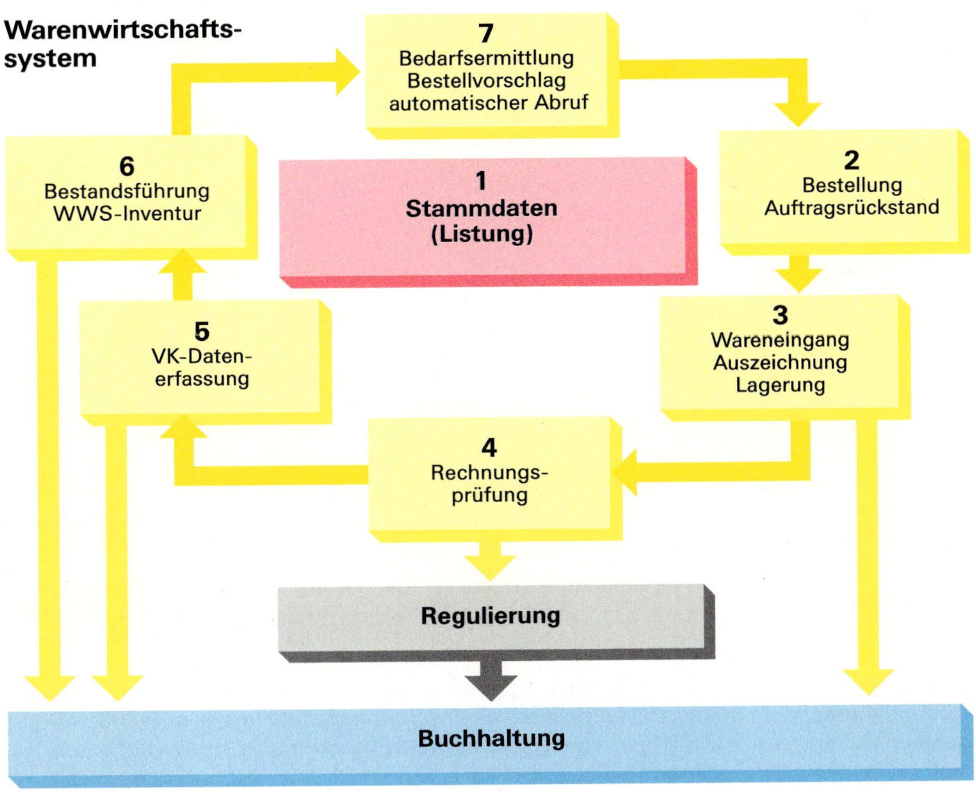

26.3 Herkömmliche Warenwirtschaftssysteme

Die herkömmlichen Warenwirtschaftssysteme werden oft auch manuelle (= mit der Hand) Warenwirtschaftssysteme genannt.

Sie listen alle Informationen über Warenbewegungen in Form von „handerstellten“ **Belegen** (Listen, Karteikarten, Rechnungen usw.) auf.

Um den Warenfluss in den Griff zu bekommen, wird im Betrieb eine Vielzahl von gleichen Informationen benötigt, die in unterschiedlichen Karteien gespeichert werden. Es kommt zu einer anwachsenden Papierflut im Unternehmen. Ein einziger Beleg, z. B. eine Bestellung, wird vervielfältigt und an mehrere Arbeitsplätze wie Warenannahme, Lager usw. geschickt. Auf diesem Weg werden laufend Daten hinzugefügt und übertragen. Falsches Ablesen und Unlesbarkeit können vorkommen.

Verschiedene Mitarbeiter besitzen verschiedene Informationsausschnitte, anstatt dass jeder mit denselben Informationen arbeitet. Das mehrfache Bearbeiten der Belege und der begrenzte Datenumfang an einem Arbeitsplatz haben zur Folge, dass die von herkömmlichen Warenwirtschaftssystemen zur Verfügung gestellten Informationen von der Einzelhandelspraxis als zu ungenau angesehen werden.

Manuelle Warenwirtschaftssysteme – und seien sie noch so geschickt aufgezogen – laufen daher Gefahr, überfordert zu werden. Angesichts der Sortimentserweiterungen und des gestiegenen Informationsbedarfs im Handel erscheint ein herkömmliches Erfassen sämtlicher Artikelbewegungen in der Praxis als kaum lösbar. Durch die Mehrfachbearbeitung der Belege kommt es zu einer Steigerung der Personalkosten. Wegen der geringen Informationsdichte ergeben sich lange Entscheidungsverfahren.

26.4 EDV-gestützte Warenwirtschaftssysteme

Die Möglichkeiten der elektronischen Datenverarbeitung (EDV) haben zu einer wirtschaftlichen und überschaubaren Lösung geführt. Erst die EDV ermöglichte es, die Zeitabstände von der Entstehung bis zur Auswertung der Informationen – beispielsweise zwischen den verschiedenen Bereichen im Unternehmen – zu verkürzen. Mithilfe von Computern können warenwirtschaftliche Informationen also schneller und fehlerfreier verarbeitet und damit Arbeitsabläufe rationeller gestaltet werden. Im Einzelhandel werden daher verstärkt EDV-gestützte Warenwirtschaftssysteme eingeführt.

In einem EDV-gestützten Warenwirtschaftssystem wird der gesamte Warenfluss lückenlos vom Wareneingang bis zum Warenausgang von einer EDV Anlage erfasst, gesteuert und kontrolliert.

Dieses System ermöglicht also zu jeder Tages- und Nachtzeit in Sekundenschnelle die Informationsaufbereitung und -verarbeitung des Warendurchlaufs in einem Handelsunternehmen, indem es alle Artikelbewegungen vom Bestellvorgang über die Lagerhaltung bis zum Verkauf mengen- und wertmäßig erfasst.

26.5 Abgrenzung von manuellen und EDV-gestützten Warenwirtschaftssystemen

Folgende Unterschiede bestehen zwischen den herkömmlichen Warenwirtschaftssystemen der Vergangenheit und den EDV-gestützten Warenwirtschaftssystemen:

- Alle den Warenfluss betreffenden Daten und Informationen sind durch EDV-gestützte Warenwirtschaftssysteme **leichter zugänglich** und **schneller verfügbar.**
- Die Informationen über das Sortiment des Handelsbetriebes sind durch den Einsatz von EDV **genauer** und **aussagekräftiger** geworden.
- Bei EDV-gestützten Warenwirtschaftssystemen kommt es zu einem **Fortfall zeitraubender, ständig wiederkehrender Routinearbeiten** im Bereich der Warenwirtschaft, wie Belegerstellung und -ablage, Verbrauchserrechnungen usw.

26.6 Arten EDV-gestützter Warenwirtschaftssysteme

Die am weitesten ausgebaute Form EDV-gestützter Warenwirtschaftssysteme nennt man **geschlossene** Warenwirtschaftssysteme. Alle Aufgaben der Warenwirtschaft werden hier mithilfe eines Computers gelöst. Die EDV-Anlage begleitet den gesamten Warendurchlauf durch das Unternehmen.

Von einem **offenen** Warenwirtschaftssystem spricht man, wenn nur ein Teil der warenwirtschaftlichen Arbeiten mithilfe des Computers erfolgt. Die übrigen Aufgaben werden manuell gelöst.

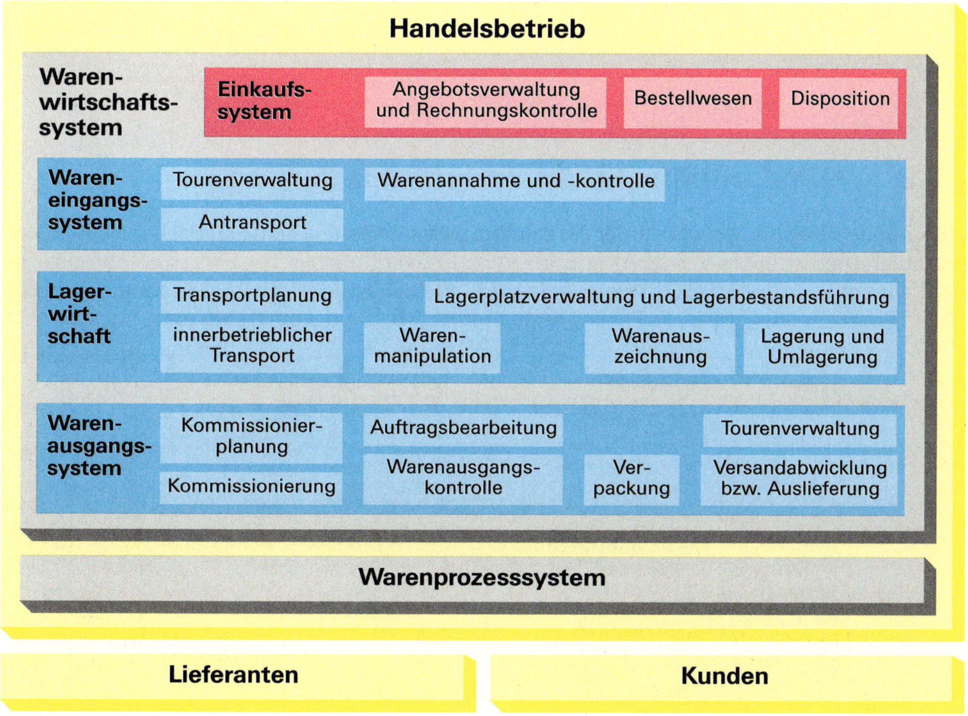

26.7 Artikelnummern als Voraussetzung für ein EDV-gestütztes Warenwirtschaftssystem

Eine wesentliche Voraussetzung für die Nutzung eines EDV-gestützten Warenwirtschaftssystems ist die Vergabe von Artikelnummern für jeden im Sortiment enthaltenen Artikel. Damit wird das Ziel verfolgt, die Verkäufe vollständig und artikelgenau zu jenem Zeitpunkt zu erfassen, zu dem sie getätigt werden, nämlich bei Bezahlung der Ware an der Kasse.

Bei herkömmlichen Warenwirtschaftssystemen gibt es in der Regel noch keine artikelgenaue Verkaufsdatenerfassung an der Kasse, weil hierzu oft noch die technischen Möglichkeiten der Datenverarbeitung fehlen. Ein Überblick über die Verkäufe einzelner Artikel kann nur dann gewonnen werden, wenn die vorhandenen Lagerbestände z. B. im Rahmen einer Inventur körperlich gezählt werden und das Ergebnis von der jeweils eingekauften Menge abgezogen wird. Es ist offenkundig, dass dieser Methode aus Zeit- und Kostengründen enge Grenzen gesetzt sind: So kann u. a. infolge des erforderlichen Aufwandes nicht beliebig häufig gezählt werden. Es stehen also z. B. nur vierteljährliche Verkaufszahlen für einen bestimmten Artikel zur Verfügung. Das ist aber für viele Sortimentsbereiche ungenügend. Erkennt der Einzelhändler Ladenhüter erst nach längerer Zeit, entstehen ihm unnötige Kosten; beobachtet er nicht den Ausverkauf einer stark nachgefragten Ware, entgeht ihm Gewinn.

Herkömmliche Warenwirtschaftssysteme sind also nicht genau genug. Das Grundkonzept EDV-gestützter Warenwirtschaftssysteme besteht dagegen darin, auch den Warenausgang artikelgenau zu erfassen. Die Verkaufsdaten für bestimmte Artikel stehen damit **sofort** als Grundlage für sortimentspolitische Entscheidungen zur Verfügung.

26.8 Die europäische Artikelnummerierung

Jede handelsübliche Mengen- oder Verpackungseinheit erhält beim Hersteller eine eigene Nummer zugeordnet, die den Artikel bis zum Endverbraucher begleitet. Die europäische Artikelnummerierung (EAN) ermöglicht auf allen Handelsstufen eine artikelbezogene Datenverarbeitung. Die aus 13 Ziffern bestehende EAN ist folgendermaßen aufgebaut:

Länderkennzeichen		bundeseinheitliche Betriebsnummer „bbn"					individuelle Artikelnummer des Herstellers					Prüfziffer
4	0	1	2	3	4	5	0	0	3	1	5	4
Zentrale für Coorganisation für die Bundesrepublik Deutschland		FRANZ SCHUSTER KG Travemünder Landstraße 20 23569 Lübeck					Lübecker Edelmarzipan Geschenkpackung 100 g					99 % Sicherheit

Die EAN kennzeichnet jeden einzelnen Artikel im Sortiment des Handelsbetriebes genau und eindeutig durch die Kombination der Betriebsnummer des Herstellers mit einer vom Industriebetrieb selbst festzulegenden Artikelnummer. Die für Hersteller und Handel einheitliche Artikelnummer führt zu einer Erleichterung der Identifikation der Ware auf Preislisten, Belegen, im Regal und auf dem Artikel selbst sowohl beim Hersteller als auch im Groß- und Einzelhandel.

Damit die am Verkaufspunkt zu erfassenden Daten automatisch gelesen werden können, müssen sie in einer maschinenlesbaren, computergerechten Form vorliegen. Soll eine Artikelnummer also erfasst werden, muss sie so verschlüsselt sein, dass sie von Lesegeräten (Scanner, Lesestift oder Lesepistole) „verstanden“ und gelesen werden kann. Dies geschieht in der Regel durch **Strichcodes.** Strichcodes verschlüsseln die Artikelnummer als Strichmarkierungen unterschiedlicher Breite, die bei der Eingabe optisch aufgrund von Helldunkelkontrasten erkannt werden.

4 012345 123456

26.9 Das Preisabrufverfahren

Um im Rahmen des Warenwirtschaftssystems die Verkäufe vollständig und artikelgenau zu erfassen, wird jeweils die Artikelnummer der gekauften Ware mithilfe von Lesegeräten in die Kasse eingelesen. Eine Angabe des Preises auf dem einzelnen Produkt erübrigt sich dann, wenn das sogenannte Preisabrufverfahren **(Price-Look-Up-Verfahren** [PLU]) Verwendung findet:

Die an der Kasse erfasste **EAN sagt noch nichts über den Preis der Ware aus.** Deshalb wird der EAN aus dem Speicher des angeschlossenen Computers in Bruchteilen von Sekunden der dazugehörende Preis und die Artikelbezeichnung zugeordnet und an die Kasse zurückgegeben. Beide Angaben werden im Klartext auf den *„sprechenden Kassenbon“* gedruckt.

Durch das Zuordnen des aktuell gültigen Preises zu einer bestimmten Artikelnummer kann die Einzelpreisauszeichnung entfallen. Es ist nur noch **eine** Auszeichnung am Regal zur Kundeninformation erforderlich. Die Preise können vom Datenspeicher aus jederzeit herauf- oder herabgesetzt werden. Die Veränderung des Preisschilds am Regal ist die einzig übrig gebliebene manuelle Tätigkeit.

ABC MARKT
MARIENBURGER STR. 77
31141 HILDESHEIM
USt-IdNr. DE 425 146 287

DIE ..-09-05	87023
850BD	
	€
CINI-MINIS	*4.99
KATZENNA.M.GEFL.	*0.99
HALBARINE	*0.99
FR.VOLLMILCH 3,5	*1.19
ZWS	8.16
LEERGUT	-4.80
ZWS	*3.36
TOTAL	*3.36
GEGEBEN	*10.00
	*6.64
RUECKGELD	
0247 4 ARTIKEL	16:11DT

26.10 EDV-gestützte Warenwirtschaftssysteme als Bestandteil des Informationssystems von Einzelhandelsunternehmen

Die Datenbestände der Warenwirtschaft dürfen im Handelsbetrieb nicht isoliert betrachtet werden. Vielmehr werden mit EDV-gestützten Warenwirtschaftssystemen auch Daten aus anderen Bereichen des Handelsbetriebes verarbeitet. Umgekehrt fließen auch die in der Warenwirtschaft erfassten und ausgewerteten Daten in angrenzende Bereiche für eine weitere Verarbeitung. Besonders eng tauschen mit der Warenwirtschaft Daten aus:

- Rechnungswesen
  - Finanzbuchhaltung
  - Kreditoren-/Debitorenbuchhaltung
- Kostenstellenrechnung
  - Kostenplanung
  - Deckungsbeitragsrechnung
- Anlagenbuchhaltung
  - Gebäude und Einrichtungen
  - Transportmittel
- Personalwesen
  - Lohn-/Gehaltsbuchhaltung
  - Personalstatistik
  - Personaleinsatzplanung

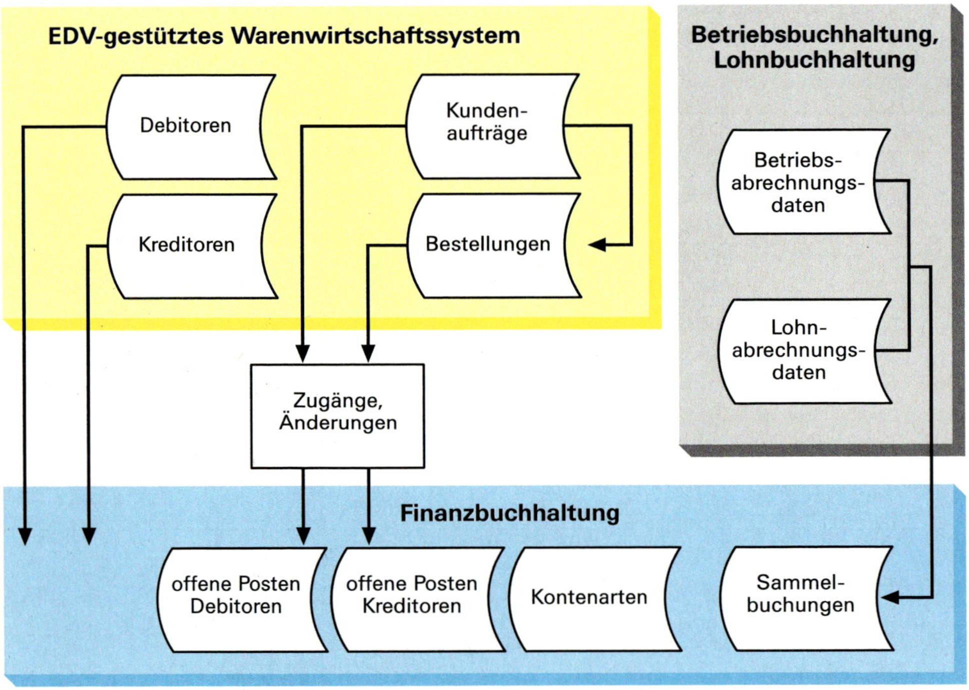

Das gesamte Rechnungswesen arbeitet also mit dem Warenwirtschaftssystem zusammen. Sehr viele Daten aus der Finanzbuchhaltung werden aus der Warenwirtschaft übernommen. In der Finanzbuchhaltung benötigt man im Bereich der Debitoren und Kreditoren deren Stammdaten und Bewegungen. So ist beispielsweise die Einkaufsabteilung diejenige, die den ersten Kontakt zum Lieferanten hat. Hier werden die meisten Stammdaten angelegt. Wenn dann die Rechnung kommt, müssen in der Buchhaltung keine weiteren Stammdaten erfasst werden.

26.11 Rationalisierungsvorteile von Warenwirtschafts-systemen

Durch den Einsatz der computergestützten Warenwirtschaftssysteme werden – im Vergleich zu früher – nahezu sämtliche Funktionsabläufe rationalisiert, die im Zusammenhang mit Warenbewegungen und den mit ihnen verbundenen Tätigkeiten stehen. Der Warendurchlauf über verschiedene Stufen hinweg wird eindeutig verbessert.

26.11.1 Wegfall der Artikelauszeichnung

Bei der Arbeit mit dem Preisabrufverfahren kann der Einzelhändler auf eine arbeitsintensive Artikelauszeichnung verzichten. Der Preis muss lediglich am Regal angebracht und in den Speicher eingegeben werden. Preisveränderungen können darüber hinaus häufiger, genauer und billiger durchgeführt werden. Als weiterer Vorteil entfällt die Schulung des Kassenpersonals hinsichtlich der Kenntnis der aktuellen Preise.

26.11.2 Beschleunigung und Erleichterung des Kassiervorganges

Durch den Wegfall der gesamten manuellen Dateneingabe verringert sich deutlich die Zeit des Registrierens der Waren. Verschiedene Messungen ergaben eine Verbesserung des Kassendurchsatzes von ca. 25 %–30 %. Dadurch wird die Einsparung von Kassenplätzen ermöglicht. Das maschinelle Lesen gewährleistet eine hohe Eingabesicherheit und erschwert Manipulationen am Warenausgang: Es kommt zu einer Minderung der Inventurdifferenzen. Einnahmen werden getrennt nach Zahlungsarten sowie Kassierpersonal erfasst. Durch Führung eines Kontos für jede Kassiererin ist die Ablösung und ein häufiger Platzwechsel ohne zeitraubende Zwischenabrechnung möglich. Die Aufzeichnung sämtlicher Kassenvorgänge erlaubt deren genaue Kontrolle. Bei der Kassenabrechnung fallen zeitraubende Schreib- und Übertragungsarbeiten fort.

26.11.3 Einmalspeicherung der Daten

Als Grundlage für die Aktivitäten in der Warenwirtschaft sind zahlreiche Angaben über die einzelnen Artikel erforderlich. Bisher wurden bestimmte, artikelbezogene Daten in den verschiedenen Funktionsbereichen eines Einzelhandelsunternehmens mehrfach, d. h. kostspielig, erfasst. Es mussten verschiedene Belege, wie Bestellung, Wareneingangspapiere, Lagerkarteikarten usw., mit zum Teil denselben Angaben über die Artikel erstellt werden. Computergestützte Warenwirtschaftssysteme sollen dagegen auch den Zweck erfüllen, dass Daten nur einmal gespeichert werden und viele Anwender – aus allen betrieblichen Funktionen – hierauf Zugriff haben. Dies ergibt eine sehr große Arbeitsersparnis sowie einen einfachen Änderungsdienst. Darüber hinaus kommt es dadurch zu einem Zusammenwachsen der einzelnen Unternehmensbereiche.

Deutlich wird dies z. B.

- an der Erfassung der Verkäufe an Datenkassen.

  Das EDV-gestützte Warenwirtschaftssystem übernimmt die Daten einerseits für eigene Auswertungszwecke, gibt sie aber andererseits gleichzeitig zur Aufbereitung an die Finanzbuchführung weiter.

Beispiel: Es werden 12 Artikel mit einem Gesamtwert von 2.400,00 € verkauft. Die meisten EDV-gestützten Warenwirtschaftssysteme speichern nicht nur die Bestandsminderung von 12 Artikeln im Sortiment, sondern erzeugen selbstständig den bei Warenverkäufen anfallenden Buchungssatz. Dieser muss in das Finanzbuchführungsprogramm nicht extra eingegeben werden, sondern wird vom Warenwirtschaftssystem automatisch an das Finanzbuchführungsprogramm weitergegeben.

- an der Übernahme warenwirtschaftlicher Bestelldaten in die Finanzbuchführung. Die vom Warenwirtschaftssystem erfassten Lieferantenstammdaten werden an die Kreditorenbuchhaltung weitergegeben und müssen dort nicht neu eingegeben werden.

26.11.4 Bereitstellung von Formularen

Anhand der Artikelnummer als Ordnungs- und Identifikationsbegriff stehen die Artikelstammdaten allen Benutzern schnell und im direkten Zugriff zur Verfügung. In diesem Zusammenhang ermöglichen Warenwirtschaftssysteme je nach Anforderung auch die Zusammenstellung und den Druck von Formularen jeder Art aus dem Bereich der Warenwirtschaft. Dies können z. B. Bestellungen oder Inventurlisten sein, die mithilfe der Maskentechnik erstellt werden. Formulare, Tabellen und Erfassungsvordrucke können damit schnell und vielseitig auf dem Bildschirm gestaltet und anschließend ausgedruckt werden.

Durch solche Formulare wird beispielsweise die Jahresabschlussinventur vereinfacht. Die EDV-gestützten Warenwirtschaftssysteme können aus der permanenten Lagerbestandsfortschreibung heraus Inventurlisten erstellen. Sie enthalten die Soll-Bestände und sind somit die Grundlage für die Erfassung der Inventurdifferenzen. Verwendet man sogar mobile Datenerfassungsgeräte, die die codierten Artikel im Lager und in den Verkaufsräumen direkt erfassen, vergleicht das Programm die festgestellten Ist-Bestände automatisch mit den gespeicherten Soll-Beständen.

26.12 Informationsvorteile von EDV-gestützten Warenwirtschaftssystemen

EDV-gestützte Warenwirtschaftssysteme sollen Informationen aus dem Bereich der Warenwirtschaft – z. B. in Form von betriebswirtschaftlichen Kennzahlen – bereitstellen, um die Qualität der Entscheidungen im Einzelhandelsunternehmen zu verbessern. Je mehr und je genauere Informationen zur Verfügung stehen, desto besser wird die Qualität der Entscheidungen im Betrieb sein.

EDV-gestützte Warenwirtschaftssysteme liefern aktuelle, vollständige sowie genaue Informationen über den Einsatz der Ware im Einzelhandelsunternehmen. Damit lassen sich Entscheidungen begründen, die weit über die bloße Steuerung des Betriebsfaktors Ware hinausgehen.

26.12.1 Informationen für sortimentspolitische Entscheidungen

Die Sortimentszusammenstellung ist eine der grundlegenden Leistungen eines Handelsbetriebes. Das Unternehmen versucht, durch eine geeignete Auswahl des Warenangebots größtmögliche Anziehungskraft auf die Käufer auszuüben. Im Rahmen der Sortimentspolitik muss dabei aber immer der Zielkonflikt zwischen Lieferservice und Lagerreduktion gelöst werden. Einerseits strebt der Einzelhändler eine hohe Lieferbereitschaft (große Auswahl, ständiges Angebot) an, damit ihm kein möglicher Gewinn entgeht. Andererseits versucht er sein Sortiment bzw. seine Lagerbestände so klein wie möglich zu halten, da jeder Artikel Lagerkosten verursacht, benötigtes Kapital bindet und eventuell wertvolle Verkaufsfläche besetzt. Den richtigen Weg zwischen den beiden konkurrierenden Zielen kann ein EDV-gestütztes Warenwirtschaftssystem zeigen.

Grundsätzlich spiegelt ein computergestütztes Warenwirtschaftssystem das Sortiment artikelgenau in Form von betriebswirtschaftlichen Kennzahlen wider. So informiert das Warenwirtschaftssystem im Rahmen einer Umsatzanalyse – in der Einzelhandelspraxis **kurzfristige Erfolgsrechnung (KER)** genannt – ständig warengruppen- und artikelgenau u. a. über folgende Größen:

- Umsatzentwicklung
- Wareneingang
- Lagerbestände
- Lagerumschlagsgeschwindigkeit
- Preisänderungen
- erzielte Handelsspanne
- Rohertrag

Diese Größen, die dem Einzelhändler negative Tatbestände und Entwicklungstendenzen andeuten und die Quellen der Rentabilität aufdecken können, werden vom Warenwirtschaftssystem auf statistischem Weg – außerhalb der Buchführung – ermittelt. Die KER macht die innerbetriebliche Lage aufgrund einer ständigen, kurzfristigen Rentabilitätskontrolle auf Abteilungs-, Warengruppen- oder Artikelebene genau und in allen erforderlichen Einzelheiten bekannt. Damit wird eine Reihe von Anhaltspunkten für die Sortimentspflege und -kontrolle geliefert.

Die KER liefert der Betriebsführung des Einzelhandelsunternehmens Entscheidungsunterlagen, die von der GuV-Rechnung der Buchführung aus zwei Gründen nicht zur Verfügung gestellt werden können:

- Der Jahresabschluss kommt zu spät, da er in der Regel erst einige Zeit nach Abschluss des Wirtschaftsjahres zur Verfügung steht: Es wäre unsinnig, z. B. die Disposition für die folgende Wirtschaftsperiode erst dann zu ändern, wenn das durch die GuV-Rechnung ermittelte Betriebsergebnis nicht den Erwartungen entspricht.

  Damit der Einzelhandelsbetrieb schlagartig auf Preisänderungen, Konjunkturbewegungen, modische Neuerungen und Konkurrenzmaßnahmen reagieren kann, muss das Betriebsergebnis in verhältnismäßig kurzen Zeitabständen überschaubar sein.
- Da das Ergebnis der GuV-Rechnung ein Gesamtbetriebsergebnis ist, macht es den Anteil einzelner Abteilungen, Warengruppen oder Artikel am Rohertrag oder an der Rentabilität nicht transparent.

Das Warenwirtschaftssystem kann aus den Ergebnissen der Umsatzanalyse sogenannte **„Renner- und Pennerlisten“** erstellen. Eine Pennerliste enthält alle Artikel, die in einem bestimmten Zeitraum kaum verkauft wurden (die „Langsamdreher“), die für den Betrieb daher unrentabel sind. Rennerlisten erfassen alle Artikel, die sich sehr gut verkaufen lassen. Auch diese sogenannten „Schnelldreher“ müssen genau kontrolliert werden. Gerade bei solchen Artikeln ist die Gefahr sehr groß, dass sich bei falscher Kalkulation (zu niedrig kalkulierte Verkaufspreise, die keinen Gewinn erbringen) die Fehler multiplizieren und zu erheblichen Verlusten führen. Eine artikelgenaue Überwachung der Renner lässt Fehlkalkulationen oder mögliche Ausverkäufe rasch erkennen und rechtzeitige Maßnahmen ergreifen.

Durch EDV-gestützte Warenwirtschaftssysteme besteht die Möglichkeit festzustellen,

- wer (welcher Lieferant)
- was (welchen Artikel)
- wie viel
- zu welchen Bedingungen (Preis/Konditionen)
- wann (Zeitpunkt)
- wohin (Zentrale/Filiale)

geliefert hat oder zu liefern bereit war. Besonders vorteilhaft erweisen sich diese Informationen bei Einkaufsgesprächen. Viele Einzelhandelsbetriebe geben ihren Einkäufern bestimmte Einkaufsbeträge vor, die den Rahmen aufzeigen, in dem selbstständig Warendispositionen getroffen werden können. Bei der Planung der Einkaufsmenge wird in diesem Zusammenhang die Limitrechnung angewandt. Dies wird gemacht, um die Finanzverhältnisse des Betriebes zu kontrollieren und in Ordnung zu halten. Die auch **Limits** genannten Einkaufsbeträge zwingen den Einkäufer zu intensiver, streng am Markt orientierter Auseinandersetzung mit den Dispositionsalternativen. Eine solche Vorgehensweise ist unerlässlich, um eine unnötige Kapitalbindung durch zu große Lagerbestände zu vermeiden und um die Finanzen und Liquiditätsverhältnisse des Betriebes in Ordnung zu halten. Die geplanten Limits beruhen u. a. auf Schätzwerten für den Umsatz, die das Warenwirtschaftssystem aus den Verkäufen vergangener Perioden errechnet. In der laufenden Periode prüft das Warenwirtschaftssystem dann, ob das geplante Limit von der Einkaufsabteilung auch eingehalten wird. Das noch freie Restlimit wird unter Berücksichtigung der bereits getätigten Bestellungen an die tatsächliche Umsatzentwicklung angepasst.

26.12.2 Informationen für absatzpolitische Entscheidungen

Mit der gezielten Überwachung des Verkaufs einzelner Artikel durch computergestützte Warenwirtschaftssysteme ergeben sich zahlreiche Informationen zur Beurteilung absatzpolitischer Maßnahmen im Einzelhandelsbetrieb:

- Mithilfe eines Warenwirtschaftssystems kann der **Zusammenhang zwischen Verkaufsflächen und Absatzmenge** untersucht werden.
- Das Warenwirtschaftssystem gibt aber auch Auskunft über den Platzbedarf eines Artikels im Verkaufsraum.
- Durch Warenwirtschaftssysteme kann zudem der **Einfluss verkaufsfördernder Maßnahmen** wie Display und Videovorführungen auf die Absatzmenge sowie die Verkaufswirksamkeit unterschiedlicher Werbekonzepte (hinsichtlich Werbebotschaft, Anzeigengröße und -platzierung) festgestellt werden.
- Im Idealfall ist das computergestützte Warenwirtschaftssystem in der Lage, die gesamte Präsentationspolitik selbstständig vorzunehmen, indem für jeden einzelnen Artikel Platzierungsmenge und -standort vorgeschlagen werden.
- Außerdem unterbreitet das Warenwirtschaftssystem dem Einzelhändler regelmäßig Vorschläge für Sonderangebote. Dabei werden dann natürlich neben dem Artikel gleichzeitig auch die empfohlene Preisreduktion und das geeignete Werbemedium vorgeschlagen.

26.12.3 Informationen für preispolitische Entscheidungen

Bei der Kalkulation der Verkaufspreise müssen viele Größen berücksichtigt werden. Es müssen z. B. Kosten, Umsatzsteuern, Gewinne, Umsätze, Marktchancen usw. beachtet werden, um die richtigen Verkaufspreise zu ermitteln. Zur Begründung preispolitischer Entscheidungen liefern EDV-gestützte Warenwirtschaftssysteme Informationen in mehrfacher Hinsicht.

So informiert das Warenwirtschaftssystem im Rahmen der kurzfristigen Erfolgsrechnung warengruppen- oder artikelgenau über die durchschnittlich erzielte Handelsspanne. Es bietet damit dem Einzelhändler eine **laufende Kontrolle,** ob im Unternehmen bisher kosten- und gewinndeckend kalkuliert worden ist.

Bei vielen Artikeln besteht ein Kalkulationsspielraum, der nicht immer genutzt wird. Der Einzelhändler muss sich also fragen: Wo liegt die **Obergrenze des Verkaufspreises,** ohne dass Umsatz und Gewinn negativ beeinflusst werden? Der infrage kommende Artikel wird durch das Warenwirtschaftssystem über mehrere Perioden hinweg mit einem unterschiedlichen Verkaufspreis (und Gewinn) ermittelt. Gerade bei hochpreisigen und hochwertigen Artikeln, die nicht so sehr im Preisbewusstsein der Kunden verankert sind, sollte durch Untersuchungen der richtige Preis ausgelotet werden. Jede vertretbare Erhöhung des Verkaufspreises bei gleichbleibenden Kosten bedeutet einen wesentlichen Beitrag zur Erfolgssicherung des Unternehmens.

EDV-gestützte Warenwirtschaftssysteme geben auch wertvolle Hinweise für eine geeignete Mischkalkulation **(Kompensationskalkulation).** Es wird deutlich, welche Artikel mit einer sehr hohen Stückspanne belegt werden können, um niedrig kalkulierte Artikel zu unterstützen (z. B. Sonderangebote oder Ladenhüter, die verramscht werden sollen).

Warenwirtschaftssysteme zeigen auch auf, bei welchen Sortimentsteilen bzw. Artikeln **Preisnachlässe** zu gewähren sind, weil z. B. Verderb oder technisches bzw. modisches Veralten droht:

- Es kann eine Liste gedruckt werden, die genau Auskunft über das Alter der Artikel im Sortiment gibt. Der Einzelhändler kann somit eine genaue **Altwarenkontrolle** vornehmen und entsprechende Maßnahmen treffen.

Schließlich lässt sich durch Warenwirtschaftssysteme auch die **Wirksamkeit psychologischer Preisgestaltungsprinzipien** sehr leicht überprüfen. Es wird untersucht, ob glatte Preise (30,00 € z. B.) verkaufswirksamer sind als gebrochene (29,90 €) oder ob die Endziffer des Preises (z. B. 0,9**5** € oder 0,9**9** €) Einfluss auf die Verkaufswirksamkeit hat.

26.12.4 Informationen für personalpolitische Entscheidungen

Durch die Gewinnung exakter Daten kann ein Warenwirtschaftssystem Grundlagen für eine rationelle Planung des Personaleinsatzes zur Verfügung stellen.

- Die EDV-gestützten Warenwirtschaftssysteme können die **Arbeitseinsatzplanung** durch Kundenfrequenzuntersuchungen wesentlich verbessern.
- EDV-gestützte Warenwirtschaftssysteme lassen eine **Leistungskontrolle** der im Einzelhandel Beschäftigten zu.

26.13 Eine Auswahl von Auswertungen moderner Warenwirtschaftssysteme

Mit den folgenden Beispielen sollen Auswertungsmöglichkeiten moderner Warenwirtschaftssysteme aufgezeigt werden. Da der Leistungsumfang von Softwarepaketen zur Warenwirtschaft sehr unterschiedlich ist, wird kein Anspruch auf Vollständigkeit erhoben. Es werden Kenntnisse der Betriebswirtschaft, der Buchführung und des kaufmännischen Rechnens vorausgesetzt.

26.13.1 Bestellvorschlagslisten

Durch Ausdruck einer Bestellvorschlagsliste nimmt ein EDV-gestütztes Warenwirtschaftssystem dem Disponenten in der Einkaufsabteilung einen Teil der Dispositionsarbeiten ab.

EAN	Artikel	Bestand alt	Absatz	Bestand neu	Melde-bestand	Bestell-vorschlag
5000119098702	Teebeutel	688	276	412	444	1 392
4005500220107	Cappuccino	206	84	122	132	420
4000425050389	Kakao	328	132	196	200	640
:	:	:	:	:	:	:

26.13.2 Limitrechnung

Für eine bestimmte Warengruppe wird im **Hypermarkt** mithilfe des EDV-gestützten Warenwirtschaftssystems eine Limitrechnung durchgeführt.

Umsatz	**500.000,00**
– erzielte Kalkulation 40 %	200.000,00
= Planumsatz EK	300.000,00
: Lagerumschlag 6,0	
= durchschnittl. Lager	50.000,00
= Saisonlimit	300.000,00
– Limitreserve 20 %	60.000,00
= Freies Limit	240.000,00
– Ist-Bestellungen	186.712,00
= Restlimit	53.288,00
– Freigabe ..-10-29	8.263,00
= Restlimit neu	**45.025,00**

Aufgrund früherer Umsatzzahlen für die Warengruppe strebt der Einkäufer innerhalb des Planungszeitraums einen Umsatz von 500.000,00 € an. Er hofft, einen Kalkulationsabschlag (erzielte Kalkulation) von 40 % durchsetzen zu können. Der Bruttogewinn soll also 200.000,00 € betragen. Für den Wareneinsatz (Planumsatz zu Einstandspreisen) müssen daher 300.000,00 € eingeplant werden. Als Saisonlimit ergibt sich der Betrag von 300.000,00 €. Dies ist der Gesamtbetrag, der im Planungszeitraum ausgegeben werden darf. Das Saisonlimit wird aufgeteilt in die Limitreserve und das freie Limit. Die Limitreserve wird in der Regel als Prozentsatz ausgedrückt (20 % = 60.000,00 €) und ist für Sonderfälle wie Sonderangebote oder kurzfristige Nachbestellungen vorgesehen. Das freie Limit (240.000,00 €) ist der Betrag, für den im Rahmen vorhersehbarer Bestellungen eingekauft werden darf. Vom freien Limit wird der bisherige Auftragswert (Ist-Bestellung = 186.712,00 €) abgezogen. Der für Bestellungen noch offene Betrag von 53.288,00 € ist das sogenannte Restlimit. Momentan bestellt der Einkäufer Waren für 8.263,00 €, sodass sich ein neues Restlimit von 45.025,00 € ergibt.

26.13.3 Die kurzfristige Erfolgsrechnung (KER)

Das EDV-gestützte Warenwirtschaftssystem ermittelt im Rahmen der kurzfristigen Erfolgsrechnung auf statistischem Weg – außerhalb der Buchführung – u. a. folgende Faktoren, die dem Einzelhändler negative Tatbestände und Entwicklungstendenzen andeuten und Quellen der Rentabilität aufdecken:

- Umsatz zu Verkaufspreisen (Spalte 2 des folgenden Beispiels)
- Prozentanteil des Umsatzes einer Warengruppe am Gesamtumsatz (Spalte 3)
- durchschnittlicher Warenbestand zu Einstandswerten (Spalte 4)
- Prozentanteil des Warenbestandes einer Warengruppe am Warenbestand (Spalte 5)
- „Erreichte Kalkulation“: Rohertrag inkl. Umsatzsteuer (= Umsatz inkl. USt – Wareneinsatz)
  - in Euro (Spalte 6)
  - Prozentanteil der „Erreichten Kalkulation“ einer Warengruppe an der „Erreichten Kalkulation“ des Gesamtbetriebes (Spalte 7)
  - Prozentualer Unterschied zwischen Umsatz und Wareneinsatz, auf den Umsatz bezogen (Spalte 8): $\frac{(\text{Umsatz} - \text{Wareneinsatz}) \cdot 100}{\text{Umsatz}}$
- „Erreichter Aufschlag“: Prozentualer Unterschied zwischen Umsatz und Wareneinsatz, auf den Wareneinsatz bezogen (Spalte 9)
- Lagerumschlag (Spalte 10)
- Rentabilitätszahl (Spalte 11)
  Die Rentabilitätszahl gibt an, welchen Rohertrag inkl. USt eine Investition von 100,00 € in den Warenbestand zu Einstandswerten abwirft.

Hier die KER der Raumausstattungsabteilung des **Hypermarktes:**

1	2	3	4	5	6	7	8	9	10	11
Warengruppe	Umsatz		Ø WB zu EW		Erreichte Kalkulation			Erreicht.	LU	RZ
	in T€	%-Anteil	€	%-Anteil	T€	%-Anteil	% vom Umsatz	Auf-schlag	X	
1 Bodenbelag	4.223,0	61,5	399.430,00	42,4	1.347,1	54,4	31,9	46,8	7,20	337
2 Teppiche	1.363,0	19,8	323.320,00	34,3	554,7	22,4	40,7	68,6	2,50	172
3 Gardinen	1.099,0	16,0	191.097,00	20,3	506,6	20,4	46,1	85,5	3,10	265
4 Tapeten	185,2	2,7	28.850,00	3,0	69,8	2,8	37,1	60,5	4,00	242
Gesamt	**6.870,2**	**100,0**	**942.697,00**	**100,0**	**2.478,2**	**100,0**	**36,1**	**56,4**	**4,66**	**263**

26.13.4 Renner-Penner-Liste

In der Lebensmittelabteilung des Hypermarktes lässt man über das EDV-gestützte Warenwirtschaftssystem die Artikel ausdrucken, die sehr oft bzw. sehr wenig verkauft wurden. Hier ein Auszug dieser Renner-Penner-Liste:

*** Artikel mit VK-St. größer 100 ***				
EAN	Artikel	VK-St.	VK-Preis	Umsatz
4011600001270	Milch, 2 l.	583	1,05	612,15
4006272232121	Spagetti	327	1,25	408,75
:	:	:	:	:
*** Artikel mit VK-St. kleiner 5 ***				
EAN	Artikel	VK-St.	VK-Preis	Umsatz
5000111001539	Schokoriegel	4	0,99	3,96
4013330000293	Schwarztee	2	8,97	17,94
:	:	:	:	:

26.13.5 Kennzahlen für die Unternehmensleitung

Der Leiter der Filiale einer Textilkette lässt sich durch das Warenwirtschaftssystem eine Liste verschiedener Kennzahlen für den Monat April ausdrucken.

Anzahl Verkaufstage	22
Umsatz je Verkaufstag in €	15.132,00
Anzahl Kunden	2 862
Umsatz je Kunde in €	116,00
Anzahl Kunden pro Verkaufstag	130
Anzahl Verkaufskräfte	20
Umsatz je Verkaufskraft in €	16.645,00
Kunde je Verkaufskraft pro Tag	7
Größe der Geschäftsfläche in m^2	1 196
Umsatz je m^2 Geschäftsfläche in €	278,00
Rohertrag in % vom Umsatz	31,0
Rohertrag je m^2 Verkaufsfläche in €	86,00
Rohertrag je Verkaufskraft in €	5.160,00
:	:

Die Vielzahl von Kennzahlen (z. B. über die Personal- oder Raumleistung) lässt – vor allem wenn Vergleichszahlen vorliegen – ein Urteil über die Leistungsfähigkeit und Wettbewerbskraft des Gesamtunternehmens oder von Abteilungen zu.

26.13.6 Kundenumsatzstatistik

Bei der Ausstellung von Kundenkreditkarten werden kundenbezogene Daten erfasst (z. B. Name, Vorname, Alter, Geburtsdatum, Anschrift). Das Warenwirtschaftssystem kann ein differenziertes Bild der Käufer zeichnen, weil jeder verkaufte Artikel unmittelbar dem Käufer zugeordnet werden kann.

Ein Ausschnitt aus einer Kundenumsatzstatistik:

Kunden-nummer	Name Ort Straße	Vorname	letzter Einkauf	Umsatz	Quartal	Jahr	% Vorjahr
0 107	Wiechert	Gabi	30. Mai	Lfd.	312,80	840,92	113,6
	Bonn			Vorj.	528,12	740,00	
	Olsenweg 5						
2 014	Senyk	Iris	24. Apr.	Lfd.	412,97	536,77	36,8
	Bonn			Vorj.	123,80	1.457,89	
	Clubgasse 14						
1 277	Opitz	Horst	12. Mai	Lfd.	112,20	112,20	-
	Köln			Vorj.	-	-	
	Littistr. 4						

26.13.7 Frequenzanalyse

Das Warenwirtschaftssystem ermittelt, zu welcher Tageszeit

- der Kundenandrang,
- der Umsatz

am größten sind. Liegen diese Informationen vor, kann das Unternehmen in Spitzenzeiten verstärkt Teilzeitkräfte beschäftigen bzw. in verkaufsschwachen Zeiten Vollzeitkräfte mit anderen Aufgaben betrauen.

Uhrzeit bis	Anzahl Kunden	Umsatz in €	Prozentanteil
10	10	248,80	1,5
11	14	561,60	3,4
12	22	1.247,00	7,7
13	19	632,40	3,9
14	38	1.620,52	10,0
15	41	3.004,50	18,6
16	41	2.742,18	16,9
17	46	3.112,70	19,2
18	43	2.966,30	18,3
Total	**274**	**16.136,00**	**100,0**

26.13.8 Verkäuferumsatzleistung

Das Warenwirtschaftssystem ermittelt, mit wie viel Prozent der einzelne Verkäufer am Umsatz beteiligt ist. Diese Auswertung dient der Ermittlung der Beschäftigten, die unter dem Durchschnitt liegen hinsichtlich der Anzahl der Kunden oder des Umsatzes.

Verkäufer/-in	Kunden	Umsatz in €	Prozentanteil
Uwe Otte	2	263,20	4,7
Bernd Schneider	5	485,10	8,6
Babette Maibaum	3	99,80	1,8
Detlef Hansen	14	894,70	15,3
Renate Kreutz	8	593,65	10,5
Uli Mühlenbein	7	152,80	2,7
Gabi Rinkler	4	809,80	14,4
Eva Beck	9	405,10	7,2
Alexandra Voigt	2	262,40	4,6
Johanna Adolph	9	1.248,70	22,2
Miriam Weiberg	4	420,60	7,4
Gesamt	**67**	**5.635,85**	**100,0**
Durchschnitt	**6**	**512,35**	**9,0**

1 Der Warenwirtschaft wird im Einzelhandel sehr große Aufmerksamkeit geschenkt.

a) Was versteht man unter dem Begriff „Warenwirtschaft"?

b) Was ist ein Warenwirtschaftssystem?

2 Erläutern Sie die unterschiedliche Zielsetzung von Informationssystemen für die Buchführung, die Kosten- und Leistungsrechnung und die Warenwirtschaft.

3 In der Praxis gibt es manuelle und EDV-gestützte Warenwirtschaftssysteme.

a) Durch welche Merkmale sind herkömmliche Warenwirtschaftssysteme gekennzeichnet?

b) Welche Vorteile haben EDV-gestützte Warenwirtschaftssysteme gegenüber den herkömmlichen (manuellen)?

4 Warum muss im Rahmen eines EDV–gestützten Warenwirtschaftssystems jeder Artikel des Sortiments mit einer Artikelnummer versehen werden?

5 Im Einzelhandel werden für die Artikelnummerierung die EAN verwendet.

a) Wie ist eine EAN-Nummer aufgebaut?

b) Wie viel verschiedene Artikel kann ein Hersteller mit EAN-Nummern versehen?

6 Was versteht man unter dem Preisabrufverfahren?

7 Welche Rationalisierungsvorteile erbringt ein EDV-gestütztes Warenwirtschaftssystem?

8 Führen Sie die Informationsvorteile von Warenwirtschaftssystemen auf.

9 Welche Informationen erhält man über den Artikel „Milch, 2 l" in der Renner-Penner-Liste auf der Seite 123?

10 Wie kann die KER im Rahmen eines Warenwirtschaftssystems Aufschluss über die richtige Raumverwendung geben?

Gehen Sie z. B. davon aus, dass die Warengruppe Teppiche in der KER auf der Seite 123 einen Anteil von 37 % der Verkaufsfläche einnimmt.

11 Der Filialleiter einer Textilkette vergleicht die Kennzahlen seiner Filiale (Seite 124) mit den Ergebnissen anderer Filialen. Als Durchschnitt wurden für diese ermittelt:

- Umsatz je Verkaufskraft 21.453,00 €,
- Umsatz je m^2 Geschäftsfläche 242,00 €.

Welche Maßnahmen wird der Filialleiter wahrscheinlich ergreifen?

12 Viele Einzelhandelsbetriebe wenden die Limitrechnung an.

a) Was sind Limits?

b) Welche Vorteile hat die Limitrechnung?

6680126

13 In einer Filiale der reell – SB Warenhaus GmbH – wird ein Umsatz von 2.000.000,00 € für eine bestimmte Warengruppe angestrebt. Die Einkäufer hoffen, einen Kalkulationsabschlag von 30 % durchsetzen zu können. Der Lagerumschlag in dieser Warengruppe beträgt 5. Es wird von einer Limitreserve von 10 % ausgegangen.

Führen Sie eine Limitrechnung durch.

a) Ermitteln Sie das freie Limit.

b) Der bisherige Auftragswert beträgt 25.400,00 €.

c) Der Einkäufer bestellt Waren für 3.012,00 €.

Wie hoch ist das neue Restlimit?

---

14 Was versteht man unter einem sprechenden Kassenbon?

---

15 Auf Seite 125 ist die Frequenzanalyse eines EDV-gestützten Warenwirtschaftssystems abgebildet.

Zu welcher Uhrzeit muss das Personal in voller Besetzung anwesend sein?

---

16 In der Abbildung auf Seite 125 ermittelt ein EDV-gestütztes Warenwirtschaftssystem die Verkäuferumsatzleistung.

a) Welche Beschäftigten liegen mit ihrer Umsatzleistung über dem Durchschnitt?

b) Babette Maibaum hat nur 1,8 % des Umsatzes erzielt.
Deutet dieses Ergebnis in jedem Fall darauf hin, dass sie eine schlechte Verkäuferin ist?

---

17 Bisher konnten Daten über Kunden im Einzelhandel nicht erfasst werden. EDV-gestützte Warenwirtschaftssysteme ermöglichen bei Ausstellung von Kundenkreditkarten Kundenumsatzstatistiken. Welche Vorteile ergeben sich für ein Einzelhandelsunternehmen?

---

18 Erkunden Sie

- in Ihrer Berufsschule,
- in Ihrem Ausbildungsbetrieb,

a) welches Warenwirtschaftssystem dort verwendet wird,

b) welche der bisher aufgeführten Auswertungen mit dem jeweiligen Programm möglich sind.

---

19 Erläutern Sie die Vorteile EDV-gestützter Warenwirtschaftssysteme bei der Kalkulation der Verkaufspreise.

---

20 Auf welche Weise vereinfachen EDV-gestützte Warenwirtschaftssysteme die Inventur?

Lernfeld 9: Preispolitische Maßnahmen vorbereiten und durchführen

27 Die Warenkalkulation im Einzelhandel

Jede Kalkulation dient der Preisberechnung. Im Allgemeinen wird der Verkaufspreis errechnet, evtl. auch ein Zwischenergebnis, z. B. der Bezugspreis oder der Selbstkostenpreis. Falls der Verkaufspreis feststeht, muss ermittelt werden, zu welchem Preis die Ware höchstens eingekauft werden kann. Dabei kommt es darauf an, eventuelle Abzüge, die der Lieferant gestattet, sämtliche Kosten und einen angemessenen Gewinn zu berücksichtigen. Überhöhte Preise können zu Kundenverlust führen, zu niedrige Preise führen zu einem schlechten Betriebsergebnis, d. h. zu niedrigem Gewinn oder sogar Verlust.

Entscheidend ist, die einzelnen Kalkulationsposten stufenweise in der richtigen Reihenfolge in die Berechnung einzubeziehen, wie sie sich aus dem folgenden Kalkulationsschema ergibt. Sie können erkennen, dass das Schema den Weg der Ware vom Lieferanten durch den eigenen Betrieb bis zum Kunden berücksichtigt. Rechnerisch ist – außer bei Kundenskonto und -rabatt – der jeweils letzte errechnete Preis reiner Grundwert für den nächsten Schritt. Leider sind die Bezeichnungen für die einzelnen Preise nicht eindeutig vorgeschrieben, sodass sich von Bundesland zu Bundesland Unterschiede ergeben können.

Bezugskalkulation	**Listenpreis**	LP	400,00 €
	– 5 % Lieferantenrabatt	– LR	– 20,00 €
	= **Zieleinkaufspreis**	ZEP	= 380,00 €
	– 2 % Lieferantenskonto	– LS	– 7,60 €
	= **Bareinkaufspreis**	= BEP	= 372,40 €
	+ Bezugskosten	+ BZK	+ 19,60 €
Verkaufskalkulation	= **Bezugs- oder Einstandspreis**	=BP/EP	= 392,00 €
	+ 12½ % Handlungskosten	+ HK	+ 49,00 €
	= **Selbstkosten**	= SK	= 441,00 €
	+ 10 % Gewinn	+ G	+ 44,10 €
	= **Barverkaufspreis**	= BVP	= 485,10 €
	+ 3 % Kundenskonto	+ KS	+ 15,00 €
	= **Zielverkaufspreis**	= ZVP	= 500,10 €
	+ 5 % Kundenrabatt	+ KR	+ 26,32 €
	= **Nettoverkaufspreis**	= NVP	= 526,42 €
	+ 19 % Umsatzsteuer	+ USt	+ 100,02 €
	= **Bruttoverkaufspreis**	= BrVP	= 626,44 €

Alle Preise bis zum Nettoverkaufspreis enthalten keine Umsatzsteuer. Erst dem Nettoverkaufspreis muss die Umsatzsteuer (19 % oder 7 %) zugerechnet werden, um den Bruttoverkaufspreis zu erhalten.

27.1 Die Berechnung des Listenpreises

Bruttogewicht	– Tara	= Nettogewicht
Nettogewicht	– besonderer Gewichtsabzug	= Rechnungsmenge/ Abrechnungsgewicht
Rechnungsmenge/Abrechnungsgewicht · Warenpreis		= Listenpreis

Gewichtsabzüge

1. Tara: Bei der Gewichtsfestsetzung ist zu unterscheiden zwischen **Brutto-** oder **Rohgewicht** (Ware mit Verpackung), **Tara** oder **Verpackungsgewicht** und **Netto-** oder **Reingewicht** (Ware ohne Verpackung). Ohne besondere Vereinbarung wird bei der Preisberechnung das **Netto-** oder **Reingewicht** zugrunde gelegt.

Die **Tara** wird berechnet:

a) nach dem **wirklichen** Verpackungsgewicht oder

b) nach dem **handelsüblichen** Verpackungsgewicht, d. h. prozentual vom Bruttogewicht oder nach einem festgelegten einheitlichen Gewicht je Verpackungseinheit (Korb, Steige, Sack), oder

c) **brutto für netto (Abk.: bfn),** d. h., die Berechnung erfolgt nach dem Bruttogewicht. Die Tara wird nicht berücksichtigt (z. B. bei Konserven).

2. Besondere Gewichtsabzüge: Solche Abzüge sind z. B. das *Gutgewicht* für Einwiegeverluste, *Leckage* für Schwund bei flüssigen Waren und *Fusti* für unreine Bestandteile (Stiele, Kerne). Diese Abzüge bestehen meist in einem Prozentsatz vom Nettogewicht. Das bei der Preisberechnung zu berücksichtigende Gewicht ist in diesen Fällen nicht das Nettogewicht, sondern die nach Abzug der besonderen Gewichtsabzüge verbleibende Rechnungsmenge. Die Tara und die besonderen Gewichtsabzüge dürfen nicht addiert werden, da sie sich auf verschiedene Grundwerte beziehen.

Beispiel: Wir beziehen 80 Kisten Obst, brutto 22,5 kg je Kiste, Tara 2,5 kg je Kiste, Gutgewicht 5 %, Preis 2,00 € je kg. Wie hoch ist der Listenpreis?

Lösung: **80 Kisten Obst**

brutto 22,5 kg je Kiste	1 800,00 kg
– Tara 2,5 kg je Kiste	200,00 kg
Nettogewicht	1 600,00 kg
– 5 % Gutgewicht	80,00 kg
Rechnungsmenge	1 520,00 kg
Listenpreis 1 520,00 kg zu 2,00 €	3.040,00 €

1 Berechnen Sie den Listenpreis:

Ware	Brutto	Tara	Besonderer Gewichtsabzug	Preis
a) Raffinade 1	714 kg	14 kg	Gutgewicht 1 %	0,53 € je kg
b) Korinthen	5 Kisten zu je 11,5 kg	je Kiste 1 500 g	Fusti 10 %	1,48 € je kg
c) Rotwein	600 l	bfn	Leckage 5 %	1,46 € je l

27.2 Die Berechnung des Zieleinkaufspreises

Listenpreis – Rabatt = Zieleinkaufspreis

Rabatt wird bei Abnahme größerer Mengen (Mengenrabatt) oder bei regelmäßigem Bezug von **einem** Lieferanten (Treuerabatt) als Abzug vom Listenpreis gewährt.

Naturalrabatt wird durch Lieferung unberechneter Ware (Gratisware) gewährt. Wir unterscheiden:

- Waren**draufgabe:** Es werden Waren über die bestellte Menge hinaus gratis geliefert (z. B. 50 Bücher bestellt und berechnet, aber **55 geliefert**).
- Waren**dreingabe:** Von der bestellten Menge bleibt ein Teil unberechnet (z. B. 50 Bücher bestellt und geliefert, nur **45 berechnet**).

Berechnung des Prozentsatzes des Naturalrabatts

Beispiel: Wir bestellen und erhalten 80 Kleincontainer Trauben. Berechnet werden uns 76 Stück. Wie viel Prozent Naturalrabatt erhalten wir?

Lösung:

80 Stück geliefert	x %	4 Stück	
76 Stück berechnet	80 Stück	100 %	
4 Stück Dreingabe	$\frac{4 \cdot 100}{80}$	= 5 % Naturalrabatt	

Bei Ermittlung des Prozentsatzes des Naturalrabatts ist die **gelieferte Menge stets 100 %.**

1

	a)	b)	c)	d)	e)
Bestellung:	80 Stück	150 kg	300 Fl.	125 l	90 Dosen
Lieferung:	88 Stück	150 kg	300 Fl.	135 l	90 Dosen
Berechnung:	80 Stück	147 kg	288 Fl.	125 l	85,5 Dosen

Stellen Sie jeweils fest, ob Warendraufgabe oder Warendreingabe vorliegt und wie viel Prozent der Naturalrabatt beträgt.

---

2 Ermitteln Sie den Zieleinkaufspreis für 1 kg:

	a)	b)	c)	d)
Bruttogewicht:	175 kg	280 kg	1 350 kg	2 650 kg
Tara:	25 %	5 %	10 %	$2\frac{1}{2}$ %
Listenpreis je kg:	4,50 €	8,80 €	15,75 €	17,90 €
Rabatt:	3 %	5 %	7,5 %	$3\frac{1}{2}$ %

---

3 10 (15) Sack Erdnüsse, brutto 1 100 (1 400) kg, Tara 2 ($1\frac{1}{2}$) kg je Sack, 120,00 € (150,00 €) je 100 kg, 3 % (5 %) Rabatt. Wie hoch ist der Zieleinkaufspreis je $\frac{1}{2}$ kg?

27.3 Die Berechnung des Bareinkaufspreises

Zieleinkaufspreis – Skonto = Bareinkaufspreis

Skonto ist ein Abzug vom Zieleinkaufspreis für sofortige Zahlung bzw. für Zahlung innerhalb eines vertraglich vereinbarten kurzen Zeitraumes. Das vereinbarte Zahlungsziel wird also nicht in Anspruch genommen.

Bei gleichzeitiger Gewährung von Lieferantenrabatt und Lieferantenskonto wird zuerst der Rabatt vom Listenpreis und dann der Skonto vom Zieleinkaufspreis abgezogen. Die Prozentsätze für Rabatt und Skonto dürfen also nicht addiert und in einer Rechnung abgezogen werden.

Beispiel: Der Zieleinkaufspreis für 20 Armbanduhren beträgt 1.360,00 €. Bei Barzahlung können 2 % Skonto abgezogen werden. Wie hoch ist der Bareinkaufspreis für eine Uhr?

Lösung:

Zieleinkaufspreis	1.360,00 €
– 2 % Skonto	27,20 €
Bareinkaufspreis für 20 Uhren	1.332,80 €
Bareinkaufspreis für eine Uhr	66,64 €

1 Wie viel Euro betragen Skonto und Bareinkaufspreis? **Kopfrechnen**

Zieleinkaufspreis/	a)	b)	c)
Skonto:	750,00 €/3 %	480,00 €/2 %	1.200,00 €/2½ %

2 Wie hoch ist der Zieleinkaufspreis? **Kopfrechnen**

Listenpreis/	a)	b)	c)
Rabatt:	440,00 €/12½ %	36,00 €/15 %	48,00 €/2½ %

3 Wir beziehen 250 l Wein zu 3,85 € je l. Wie hoch ist der Bareinkaufspreis für 0,7 l bei 5 % Rabatt und 2 % Skonto?

4 Es werden 50 (80) Körbe mit Früchten, je 3 kg (5 kg) Bruttogewicht, zum Preis von 1,80 € (1,65 €) je kg gekauft. Wie hoch ist der Bareinkaufspreis, wenn jeder Korb ½ kg (Tara) wiegt und 5 % (3 %) Rabatt sowie 2 % (3 %) Skonto zu berücksichtigen sind?

5 Es werden Waren im Gewicht von 158 kg (266 kg) brutto bezogen. Das Verpackungsgewicht beträgt 2½ %, das Gutgewicht 5 %. 100 kg Ware kosten 880,00 € (1.250,00 €). Wie teuer ist 1 kg, wenn 5 % (3 %) Rabatt und 1 % (1½ %) Skonto zu berücksichtigen sind?

27.4 Die Berechnung des Bezugs- oder Einstandspreises

Bareinkaufspreis + Bezugskosten = Bezugs- oder Einstandspreis

Beim Einkauf der meisten Waren entstehen dem Einzelhandelskaufmann durch Verpackung und Transport der bestellten Waren zusätzliche Kosten. Beim Bezug von Waren aus dem Ausland kommen noch Zölle hinzu.

Die Bezugskosten sind je nach den vereinbarten Lieferbedingungen verschieden. Darum werden sie anhand der Rechnungen und Versandpapiere einzeln ermittelt. Im Interesse einer genauen Kalkulation verwendet man Prozentaufschläge allenfalls beim Bezug kleinerer Warenmengen (Prozentsatz der Bezugskosten vom gesamten Bareinkaufspreis).

Beispiel: Der Bareinkaufspreis für 12 Handtaschen beträgt 372,40 €. Für Bahnfracht werden 16,80 € und für Hausfracht 2,80 € berechnet. Wie hoch ist der Bezugspreis für eine Tasche?

Lösung:

	€	€
12 Handtaschen, Bareinkaufspreis		372,40
+ Bahnfracht	16,80	
+ Hausfracht	2,80	19,60
Bezugspreis/Einstandspreis für 12 Taschen		392,00
Bezugspreis für eine Tasche		32,67

1 Wie hoch ist der Bezugs- oder Einstandspreis?

	a)	b)	c)	d)
Listenpreis:	495,50 €	789,80 €	1.148,30 €	2.528,40 €
Rabatt/Skonto:	5 %/3 %	5 %/1 %	4 %/2 %	3 %/2½ %
Verpackung:	13,75 €	11,60 €	31,40 €	43,50 €
Fracht:	22,80 €	32,70 €	45,90 €	97,69 €

2 Eine Schreibwarenhandlung bezieht 10 Füllhalter zu 12,50 € je Stück. Der Fabrikant räumt 4 % Rabatt und 2½ % Skonto ein und berechnet 7,50 € für Verpackung und Versand. Berechnen Sie den Bezugspreis je Füllhalter.

3 Es werden 4 Kisten je 50 Glas Bienenhonig bezogen. Der Stückpreis beträgt 2,80 €. Bei Barzahlung sind 2 % Skonto abzuziehen. Bahn- und Hausfracht 39,40 €, Verpackung 10,00 €. Wie viel Euro beträgt der Bezugs- oder Einstandspreis für ein Glas Bienenhonig?

Der Zoll

Für Waren aus dem Ausland sind **Zölle** und **Einfuhrumsatzsteuer** zu zahlen. Die Berechnung der Zölle erfolgt meist nach dem Warenwert (Lieferantenrabatt und Skonto bleiben unberücksichtigt), dem aber die Transportkosten im Ausland bis zur Grenzstation oder zum deutschen Hafen zugeschlagen werden. Diese **Wertzölle** werden nach Prozentsätzen des Zolltarifs erhoben. Die **Gewichtszölle** bei einigen Waren (z. B. Kaffee, Tee, Kakao, Spirituosen) werden vom **Zollnetto**gewicht (Bruttogewicht – Zolltara) berechnet.

Die Einfuhrumsatzsteuer beträgt 19 % bzw. 7 % und bleibt ebenso wie die Umsatzsteuer bei der Kalkulation unberücksichtigt, da sie der Importeur von seiner Steuerschuld (Zahllast) voll absetzen kann. Grundwert ist der zollpflichtige Warenwert zuzüglich Zoll, Inlandsfracht und evtl. Verbrauchsteuern.

Beispiel: Aus der Türkei treffen 25 Lederhocker zum Preis von je 25,00 € ein. Die Auslandsfracht beträgt 135,00 €, die Inlandsfracht 75,00 €, der Zoll 16 %, die Einfuhrumsatzsteuer 19 %. a) Welche Abgaben sind an das Zollamt zu zahlen? b) Wie hoch ist der Bezugspreis je Hocker?

Lösung:

Zu a)	Listenpreis: 25 · 25,00 €		625,00 €	
	Auslandsfracht		135,00 €	
	zollpflichtiger Warenwert		760,00 €	
	Zollsatz 16 %		121,60 €	Zoll
	19 % Einfuhrumsatzsteuer (von zollpfl. Warenwert + Zoll + Inlandsfracht)		181,75 €	Steuer
			303,35 €	Abgaben
Zu b)	Listenpreis (zugleich Einkaufspreis)		625,00 €	
	Auslands- und Inlandsfracht	210,00 €		
	Zoll	121,60 €	331,60 €	
	Bezugspreis für 25 Hocker		956,60 €	
	Bezugspreis für einen Hocker		38,26 €	

4 Berechnen Sie den Zoll für folgende eingeführten Waren:

a) 4 Säcke Paprika zu 47,2; 49,9; 48,3; 48,75 kg; je kg 15,00 € bfn., Fracht bis zum deutschen Hafen 226,40 €, Zollsatz 15 %.

b) 40 Kisten Zitrusfrüchte, je Kiste 44,5 kg, zum Preis von 1,18 € je kg, Schiffsfracht bis Hamburg 188,80 €, Zollsatz 10 %.

5 Aus Übersee treffen in Bremen ein: 25 Kisten Vanille, je 17,5 kg, und 6 Kisten Vanille, je 33,5 kg, Tara 10 %, Preis je kg 17,50 €, Transportkosten bis Hafen Bremen 296,55 €.

Berechnen Sie a) den Bezugspreis bei 14 % Zoll und 66,40 € Bezugskosten in der Bundesrepublik Deutschland, b) die Einfuhrumsatzsteuer (7 %).

Die zusammengesetzte Bezugskalkulation

Erhalten wir in einer Sendung verschiedene Waren, so müssen wir die auf die Gesamtlieferung entfallenden Bezugskosten anteilmäßig verteilen.

Mengenspesen: Verpackung, Bahnfracht, Hausfracht, Gewichtszoll werden nach der **Menge** (Gewicht, Meter, Stück) verteilt.

Wertspesen: Versicherungsprämie, Provision, Bankspesen, Wertzoll sind nach dem **Wert** der einzelnen Waren umzulegen.

Die Verteilung erfolgt nach den Regeln der Verteilungsrechnung.

Beispiel: Wir erhalten: Ware A, 250 kg brutto, Tara 8 kg, je kg 1,50 €; Ware B, 150 kg brutto, Tara 7 kg, je kg 2,00 €; Bahnfracht 29,00 €, Hausfracht 5,00 €, Provision 17,70 €, Versicherung 5,90 €. Wie hoch ist der Bezugspreis je kg?

Lösung: 1. Berechnung des Gesamtgewichts und des Gesamtwertes

Ware	Brutto	Tara	Netto	Einzelpreis	Gesamtpreis
A	250 kg	8 kg	242 kg	1,50 €	363,00 €
B	150 kg	7 kg	143 kg	2,00 €	286,00 €
	400 kg				649,00 €

2. Berechnung der Mengen- und Wertspesen

Mengenspesen (Gewicht)

Bahnfracht	29,00 €
Hausfracht	5,00 €
	34,00 €

Wertspesen

Provision	17,70 €
Versicherung	5,90 €
	23,60 €

3. Verteilung der Mengenspesen

A	250 kg	5 Teile	21,25 €
B	150 kg	3 Teile	12,75 €
	400 kg	8 Teile =	34,00 €
		1 Teil =	4,25 €

4. Verteilung der Wertspesen

A	363,00 €	33 Teile	13,20 €
B	286,00 €	26 Teile	10,40 €
	649,00 €	59 Teile =	23,60 €
=		1 Teil =	0,40 €

5. Berechnung der Bezugspreise

Ware	Einkaufs-preis	Mengen-spesen	Wert-spesen	Gesamt-bezugspreis	Bezugs-preis je kg
A	363,00 €	21,25 €	13,20 €	397,45 €	1,64 €
B	286,00 €	12,75 €	10,40 €	309,15 €	2,16 €
	649,00 €	34,00 €	23,60 €	706,60 €	

Vertriebsprovisionen und Transportversicherungen werden, soweit sie in Prozent angegeben sind, vom Zieleinkaufspreis berechnet.

Berechnen Sie in den Aufgaben 6–8 den Einstandspreis für eine Einheit jeder Ware.

6 5 Stück Store, 120 cm breit, zu 33,4 m; 26,6 m; 29,8 m; 34,4 m und 30,2 m, brutto 38,7 kg; Preis je m 11,80 €.

1 Stück Dekostoff zu 25,6 m; brutto 9,2 kg; Preis je m 17,00 €.

2 Stück Marquisette, je 41,5 m und 38,5 m; brutto 22,6 kg; Preis je m 15,00 €.

Verpackung 15,00 €; Bahnfracht 67,50 €; Hausfracht 5,50 €; Wertzoll 128,00 €; Versicherung 14,75 €; Provision 56,26 €.

7 75 kg Gänse-Dreiviertel-Daunen, weiß, je kg 170,00 €; 140 kg Entenfedern, weiß, je kg 40,00 €; 225 kg Gänsefedern, weiß, je kg 42,00 €; 250 kg Gänse-Halbdaunen, weiß, je kg 90,00 €. Bahnfracht je 100 kg 44,50 €, Hausfracht 37,95 €, Versicherung 3 ‰ vom Zieleinkaufspreis, Provision 594,60 €.

8 Es werden geliefert: 10 Schreibmappen, Rechnungspreis 591,00 €; 15 Reisenecessaires, sortiert, Rechnungspreis 649,60 €; 12 Handtaschen, Skai, Rechnungspreis 352,80 €. Bahnfracht 36,20 €, Hausfracht 9,80 €, Versicherung 25,50 €, Provision 5 % der Rechnungssumme. (Bahn- und Hausfracht sind stückweise zu verteilen.)

9 Der Listenpreis für 25 Reisetaschen beträgt 937,50 €. Der Lieferant gewährt 5 % Rabatt und 1½ % Skonto. Für die Bahnfracht werden uns 18,00 € berechnet. Wie hoch ist der Einstandspreis für eine Tasche?

10 Eine Warensendung hat ein Rohgewicht von 300 kg (400 kg). Die Tara beträgt 2½ % (3 %), der Listenpreis 700,00 € (900,00 €). Der Lieferant gewährt 5 % (4 %) Treuerabatt sowie 2 % (3 %) Skonto. Bahnfracht je 100 kg 69,00 €, Hausfracht 3,50 € je 100 kg. Für Transportversicherung sind 8,30 € zu berücksichtigen. Zu berechnen ist der Bezugs- oder Einstandspreis für ½ kg Ware.

11 25 (40) Kisten Korinthen, brutto 312,5 kg (510 kg), Tara 37,5 kg (60 kg) je 100 kg zu 175,00 € (180,75 €). 5 % (7½ %) Rabatt. Verpackung 50,00 € (80,00 €), Auslandsfracht 48,50 €, Inlandsfracht 36,00 €, Hausfracht 12,50 €. Wie hoch ist der Bezugs- oder Einstandspreis je Kiste?

12 Für unsere Textilabteilung kaufen wir 50 Krawatten zum Preis von je 9,85 € und erhalten 6 % Rabatt und 3 % Skonto. Die Transportkosten betragen 6,70 €. Wie hoch ist der Bezugspreis je Krawatte?

13 Uns liegen für gleichwertige Solartischrechner zwei Angebote vor. Stellen Sie fest, welches Angebot günstiger ist.

Lieferant A: Preis je Stück 89,40 €, 2 % Skonto, Lieferung frei Haus.

Lieferant B: Preis je Stück 87,90 €, 5 % Rabatt, 3 % Skonto;
für Transportkosten müssen 4,55 € einkalkuliert werden.

27.5 Die Berechnung der Selbstkosten

Bezugs- oder Einstandspreis + Handlungskosten = Selbstkosten

Jedem Einzelhandelskaufmann entstehen durch den Verkauf der Waren in seinem Geschäft laufend Kosten, z. B. Personalkosten, Miete und Werbekosten, die als Handlungskosten bezeichnet werden. Diese Kosten sind von Betrieb zu Betrieb verschieden. Im Gegensatz zu den Bezugskosten lassen sich die Handlungskosten nicht genau einer bestimmten Ware zuordnen. Es müssen daher die gesamten Kosten eines Jahres ermittelt und als Prozentsatz des **Einstandspreises aller verkauften Waren eines Jahres (= *Wareneinsatz*)** ausgedrückt werden. Kosten und Wareneinsatz lassen sich der Buchführung entnehmen.

Am Anfang eines Jahres wird dieser Prozentsatz, der Handlungskostensatz, errechnet und in möglichst kurzen Abständen, Monat oder Quartal, auf eventuelle Änderungen hin kontrolliert. Der ermittelte Handlungskostensatz (HKS) wird dann bei der Verkaufskalkulation jedes Artikels verwendet.

Die anfallenden Kosten sind auch innerhalb eines Betriebes bei den verschiedenen Waren unterschiedlich, sodass genau kalkulierende Betriebe von Abteilung zu Abteilung bzw. von Warengruppe zu Warengruppe mit verschiedenen Handlungskostensätzen rechnen.

Berechnung des Handlungskostensatzes

Beispiel: Nach dem letzten Jahresabschluss betragen der Wareneinsatz 330.000,00 € und die Handlungskosten 110.000,00 €. Wie hoch ist der Handlungskostensatz?

Lösung:

x %	110.000,00 €
330.000,00 €	100 %

$$\frac{110.000{,}00 \cdot 100}{330.000{,}00} = \underline{\underline{33\tfrac{1}{3}\ \%\ \text{HKS}}}$$

$$\textbf{Handlungskostensatz} = \frac{\textbf{Handlungskosten} \cdot \textbf{100}}{\textbf{Wareneinsatz}}$$

---

1 Die Buchführung eines Einzelhandelsbetriebes weist folgende Zahlen auf:

	1. Jahr	2. Jahr
Personalkosten	14.200,00 €	8.500,00 €
Miete und Raumkosten	7.200,00 €	6.000,00 €
Steuern	32.800,00 €	24.250,00 €
Kosten für Werbung	9.600,00 €	5.700,00 €
Sonstige Kosten	12.400,00 €	10.650,00 €
Wareneinsatz	234.000,00 €	195.000,00 €

Welcher Handlungskostensatz ergibt sich in diesen Jahren?

Berechnung der Selbstkosten

Beispiel: Der Einstandspreis eines Schrankes beträgt 360,00 €. Wie hoch sind die Selbstkosten bei einem Handlungskostensatz von $33\frac{1}{3}$ %?

Lösung:

Einstandspreis	360,00 €
+ $33\frac{1}{3}$ % Handlungskosten	120,00 €
Selbstkosten	480,00 €

2 Wie hoch sind die Selbstkosten je Einheit? **Kopfrechnen**

	a)	b)	c)	d)	e)	f)	g)
Bezugspreis:	50,00	75,00	95,00	140,00	224,00	330,00	400,00 €
HKS:	10 %	20 %	5 %	15 %	12½ %	25 %	17½ %

3

	Bezugspreis			Handlungskostensatz		
a)	24,75 €	(149,25 €;	259,60 €)	35 %	(22 %;	27 ½ %)
b)	33,90 €	(158,28 €;	298,45 €)	17½ %	(18 %;	24 %)

4

	Listenpreis	Rabatt	Skonto	Fracht	Versicherg.	Hdl.-Kosten
a)	144,75 €	5 %	1½ %	12,50 €	–	22 %
b)	312,95 €	7,5 %	2 %	17,60 €	4,20 €	16⅔ %
c)	664,68 €	3 %	2,5 %	19,70 €	–	18 %
d)	577,40 €	10 %	1,5 %	32,60 €	6,90 €	15 %

5 Ein Eisenwarengeschäft bezieht 5 Klimageräte zum Preis von je 238,00 €. Es werden 5 % Rabatt und für Barzahlung 2½ % Skonto gewährt. Die Kosten für Fracht und Verpackung belaufen sich je Gerät auf 10,50 €, die Hausfracht beträgt 18,00 €. Für Transportversicherung sind 1¼ % des Listenpreises und für Handlungskosten 21,5 % zu berücksichtigen. Wie hoch sind die Selbstkosten je Gerät?

6 Für den Kauf von fünf Stereoanlagen werden einem Fachhändler 2.250,00 € in Rechnung gestellt. Es werden ihm 30 % Wiederverkäuferrabatt und wegen Barzahlung 2 % Skonto gewährt. Die Verpackungskosten betragen 18,75 €, Bahn- und Hausfracht 58,50 €. Die Prämie für die Transportversicherung beträgt 33,75 € und die Handlungskosten belaufen sich auf 22½ %. Wie hoch sind die Selbstkosten eines Gerätes?

27.6 Die Berechnung des Nettoverkaufspreises

Selbstkosten + Gewinn = Nettoverkaufspreis

Jeder Unternehmer hat ein Anrecht auf einen angemessenen Gewinn

a) als Gegenleistung für seine Arbeit (Unternehmerlohn),
b) als Verzinsung seines Eigenkapitals,
c) als Ausgleich für das Risiko, dem jeder Inhaber eines Betriebes ausgesetzt ist, z. B. Einbußen durch unverkäufliche, beschädigte, gestohlene Waren; Einbußen durch Abgabe von Waren unter dem kalkulierten Verkaufspreis aus Konkurrenzgründen, durch Gewährung von Preisnachlässen.

Der Gewinnzuschlag wird nach Unterlagen der Buchführung und auch nach Erfahrungssätzen festgesetzt. Ein genau kalkulierender Kaufmann wird je nach Warenart (z. B. Luxusartikel, Lagerdauer, Saisonartikel, modeabhängige Ware) und Marktlage mit unterschiedlichen Gewinnsätzen rechnen.

Berechnung des Gewinnsatzes

Beispiel: Ein Unternehmer arbeitet in seinem Betrieb mit 100.000,00 € Eigenkapital. Als Unternehmerlohn rechnet er monatlich 9.000,00 € und als Risikoprämie 10.000,00 € im Jahr. Die Selbstkosten der verkauften Waren betrugen im Vorjahr 1.000.000,00 €. Wie hoch ist der erforderliche Gewinnsatz?

Lösung:

Unternehmergehalt 12 · 9.000,00 € =	108.000,00 €
Kapitalzins bei 8 %	8.000,00 €
Jahresentgelt für Risiko	10.000,00 €
Gewinn in Euro	126.000,00 €

x %	126.000,00 €
1.000.000,00 €	100 %

$$\frac{126.000,00 \cdot 100}{1.000.000,00} = 12,6\ \%\ \text{Gewinnsatz}$$

1 Berechnen Sie den Gewinn in Euro und den Gewinnsatz: **Kopfrechnen**

	a)	b)	c)	d)	e)
Selbstkosten:	248,00	168,00	98,50	60,00	44,00 €
Nettoverkaufspreis:	272,80	193,20	118,20	66,60	55,00 €

Berechnung des Nettoverkaufspreises

Beispiel: Die Selbstkosten einer Dekorvase betragen 24,50 €. Wie hoch ist der Nettoverkaufspreis bei einem Gewinnsatz von 12 %?

Lösung:

Selbstkosten	24,50 €
+ 12 % Gewinn	2,94 €
Nettoverkaufspreis	27,44 €

2 Erhöhen Sie die Selbstkosten um den Gewinn: **Kopfrechnen**

	a)	b)	c)	d)	e)
Selbstkosten:	5,50	6,90	9,95	7,60	4,40 €
Gewinn:	20 %	10 %	5 %	25 %	15 %

3 Ermitteln Sie den Nettoverkaufspreis:

	a)	b)	c)	d)	e)
Selbstkosten:	165,00	289,90	486,70	28,60	1.088,00 €
Gewinn:	14½ %	17½ %	15¾ %	11½ %	10½ %

4

	Einstandspreis	HKS	Gewinnsatz
a) 200 kg Reis	304,00 €	15 %	13½ %
b) 200 kg Linsen	164,00 €	22 %	15 %
c) 15 kg Bonbons	69,28 €	22½ %	18 %
d) 150 Fl. Rotwein	295,00 €	19 %	23,5 %

Berechnen Sie den Nettoverkaufspreis jeder Warenart für die Gesamtmenge und für ½ kg bzw. für eine Flasche.

5 Errechnen Sie für jede Ware den Nettoverkaufspreis:

	Einstandspreis	HKS	Gewinnsatz
a) Oberhemd	28,60 €	20 %	7½ %
b) Blumenampel	38,75 €	16,5 %	11 %
c) Herrenschuhe	59,00 €	18,5 %	22 %
d) Elektr. Eisenbahn	78,50 €	19,5 %	22,5 %

6 Ein Warenhaus bezieht 80 Packungen Herrensocken mit je 3 Paar zum Preis von 62,50 € je 12 Paar. Der Lieferant berechnet 12,50 € für Verpackung und gibt 8 % Rabatt und 2 % Skonto. Die Transportkosten belaufen sich auf 25,75 €. Wie hoch ist der Nettoverkaufspreis einer Packung bei 16 % Handlungskosten und 12½ % Gewinn?

7 Ein Obsthändler erhält 10 Kisten Birnen, brutto 50 kg je Kiste, Preis 2,95 € je kg. Kalkulieren Sie den Nettoverkaufspreis für 500 g.

Lieferantennachlässe: Tara 2 %, Rabatt 10 %, Skonto 2½ %;
Transportkosten: 3,00 € je 100 kg; Zuschläge: HKS 25 %, Gewinnsatz 13 %.

27.7 Preisnachlässe an die Kunden

Barverkaufspreis + Kundenskonto = Zielverkaufspreis
Zielverkaufspreis + Kundenrabatt = Nettoverkaufspreis

Preisnachlässe an die Kunden, d.h. Kundenrabatt und Kundenskonto, sind im Einzelhandel so selten, dass sie grundsätzlich nicht in besonderen Kalkulationsstufen erfasst, sondern beim Gewinn berücksichtigt werden. Die Einzelhändler, die ihren Kunden Rabatt und Skonto einräumen, werden ihre Kalkulation entsprechend erweitern. Für sie ist der Nettoverkaufspreis erst der Barverkaufspreis. Die Umsatzsteuer bleibt die letzte Stufe.

Beispiel: Der Barverkaufspreis einer Stereoanlage soll 458,00 € betragen. Wie hoch ist der Nettoverkaufspreis, wenn der Einzelhändler seinen Kunden 3 % Skonto und 5 % Rabatt gewährt?

Lösung:

Barverkaufspreis	458,00 €	97 %	
+ 3 % Skonto	14,16 €	3 %	
Zielverkaufspreis	472,16 €	100 %	95 %
+ 5 % Rabatt	24,85 €		5 %
Nettoverkaufspreis	497,01 €	100 %	100 %

1. Der Kunde zieht vom Verkaufspreis zunächst Rabatt und dann Skonto ab. Wir müssen daher in umgekehrter Reihenfolge erst Skonto und dann den Rabatt zuzählen.
2. Der Kunde berechnet Skonto vom Zielverkaufspreis, der also reiner Grundwert = 100 % ist. Für uns ist daher der Barverkaufspreis ein verminderter Grundwert. Entsprechend ist bei der Rabattberechnung zu verfahren.

1 Berechnen Sie den Nettoverkaufspreis:

	a)	b)	c)	d)	e)
Barverkaufspreis:	236,00	459,00	573,50	176,40	325,75 €
Kundenskonto:	3 %	–	2 %	1½ %	2½ %
Kundenrabatt:	–	8 %	5 %	10 %	–

2 11 Sisalläufer kosten 439,45 €. Geschäftskosten 30 %, Gewinn 18½ %, Kundenrabatt 3½ %, Kundenskonto 1½ %. Wie viel kostet ein Läufer im Verkauf?

6680138

3 Ein Lederwaren-Fachgeschäft erhält 30 Aktenkoffer, und zwar je 10 Koffer der Artikelnummern 373, 495 und 515 zum Einzelpreis von 68,75 €, 89,50 € und 124,00 €. Für Verpackung und Transport sind 276,00 € zu zahlen. Handlungskostenzuschlag 20 %, Gewinn 15 %, Kundenskonto 3 %. Wie hoch ist der Nettoverkaufspreis je Aktenkoffer?

27.8 Die Berechnung des Bruttoverkaufspreises

Nettoverkaufspreis + Umsatzsteuer = Bruttoverkaufspreis

Jeder Empfänger von Waren und Dienstleistungen wird vom Lieferanten mit Umsatzsteuer belastet. Die Umsatzsteuer (USt) wird in jeder Rechnung **gesondert** mit 19 % (Normalsteuersatz) oder 7 % (ermäßigter Steuersatz bei bestimmten Waren) ausgewiesen.

Jeder Unternehmer darf die von ihm gezahlte Umsatzsteuer bei seiner Umsatzsteuerzahlung als sogenannte **Vorsteuer** abziehen. Deshalb ist sie für ihn nur ein **durchlaufender Posten** (kalkulationsneutral) und in seiner Warenkalkulation **kein Kostenbestandteil.**

Im Einzelhandel aber ist die USt im Verkaufspreis (Auszeichnungspreis) mit enthalten, da an den Letztverbraucher verkauft wird, der die Steuer voll zahlen muss. Sie ist in der Kalkulation **der letzte Aufschlag.**

Unternehmer, die Waren für ihren Betrieb kaufen, können verlangen, dass auf den Kassenzetteln, Quittungen oder Rechnungen des Einzelhändlers **die Umsatzsteuer** neben dem Verkaufspreis **gesondert ausgewiesen** wird. Ausnahmen sind Kleinbetragsrechnungen (zz. bis 150,00 € einschl. USt). Bei Privatkunden ist der Unternehmer berechtigt, die Steuer gesondert auszuweisen.

Beispiel: Der Elektroeinzelhändler A bezieht vom Elektrogroßhändler B einen Kühlschrank zum Einstandspreis von 250,00 €. Er kalkuliert mit 20 % Handlungskosten, $8\frac{1}{3}$ % Gewinn und 19 % Umsatzsteuer. Wie hoch ist die Zahllast?

Lösung:

1. Rechnung des Großhändlers B

Nettoverkaufspreis	250,00 €
+ 19 % Umsatzsteuer	47,50 €
Bruttoverkaufspreis	297,50 €

2. Kalkulation des Einzelhändlers A

Einstandspreis	250,00 €
+ 20 % Handlungskosten	50,00 €
Selbstkostenpreis	300,00 €
+ $8\frac{1}{3}$ % Gewinn	25,00 €
Nettoverkaufspreis	325,00 €
+ 19 % Umsatzsteuer	61,75 €
Bruttoverkaufspreis	386,75 €

3. Umsatzsteuerschuld des Einzelhändlers A

Umsatzsteuer für den verkauften Kühlschrank	61,75 €
– Vorsteuer für den eingekauften Kühlschrank	47,50 €
Zahllast an das Finanzamt	14,25 €

4. Berechnung des Mehrwertes des verkauften Kühlschranks

Nettoverkaufspreis des Einzelhändlers A	325,00 €
– Nettoverkaufspreis des Großhändlers B	250,00 €
Mehrwert des Kühlschranks beim Einzelhändler A	75,00 €
davon 19 % Umsatzsteuer	14,25 €

1 Berechnen Sie die Umsatzsteuerschuld (Zahllast) und den Mehrwert für den Einzelhändler für folgende Artikel bei einem Steuersatz von 19 %:

	Nettoverkaufspreis des **Großhändlers**	Nettoverkaufspreis des **Einzelhändlers**
a) Teppich	300,00 €	600,00 €
b) Herd	260,00 €	380,00 €
c) Lampe	110,00 €	170,00 €
d) Digitalkamera	180,00 €	270,00 €

Der Einzelhandelskaufmann ist gesetzlich verpflichtet, bei jedem Warenverkauf vom Kunden zusätzlich die Umsatzsteuer zu fordern. Im Barverkaufspreis sind überall im Einzelhandel 19 % Umsatzsteuer (7 % nur für wenige begünstigte Warengruppen, z. B. Grundnahrungsmittel, Kaffee, Tee, Bücher, Zeitungen, Noten, Kunstgegenstände) enthalten, die von den Geschäftsinhabern an das Finanzamt abgeführt werden müssen.

Da der Einzelhandelskaufmann seine Waren an den letzten Verbraucher veräußert, braucht er im Gegensatz zum Großhandel und zur Industrie diesen Steueraufschlag nicht gesondert auf der Auszeichnung und dem Kassenzettel anzugeben. Lediglich bei Kunden, die für ihren Betrieb (z. B. Gewerbetreibende) Waren im Einzelhandel kaufen, muss er auf deren Wunsch den Umsatzsteuerbetrag ausweisen.

Stellen Sie bei allen Kalkulationsaufgaben zunächst das Kalkulationsschema auf und setzen Sie dann die Zahlen ein.

Der Verkaufspreis, der sich rechnerisch ergibt, wird nur in seltenen Fällen als Auszeichnungspreis geeignet sein, da er wohl immer eine sehr krumme Zahl sein und häufig über einer bestimmten glatten Preisgruppe liegen wird. Je nach der betrieblichen Situation wird dieses Ergebnis auf- oder abgerundet, z. B. von 101,27 € auf 99,00 €. Man beachte aber, dass sich diese Rundungen zum kleinen Teil auf die Umsatzsteuer, zum größten Teil aber auf den Gewinn auswirken.

Beispiel: Der Nettoverkaufspreis eines Mikrowellengerätes beträgt 260,00 €. Wie hoch ist der Bruttoverkaufspreis bei 19 % Umsatzsteuer?

Lösung:

Nettoverkaufspreis	260,00 €
+ 19 % Umsatzsteuer	49,40 €
Bruttoverkaufspreis	309,40 €

2 Berechnen Sie die Umsatzsteuer und den Bruttoverkaufspreis:

Nettoverkaufspreis:	a) 30,00	b) 244,00	c) 96,50	d) 64,90	e) 32,95 €
Umsatzsteuer:	19 %	19 %	7 %	19 %	19 %

3 Berechnen Sie den Bruttoverkaufspreis:

Bezugspreis	HKS	Gewinn	Umsatzsteuer
a) 145,70 €	15 %	20 %	19 %
b) 221,60 €	12½ %	17½ %	7 %
c) 526,90 €	16⅔ %	15 %	19 %

4 25 Kugelschreiber kosten 20,00 €, 5 % Rabatt, Lieferung frei Haus. Zu welchem Preis kann ein Kugelschreiber verkauft werden bei folgenden Aufschlägen: Handlungskosten 25 %, Gewinn 18 %, Umsatzsteuer 19 %.

5 Kalkulieren Sie den Bruttoverkaufspreis:

	Listenpreis	Rabatt	Skonto	Bezugsk.	HKS	Gewinn	USt
a)	60,00 €	5 %	2 %	3,14 €	30 %	10 %	19 %
b)	840,00 €	12½ %	1½ %	27,00 €	25 %	20 %	19 %
c)	120,00 €	–	3 %	4,50 €	15 %	10 %	7 %

27.9 Der Kalkulationszuschlag

Bezugspreis + Kalkulationszuschlag = Bruttoverkaufspreis

Bei der Kalkulation des Bruttoverkaufspreises werden für Handlungskosten, Gewinn und Umsatzsteuer Prozentaufschläge verwendet. Da diese drei Prozentsätze längere Zeit gleich bleiben, können wir sie zu einem einzigen Gesamtaufschlag zusammenfassen, damit zwei Berechnungen sparen und so die Kalkulation vereinfachen. Dieser Gesamtaufschlag wird als Kalkulationszuschlag bezeichnet. Mithilfe dieses Kalkulationszuschlages, bezogen auf den Einstandspreis, können wir sofort den Bruttoverkaufspreis berechnen. In der Praxis gibt es Kalkulationstabellen, in denen man bei bestimmten Bezugspreisen und Kalkulationszuschlägen die Bruttoverkaufspreise ablesen kann.

Berechnung des Kalkulationszuschlages

Die drei Prozentsätze, die zusammengefasst werden sollen, dürfen wir nicht einfach addieren, da sie sich auf verschiedene Grundwerte beziehen. Wenn sich der Handlungskostensatz oder der Gewinnsatz aus betrieblichen Gründen bzw. der Umsatzsteuersatz durch gesetzliche Regelung ändert, muss eine neue Berechnung des Kalkulationszuschlages durchgeführt werden. Aus Gründen der Bequemlichkeit gehen wir dabei von einem Bezugspreis von 100,00 € aus.

Beispiel: Ein Schreibwarengeschäft kalkuliert mit 15 % Handlungskosten, 20 % Gewinn, 19 % Umsatzsteuer. Wie viel Prozent beträgt demnach der Kalkulationszuschlag?

Lösung:

Bezugspreis	100,00 €
+ Handlungskosten 15 %	15,00 €
Selbstkosten	115,00 €
+ Gewinn 20 %	23,00 €
Nettoverkaufspreis	138,00 €
+ Umsatzsteuer 19 %	26,22 €
Bruttoverkaufspreis	164,22 €

Die Differenz zwischen Bezugspreis und Bruttoverkaufspreis beträgt 64,22 €. Da wir diesen Unterschied auf einen Bezugspreis von 100,00 € beziehen müssen, ergibt sich ein **Kalkulationszuschlag von 64,22 %.**

Wenn der Bezugspreis und der kalkulierte Bruttoverkaufspreis eines Artikels bekannt sind, ergibt sich auch folgende Berechnungsmöglichkeit:

Lösung:

Bruttoverkaufspreis	2.400,00 €
– Bezugspreis	1.600,00 €
Unterschied..............	800,00 €

x %	800,00 €	
1.600,00 €	100 %	

$\frac{800,00 \cdot 100}{1.600,00} = \underline{\underline{50\ \%}}$ Kalkulationszuschlag

$$\text{Kalkulationszuschlag} = \frac{(\text{Bruttoverkaufspreis} - \text{Bezugspreis}) \cdot 100}{\text{Bezugspreis}}$$

1 Berechnen Sie in den Aufgaben 1 und 2 den Kalkulationszuschlag.

	a)	b)	c)	d)
Handlungskosten:	20 %	25 %	15 %	18 %
Gewinn:	10 %	12 %	8 %	$12\frac{1}{2}$ %
Umsatzsteuer:	19 %	7 %	19 %	19 %

2

	a)	b)	c)	d)
Einstandspreis:	846,60	278,45	538,55	154,50 €
Bruttoverkaufspreis:	1.350,00	395,00	758,00	228,00 €

Berechnung des Bruttoverkaufspreises mithilfe des Kalkulationszuschlages

Beispiel: Wir kaufen eine Garnitur hochwertiger Gartenmöbel zu einem Bezugspreis von 1.800,00 €. Wie hoch ist der Bruttoverkaufspreis bei einem Kalkulationszuschlag von 50 %?

Lösung:

Bezugs- oder Einstandspreis	1.800,00 €
+ 50 % Kalkulationszuschlag	900,00 €
Bruttoverkaufspreis	2.700,00 €

3 **Kopfrechnen**

	a)	b)	c)	d)
Bezugs- oder Einstandspreis:	8,10	12,40	17,50	28,00 €
Kalkulationszuschlag:	$33\frac{1}{3}$ %	25 %	40 %	30 %

Wie hoch ist der Bruttoverkaufspreis?

4

Artikel	I	II	III	IV	V
Bezugs- oder Einstandspreis:	154,50	258,90	485,75	836,10	1.489,95 €
Kalkulations-zuschlag:	35 %	$42\frac{1}{2}$ %	$46\frac{1}{4}$ %	$37\frac{1}{2}$ %	$46\frac{3}{4}$ %

Berechnen Sie den Bruttoverkaufspreis.

5 Wir erhalten: 600 l Rotwein zu 2,68 €/l und 420 l Süßwein zu 2,96 €/l mit 5 % Rabatt. Bahn- und Hausfracht betragen 78,00 € und sind zu $^2/_3$ auf Rotwein und zu $^1/_3$ auf Süßwein zu verteilen. Kalkulationszuschlag 39,5 %. Wie viel kostet eine 0,75-l-Flasche, wenn für Flasche, Etikett und Verschluss 0,27 € berechnet werden?

27.10 Der Kalkulationsfaktor

Bezugspreis · Kalkulationsfaktor = Bruttoverkaufspreis

In der Einzelhandelspraxis wird zur Vereinfachung und Beschleunigung der Ermittlung des Verkaufspreises nicht nur der Kalkulationsaufschlag, sondern auch der Kalkulationsfaktor benutzt.

Der Kalkulationsfaktor erleichtert die Rechenarbeit noch mehr. Statt einer Prozentrechnung bei der Anwendung des Kalkulationszuschlages bleibt nur noch eine Multiplikation des Bezugs- oder Einstandspreises mit dem Kalkulationsfaktor, um den Bruttoverkaufspreis zu erhalten.

Berechnung des Kalkulationsfaktors

Man erhält den Kalkulationsfaktor, indem man den Bruttoverkaufspreis durch den Bezugspreis dividiert. Der Kalkulationsfaktor lässt sich aber auch aus dem Kalkulationszuschlag ableiten. Um eine angemessene Genauigkeit zu erreichen, sollte der Kalkulationsfaktor mit vier Stellen nach dem Komma ausgedrückt werden.

Beispiel 1: Ein Schrank mit einem Bezugspreis von 750,00 € wird zu einem Verkaufspreis von 1.087,50 € angeboten. Welcher Kalkulationsfaktor liegt zugrunde?

Lösung: 1.087,50 : 750,00 = $\underline{\underline{1{,}45}}$ Kalkulationsfaktor

Beispiel 2: Ein Kalkulationszuschlag von 45 % ist in einen Kalkulationsfaktor umzurechnen.

Lösung:

Bezugspreis	100 % = 1,00	
+ Kalkulationszuschlag	45 % = 0,45	
Bruttoverkaufspreis..............	145 % = $\underline{\underline{1{,}45}}$	Kalkulationsfaktor

$$\frac{\textbf{Bruttoverkaufspreis}}{\textbf{Bezugs- oder Einstandpreis}} = \textbf{Kalkulationsfaktor}$$

Berechnung des Bruttoverkaufspreises mithilfe des Kalkulationsfaktors

Beispiel: Ein Gartencenter kauft elektrische Heckenscheren zu einem Bezugspreis von 120,00 € je Stück. Berechnen Sie den Bruttoverkaufspreis bei einem Kalkulationsfaktor von 1,45.

Lösung: 120,00 · 1,45 = $\underline{\underline{174{,}00\ €}}$ Bruttoverkaufspreis

1 Berechnen Sie den Kalkulationsfaktor aus folgenden Kalkulationszuschlägen:

a) 38 % b) 25 % c) 58,5 % d) 37,4 % e) 62 % f) 115 %

2 Berechnen Sie den Kalkulationszuschlag aus folgenden Kalkulationsfaktoren:

a) 1,3 b) 1,75 c) 1,4975 d) 1,685 e) 1,56 f) 2,25

3 Berechnen Sie den Kalkulationsfaktor:

	a)	b)	c)	d)
Bezugspreis:	180,00	36,00	20,00	14,80 €
Bruttoverkaufspreis:	270,00	46,80	28,00	18,50 €

4 Ein Feinkostgeschäft bezieht 500 Tafeln Schokolade (à 200 g) zu je 0,95 € mit 10 % Rabatt und 1½ % Skonto. An Bezugskosten müssen 6,50 € für Verpackung und 15,00 € für den Transport bezahlt werden. Zu welchem Preis können drei Tafeln verkauft werden bei einem Kalkulationsfaktor von 1,52?

5 Wir erhalten: 300 Gläser Erdbeerkonfitüre für 237,00 €. Der Kalkulationsfaktor beträgt 1,45. Wie teuer ist ein Glas?

6 Uns werden 5 Kisten Gemüse angeboten, brutto 30 kg je Kiste, Tara 2½ kg je Kiste, Preis 2,15 € je kg. Die Kisten werden uns mit 4,00 € je Stück berechnet, wovon ¾ gutgeschrieben werden bei frachtfreier Rücksendung. Für den Transport rechnen wir mit 12,00 €, für den Rücktransport der Kisten 3,00 €. Kalkulieren Sie den Preis für 500 g bei 2 % Lieferantenskonto und einem Kalkulationsfaktor von 1,48.

7 Eine Wurstfabrik sendet: 77 kg Mettwurst, je kg 9,30 €; 91,2 kg Edelsalami, je kg 12,40 €; 89,80 kg Zervelatwurst, je kg 9,75 €; 2 % Lieferantenskonto, Transportkosten 137,40 € (zu gleichen Teilen), Kalkulationsfaktor 1,35. Wie viel Euro kosten 100 g von jeder Sorte?

27.11 Der Kalkulationsabschlag

Bruttoverkaufspreis – Kalkulationsabschlag = Bezugspreis

Bei zahlreichen Artikeln kann der Einzelhändler den Verkaufspreis nicht frei kalkulieren, sondern ist auf einen bestimmten Ladenpreis festgelegt, sei es wegen der Konkurrenzsituation, sei es, weil er sich an empfohlene Richtpreise des Herstellers halten will. In diesen Fällen kommt es darauf an, von einem bekannten Verkaufspreis auszugehen und zurückzurechnen, welcher Einstandspreis höchstens bezahlt werden kann. Diese Rechnung lässt sich zwar mit dem Kalkulationszuschlag durchführen, jedoch ist dann der Verkaufspreis ein vermehrter Grundwert. Um die Rechnung zu vereinfachen, verwendet man einen Prozentsatz, der sich auf den Verkaufspreis bezieht. Dieser Gesamtprozentsatz ist der Kalkulationsabschlag.

Berechnung des Kalkulationsabschlags

Sind nur die einzelnen Aufschläge bekannt, so wird mit ihnen zunächst der Verkaufspreis berechnet und dann die Differenz zum Bezugspreis auf den Bruttoverkaufspreis bezogen.

Beispiel: siehe Abschnitt 27.9 (Seite 141)

Lösung:

x %	64,22 €	$\frac{64{,}22 \cdot 100}{164{,}22}$ = <u>39,11 %</u> Kalkulationsabschlag
164,22 €	100 %	

Sind der Bezugs- und der Bruttoverkaufspreis eines Artikels bekannt, ergibt sich folgende Berechnungsmöglichkeit:

Lösung:

Bruttoverkaufspreis:	393,30 €
– Bezugspreis:	250,00 €
Unterschied:	143,30 €

x %	143,30 €	$\frac{143{,}30 \cdot 100}{393{,}30}$ = <u>36,44 %</u> Kalkulationsabschlag
393,30 €	100 %	

$$\textbf{Kalkulationsabschlag} = \frac{(\text{Bruttoverkaufspreis} - \text{Bezugspreis}) \cdot 100}{\text{Bruttoverkaufpreis}}$$

1 Wie groß ist der Kalkulationsabschlag?

Kalkulationszuschlag: a) 25 % b) 33⅓ % c) 50 % d) 45 % e) 62 %

2 Berechnen Sie Kalkulationszuschlag und Kalkulationsabschlag:

	a)	b)	c)	d)	e)
Bezugspreis:	66,50	122,50	144,90	19,35	6,88 €
Bruttoverkaufspreis:	98,60	175,00	195,00	32,90	8,95 €

Berechnung des Bezugspreises mithilfe des Kalkulationsabschlags

Beispiel: Eine Schreibgarnitur soll für 49,00 € verkauft werden. Welchen Einstandspreis können wir höchstens akzeptieren, wenn wir mit einem Kalkulationsabschlag von 35 % rechnen?

Lösung:

Bruttoverkaufspreis	49,00 €
– 35 % Kalkulationsabschlag	17,15 €
Einstandspreis	31,85 €

3 Wie hoch ist der Bezugspreis?

	a)	b)	c)	d)
Bruttoverkaufspreis:	198,00	48,50	97,75	8,95 €
Kalkulationsabschlag:	20 %	24 %	26 %	30 %

4 Ein Schlauchwagen soll mit 79,00 € ausgezeichnet werden. Welcher Bezugspreis kann höchstens akzeptiert werden bei einem Kalkulationsabschlag von 28 %?

27.12 Die Handelsspanne

Nettoverkaufspreis – Handelsspanne = Bezugspreis

Während der Kalkulationsabschlag als Prozentsatz den Differenzbetrag zwischen Bruttoverkaufspreis und Bezugs- oder Einstandspreis ausmacht – bezogen auf den Bruttoverkaufspreis –, ist die Handelsspanne der Prozentsatz, der den **Differenzbetrag zwischen Nettoverkaufspreis und Bezugspreis** beinhaltet, bezogen auf den Nettoverkaufspreis.

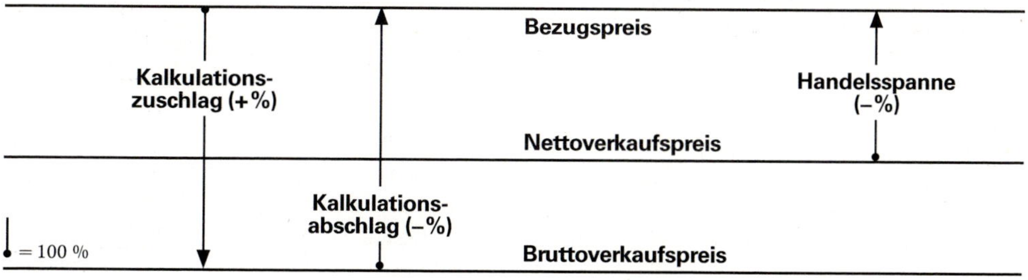

Berechnung der Handelsspanne

Mithilfe des Handlungskosten- und des Gewinnsatzes wird der Nettoverkaufspreis berechnet (Beispiel Abschnitt 27.9, Seite 141) und dann die Differenz zum Bezugspreis auf den Nettoverkaufspreis bezogen.

Lösung:

x %	38,00 €	$\frac{38{,}00 \cdot 100}{138{,}00} = \underline{\underline{27{,}54\ \%}}$ Handelsspanne
138,00 €	100 %	

Sind der Bezugs- und der Nettoverkaufspreis bekannt, ergibt sich folgende Berechnungsmöglichkeit:

Lösung:

Nettoverkaufspreis	345,00 €
– Bezugspreis	250,00 €
Unterschied	95,00 €

x %	95,00 €	$\frac{95{,}00 \cdot 100}{345{,}00} = \underline{\underline{27{,}54\ \%}}$ Handelsspanne
345,00 €	100 %	

$$\textbf{Handelsspanne} = \frac{(\text{Nettoverkaufspreis} - \text{Bezugspreis}) \cdot 100}{\text{Nettoverkaufspreis}}$$

Ist der Bruttoverkaufspreis bekannt, so muss zunächst der Nettoverkaufspreis berechnet werden.

Lösung:

Bruttoverkaufspreis	410,55 € = 119 %
– Umsatzsteuer	65,55 € = 19 %
Nettoverkaufspreis	345,00 € = 100 %

1 Wie groß ist die Handelsspanne?

a) Handlungskostensatz 20 % (18 %), Gewinnsatz 13 % (10 %)
b) Handlungskosten 8,60 €, Gewinn 3,80 €, Bezugspreis 49,50 €
c) Handlungskosten 18,00 €, Gewinn 10,50 €, Bezugspreis 84,00 €
d) Handlungskosten 32,00 €, Gewinn 18,00 €, Nettoverkaufspreis 186,00 €
e) Handlungskosten 4,10 €, Gewinn 2,80 €, Nettoverkaufspreis 21,70 €
f) Nettoverkaufspreis 54,00 € (18,50 €), Bezugspreis 45,00 € (12,95 €)
g) Bruttoverkaufspreis 113,05 €, USt 19 %, Bezugspreis 74,00 €

Berechnung des Bezugspreises mithilfe der Handelsspanne

Beispiel: Ein Laubsammler soll für 69,30 € netto verkauft werden. Welcher Bezugspreis kann höchstens angelegt werden bei einer Handelsspanne von 28 %?

Lösung:

Nettoverkaufspreis	69,30 €
– 28 % Handelsspanne	19,40 €
Bezugspreis	49,90 €

2 Berechnen Sie den Bezugspreis:

	a)	b)	c)	d)
Nettoverkaufspreis:	75,60	8,60	36,00	49,00 €
Handelsspanne:	23 %	21,5 %	28 %	30 %

27.13 Die Rückwärtskalkulation

Der Wettbewerb zwingt den Einzelhandelskaufmann, bei seiner Kalkulation stets auf die Verkaufspreise der Konkurrenz zu achten. Außerdem gibt es Waren, deren Verkaufspreis vom Lieferanten empfohlen oder in Ausnahmefällen auch vom Staat festgesetzt wird. In diesen Fällen kommt es darauf an, vom Verkaufspreis auszugehen und zurückzurechnen, um den noch tragbaren Einkaufs- oder Einstandspreis zu ermitteln.

Diese Kalkulation ist also eine Rückwärtsrechnung, die mit dem Verkaufspreis beginnt und schrittweise bis zum Bezugspreis, gegebenenfalls auch zum Listenpreis zurückführt.

Stufenweise Rückwärtskalkulation

Beispiel: Eine Notebooktasche aus Leder soll für 83,19 € angeboten werden. Welcher Listenpreis kann noch akzeptiert werden, wenn mit 20 % Handlungskosten, 12,5 % Gewinn, 19 % Umsatzsteuer sowie 2,50 € Bezugskosten zu rechnen ist und der Lieferant 10 % Rabatt und 3 % Skonto gewährt?

Lösung:

Listenpreis	56,44 €	100 %	
– 10 % Rabatt	5,64 €	10 %	
Zieleinkaufspreis	50,80 €	90 %	100 %
– 3 % Skonto	1,52 €		3 %
Bareinkaufspreis	49,28 €		97 %
+ Bezugskosten	2,50 €		
Bezugspreis	51,78 €	100 %	
+ 20 % Handlungskosten . .	10,36 €	20 %	
Selbstkosten	62,14 €	120 %	100 %
+ 12,5 % Gewinn	7,77 €		12,5 %
Nettoverkaufspreis	69,91 €	100 %	112,5 %
+ 19 % Umsatzsteuer	13,28 €	19 %	
Bruttoverkaufspreis	83,19 €	119 %	

Ergebnis: Es kann höchstens ein Listenpreis von 56,44 € akzeptiert werden.

1. Stellen Sie das bekannte Kalkulationsschema auf.
2. Rechnen Sie stufenweise von unten nach oben.
3. Achten Sie darauf, ob Sie mit dem vermehrten, reinen oder verminderten Grundwert rechnen müssen.
4. Machen Sie nach jedem Schritt die Probe.

1 Welcher Bezugs- oder Einstandspreis kann höchstens gezahlt werden?

	Handlungskosten	Gewinn	Umsatzsteuer	Bruttoverkaufspreis
a)	15 %	10 %	19 %	247,32 €
b)	20 %	12½ %	19 %	433,58 €
c)	12½ %	8 %	7 %	199,00 €

2 Ein Damenschirm muss zum Preis von 20,00 € verkauft werden. Es liegen vier Angebote zu 10,90 €, 11,65 €, 13,00 € und 13,25 € vor. Handlungskosten 20 %, Gewinnzuschlag 12½ %, Umsatzsteuer 19 %. Welche Angebote können berücksichtigt werden?

Anwendung des Kalkulationszuschlages und des Kalkulationsfaktors bei der Rückwärtskalkulation

Sind der Kalkulationszuschlag oder der Kalkulationsfaktor bekannt, vereinfacht sich die Rückrechnung, da die Differenz zwischen dem Bruttoverkaufspreis und dem Bezugspreis in einem Schritt berechnet werden kann. Der Weg vom Bezugspreis zurück zum Listenpreis entspricht dem im Beispiel auf der vorigen Seite gezeigten.

Beispiel: Bruttoverkaufspreis 83,19 €, Kalkulationszuschlag 60,66 %, Kalkulationsfaktor 1,6066. Welcher Bezugspreis kann akzeptiert werden?

Lösung:

1.	Bezugspreis	51,78 €	100,00 % ↑
	+ 60,66 % Kalkulationszuschlag	31,41 €	60,66 %
	Bruttoverkaufspreis	83,19 €	160,66 %

2. $\frac{\text{Bruttoverkaufspreis}}{\text{Kalkulationsfaktor}} = \frac{83,19}{1,6066} = \underline{\underline{51,78\ €}}$ Bezugspreis

3 Berechnen Sie den Bezugspreis oder Einstandspreis: **Kopfrechnen**

	a)	b)	c)	d)	e)
Kalk.-Zuschlag	25 %	33⅓ %	50 %	20 %	12½ %
Bruttoverkaufspreis	60,00	52,00	72,00	108,00	135,00 €

4 Berechnen Sie den noch möglichen Bareinkaufspreis:

	Bezugskosten	Kalkulationszuschlag	Bruttoverkaufspreis
a)	2,71 €	35 %	25,00 €
b)	1,95 €	40 %	35,00 €
c)	0,38 €	Kalkulationsfaktor 1,3	4,95 €
d)	2,19 €	Kalkulationsfaktor 1,375	18,90 €

Anwendung des Kalkulationsabschlages bei der Rückwärtskalkulation

Noch leichter ist der Einstandspreis mithilfe des Kalkulationsabschlages zu finden, da beim Kalkulationsabschlag der Bruttoverkaufspreis kein vermehrter, sondern der reine Grundwert ist.

Beispiel: Bruttoverkaufspreis 83,19 €, Kalkulationsabschlag 37,76 %. Welcher Einstandspreis kann akzeptiert werden?

Lösung:

Bruttoverkaufspreis	83,19 €
– 37,76 % Kalkulationsabschlag	31,41 €
Einstandspreis	51,78 €

Ist der Nettoverkaufspreis bekannt, so muss zunächst die Umsatzsteuer zum Nettoverkaufspreis (reiner Grundwert) addiert werden.

Anwendung der Handelsspanne bei der Rückwärtskalkulation

Beispiel: Nettoverkaufspreis 69,91 €, Handelsspanne 25,93 %. Welcher Einstandspreis ist vertretbar?

Lösung:	Nettoverkaufspreis	69,91 €
	– 25,93 % Handelsspanne	18,13 €
	Einstandspreis	51,78 €

Ist der Bruttoverkaufspreis bekannt, so ist zunächst die Umsatzsteuer vom Bruttoverkaufspreis (vermehrter Grundwert) abzuziehen.

5 Ergänzen Sie die folgende Aufstellung:

Warenart	Bruttoverkaufspreis	Kalkulationsabschlag	Bezugspreis	Bezugskosten	Bareinkaufspreis
a) Kostüm	248,00 €	27½ %	?	3,85 €	?
b) Teppich	996,00 €	33⅓ %	?	5,20 €	?

6 In einem Jubiläums-Sonderverkauf sollen Waren preisgünstig angeboten werden. Wie hoch darf bei Berücksichtigung folgender Angaben der Bareinkaufspreis dieser Waren sein?

	Bezugskosten	Handelsspanne	Verkaufspreis	USt
a)	1,25 €	25 %	35,00 € netto	
b)	2,10 €	33⅓ %	45,00 € netto	
c)	5,20 €	30 %	71,40 € brutto	19 %

7 Ein Spielwarengeschäft will neue Artikel zu günstigen Einführungspreisen anbieten. Wie hoch dürfen die Bezugspreise sein?

	Handlungskosten	Gewinn	USt	Bruttoverkaufspreis
a)	12½ %	18 %	19 %	7,70 €
b)	10 %	20 %	19 %	6,40 €

27.14 Die Differenzkalkulation

Es gibt Waren, bei denen nicht nur durch die Angebote der Lieferanten der Bezugspreis, sondern durch die Marktsituation oder durch empfohlene Verkaufspreise auch der Verkaufspreis gegeben sind. In diesen Fällen muss der Einzelhändler in einer besonderen Kalkulation nachprüfen, ob der zu erwartende Gewinn angemessen und die Aufnahme der Artikel in sein Sortiment zweckmäßig ist. Da sich bei dieser Kalkulation der mögliche Gewinn als Differenz zwischen dem Nettoverkaufspreis und den Selbstkosten ergibt, heißt sie **„Differenzkalkulation"**. Für den Gewinnsatz sind, dem bekannten Kalkulationsschema entsprechend, die Selbstkosten der reine Grundwert.

Bei empfohlenen Richtpreisen stellt der Lieferant häufig dem Einzelhändler diesen Preis in Rechnung und gewährt einen entsprechend hohen Wiederverkäuferrabatt. Dieser ist grundsätzlich vom Nettoverkaufspreis zu berechnen.

Beispiel: Für einen Heimtrainer empfiehlt der Hersteller dem Einzelhändler unverbindlich einen Richtpreis von 677,07 €. Es werden 25 % Wiederverkaufsrabatt gewährt. Wie hoch ist der Gewinn des Einzelhändlers in Euro und in Prozent, wenn er für Handlungskosten 18 %, für Umsatzsteuer 19 % und für Bezugskosten 20,00 € berücksichtigen muss?

Lösung:

1.	Richtpreis (brutto)	677,07 €	(a. H.)
	– 19 % Umsatzsteuer	108,10 €	
	Nettoverkaufspreis	568,97 €	
	– 25 % Wiederverkäuferrabatt	142,24 €	
	Bareinkaufspreis	426,73 €	
	+ Bezugskosten	20,00 €	2.
	Bezugspreis	446,73 €	
	+ 18 % Handlungskosten	80,41 €	
	Selbstkosten	527,14 €	
	+ Gewinn	41,83 €	4.
	Nettoverkaufspreis	568,97 €	
	+ 19 % Umsatzsteuer	108,10 €	3.
	Bruttoverkaufspreis	677,07 €	

5. x % | 41,83 €
527,14 € | 100 %

$$\frac{41{,}83 \cdot 100}{527{,}14} = \underline{\underline{7{,}94\ \%}} \text{ Gewinn}$$

1. Stellen Sie das bekannte Kalkulationsschema auf.
2. Rechnen Sie vorwärts bis zu den Selbstkosten.
3. Rechnen Sie rückwärts bis zum Nettoverkaufspreis.
4. Berechnen Sie den Gewinn in Euro als Differenz.
5. Berechnen Sie den Gewinn in Prozent (Gewinnsatz).

1 Wie viel Euro beträgt der Gewinn? **Kopfrechnen**

	Bezugspreis	Handl.-K.	NVP		Bezugspreis	Handl.-K.	NVP
a)	40,00 €	25 %	55,00 €	c)	24,00 €	20 %	31,00 €
b)	72,00 €	$33\frac{1}{3}$ %	108,00 €	d)	16,80 €	$12\frac{1}{2}$ %	20,00 €

2 Wie hoch sind der Bareinkaufspreis und der Gewinn in Euro und Prozent?

	a)	b)	c)	d)	e)
Empfohlener Nettoverkaufspreis	288,00	372,00	508,00	132,40	178,30 €
Wiederverk.-Rabatt	25 %	20 %	22 %	30 %	18 %
Bezugskosten	8,40	6,10	9,30	6,50	– €
Handlungskosten	18 %	15 %	$17\frac{1}{2}$ %	20 %	$12\frac{1}{2}$ %

3 Wir beziehen 10 Kisten Filtertüten mit je 60 Paketen. Der Bruttoverkaufspreis eines Paketes ist mit 1,74 € vereinbart. Der Bareinkaufspreis liegt bei 0,95 € je Paket. Der Wiederverkäuferrabatt beträgt 30 % dieses Verkaufspreises. Wie hoch ist der Gewinn, wenn 30,00 € Bezugskosten, 20 % Handlungskosten und 19 % Umsatzsteuer zu berücksichtigen sind?

4 Einen Sicherheits-Wasserkocher wollen wir für 98,00 € verkaufen. Der Hersteller liefert frei Haus zu einem Listenpreis von 75,00 € bei 5 % Rabatt und 2 % Skonto. Berechnen Sie den Gewinn in Euro und in Prozent, wenn wir $16\frac{2}{3}$ % Handlungskosten und 19 % Umsatzsteuer berücksichtigen müssen.

27.15 Wiederholungsaufgaben zur Kalkulation

1 Wie groß ist der Kalkulationszuschlag bei einem Kalkulationsabschlag von:
a) 25 % b) 33 1/3 % c) 50 % d) 65 % e) 48 %?

2 Berechnen Sie den Kalkulationsabschlag:
Kalkulationsfaktor: a) 1,28 b) 1,52 c) 2,2 d) 1,75 e) 1,38

3 Berechnen Sie den Bezugspreis je Wareneinheit:

	Bruttoverkaufspreis	Handelsspanne
a)	2.985,00 € für 850 Stück	30 %
b)	101,50 € für 125 l	20 %

4 390 m eines Stoffes kosten im Einkauf 2.691,00 €. Die Bezugskosten betragen 59,00 €. Der Verkauf brachte 3.510,00 € Bruttoerlös. USt 19 %. Errechnen Sie:
a) den Kalkulationszuschlag, b) den Kalkulationsabschlag, c) die Handelsspanne.

5 Wir wollen Tischdecken mit Servietten in Geschenkpackungen für 148,80 € je Packung anbieten und rechnen mit einem Kalkulationsabschlag von 33 1/3 %. Uns liegen folgende Angebote vor:
a) 50 Packungen zu einem Bezugspreis von 4.950,00 €,
b) 20 Packungen zu einem Bareinkaufspreis von 1.995,00 €, wobei wir mit 12,50 € Transport- und Verpackungskosten rechnen.
Können wir die Angebote annehmen?

6

	a) Teppich	b) Anzug	c) Hemd	d) Decke
Bruttoverkaufspreis:	978,00	348,00	39,50	28,90 €
Kalkulationszuschlag:	40 %	35 %	27,5 %	22 %

Die genannten Waren müssen aus Wettbewerbsgründen zum angegebenen Preis verkauft werden. Welcher Bareinkaufspreis kann höchstens gezahlt werden, wenn die Lieferungen frei Haus erfolgen?

7 Durch Nachkalkulation wird überprüft, ob die vorgeschriebene Kalkulation eingehalten bzw. über- oder unterschritten wurde:

Artikel	Brutto-verkaufspreis	Bareinkaufs-preis	Bezugs-kosten	vorgesehener Kalkulations-zuschlag
a) Schirm	49,00 €	32,50 €	4,60 €	30 %
b) Mütze	26,50 €	16,90 €	0,50 €	33 1/3 %
c) Mantel	205,00 €	130,00 €	3,90 €	50 %
d) Oberhemd	19,45 €	12,60 €	1,00 €	38 %

8 Der Spediteur liefert an: 3 Stücke Meterware, je 32,5 m, 37,8 m, 30,2 m, Rechnungspreis 1,88 € je m. Zahlung erfolgt netto Kasse mit 2 % Skonto, Frachtkosten und Verpackung 48,40 €, Kalkulationsfaktor 1,425. Wie viel Euro kostet 1 m?

9 Ein Handarbeitsgeschäft bezieht 1 800 Knäuel Sportwolle, farbig sortiert, je Knäuel zu 50 g 2,85 €, 5 % Mengenrabatt, 2 % Skonto, Versandkosten 36,00 €. Der Kalkulationszuschlag beträgt 27 1/2 %. Was kostet ein Knäuel Sportwolle?

10 Nach der Auswertung des Jahresabschlusses legt ein Warenhaus für die Kalkulation im neuen Geschäftsjahr fest: 20 % Aufschlag für Handlungskosten und 15 % Gewinn-aufschlag. Berechnen Sie a) den Kalkulationszuschlag, b) den Kalkulationsfaktor, c) die Handelsspanne bei 19 % Umsatzsteuer.

11 Laut schon vorliegender Lieferantenrechnung wurden 10 Haushaltsleitern bezogen. Listenpreis 138,00 € je Stück, 7½ % Rabatt, 3 % Skonto für Barzahlung. Wie hoch ist der Bruttoverkaufspreis, wenn der Kalkulationsfaktor 1,8 beträgt, und wie viel Prozent beträgt die Handelsspanne bei 19 % Umsatzsteuer?

12 Eine Halogenlampe wird angeboten. Ihr Bruttoverkaufspreis soll höchstens 259,00 € betragen. Welcher Einkaufspreis kann dafür höchstens gezahlt werden, wenn je Stück 6,10 € Versandspesen entstehen und der Kalkulationszuschlag 50 % beträgt?

13 30 Tischdecken zum Listenpreis von je 30,00 € treffen ein. Der Lieferant gewährt 5 % Rabatt und 3 % Skonto, da bar gezahlt wird. Es entstehen 7,50 € Versandkosten. Mit welchem Preis kann jede Decke ausgezeichnet werden, wenn für Handlungskosten 22 %, Gewinn 15 % und Umsatzsteuer 19 % aufzuschlagen sind?

14 60 kg Konfektmischung werden zu gleichen Teilen aus drei Sorten zu 6,00 €, 6,40 € und 6,80 € je ½ kg hergestellt.

a) Was kosten 100 g der Mischung, wenn 15 % Handlungskosten, 16⅔ % Gewinn und 19 % Umsatzsteuer einzukalkulieren sind?

b) Wie hoch sind Kalkulationsaufschlag und Kalkulationsfaktor?

15 Es werden 75 Frühstückssets zu je 8,50 € zuzüglich 3 Freiexemplare geliefert. Es können 3 % Skonto abgesetzt werden. Der Kalkulationsfaktor beträgt 1,45. Was kostet ein Set im Verkauf?

16 Infolge eines günstigen Einkaufs werden 50 Kunststoffeimer bei einem Nachlass von 33⅓ % für 200,00 € gekauft. Die Versandkosten betragen 22,50 € und kalkuliert wird mit einem Kalkulationszuschlag von 35 %. Wie hoch sind

a) der Bruttoverkaufspreis bei ermäßigtem Bareinkaufspreis,

b) der Bruttoverkaufspreis bei normalem Bareinkaufspreis?

17 Eine Lieferung besteht aus: 3 Ballen Wäschestoff zu 42 m, 38 m und 45 m. Der Bareinkaufspreis beträgt 4,98 € je m. Die Transportkosten belaufen sich auf 23,75 €. Handlungskosten 22½ %, Gewinn 16⅔ %, Umsatzsteuer 19 %. Wie viel kostet 1 m Wäschestoff im Verkauf?

18 Ein Haushaltswarengeschäft kauft 10 Kartons Designergläser mit je 6 Stück, Listenpreis je St. 9,80 €, Verpackung und Transportkosten 16,50 €, 2½ % Skonto, Handlungskosten 20 %, Gewinn 15 %, Umsatzsteuer 19 %. Berechnen Sie den Bruttoverkaufspreis für ein Glas.

19 Wir erhalten frei Haus 20 Herrenhüte zu je 36,50 € mit 3 % Skonto. Wie hoch ist der Bruttoverkaufspreis je Hut bei 27 % Handlungskosten, 15 % Gewinn und 19 % Umsatzsteuer?

6680152

28 Das Wesen der Umsatzsteuer (Mehrwertsteuer)

Zur Durchführung seiner Aufgaben benötigt der Staat Einnahmen. Seine Haupteinnahmequellen sind die Steuern. Eine Steuer mit einem besonders hohen Steueraufkommen ist die **Umsatzsteuer.**

Der Umsatzsteuer unterliegen die **Lieferungen** und sonstigen **Leistungen,** die ein Unternehmer im Erhebungsgebiet gegen Entgelt im Rahmen seines Unternehmens ausführt, die **Wareneinfuhr** aus dem Ausland (z. B. USA, Schweiz) sowie der gewerbliche Erwerb von Waren aus Ländern der Europäischen Union (innergemeinschaftlicher Erwerb). Für Lieferungen und Leistungen unter Privatleuten entfällt daher die Umsatzsteuerpflicht.

Die Umsatzsteuer muss jedes Unternehmen selbst berechnen. Für die Berechnung der Umsatzsteuer benötigt man die Bemessungsgrundlage und den Steuersatz.

Die **Bemessungsgrundlage** bei allen Warenumsätzen ist der Nettowarenwert. Der **Steuersatz** wird vom Gesetzgeber festgelegt. Der allgemeine Steuersatz beträgt zurzeit 19 %. Daneben gibt es für bestimmte Umsätze den ermäßigten Steuersatz von zurzeit 7 %. Der ermäßigte Steuersatz gilt z. B. für Grundnahrungsmittel, Bücher und Zeitschriften. Einige Umsatzarten sind steuerfrei.[1]

Nettowarenwert	(= Bemessungsgrundlage)	1.000,00 €	100 %
19 % Umsatzsteuer	(= Steuersatz)	190,00 €	19 %
Bruttowarenwert		1.190,00 €	119 %

Die Besteuerung des Mehrwertes

Die Umsatzsteuer wird heute vom **Mehrwert** erhoben.

Ein Möbelhändler bezieht einen Sessel zum Nettoeinkaufspreis von 1.500,00 € und kann ihn zum Nettoverkaufspreis von 2.000,00 € verkaufen. Der Steuersatz beträgt 19 %.

Nettoeinkaufspreis	1.500,00 €	
Mehrwert	500,00 €	► 19 % Umsatzsteuer = 95,00 €
Nettoverkaufspreis	2.000,00 €	

Der Einzelhändler schlägt dem Nettoeinkaufspreis die Kosten des Einkaufs, der Lagerung und des Verkaufs sowie seinen Gewinn hinzu und erzielt damit einen Mehrwert, aus dem die Umsatzsteuer berechnet wird, die an das Finanzamt zu zahlen ist.

$$\text{Mehrwert} = \text{Verkaufspreis} - \text{Einkaufspreis}$$

$$\text{Umsatzsteuer} = \frac{\text{Mehrwert} \cdot \text{Steuersatz}}{100}$$

1 Berechnen Sie aus den folgenden Angaben den Mehrwert und die Umsatzsteuer:

Nettoverkaufspreis	3.200,00 €	Nettoverkaufspreis	7.600,00 €
Nettoeinkaufspreis	2.900,00 €	Nettoeinkaufspreis	6.100,00 €
Steuersatz	19 %	Steuersatz	7 %
Umsatzsteuer	? €	Umsatzsteuer	? €
Nettoeinkaufspreis	2.700,00 €	Nettoeinkaufspreis	1.450,00 €
Kostenzuschlag	300,00 €	Kostenzuschlag	350,00 €
Gewinn	500,00 €	Verlust	200,00 €
Nettoverkaufspreis	? €	Nettoverkaufspreis	? €
Steuersatz	19 %	Steuersatz	19 %
Umsatzsteuer	? €	Umsatzsteuer	? €

1 Dazu zählen u. a.: Ausfuhrlieferungen in „Nicht-EU-Staaten", Kreditgewährungen, Vermietung und Verpachtung von Grundstücken, ...

Der Mehrwert einer Ware lässt sich nicht von vornherein aus dem Einkaufspreis berechnen, da er auch vom Verkaufspreis abhängt, den der Kaufmann tatsächlich erzielt hat. Daher berechnet man den Mehrwert und die sich daraus ergebende Umsatzsteuer, indem man den Nettobetrag der Eingangsrechnung für den Einkauf der Ware mit dem Nettobetrag der Ausgangsrechnung für den Verkauf der Ware vergleicht.

Die folgenden Belege des Einrichtungshauses Peter Graf e. K., Leipzig, verdeutlichen diesen Zusammenhang.

Beleg 1:

Design MÖBEL
Werfel OHG

Vredener Straße 40 • 48703 Stadtlohn
Telefon: 02563 1255-0
www.design-werfel-wvd.com
E-Mail: info@werfel-wvd.de
USt-IdNr.: DE 276 843 093
Deutsche Bank Stadtlohn
Konto-Nr.: 34 768 224 · BLZ: 403 700 79
IBAN: DE63 4037 0079 0034 7682 24
BIC: DEUTDE3B408

Design-Möbel Werfel OHG • Vredener Str. 40 • 48703 Stadtlohn

Einrichtungshaus
Peter Graf e. K.
Feuerbachstraße 67
04105 Leipzig

Ihr Zeichen, Ihre Nachricht vom	Unser Zeichen, unsere Nachricht vom	Eingang:	Datum
..-01-07		..-01-14	..-01-12

Rechnung Nr. 342/20..

Wir lieferten Ihnen „frei Ausstellungsraum" am 12. Januar ..:

1 Fernsehsessel „Stressless" zum Nettopreis von	1.500,00 €
19 % Umsatzsteuer	285,00 €
	1.785,00 €

Zahlbar innerhalb von 30 Tagen rein netto.

Konto	Soll	Haben
Aufw. f. Wa	1.500,00	
Vorsteuer	285,00	
Verbindl.		1.785,00

geprüft und gebucht KR 317

Beleg 1: EINGANGSRECHNUNG DES EINRICHTUNGSHAUSES GRAF

Nettoeinkaufspreis	1.500,00 €
19 % Umsatzsteuer	285,00 €
Bruttoeinkaufspreis	1.785,00 €

Mehrwert = 500,00 € ▶ 19 % Umsatzsteuer = 95,00 €

Beleg 2: AUSGANGSRECHNUNG DES EINRICHTUNGSHAUSES GRAF

Nettoverkaufspreis	2.000,00 €
19 % Umsatzsteuer	380,00 €
Bruttoverkaufspreis	2.380,00 €

Beleg 2:

Peter Graf e. K.
Möbelhandel

Feuerbachstraße 67
04105 Leipzig

Telefon: 0341 811155
Telefax: 0341 811158

www.moebelgraf-wvd.de
E-Mail: info@moebelgraf-wvd.de

Deutsche Bank Leipzig
Konto-Nr.: 86 354 102
BLZ: 860 700 00
IBAN: DE13 8607 0000 0086 3541 02
BIC: DEUTDE8L
St.-Nr.: 24 126 37841

Möbelhandel Peter Graf e. K., Feuerbachstr. 67, 04105 Leipzig

Möbelecke „Exquisa“ GmbH
Waldstraße 34
04105 Leipzig

Ihr Zeichen, Ihre Nachricht vom ..-01-17

Unser Zeichen, unsere Nachricht vom

Konto	Soll	Haben
Forderungen	2.380,00	
Umsatzerlöse		2.000,00
USt		380,00

geprüft und gebucht DB 144

Datum ..-01-25

Rechnung Nr. SM/177

Sie erhielten „frei Haus“ am 25. Januar:

1 Fernsehsessel „Stressless“	
zum Nettopreis von	2.000,00 €
19 % Umsatzsteuer	380,00 €
	2.380,00 €

Zahlbar sofort nach Erhalt.

Der gesonderte Ausweis der Umsatzsteuer in der Eingangs- und Ausgangsrechnung macht es überflüssig, die Umsatzsteuer über den Mehrwert der verkauften Waren zu berechnen. Zum gleichen Ergebnis kommt man, wenn man von der Umsatzsteuer der Ausgangsrechnung die Umsatzsteuer der Eingangsrechnung abzieht. (380,00 € – 285,00 € = 95,00 €)

Zahllast. Die in der Ausgangsrechnung ausgewiesene Umsatzsteuer von 380,00 € ist eine Verbindlichkeit gegenüber dem Finanzamt, die der Unternehmer nicht in voller Höhe abzuführen hat. Er kann den in der Eingangsrechnung aufgeführten Steuerbetrag von 285,00 € (= Forderung gegenüber dem Finanzamt) abziehen. Er hat demnach nur die Differenz zwischen der Umsatzsteuer der Ausgangs- und der Eingangsrechnung zu bezahlen = 95,00 €. Dieser Betrag ist seine **Zahllast.**

Umsatzsteuer – Vorsteuer = Zahllast
Die Steuer in der Eingangsrechnung ist die Vorsteuer.
Die Steuer in der Ausgangsrechnung ist die Umsatzsteuer.
Die Differenz zwischen Umsatzsteuer und Vorsteuer ist die Zahllast.

2 Berechnen Sie die jeweils fehlenden Größen.

Nettopreis	? €	Nettopreis	? €	Nettopreis	? €
7 % USt	1,40 €	19 % USt	9,50 €	7 % USt	42,00 €
Bruttopreis	? €	Bruttopreis	? €	Bruttopreis	? €
Nettopreis	250,00 €	Nettopreis	? €	Nettopreis	? €
19 % USt	? €	7 % USt	? €	19 % USt	? €
Bruttopreis	? €	Bruttopreis	12,84 €	Bruttopreis	232,00 €

In der Praxis des Einzelhandels verwendet man für die Berechnung der Umsatzsteuer einen **Multiplikator** bzw. einen **Divisor.** Will man die ermäßigte Umsatzsteuer aus dem Bruttopreis ermitteln, so multipliziert man ihn mit dem Multiplikator 0,0654206. Beim allgemeinen Steuersatz verwendet man den Multiplikator 0,1596639.

Aus dem Bruttopreis lässt sich die Umsatzsteuer durch den Divisor 15,2857 (ermäßigter Steuersatz) bzw. 6,2631578 (allgemeiner Steuersatz) herausrechnen.

3 Überprüfen Sie die Richtigkeit dieses Verfahrens anhand der Lösungen zur Aufgabe 2.

Die Steuerschuld entsteht mit Ablauf des Voranmeldezeitraums (Monat oder Quartal), in dem die Leistung ausgeführt wird, unabhängig davon, wann gezahlt wird. Die Umsatzsteuer wird von den **vereinbarten** Entgelten erhoben (Soll-Besteuerung). Werden die vereinbarten Entgelte durch Entgeltsminderungen wie Nachlässe oder Skonti nachträglich verändert, so kann die Änderung der Bemessungsgrundlage erst zum Zeitpunkt der Änderung berücksichtigt werden.

Für die meisten Unternehmen ist der Kalendermonat der Voranmeldezeitraum. Die Steuerbeträge aller Eingangs- und Ausgangsrechnungen eines Voranmeldezeitraums sind für die Ermittlung der Vorsteuer und der Umsatzsteuer maßgebend.

Unter Eingangsrechnungen sind nicht nur die Rechnungen über Wareneinkäufe zu verstehen, sondern auch über sonstige Lieferungen und Leistungen. Zu den Ausgangsrechnungen zählen neben den Warenverkaufsrechnungen auch die für sonstige Lieferungen und Leistungen, die den Kunden in Rechnung gestellt wurden.

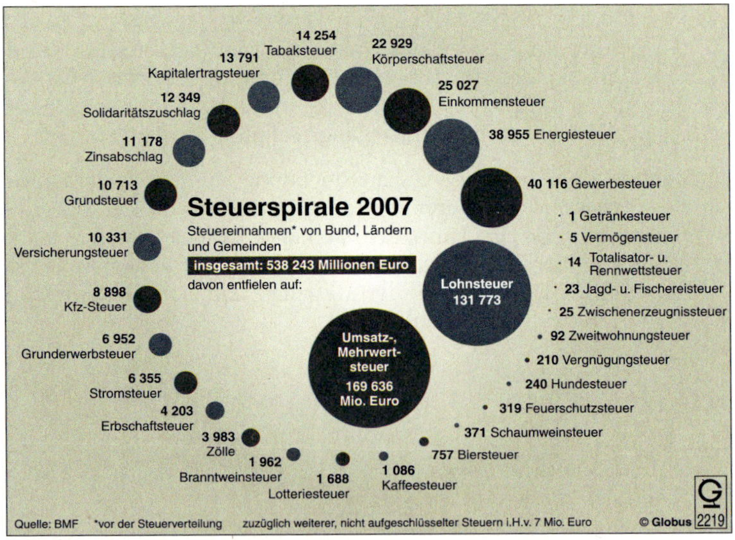

Eingangs- und Ausgangsrechnungen für den Monat März

ER,	netto 75.000,00 €,	19 % Vorsteuer	14.250,00 €,	brutto 89.250,00 €
AR,	netto 100.000,00 €,	19 % USt	19.000,00 €,	brutto 119.000,00 €

Die **Umsatzsteuervoranmeldung** für den Monat März sieht vereinfacht so aus:

Umsatzsteuer	März	19.000,00 €
– Vorsteuer	März	14.250,00 €
= Zahllast	März	4.750,00 €

Die Zahllast ist bis zum 10. des folgenden Monats an das Finanzamt abzuführen.

Berechnen Sie die Zahllast.

4 AUSGANGSRECHNUNGEN:
Steuerpflichtiger Umsatz 250.000,00 € zum allgemeinen Steuersatz
EINGANGSRECHNUNGEN:
Steuerpflichtiger Umsatz 180.000,00 € zum allgemeinen Steuersatz

5 AUSGANGSRECHNUNGEN:

Steuerpflichtiger Umsatz zum allgemeinen Steuersatz	480.000,00 €
Steuerpflichtiger Umsatz zum ermäßigten Steuersatz	120.000,00 €

EINGANGSRECHNUNGEN:

Steuerpflichtiger Umsatz zum allgemeinen Steuersatz	340.000,00 €
Steuerpflichtiger Umsatz zum ermäßigten Steuersatz	90.000,00 €

6 Wie hoch war der steuerpflichtige Umsatz in den Ausgangsrechnungen, wenn im Voranmeldezeitraum 95.000,00 € Vorsteuer geltend gemacht wurden, der allgemeine Steuersatz angewandt wurde und die Zahllast 57.000,00 € betrug?

Die Umsatzsteuer ist eine **Verkehrsteuer.** Sie wird allein vom Letztverbraucher getragen; das ist in der Regel der Privatverbraucher (siehe Seite 159). Die Umsatzsteuer muss neben dem reinen Warenwert in allen Belegen gesondert ausgewiesen werden. Eine Ausnahme bilden nur die Kleinbetragsrechnungen, bei denen Nettowert und Umsatzsteuer den Betrag von (zz.) 150,00 € nicht übersteigen. Diese Belege können den Nettowert und die Umsatzsteuer in einer Summe enthalten, müssen dann aber zusätzlich den angewendeten Steuersatz ausweisen.

Durchlaufender Posten. Der Unternehmer schlägt die Umsatzsteuer bei allen Ausgangsrechnungen dem Warenwert hinzu und erhält sie von seinem Kunden. Er selbst bezahlt seinen Lieferanten die Vorsteuer der Eingangsrechnungen und dem Finanzamt die Zahllast. Daher ist die Umsatzsteuer erfolgsneutral.

Vorsteuer[1] aus allen ER + Zahllast = Umsatzsteuer aus allen AR

Vorsteuerüberhang. In Ausnahmefällen kann die Vorsteuer eines Veranlagungszeitraumes höher sein als die Umsatzsteuer (z. B. bei Saisoneinkäufen). Dann hat das Unternehmen ein Guthaben beim Finanzamt. Dieser Betrag wird vom Finanzamt erstattet, soweit nicht eine Verrechnung mit Steuerschulden vorgenommen wird.

Netto- und Bruttobuchung. Der Unternehmer kann bei jedem steuerpflichtigen Umsatz Warenwert und Umsatzsteuer getrennt buchen (= Nettobuchung), oder er bucht den Rechnungsbetrag auf dem Warenkonto brutto, d. h. einschließlich Umsatzsteuer. Wählt er das Bruttoverfahren, so muss er am Ende des Voranmeldezeitraumes aus den Bruttobeträgen die Umsatzsteuer herausbuchen. Im **Einzelhandel** ist es üblich, **alle Wareneinkäufe und Warenverkäufe netto** zu buchen.

1 Seit Juli 2004 kann der Vorsteuerabzug aus einer Rechung nur dann geltend gemacht werden, wenn die Rechung alle in § 14, 14 a UStG erforderlichen Angaben enthält: Name und Anschrift des leistenden Unternehmers, fortlaufende Rechnungsnummer, Ausstellungsdatum, Steuernummer oder Umsatzsteuer-Identifikationsnummer, Menge und Bezeichnung des Liefergegenstandes, Entgelt nach Steuersätzen aufgeschlüsselt, Steuerbetrag, Steuersatz, Zeitpunkt der Lieferung, im Voraus vereinbarte Entgeltminderungen (Skonti, Rabatte). Für Kleinbetragsrechnungen (bis 150,00 € brutto) gelten weniger strenge Anforderungen.

29 Die Umsatzsteuer beim Wareneinkauf und -verkauf

29.1 Buchungen beim Wareneinkauf

Ein Einzelhändler bezieht von einem Großhändler Waren auf Ziel.

EINGANGSRECHNUNG

Warenwert (netto)	3.000,00 €
Umsatzsteuer	570,00 €
Rechnungsbetrag (brutto)	3.570,00 €

Der Einzelhändler bucht den Wareneinkauf aufgrund der Eingangsrechnung, die Warenwert und die darauf entfallende Umsatzsteuer getrennt ausweist.

Die in der **Eingangs**rechnung aufgeführte Umsatzsteuer – die **Vorsteuer – ist eine Forderung** des Einzelhändlers **gegenüber dem Finanzamt,** da seine Umsatzsteuerschuld erst dann entsteht, wenn er die eingekauften Waren weiterverkauft. Deshalb **wird** die beim Einkauf in Rechnung gestellte Umsatzsteuer **im Soll** des Kontos

Vorsteuer

gebucht. Das Konto „Vorsteuer" ist ein **Aktivkonto.**

Der Einzelhändler bucht auf dem Konto „Aufwendungen für Waren" nur den Warenwert. Den Rechnungsbetrag bucht er auf dem Konto „Verbindlichkeiten a. LL", da er dem Lieferanten den Gesamtbetrag aus Warenwert und Umsatzsteuer schuldet.

Die Buchung beim Wareneinkauf auf Ziel lautet:

		Soll	Haben
	Aufwendungen für Waren	**3.000,00**	
	Vorsteuer	**570,00**	
an	**Verbindlichkeiten a. LL**		**3.570,00**

S	Aufwendungen für Waren	H
3.000,00		

S	Verbindlichkeiten a. LL	H
		3.570,00

S	Vorsteuer	H
570,00		

Die Umsatzsteuer in den Eingangsrechnungen ist eine Forderung gegenüber dem Finanzamt. Sie wird im Soll des Aktivkontos „Vorsteuer" gebucht.

29.2 Buchungen beim Warenverkauf

1. Der Einzelhändler verkauft diese Waren an einen Kunden auf Ziel.

AUSGANGSRECHNUNG

Warenwert (netto)	4.000,00 €
Umsatzsteuer	760,00 €
Rechnungsbetrag (brutto)	4.760,00 €

Der Einzelhändler bucht den Warenverkauf aufgrund der Ausgangsrechnung. Er hat dem Nettoeinkaufspreis seine anteiligen Kosten und den Gewinn zugeschlagen und dadurch einen Mehrwert von 1.000,00 € geschaffen (4.000,00 – 3.000,00).

Der Steuersatz beim Verkauf einer Ware ist stets der gleiche wie bei ihrem Einkauf.

Den Rechnungsbetrag bucht der Einzelhändler auf das Konto „Forderungen a. LL", da der Kunde den Gesamtbetrag aus Warenwert und Umsatzsteuer zu zahlen hat. Auf dem Konto „Umsatzerlöse" wird nur der Warenwert gebucht.

Die aufgrund des Verkaufs angefallene und in der **Ausgangs**rechnung ausgewiesene **Umsatzsteuer ist eine Verbindlichkeit gegenüber dem Finanzamt. Sie wird daher im Haben** des Kontos

Umsatzsteuer

gebucht. Das Konto „Umsatzsteuer" ist ein **Passivkonto.**

Die Buchung beim Warenverkauf auf Ziel lautet:

		Soll	Haben
	Forderungen a. LL	**4.760,00**	
an	**Umsatzerlöse**		**4.000,00**
an	**Umsatzsteuer**		**760,00**

S Forderungen a. LL H

S	H
4.760,00	

S Umsatzerlöse H

S	H
	4.000,00

S Umsatzsteuer H

S	H
	760,00

Diese Art des Buchens, bei der man den **reinen Warenwert und die** darauf entfallende **Umsatzsteuer gesondert erfasst,** nennt man **Nettobuchung.** Sie ist beim Waren**einkauf und** beim Waren**verkauf** anzuwenden.

Die **Summe der Barverkäufe** eines Tages bezeichnet man als **Tageslosung.** Sie setzt sich zusammen aus den Warenwerten und der Umsatzsteuer (= Umsatzerlöse brutto). Dem Kunden gegenüber wird selten eine Trennung zwischen reinem Warenwert und Umsatzsteuer vorgenommen. Für ihn ist die Trennung zwischen Warenwert und Umsatzsteuer auch ohne Bedeutung, da der Endverbraucher keine Möglichkeit hat, die anteilige Umsatzsteuer abzusetzen. Er trägt die gesamte Umsatzsteuer.

Beim Geschäftsvorfall „Tageslosung = 4.760,00 €" ist also zu beachten, dass sich der Betrag von 4.760,00 € zusammensetzt aus 4.000,00 € Warenwert und 760,00 € Umsatzsteuer.

Vor der Nettobuchung der Tageslosung ist demnach die anteilige Umsatzsteuer herauszurechnen.

Berechnung der Umsatzsteuer:

$$\frac{\text{Tageslosung} \cdot 19\,\%}{119\,\%} = \frac{4.760{,}00\,€ \cdot 19\,\%}{119\,\%} = 760{,}00\,€$$

Die Buchung beim Warenverkauf bar (Tageslosung) lautet:

		Soll	Haben
	Kasse	**4.760,00**	
an	**Umsatzerlöse**		**4.000,00**
an	**Umsatzsteuer**		**760,00**

Bei Wareneinkäufen und Warenverkäufen werden Warenwert und Umsatzsteuer gesondert gebucht.

(Aus der Tageslosung ist vor der Buchung die Umsatzsteuer herauszurechnen.)

2. Der Einzelhändler entnimmt dem Geschäft Waren für den privaten Bedarf; Warenwert 300,00 € + Umsatzsteuer 57,00 € = 357,00 €.

Warenentnahme — Elfriede Blum e. Kffr.

5 Herrenhosen Art.-Nr. 79,	netto	300,00 €
+ 19 % Umsatzsteuer		57,00 €
Eigenverbrauch, brutto		357,00 €

Köln, ..-05-16 E. Blum

Der Eigenverbrauch[1] **unterliegt** – wie die Lieferung von Waren – **der Umsatzsteuer** (§ 3 Abs. 1 b UStG). Der Unternehmer hat auch für die privaten Entnahmen von Waren einen Beleg anzufertigen, der den Warenwert (in der Regel ist dies der Einstandspreis) und die Umsatzsteuer getrennt ausweist oder den Bruttobetrag und den Umsatzsteuersatz. Der Eigenverbrauch von Waren wird nicht auf dem Konto „Umsatzerlöse“ erfasst, sondern auf dem Konto **„Entnahme von Gegenständen und sonstigen Leistungen“.**

Privatentnahmen von Waren werden ebenfalls **netto** gebucht.

Buchung:	**Privat**	**357,00**	
an	**Entnahme v. G. u. s. L.**		**300,00**
an	**Umsatzsteuer**		**57,00**

Das Konto **„Entnahme v. G. u. s. L.“**[2] wird **als Erfolgskonto** wie das Konto „Umsatzerlöse“ **über** das **Gewinn- und Verlustkonto abgeschlossen.**

Beide Geschäftsvorfälle stellen sich auf den Konten wie folgt dar:

S	**Kasse**		H
1.	4.760,00		

S	**Umsatzerlöse**		H
		1.	4.000,00

S	**Entnahme v. G. u. s. L.**		H
		2.	300,00

S	**Privat**		H
2.	357,00		

S	**Umsatzsteuer**		H
		1.	**760,00**
		2.	**57,00**

Die Umsatzsteuer in den Ausgangsrechnungen an Kunden und die Umsatzsteuer für die Privatentnahme von Waren ist eine Verbindlichkeit gegenüber dem Finanzamt. Sie wird im Haben des Passivkontos „Umsatzsteuer“ gebucht.

1 Der Steuertatbestand Eigenverbrauch wurde durch das Steuerentlastungsgesetz 1999/2000/2002 gestrichen. Entnahmen von Gegenständen für Zwecke außerhalb des Unternehmens (z. B. privater Bedarf) werden jetzt den Lieferungen gegen Entgelt gleichgestellt, sofern die Gegenstände zum Vorsteuerabzug berechtigt haben.

2 Die private Nutzung von Betriebsgegenständen wird auf S. 214 behandelt.

29.3 Ermittlung und Bilanzierung der Zahllast

Ermittlung der Zahllast

Der Einzelhändler erhält aus dem Warenverkauf von seinem Kunden außer dem Warenwert 760,00 € Umsatzsteuer. Die durch die private Entnahme von Waren angefallenen 57,00 € Umsatzsteuer hat er selbst aufzubringen. Er schuldet daher dem Finanzamt zunächst 817,00 €.

Der Einzelhändler hat aber auch durch die beim Wareneinkauf angefallene Vorsteuer, die er seinem Lieferanten zu zahlen hat, eine Forderung von 570,00 € ans Finanzamt. Die **Vorsteuer** kann er **von** seiner **Umsatzsteuerschuld abziehen.** Seine **Zahllast** beträgt demnach 817,00 € – 570,00 € = 247,00 €, die er an das Finanzamt abführt.

Abschluss der Konten Vorsteuer und Umsatzsteuer

Mit Ablauf des Voranmeldezeitraumes (Ende des Monats oder Vierteljahres) wird der **Saldo des Kontos „Vorsteuer" auf das Konto „Umsatzsteuer" übertragen.** Der **Saldo des Kontos „Umsatzsteuer" zeigt** dann die **Zahllast.**

Buchung: **Umsatzsteuer** an **Vorsteuer** **570,00**

S	Vorsteuer		H
	570,00		570,00

S	Umsatzsteuer		H
	570,00		760,00
Zahllast	247,00		57,00
	817,00		817,00

Umsatzsteuer abzüglich Vorsteuer = Zahllast

Zahlung an das Finanzamt

Die Zahllast ist bis zum 10. des folgenden Monats abzuführen.

Die Buchung bei der Zahlung an das Finanzamt lautet:

Umsatzsteuer an **Kasse, Postbank oder Bank** **247,00**

Bilanzierung der Zahllast

Dezember:

Ausgangsrechnungen,	netto 100.000,00 €	=	Umsatzsteuer	19.000,00 €
Eingangsrechnungen,	netto 80.000,00 €	=	Vorsteuer	– 15.200,00 €
		=	**Zahllast**	= 3.800,00 €

Beim Jahresabschluss ist die **Zahllast** des Monats Dezember als Verbindlichkeit in die Schlussbilanz zu übernehmen (zu **passivieren**).

Buchung: **Umsatzsteuer** an **Schlussbilanzkonto** **3.800,00**

S	Schlussbilanzkonto		H
		USt	3.800,00

S	Umsatzsteuer		H
Vorsteuer	15.200,00		19.000,00
Zahllast	3.800,00		
	19.000,00		19.000,00

Beim Jahresabschluss ist die Zahllast zu passivieren.

29.4 Ermittlung des Vorsteuerüberhangs

Ist die Summe der **Vorsteuern höher als** die der **Umsatzsteuern** (z. B. bei Saisoneinkäufen), dann ist ein **Vorsteuerüberhang** entstanden.

Dezember:

Eingangsrechnungen,	netto 100.000,00 €	=	Vorsteuer	19.000,00 €
Ausgangsrechnungen,	netto 80.000,00 €	=	Umsatzsteuer	–15.200,00 €
		=	**Vorsteuerüberhang**	= 3.800,00 €

In diesem Fall wird der **Saldo des Kontos „Umsatzsteuer“ auf das Konto „Vorsteuer“ übertragen** (auch hier wird gebucht: **Umsatzsteuer an Vorsteuer**). Der Saldo des Kontos „Vorsteuer“ zeigt dann die Forderung gegenüber dem Finanzamt. Der **Vorsteuerüberhang** ist **beim Jahresabschluss** als Forderung in der Schlussbilanz auszuweisen (zu **aktivieren**).

S Vorsteuer H

S		H	
	19.000,00	USt	15.200,00
		SBK	3.800,00
	19.000,00		19.000,00

S Umsatzsteuer H

S		H	
Vorsteuer	15.200,00		15.200,00
	15.200,00		15.200,00

S Schlussbilanzkonto H

S		H	
Vorsteuer	3.800,00		

Beim Jahresabschluss ist der Vorsteuerüberhang zu aktivieren.

---

1 Bilden Sie die Buchungssätze unter Verwendung des allgemeinen Steuersatzes.

1. Warenverkauf auf Ziel, Warenwert	1.700,00	
+ Umsatzsteuer	?	?
2. Wareneinkauf auf Ziel, Warenwert	2.400,00	
+ Umsatzsteuer	?	?
3. Warenverkauf gegen Bankscheck, Warenwert	2.800,00	
+ Umsatzsteuer	?	?
4. Wareneinkauf bar, Warenwert	500,00	
+ Umsatzsteuer	?	?
5. Barverkauf eines alten Kopierers, netto	100,00	
+ Umsatzsteuer	?	?
6. Der Inhaber entnimmt Waren für den Haushalt, netto	150,00	
+ Umsatzsteuer	?	?
7. Wareneinkauf gegen Bankscheck, Warenwert	3.000,00	
+ Umsatzsteuer	?	?
8. Banküberweisung an einen Lieferanten		4.000,00
9. Warenverkauf bar, Warenwert	700,00	
+ Umsatzsteuer	?	?
10. Barzahlung von einem Kunden		400,00
11. Bareinzahlung aufs Bankkonto		1.000,00
12. Abschluss des Kontos „Vorsteuer“		?
13. Zahllast		?

6680162

2 Buchen Sie in den Konten: Kasse, Bank, Forderungen a. LL, Verbindlichkeiten a. LL, Umsatzerlöse, Entnahme v. G. u. s. L., Aufwendungen für Waren, Privat, Vorsteuer, Umsatzsteuer (Umsatzsteuer = 19 %).

1. Wareneinkauf auf Ziel	1.600,00 + ? USt
2. Warenverkauf auf Ziel	750,00 + ? USt
3. Verschiedene Wareneinkäufe auf Ziel	2.200,00 + ? USt
4. Verschiedene Warenverkäufe bar (Tageslosung)	4.500,00 + ? USt
5. Privatentnahme von Waren	200,00 + ? USt
6. Ermitteln Sie die Zahllast	?
7. Überweisen Sie die Zahllast an das Finanzamt.	

3 Ein Einzelhändler hatte am 1. Dezember noch für 8.300,00 € Waren in seinem Lager. Er kaufte zusätzlich Waren auf Ziel ein zum Nettowert von 19.500,00 €. Seine Barverkäufe beliefen sich im gleichen Monat auf 22.700,00 € netto.

Rechnen Sie mit dem derzeit gültigen allgemeinen Steuersatz.

Der Warenbestand lt. Inventur betrug am 31. Dezember 9.900,00 €.

1. Buchen Sie in den Konten Warenbestände, Forderungen a. LL, Verbindlichkeiten a. LL, Umsatzerlöse, Aufwendungen für Waren, Vorsteuer und Umsatzsteuer.
2. Ermitteln Sie die Zahllast.
3. Schließen Sie die Konten ab.

4 Ein anderer Einzelhändler hatte im Dezember folgende Umsätze: Barverkäufe netto 24.200,00 €, Zieleinkäufe netto 34.600,00 €.

Legen Sie den Ein- und Verkäufen den derzeit gültigen allgemeinen Steuersatz zugrunde.

Der Warenbestand betrug am 1. Dezember 4.200,00 € und am 31. Dezember 17.210,00 €.

1. Buchen Sie in den entsprechenden Konten.
2. Schließen Sie die Konten ab.
3. Welchen Unterschied zu Aufgabe 3 stellen Sie in Bezug zur Vorsteuer und Umsatzsteuer fest?

5 **Fragen:**

1. *Welche Umsätze unterliegen dem allgemeinen und welche dem ermäßigten Steuersatz? Welche Umsatzarten sind steuerfrei?*
2. *Wann ist die Umsatzsteuer eine Forderung, wann eine Verbindlichkeit gegenüber dem Finanzamt?*
3. *Wie ermitteln Sie die Zahllast?*
   Bis wann ist die Zahllast an das Finanzamt abzuführen?
   Wie behandeln Sie die Zahllast beim Jahresabschluss?
4. *Wodurch ergibt sich ein Vorsteuerüberhang?*
   Wie berechnen Sie den Vorsteuerüberhang?
   Wohin kommt der Vorsteuerüberhang beim Jahresabschluss?
5. *Wie wirkt sich die Umsatzsteuer auf das Unternehmensergebnis aus?*

6 Anfangsbestände:

Geschäftsausstattung	22.000,00	Eigenkapital	?
Waren	25.200,00	Verbindlichkeiten a. LL	15.310,00
Forderungen a. LL	8.670,00	Umsatzsteuer	420,00
Kasse	1.290,00		
Bankguthaben	9.740,00		

Kontenplan:

Eröffnungsbilanzkonto, Geschäftsausstattung, Warenbestände, Forderungen a. LL, Vorsteuer, Kasse, Bank, Verbindlichkeiten a. LL, Umsatzsteuer, Umsatzerlöse, Entnahme v. G. u. s. L., Zinserträge, Aufwendungen für Waren, Ausgangsfrachten, Mieten, Post und Telekommunikation, Gewinn und Verlust, Privat, Eigenkapital, Schlussbilanzkonto.

Geschäftsvorfälle, denen der allgemeine Steuersatz zugrunde liegt:

1.	Wir kaufen Waren auf Ziel lt. ER 143, Warenwert	4.300,00	
	+ Umsatzsteuer	817,00	5.117,00
2.	Die Bank belastet uns für Telekommunikationsgeb., netto	360,00	
	+ Umsatzsteuer	68,40	428,40
3.	Wir verkaufen Waren auf Ziel lt. AR 536–538, Warenwert	9.200,00	
	+ Umsatzsteuer	1.748,00	10.948,00
4.	Die Bank schreibt uns Zinsen gut		45,00
5.	Ein Kunde überweist durch die Bank		760,00
6.	Tageslosung		1.071,00
7.	Wir überweisen an einen Lieferanten durch die Bank		1.650,00
8.	Wir kaufen Waren gegen Bankscheck, Warenwert	1.500,00	
	+ Umsatzsteuer	285,00	1.785,00
9.	Wir überweisen die Umsatzsteuer durch die Bank		420,00
10.	Wir verkaufen Waren auf Ziel (frachtfrei) lt. AR 539, Warenwert	800,00	
	+ Umsatzsteuer	152,00	952,00
11.	Die Paketgebühr hierfür wird bar bezahlt		10,00
12.	Wir heben bei der Bank bar ab		1.000,00
13.	Der Geschäftsinhaber entnimmt der Kasse	500,00	
	und für den Haushalt Waren, Warenwert	400,00	
	+ Umsatzsteuer	76,00	976,00
14.	Wir überweisen die Geschäftsmiete[1] durch die Bank		1.740,00
15.	Wir kaufen Postwertzeichen bar		60,00
16.	Wir senden einem Lieferanten einen Bankscheck		2.100,00
17.	Wir kaufen Waren auf Ziel lt. ER 144, Warenwert	700,00	
	+ Umsatzsteuer	133,00	833,00
18.	Wir zahlen bei der Bank bar ein		2.000,00

Abschlussangaben:

Die Zahllast ist zu ermitteln und zu passivieren.
Warenbestand lt. Inventur 24.650,00
Die übrigen Buchwerte stimmen mit den Inventurwerten überein.

1 Mieten sind grundsätzlich umsatzsteuerfrei. Der Vermieter kann jedoch entscheiden, ob er die Miete der Umsatzsteuer unterwerfen will (Optionsrecht).

30 Die Umsatzsteuer bei anderen Eingangsrechnungen

Wie beim Wareneinkauf wird dem Einzelhändler auch bei anderen Lieferungen oder Leistungen Umsatzsteuer in Rechnung gestellt. Das gilt für die Anschaffung von **Anlagegütern,** wie Ladenausstattung, Fahrzeuge usw. (nähere Ausführungen hierzu im Kapitel Anlagenwirtschaft) und für verschiedene **Aufwendungen.** Mit Umsatzsteuer belastet sind z. B. Aufwendungen für Betriebsstoffe, Verpackungsmaterial, Energie, Reparaturen, Büromaterial, Werbung.

Der in den Belegen ausgewiesene Nettobetrag wird im Soll des entsprechenden Anlage- oder Aufwandskontos und die jeweils gesondert ausgewiesene **Umsatzsteuer wird** – wie beim Wareneinkauf – **im Soll des Kontos „Vorsteuer" gebucht.** Die Vorsteuern müssen jedoch unmittelbar im Zusammenhang mit Umsätzen für Unternehmenszwecke stehen.

Barkauf von Rechnungsformularen und Briefbögen,
netto 200,00 € + Umsatzsteuer 38,00 € = 238,00 €

Buchung:		**Büromaterial**	**200,00**	
		Vorsteuer	**38,00**	
	an	**Kasse**		**238,00**

Sind Eingangsrechnungen mit Umsatzsteuer belastet, so wird die Umsatzsteuer als Vorsteuer gebucht.

Besonderheit: Der Einzelhandelskontenrahmen sieht – wie bei den Waren – für Betriebsstoffe, Verpackungsmaterial und Leergut sowohl **Aufwands-** als auch **Bestandskonten** vor. Der Nettobetrag der bezogenen Materialien wird in den entsprechenden Aufwandskonten gebucht. Die bei der Inventur festgestellten **Mehr- oder Minderbestände** an Betriebsstoffen, Verpackungsmaterial oder Leergut werden beim Kontenabschluss wie die Warenbestände behandelt, z. B.

- **Mehrbestand an Betriebsstoffen:** **Betriebsstoffbestände** an **Aufwendungen für Betriebsstoffe**
- **Minderbestand an Leergut:** **Aufwendungen für Leergut** an **Leergutbestände**

---

1 Buchen Sie auf den entsprechenden Konten.

1. Wareneinkauf auf Ziel, Warenwert	8.000,00	
+ Umsatzsteuer	1.520,00	9.520,00
2. Banküberweisung für Verpackungsmaterial, netto	500,00	
+ Umsatzsteuer	95,00	595,00
3. Tageslosung		17.374,00
4. Banküberweisung für Kauf eines Aktenschrankes, netto	1.200,00	
+ Umsatzsteuer	228,00	1.428,00

5. Berechnen Sie die Zahllast.

6. Abschlussangaben:	Waren	Endbestand 31.900,00	(AB 29.800,00)
	Verpackungsmaterial	Endbestand 1.250,00	(AB 1.640,00)

---

2 Sie haben lt. ER 478 für 196,35 € Büromaterial gekauft.

Berechnen Sie aus dem Bruttopreis von 196,35 €

a) die darin enthaltene Umsatzsteuer von 19 % und
b) den Nettopreis.

3 1. Buchen Sie Beleg 1

a) als Ausgangsrechnung bei Springer Bekleidung Vertriebs GmbH,
b) als Eingangsrechnung bei Hella Pausen e. Kffr.

2. Buchen Sie die Belege 2–4 bei Hella Pausen e. Kffr.

Beleg 1:

Springer Bekleidung Vertriebs GmbH

Aachener Str. 82
50933 Köln

Tel.: 0221 645238
Fax: 0221 645243

Bankverbindungen:

Deutsche Bank Köln
Konto: 36 427 182, BLZ 370 700 60
IBAN: DE32 3707 0060 0036 4271 82
BIC: DEUTDEDK

Sparkasse KölnBonn
Konto: 16 984 346, BLZ 370 501 98
IBAN: DE05 3705 0198 0016 9843 46
BIC: COLSDE33

USt-IdNr.: DE 675 413 568

Springer Bekleidung GmbH, Aachener Str. 82, 50933 Köln

Eingang: ..-08-11

Modehaus
Hella Pausen e. Kffr.
Zülpicher Str. 28
50674 Köln

Konto	Soll	Haben

geprüft und gebucht

Rechnung Nr. 2 871
Liefer- und Rechnungsdatum: ..-08-10

Lfd. Nr.	Stückzahl	Artikel	Preis je Einheit/€	Gesamtpreis/€
1	50	Herrenpullover HP 172	45,00	2.250,00
2	30	Herren-Polo-Shirts HPS 27	27,00	810,00
3	80	Damenblusen DB 46	29,00	2.320,00
4	100	Leinenwickelröcke LWR 38	50,00	5.000,00
5	70	Leinenwesten LW 41	40,00	2.800,00
				13.180,00
			19 % Umsatzsteuer	2.504,20
				15.684,20

Zahlungsbedingungen:
10 Tage 2 % Skonto, 30 Tage netto Kasse

Beleg 2:

Wagner OHG Verpackungsmittel

Bachstraße 20 • 53115 Bonn
Tel.: 0228 8716-0
Fax: 0228 8716-23
Internet: www.wagner-wvd.de
E-Mail: info@wagner-wvd.de
USt-IdNr.: DE 278 679 321

W. Wagner OHG • Verpackungsmittel • Bachstr. 20 • 53115 Bonn

Modehaus
Hella Pausen e. Kffr.
Zülpicher Str. 28
50674 Köln

Konto	Soll	Haben

geprüft und gebucht

Datum ..-08-12

Rechnung Nr. 1 725
Unsere Lieferung vom 5. August ..

Anzahl	Artikel	Einzelpreis €	Gesamtpreis €
600	Tragetaschen	0,60	360,00
400	Faltschachteln	0,70	280,00
			640,00
		19 % Umsatzsteuer	121,60
			761,60

Die Rechnung ist innerhalb von
14 Tagen unter Abzug von 1 % Skonto
oder nach 30 Tagen netto zu begleichen.

Eingang: ..-08-13

Bankverbindungen:
Commerzbank Bonn, Konto 64 130 847, BLZ 380 400 07, IBAN: DE75 3804 0007 0064 1308 47, BIC: COBADEFF380
Deutsche Bank Bonn, Konto 38 610 492, BLZ 380 700 59, IBAN: DE24 3807 0059 0038 6104 92, BIC: DEUTDEDK380

6680166

Beleg 3:

Oberhof & Voßbach KG, Bonner Str. 350, 50968 Köln

Eingang: ..-08-16

Modehaus
Hella Pausen e. Kffr.
Zülpicher Str. 28
50674 Köln

Konto	Soll	Haben

geprüft und gebucht

DAX

Mineralölverkauf Wesseling
Zweigniederlassung
Oberhof & Voßbach KG
Bonner Straße 350
50968 Köln

Tel.: 0221 36798-0
Fax: 0221 36798-33
E-Mail: info@wesseling-wvd.de

St.-Nr.: 76 321 4984 5

Rechnung Nr.	**Rechnungsdatum**
2 910 578	..-08-15

Lieferdatum	**Beleg**	**Produktbezeichnung**	**Menge**	**Preis je Einheit**	**Nettowert (€)**
..-08-13	057 091	DAX Heizöl EL	2 750	84,00 100 L15	2.310,00

Summe	2.310,00
19 % Umsatzsteuer	438,90
Endbetrag	2.748,90

Zahlungsbedingungen:
Zahlung auf eines unserer Konten
sofort ohne Abzug.

Bankkonten:		
Deutsche Bank Hamburg IBAN: DE49 2007 0000 0027 1485 52	Konto 27 148 552	BLZ 200 700 00 BIC: DEUTDEHH
Dresdner Bank Hamburg IBAN: DE06 2008 0000 0074 8199 23	Konto 74 819 923	BLZ 200 800 00 BIC: DRESDEFF200
Commerzbank Hamburg IBAN: DE79 2004 0000 0088 0591 27	Konto 88 059 127	BLZ 200 400 00 BIC: COBADEHH

Beleg 4:

Siegfried Wolf GmbH • Vogelsanger Str. 220 • 50825 Köln

SIWO
Heizung • Sanitär • Funkkundendienst

Modehaus
Hella Pausen e. Kffr.
Zülpicher Str. 28
50674 Köln

Konto	Soll	Haben

geprüft und gebucht

Vogelsanger Straße 220 • 50825 Köln
Tel.: 0221 541871 • Fax: 0221 541810

St.-Nr.: 76 146 5813 4

Datum
..-08-20

Eingang: ..-08-22

Rechnung Nr. 2 162, Kunden-Nr. 003864
Erneuerung der Ölbrennerpumpe Riello 40 lt. Rapport vom
1. August .., Nr. 4 268, Anlage: Zülpicher Str. 28

Pos.	**Text**	**Einzelpreis (€)**	**Gesamtpreis (€)**
1	2 Monteurstunden	34,75	69,50
2	0,5 Vorhaltung Werkstattwagen	4,50	2,25
3	1 Fahrtkostenpauschale	12,00	12,00
4	1 Riello Ölpumpe 40	177,50	177,50

Summe aller Positionen	261,25
19 % Umsatzsteuer	49,64
Rechnungssumme einschl. Umsatzsteuer	310,89

netto zahlbar bis 30. August ..

Kölner Bank eG • Konto 468 908 009 • BLZ 371 600 87
IBAN: DE17 3716 0087 0468 9080 09 • BIC: GENODED1CGN

4 **Anfangsbestände:**

Ladenausstattung	14.000,00	Eigenkapital	?
Fuhrpark	28.000,00	Bankschulden	15.800,00
Waren	26.300,00	Verbindlichkeiten a. LL	12.400,00
Forderungen a. LL	8.700,00	Umsatzsteuer	160,00
Kasse	450,00		
Postbankguthaben	1.260,00		

Kontenplan: Eröffnungsbilanzkonto, Ladenausstattung, Fuhrpark, Warenbestände, Forderungen a. LL, Vorsteuer, Kasse, Postbank, Bankschulden, Verbindlichkeiten a. LL, Umsatzsteuer, Umsatzerlöse, Entnahme v. G. u. s. L., Aufwendungen für Waren, Aufwendungen für Energie, Aufwendungen für Reinigungsmaterial, Instandhaltung, Gehälter, Post und Telekommunikation, Versicherungsbeiträge, Zinsaufwendungen, Gewinn und Verlust, Privat, Eigenkapital, Schlussbilanzkonto.

Geschäftsvorfälle, denen der allgemeine Steuersatz zugrunde liegt:

1.	Banküberweisung an einen Lieferanten		2.140,00
2.	Barzahlung für Reinigungsmaterial, netto	80,00	
	+ Umsatzsteuer	15,20	95,20
3.	Wareneinkauf auf Ziel, Warenwert	4.310,00	
	+ Umsatzsteuer	818,90	5.128,90
4.	Banküberweisung der fälligen Umsatzsteuer		160,00
5.	Überweisung vom Postbankkonto für Betriebsstrom, netto	520,00	
	+ Umsatzsteuer	98,80	618,80
	für Strom in der Wohnung des Inhabers, netto	210,00	
	+ Umsatzsteuer	39,90	249,90
6.	Barkauf von Postwertzeichen		40,00
7.	Zinsbelastung der Bank		150,00
8.	Banküberweisung für eine Kfz-Reparatur, netto	460,00	
	+ Umsatzsteuer	87,40	547,40
9.	Warenverkäufe auf Ziel, netto	570,00	
	gegen Bankscheck, netto	3.600,00	
	bar, netto	5.400,00	
	+ Umsatzsteuer	1.818,30	11.388,30
10.	Postbanküberweisung für die Überprüfung der Feuerlöscher, netto	40,00	
	+ Umsatzsteuer	7,60	47,60
11.	Banküberweisung der Kraftfahrzeugversicherung		810,00
12.	Banküberweisung von Kunden		2.480,00
13.	Barabhebung von der Bank		3.000,00
14.	Gehaltszahlungen durch Banküberweisung		3.200,00
15.	Privatentnahme von Bargeld	300,00	
	von Waren	200,00	
	+ Umsatzsteuer	38,00	538,00

Abschlussangabe: Warenbestand lt. Inventur 23.280,00

6680168

31 Die Organisation der Buchführung

31.1 Der Kontenrahmen

Früher konnte jeder Kaufmann seine Konten nach eigenem Ermessen gliedern und benennen. Dabei ließ er sich von dem Gedanken leiten, was ihm gerade für sein Unternehmen am zweckmäßigsten erschien. Dadurch wurde ein Vergleich mit früheren Rechnungsperioden (Zeitvergleich) erheblich erschwert und ein Vergleich mit branchengleichen Betrieben (Betriebsvergleich) gar unmöglich gemacht. Wirtschaftliches Handeln setzt jedoch Vergleichsmöglichkeiten voraus. Die Aufgabe der Buchführung besteht gerade darin, alle Geschäftsvorfälle geordnet aufzuzeichnen, um zuverlässige Unterlagen für die Kalkulation zu liefern, eine Vergleichsrechnung zu ermöglichen und der Unternehmensleitung Entscheidungshilfen zu geben. Das gelingt nur, wenn die Konten einheitlich gegliedert und bezeichnet werden.

Diesen Anforderungen wurde erstmalig durch die „Richtlinien zur Organisation der Buchführung" am 11. November 1937 Rechnung getragen, die für alle Unternehmen der gleichen Art einen **einheitlichen Kontenrahmen** vorschrieben. Die einzelnen Wirtschaftsverbände haben aus dem „Musterkontenrahmen" unter Berücksichtigung der Besonderheiten ihrer jeweiligen Geschäftszweige eigene Kontenrahmen entwickelt, deren Benutzung sie ihren Mitgliedern empfehlen.

Die drei wichtigsten sind

- der Kontenrahmen für den Einzelhandel,
- der Kontenrahmen für den Groß- und Außenhandel,
- der Kontenrahmen für die Industrie (IKR).

Der Kontenrahmen enthält die geordnete Übersicht aller Konten, die in einem Unternehmen vorkommen können.

Der **Kontenrahmen** für den **Einzelhandel** (siehe Anhang) wurde Mitte 1990 von der Hauptgemeinschaft des Deutschen Einzelhandels (HDE) verabschiedet und ist nach dem **Abschlussgliederungsprinzip** aufgebaut. Reihenfolge und Bezeichnung der Konten stimmen weitgehend mit den ausweispflichtigen Positionen der Bilanz (§ 266 HGB) und der Gewinn- und Verlustrechnung (§ 275 HGB) überein.

Der Einzelhandelskontenrahmen ist – wie alle anderen Kontenrahmen – **nach dem Zehnersystem aufgebaut.** Zunächst sind die Konten in **10 Kontenklassen** (0–9) eingeteilt.

Kontenklasse	Inhalt der Kontenklassen		
0, 1, 2	Aktiva	}	Bestandskonten
3, 4	Passiva	}	Bestandskonten
5	Erträge	}	Erfolgskonten
6, 7	Aufwendungen	}	Erfolgskonten
8	Ergebnisrechnungen	=	Eröffnungs- und Abschlusskonten
9	Kosten- und Leistungsrechnung		in der Praxis gewöhnlich tabellarische Durchführung

Im Einzelhandelskontenrahmen werden Bestands- und Erfolgskonten klar getrennt. Aktiv-, Passiv-, Ertrags- und Aufwandskonten werden in eigenen Kontenklassen erfasst.

Jede Kontenklasse wird in **10 Kontengruppen** (zweistellig) gegliedert. Jede Kontengruppe kann wieder in **10 Kontenarten** (dreistellig) und jede Kontenart in **10 Kontenunterarten** (vierstellig) unterteilt werden (siehe Seite 171).

Aufbau des Einzelhandelskontenrahmens

Klasse 0: Immaterielle Vermögensgegenstände und Sachanlagen

Diese Klasse enthält vor allem die Konten des Anlagevermögens als Grundlage der Betriebsbereitschaft: Grundstücke und Gebäude, Betriebs- und Geschäftsausstattung. Die Kontengruppe 02 erfasst die immateriellen Anlagewerte wie Konzessionen und Lizenzen.

Klasse 1: Finanzanlagen

In dieser Klasse sind die langfristigen Finanzanlagen enthalten. Das sind z. B. Kapitalbeteiligungen an anderen Unternehmen und zur Daueranlage gekaufte Wertpapiere.

Klasse 2: Umlaufvermögen und aktive Rechnungsabgrenzung

In dieser Klasse werden zunächst die Bestände an Waren, Betriebsstoffen und sonstigem Material (z. B. Verpackungsmaterial und Leergut) erfasst. Man kann für jede Warengruppe eine besondere Kontenart bilden, z. B. 200 Mäntel, 201 Kleider, 202 Anzüge usw., oder man gliedert die Warengruppen nach den verschiedenen Umsatzsteuersätzen. (Vgl. auch Fußnote Seite 171)

Weiter enthält diese Klasse die von uns geleisteten Anzahlungen auf Vorräte, die Forderungen aus Lieferungen und Leistungen, die sonstigen Vermögensgegenstände (Vorsteuer, Forderungen an Finanzbehörden oder Mitarbeiter) sowie die zur kurzfristigen Anlage angeschafften Wertpapiere. Die nächste Kontengruppe weist die flüssigen Mittel aus, die in den Bank-, Postbank- und Kassenkonten im Einzelnen aufgeführt werden. Die aktive Rechnungsabgrenzung dient der periodengerechten Ermittlung des Jahresabschlusses.

Klasse 3: Eigenkapital und Rückstellungen

Dieser Klasse werden zunächst die Eigenkapitalkonten der Einzelkaufleute, Personengesellschaften und Kapitalgesellschaften sowie die Rücklagen zugeordnet. Privatkonten werden nur in Einzelunternehmen und Personengesellschaften als Unterkonten geführt. Letztlich enthält die Klasse 3 auch die Rückstellungen; das sind Verbindlichkeiten, deren Höhe und/oder Fälligkeit am Bilanzstichtag noch unbekannt sind.

Klasse 4: Verbindlichkeiten und passive Rechnungsabgrenzung

Diese Klasse erfasst alle lang- und kurzfristigen Verbindlichkeiten gegenüber Gläubigern (Banken, Lieferanten, Kunden, Finanzbehörden, Sozialversicherungsträger oder Mitarbeiter). Die passive Rechnungsabgrenzung dient dem gleichen Zweck wie das Konto 2900.

Klasse 5: Erträge

Die Kontengruppen 50 und 51 erfassen die eigentlichen betrieblichen Erträge: die Umsätze aus Warenhandel und Dienstleistungen. Auch hier können besondere Kontenarten für die Umsatzerlöse einzelner Warengruppen bzw. verschiedener Dienstleistungen gebildet werden. (Bei den Warengruppen ist auf die Übereinstimmung mit den Warenbestandskonten der Klasse 2 zu achten.) Die Unterkonten für Erlösberichtigungen sind den entsprechenden Umsatzerlöskonten zuzuordnen. Die folgenden Kontengruppen enthalten die sonstigen betrieblichen Erträge (Erlöse aus Vermietung, Anlagenverkäufen, Eigenverbrauch), die Erträge aus Beteiligungen, Wertpapieren sowie die Zinsen und außerordentlichen (seltenen, ungewöhnlichen) Erträge.

Klasse 6: Betriebliche Aufwendungen

Diese Klasse ist am tiefsten gegliedert. Die Kontenarten Aufwendungen für Waren sind wie die Konten Warenbestände und Umsatzerlöse zu gliedern. Bezugskosten und Nachlässe sind als Unterkonten den jeweiligen Aufwendungen für Waren zuzuordnen. Die weiteren Kontengruppen erfassen die verschiedenen Aufwendungen für Material und bezogene Leistungen, die Personalaufwendungen (Löhne, Gehälter, Soziale Abgaben), die Abschreibungen auf Sachanlagen sowie die Aufwendungen für die Inanspruchnahme von Rechten und Diensten, für Kommunikation und für Beiträge.

6680170

Klasse 7: Weitere Aufwendungen

Diese Klasse enthält alle Steuern, Zins- und außerordentlichen (seltenen, ungewöhnlichen) Aufwendungen.

Klasse 8: Ergebnisrechnungen

In dieser Klasse werden das Eröffnungsbilanz-, das Schlussbilanz- sowie das Gewinn- und Verlustkonto geführt.

Der Kontenrahmen ermöglicht:
- eine systematische Ordnung und eindeutige Bezeichnung aller Konten,
- eine einheitliche und vereinfachte Buchführungsorganisation,
- Zeit- und Betriebsvergleiche zur Steigerung der Wirtschaftlichkeit.

31.2 Der Kontenplan

Ein Unternehmen benötigt im Allgemeinen nicht alle im Kontenrahmen vorgesehenen Konten. Deshalb entwickelt jedes Unternehmen aus dem Konten*rahmen* einen eigenen **Konten*plan***, der auf seine speziellen Bedürfnisse ausgerichtet ist.

Der Kontenplan enthält nur solche Konten, die das Unternehmen benötigt.

Bei der Aufstellung des Kontenplans sollten die Kontennummern und die Kontenbezeichnungen – soweit vorhanden – übernommen werden. Betriebliche Gründe können jedoch eine weitere Unterteilung erforderlich machen.

Ein **Beispiel** für die Aufstellung des Kontenplans in einem Einzelhandelsunternehmen:

	Kontenklasse	0	Immaterielle Vermögensgegenstände und Sachanlagen
	Kontengruppe	08	Betriebs- und Geschäftsausstattung
Kontenplan	Kontenarten	081	Ladenausstattung
		•	
		084	Fuhrpark
	Kontenunterarten	0840	Personenwagen
		0841	Lieferwagen
		0842	Lastzüge

Erläuterung zum Bankkonto

2800[1] Bank**guthaben,** 4200[1] Bank**schulden** – Das laufende Bankkonto ist ein Kontokorrentkonto, das im Laufe des Jahres zwischen aktivem und passivem Konto wechseln kann, das heißt, aus einem Bankguthaben können Bankschulden werden und umgekehrt. Es ist nicht sinnvoll, bei jedem Wechsel des Schuldverhältnisses die Kontonummer zu ändern. Während des Geschäftsjahres behält das Bankkonto die Nummer, mit der es im Eröffnungsbilanzkonto erscheint. Erst beim Jahresabschluss wird – entsprechend seinem Charakter – festgelegt: 2800 Aktivkonto oder 4200 Passivkonto.

1 Nehmen Sie eine Aufteilung in Kontenunterarten vor:
1. für die Kontenart 280 Bank (Sie arbeiten mit drei Kreditinstituten),
2. für die Kontenarten 540 Nebenerlöse aus Vermietung und 687 Werbung.

2 **Fragen:**
1. *Welcher Unterschied besteht zwischen Kontenrahmen und Kontenplan?*
2. *In welchen Kontenklassen sind Bestandskonten, in welchen Erfolgskonten?*
3. *Welche Voraussetzungen sind für einen Zeit- und Betriebsvergleich erforderlich?*

1 Jedes Sachkonto des Hauptbuches ist mit einer vierstelligen Kontennummer zu versehen, wenn der Kontenrahmen zugleich auch als EDV-Kontenrahmen dienen soll. Personenkonten (Kunden- und Lieferantenkonten) haben in der Regel fünfstellige Kontennummern.

Die **Buchungsarbeiten vereinfachen** sich nun durch den Kontenplan.

Banküberweisung an einen Lieferanten	2.000,00 €

Statt des vollen Buchungssatzes „Verbindlichkeiten a. LL an Bank"	2.000,00	lautet
der vereinfachte Buchungssatz: 4400 an 2800	**2.000,00**	
oder noch kürzer: **4400/2800**	**2.000,00**	

Auf den Konten sieht dies mit Angabe des Gegenkontos so aus:

S	2800 Bank		H
AB	15.400,00	4400	2.000,00

S	4400 Verbindlichkeiten a. LL		H
2800	2.000,00	AB	19.600,00

3 Wie lauten die Kontenbezeichnungen und die Geschäftsvorfälle?

1. 2880 an 5000 und 4800
2. 2850 an 2400
3. 2800 an 2880
4. 6000 und 2600 an 4400
5. 6870 und 2600 an 4200
6. 6103 und 2600 an 2850
7. 6700 an 2800
8. 3001 an 2880
9. 2800 an 5710

31.3 Die Bücher der Buchführung

Bisher haben wir die Geschäftsvorfälle gleich auf Konten gebucht. Das genügt in der Praxis nicht. Die Grundsätze ordnungsmäßiger Buchführung verlangen für alle Buchungen neben einem Beleg auch eine bestimmte Ordnung. Diese Ordnung wird in den „Buchführungsbüchern" vorgenommen, in denen die Geschäftsvorfälle festgehalten werden

- in **zeitlicher** (chronologischer) Ordnung,
- in **sachlicher** (systematischer) Ordnung,
- in **ergänzender** Ordnung durch Aufzeichnungen in Nebenbüchern.

Man unterscheidet zwei Arten von Büchern: die **System**bücher und die **Neben**bücher.

31.3.1 Die Systembücher

Systembücher sind das Inventar- und Bilanzbuch, das Grundbuch und das Hauptbuch. In ihnen werden die Geschäftsvorfälle und damit der Wertefluss in einem Unternehmen von der Eröffnungsbilanz bis zur Schlussbilanz vollständig erfasst.

31.3.1.1 Das Inventar- und Bilanzbuch

Die Ergebnisse der Inventur werden zu einem Inventar zusammengestellt, das einen detaillierten Einblick in Vermögen und Schulden des Unternehmens bietet. Inventare können je nach Größe eines Unternehmens Buchumfang annehmen. Sie werden heute nicht mehr in einem gebundenen Buch eingetragen, sondern als lose Blätter geordnet und fortlaufend nummeriert abgeheftet. Dieser Ordner ist das **Inventarbuch.**

Eine Kurzfassung des Inventars ist die Bilanz, in der Vermögenswerte und Vermögensquellen leicht überschaubar gegenübergestellt sind. Auch die Bilanzen werden als Loseblattsammlung angelegt. Ihre Zusammenstellung ist das **Bilanzbuch.**

In manchen Unternehmen werden Inventarbuch und Bilanzbuch zusammengefasst zu einem **Inventar- und Bilanzbuch.**

6680172

31.3.1.2 Das Grundbuch

Im **Grundbuch** werden alle **Buchungen in zeitlicher** (chronologischer) **Reihenfolge** festgehalten. Im Einzelnen sind dies:

I. Eröffnungsbuchungen
II. Laufende Buchungen
III. Vorbereitende Abschlussbuchungen
IV. Abschlussbuchungen

Nach den Grundsätzen ordnungsmäßiger Buchführung müssen für alle Buchungen **Belege** vorhanden sein (Fremd- oder Eigenbelege). Diese Belege werden zunächst vorkontiert; dann erfolgt die Eintragung im Grundbuch und anschließend wird der Buchungsvorgang im Beleg vermerkt (vgl. Seite 78 f.).

Das Grundbuch kann unterschiedlich gestaltet sein, enthält jedoch grundsätzlich folgende **Angaben:** Datum, Belegangabe, Buchungstext (Kurzfassung des Geschäftsvorfalls), Kontierung (Buchungssatz) und Betrag.

Grundbuch

Monat: April .. Seite: ..

Datum	Beleg	Buchungstext	Kontierung		Beträge	
			Soll	Haben	Soll €	Haben €
04-09		Übertrag von Seite ..				
04-09	ER 127	Zielkauf von Dax KG, München	6000		4.200,00	
			2600	4400	798,00	4.998,00
	KB 192	Tageslosung	2880	5000	4.879,00	4.100,00
				4800		779,00
04-10	BA 84	Überweisung von Felten, Bonn	2800	2400	696,00	696,00
04-11	BA 85	Bankeinzahlung	2800	2880	3.500,00	3.500,00
.	.	…	.	.	.	.
.	.	…	.	.	.	.

Durch diese Eintragungen ist das **Grundbuch** die **Grundlage der gesamten Buchführung.** Wegen der tagebuchartigen Erfassung aller Vorgänge heißt es auch Tagebuch oder Journal (franz. le jour = der Tag). Die chronologische Aufzeichnung aller Buchungen ermöglicht es, jeden Geschäftsvorfall bis zum Beleg zurückzuverfolgen. Somit sind auch alle Buchungen jederzeit nachprüfbar.

Das Grundbuch nimmt alle Geschäftsvorfälle in zeitlicher Reihenfolge auf.

31.3.1.3 Das Hauptbuch

Aus den chronologischen Eintragungen im Grundbuch lässt sich nicht ohne Weiteres ein Überblick über die einzelnen Aufwendungen und Erträge sowie über den derzeitigen Stand des Vermögens und des Kapitals gewinnen. Daher müssen die Geschäftsvorfälle noch im Soll und Haben der entsprechenden Konten gebucht werden. Man überträgt die Angaben aus dem Grundbuch in ein Buch, das alle Konten enthält. Dieses Buch heißt wegen seiner Bedeutung **Hauptbuch.** Im Hauptbuch werden die **Buchungen nach ihrer sachlichen Zusammengehörigkeit** geordnet. Jedes Konto weist daher nur die Geschäftsvorfälle aus, die sein bestimmtes Sachgebiet betreffen, z. B. 2880 Kasse = alle Bargeschäfte, 6700 Mieten = alle Aufwendungen für Mieten. Der Abschluss der Erfolgs- und Bestandskonten führt zum Gewinn- und Verlustkonto und zum Schlussbilanzkonto, auf denen buchhalterisch der Unternehmenserfolg sowie der Stand des Vermögens und des Kapitals ermittelt werden.

Die Konten werden heute – wie das Grundbuch – auf losen Formblättern geführt. Ihre Gestaltung ist unterschiedlich möglich; sie sollten jedoch ähnliche Angaben enthalten wie das Grundbuch.

2880 Kasse					
Datum	Beleg	Buchungstext	Gegen-konto	Betrag	
				Soll €	Haben €
04-09	KB 192	Tageslosung	5000, 4800	4.879,00	
04-11	BA 85	Bankeinzahlung	2800		3.500,00
…	…	…	…	…	…

Soll					2880 Kasse				Haben
Tag	Beleg	Buchungstext	Gegen-konto	Betrag €	Tag	Beleg	Buchungstext	Gegen-konto	Betrag €
04-09	KB 192	Tageslosung	5000, 4800	4.879,00	04-11	BA 85	Bankeinzahlg.	2800	3.500,00
…	…	…	…	…	…	…	…	…	…

Im Hauptbuch werden alle Geschäftsvorfälle sachlich geordnet gebucht.

31.3.2 Die Nebenbücher

Neben den Systembüchern benötigt der Kaufmann noch weitere Bücher. Diese **Nebenbücher** – wie die Systembücher ebenfalls in Kartei- oder Loseblattform geführt – **erläutern einzelne Hauptbuchkonten,** z. B. Forderungen a. LL, Verbindlichkeiten a. LL, Aufwendungen für Waren, Wechsel, Löhne und Gehälter, Fuhrpark u. a. Der Ausdruck „Nebenbücher“ leitet sich davon ab, dass sie *neben* dem systematischen Kreislauf der doppelten Buchführung geführt werden, nicht weil sie nebensächlich sein könnten. Sie sind teilweise geradezu **notwendig, um wichtige Einzelheiten festzuhalten.**

Zu den Nebenbüchern gehören:

- das Kontokorrent- oder Geschäftsfreundebuch
- das Waren- oder Lagerbuch
- das Wechselbuch
- das Lohn- oder Gehaltsbuch[1]
- das Anlagenbuch[1]

Die Nebenbücher erläutern einzelne Hauptbuchkonten.

31.3.2.1 Das Kontokorrentbuch (Geschäftsfreundebuch)

Bisher haben wir alle Forderungen an die Kunden und ihre Zahlungen an uns auf dem Sammelkonto „Forderungen a. LL“ gebucht. Die Namen der Kunden wurden dabei nicht angegeben. Das Gleiche gilt für die Verbindlichkeiten a. LL. Es ist aber notwendig zu wissen, was wir von jedem *einzelnen* Kunden zu fordern und an jeden *einzelnen* Lieferanten zu zahlen haben.

1 Diese Nebenbücher werden bei der Behandlung der entsprechenden Kapitel erläutert.

Daher gliedert man das Konto „2400 Forderungen a. LL" auf in die Konten der einzelnen Kunden (24001, 24002 usw.) und das Konto „4400 Verbindlichkeiten a. LL" in die Konten der einzelnen Lieferanten (44001, 44002 usw.). Diese Personenkonten bilden das Kontokorrentbuch (Buch der Geschäftsfreunde). Die Kundenkonten nennt man auch „Debitoren", die Lieferantenkonten „Kreditoren".

Kundenkarte: Horst Lehnen, Ostwall 4, 47789 Krefeld — **Konto-Nr.** 24008

Datum	Beleg	Buchungstext	Hinweis	Soll €	Haben €	Saldo €
01-02		Saldovortrag	J 1	2.320,00		2.320,00
01-15	BA 7	Banküberweisung	J 3		2.000,00	320,00
01-27	AR 29	Zielverkauf	J 6	1.785,00		2.105,00
...	...	...				

Jeder Posten aus dem Grundbuch (Journal), der in den Konten „2400 Forderungen a. LL" oder „4400 Verbindlichkeiten a. LL" gebucht wurde, muss auch ins Kontokorrentbuch übertragen werden. Im Journal sind deshalb auch die Namen der Geschäftsfreunde und die Beleghinweise vermerkt worden.

Die Kontokorrentkonten stellen den Inhalt der Hauptbuchkonten „Forderungen a. LL" und „Verbindlichkeiten a. LL" für jeden Kunden und Lieferanten gesondert dar.

Beim **Kontenabschluss** (jährlich, vierteljährlich oder monatlich) werden alle Salden der Kunden- und Lieferantenkonten in **Saldenlisten** eingetragen. Die Summe der Einzelsalden aller Kundenkonten muss mit dem Saldo des Hauptbuchkontos „Forderungen a. LL" übereinstimmen. Das Gleiche gilt sinngemäß für die Lieferantenkonten und das Konto „Verbindlichkeiten a. LL".

Die Summe der Einzelforderungen bzw. die Summe der Einzelverbindlichkeiten entspricht dem Inventarposten Forderungen a. LL bzw. Verbindlichkeiten a. LL „lt. besonderem Verzeichnis". Dieses besondere Verzeichnis ist die jeweilige Saldenliste.

Die Hauptbuchkonten „2400 Forderungen a. LL" und „4400 Verbindlichkeiten a. LL" und die Saldenlisten der Personenkonten des Bekleidungshauses Rita Forst e. Kffr. in Köln weisen beim Abschluss zum 31. Dezember .. folgende Zahlen aus:

S **2400 Forderungen a. LL** H

S		H	
	.		.
	.		.
		Saldo	2.400,00
	41.600,00		41.600,00

S **4400 Verbindlichkeiten a. LL** H

S		H	
	.		.
	.		.
Saldo	34.100,00		
	370.900,00		370.900,00

Kto.-Nr.	Kunden	Salden €
24001	H. Dahl, Köln	1.700,00
24002	B. Kröll, Köln	200,00
24003	G. Opitz, Bonn	500,00
	Saldensumme	2.400,00

Kto.-Nr.	Lieferanten	Salden €
44001	Burger kg, München	5.700,00
44002	F. Richter OHG, Hagen	16.300,00
44003	R. Timme e. K., Soest	12.100,00
	Saldensumme	34.100,00

Saldensumme aller Einzelforderungen = Saldo des Kontos „Forderungen a. LL"
Saldensumme aller Einzelverbindlichkeiten = Saldo des Kontos „Verbindlichkeiten a. LL"

Der Zusammenhang der Bücher

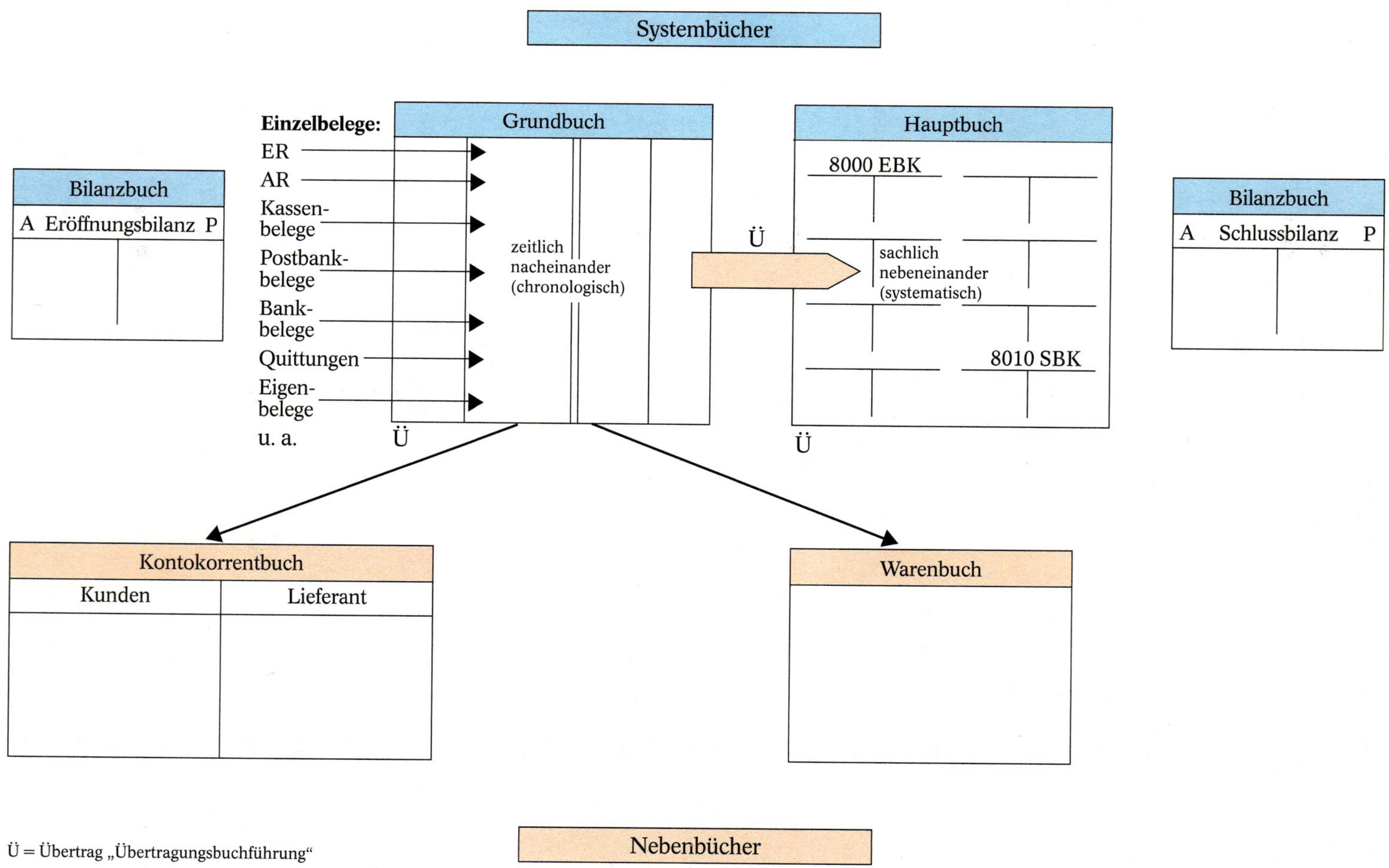

Ü = Übertrag „Übertragungsbuchführung“

31.3.2.2 Das Waren- oder Lagerbuch

Auch für die Waren wird ein besonderes Buch eingerichtet, das **Waren-** oder **Lagerbuch,** das wie das Kontokorrentbuch als **Lagerkartei** geführt wird.

Für jeden Artikel wird eine **Warenkarte** angelegt, aus der die Zugänge und Abgänge mengenmäßig zu ersehen sind. Dadurch ist es möglich, den Umsatz und den Bestand jedes Artikels buchmäßig jederzeit ohne zeitraubende körperliche Inventur festzustellen (= permanente Inventur).

Im Laufe jedes Geschäftsjahres muss jedoch mindestens einmal die Richtigkeit des Buchbestandes durch körperliche Bestandsaufnahme überprüft werden. Ergeben sich Unterschiede zwischen den Soll-Beständen der Warenkarten und den ermittelten Ist-Beständen, so sind die Warenkarte und das Konto „Warenbestände" entsprechend zu berichtigen. Differenzen können sich ergeben durch Schwund, Verderb, Diebstahl, falsche oder fehlende Eintragungen usw. Ihre Verursachung sollte schnellstens behoben werden.

Die Lagerkartei dient darüber hinaus dem Bestellwesen. Deshalb enthält die Warenkarte auch Angaben über den Lieferanten, den Einstandspreis, den Mindestbestand (eisernen Bestand), den Höchstbestand und den Meldebestand. Ist der Meldebestand erreicht, muss neue Ware bestellt werden.

Muster einer Warenkarte

Artikel:	Kirschkonfitüre			Mindestbestand:	40	Karte
Artikel-Nr.:	127			Höchstbestand:	250	Nr.: 17
Lieferant:	Berger-Verkaufs-GmbH 44002			Meldebestand:	120	
Datum	**Beleg**	**EP je Einheit**	**Eingang**	**Ausgang**	**Bestand**	**Bemerkungen**
01-02	Vortrag	1,79 €			130	
01-03	AR 8			22	108	Bestellung
01-04	AR 15			18	90	
01-06	ER 32	1,82 €	144		234	
01-07	AR 27			26	208	

Die Lagerkartei dient der Ermittlung und der Kontrolle der einzelnen Warenbestände.

Belege für die Eintragungen sind die Ein- und Ausgangsrechnungen. In zunehmendem Maße nutzen heute Unternehmen für die Lagerbuchhaltung die elektronische Datenverarbeitung (EDV). Da die gewünschten Daten sofort über Bildschirm oder Drucker abgerufen werden können, wird die Lagerbuchführung erheblich vereinfacht.

---

4 Führen Sie eine Lagerkarte für Herrenfahrräder Marke „Olympia", Art.-Nr. 82. Lieferant: Ernst Daub KG, 24130 Kiel (44003); Mindestbestand: 15 Stück; Höchstbestand: 60 Stück; Meldebestand: 40 Stück; Karte Nr. 9.

03-01 Anfangsbestand: 34 Räder, Einstandspreis 196,00 €

03-04 AR 367 = 6 Räder	03-05 ER 96 = 30 Räder
03-07 AR 398 = 8 Räder	03-08 AR 427 = 7 Räder

Geschäftsgänge mit Grundbuch, Hauptbuch und Kontokorrentbuch

1. Führen Sie für die Aufgaben 5–7 ein Grundbuch, Hauptbuch und Kontokorrentbuch.
2. Richten Sie die Konten des Hauptbuches ein und tragen Sie die Anfangsbestände vor.
3. Richten Sie auch die Kunden- und Lieferantenkonten ein und tragen Sie die Salden vor.
4. Buchen Sie die Geschäftsvorfälle im Grundbuch und Hauptbuch. Übertragen Sie die notwendigen Angaben ins Kontokorrentbuch.
5. Erstellen Sie die Saldenlisten der Personenkonten und stimmen Sie diese mit den Konten „2400 Forderungen a. LL" und „4400 Verbindlichkeiten a. LL" ab.
6. Führen Sie den Abschluss im Hauptbuch durch.

5 **Anfangsbestände** des Modehauses Hans Riegel e. K., Fürth:

Geschäftsausstattung	28.000,00	Kasse	3.250,00
Waren	52.600,00	Eigenkapital	73.810,00
Forderungen a. LL	1.710,00	Verbindlichkeiten a. LL	37.330,00
Bankguthaben	26.840,00	Umsatzsteuer	1.260,00
Kunden:		**Lieferant:**	
Abels, Fürth	670,30	Brunner GmbH, München	16.430,00
Heine, Nürnberg	580,00	Graf OHG, Erlangen	9.860,00
Ottner, Fürth	459,70	Paulsen KG, Bayreuth	11.040,00

Kontenplan: 0800, 2000, 2400, 2600, 2800, 2880, 3000, 4400, 4800, 5000, 6000, 6520, 6700, 6800, 6820, 6870, 8000, 8010, 8020.

Die folgenden **Geschäftsvorfälle** sind für Juni zu buchen (allgemeiner Steuersatz):

1.	ER 321:	Zielkauf von Brunner, München, Warenwert	4.690,00	
		+ Umsatzsteuer	891,10	5.581,10
	ER 322:	Zielkauf von Paulsen, Bayreuth, Warenwert	3.270,00	
		+ Umsatzsteuer	621,30	3.891,30
3.	BA 49:	Überweisung von Heine, Nürnberg		580,00
6.	AR 127:	Zielverkauf an Ottner, Fürth, Warenwert	580,00	
		+ Umsatzsteuer	110,20	690,20
8.	KB 323:	Barzahlung für Werbedrucksachen, netto	140,00	
		+ Umsatzsteuer	26,60	166,60
10.	BA 50:	Überweisung von Abels, Fürth		500,00
		Überweisung der Zahllast		1.260,00
		Überweisung an Graf, Erlangen		5.600,00
		Überweisung der Telekommunikationsrechnung, netto	340,00	
		+ Umsatzsteuer	64,60	404,60
14.	KB 324:	Kauf von Büromaterial, netto	250,00	
		+ Umsatzsteuer	47,50	297,50
	KB 325:	Tageslosung		4.700,50
17.	AR 128:	Zielverkauf an Abels, Fürth, Warenwert	290,00	
		+ Umsatzsteuer	55,10	345,10
21.	BA 51:	Überweisung an Paulsen, Bayreuth		10.000,00
		Überweisung der Geschäftsmiete		2.800,00
		Scheckeingang von Ottner, Fürth		1.000,00
27.	KB 326:	Tageslosung		4.950,40

Abschlussangaben:

30.	SB 140:	Abschreibung auf Geschäftsausstattung 10 % v. d. AK	40.000,00
30.	SB 141:	Warenbestand lt. Inventur	56.290,00

6680178

6 **7**

Anfangsbestände:			**6**	**7**
Geschäftsausstattung			13.200,00	16.400,00
Waren			35.700,00	34.300,00
Forderungen a. LL			1.600,00	1.800,00
Kasse			1.560,00	1.680,00
Eigenkapital			12.100,00	17.500,00
Bankschulden			23.250,00	19.310,00
Verbindlichkeiten a. LL			16.430,00	17.120,00
Umsatzsteuer			280,00	250,00
Kunden:		Erich Germann	420,00	340,00
		Konrad Siebert	188,00	910,00
		Franz Tappert	992,00	550,00
Lieferanten:		Ernst Gödecke KG	4.170,00	5.160,00
		Schreiber OHG	3.740,00	4.390,00
		Hans Vetter GmbH	8.520,00	7.570,00

Kontenplan: 0800, 2000, 2400, 2600, 2880, 3000, 3001, 4200, 4400, 4800, 5000, 5420, 6000, 6300, 6520, 6800, 8000, 8010, 8020.

Geschäftsvorfälle im Januar (allgemeiner Steuersatz):			**6**	**7**
2.	AR 1	Zielverkauf an Siebert, Warenwert	500,00	600,00
		+ Umsatzsteuer	95,00	114,00
3.	KB 1	Privatentnahme bar	300,00	400,00
4.	BA 1	Banküberweisung an Gödecke	2.080,00	1.870,00
6.	KB 2	Barzahlung für Büromaterial, netto	60,00	100,00
		+ Umsatzsteuer	11,40	19,00
8.	BA 2	Banküberweisung der Umsatzsteuer	280,00	250,00
10.	KB 3	Tageslosung	3.094,00	3.332,00
13.	BA 3	Banküberweisung von Germann	420,00	340,00
15.	ER 1	Zieleinkauf von Schreiber, Warenwert	2.100,00	2.300,00
		+ Umsatzsteuer	399,00	437,00
16.	BA 4	Banküberweisung von Siebert	188,00	450,00
20.	KB 4	Tageslosung	3.451,00	3.689,00
23.	AR 2	Privatentnahme von Waren, Warenwert	200,00	300,00
		+ Umsatzsteuer	38,00	57,00
25.	ER 2	Zieleinkauf von Vetter, Warenwert.	4.100,00	3.900,00
		+ Umsatzsteuer	779,00	741,00
27.	KB 5	Gehaltszahlungen durch Banküberweisung	3.140,00	3.270,00
30.	KB 6	Tageslosung	4.046,00	4.545,80
31.	KB 7	Bareinzahlung bei der Bank	6.000,00	6.500,00
Abschlussangaben:				
31.	SB 1	Abschreibung auf 0800	1.320,00	1.640,00
31.	SB 2	Warenbestand lt. Inventur	36.640,00	34.870,00

8 **Fragen:**

1. *Welche Aufgaben und welche Bedeutung haben die Bücher der Buchführung: a) die Systembücher, b) die Nebenbücher?*
2. *Welche Bedeutung hat der Beleg?*
3. *Worin liegen die betriebswirtschaftlichen Vorteile einer permanenten Inventur? Welche anderen Verfahren der Inventur kennen Sie?*

32 Das Buchen von Belegen

32.1 Die Bedeutung der Belege

Im Unterricht können wir die Buchführung zunächst nicht so gestalten wie im Betrieb. Wir behelfen uns deshalb vorläufig mit „angegebenen“ Geschäftsvorfällen.

Im Unternehmen dagegen **liegt jeder Buchung ein Beleg zugrunde.** Der Beleg löst die Buchung aus. Deswegen ist der Beleg ein **wesentlicher Bestandteil der Buchführung.** Seine Bedeutung für die Ordnungsmäßigkeit der Buchführung wird durch den Grundsatz:

Keine Buchung ohne Beleg.

besonders hervorgehoben. **Belege** enthalten die Einzelheiten des Geschäftsvorfalles und **dienen als Beweis** dafür, dass der Geschäftsvorfall der Buchung entspricht.

Buchungsbelege können sowohl Urschriften der eingegangenen als auch Durchschriften der ausgegangenen Schriftstücke sein sowie solche, die im innerbetrieblichen Ablauf angefertigt worden sind (vgl. Seite 78).

Nicht alle eingehenden und ausgehenden Schriftstücke sind für die Buchführung **Belege** und Anlass zu einer Buchung. Für die Buchführung sind nur die Schriftstücke Belege, die zu einer Änderung des Vermögens oder des Kapitals führen bzw. Aufwendungen oder Erträge ausweisen.

---

1 Entscheiden Sie, in welchen der folgenden Fälle das Schriftstück ein Beleg ist und damit in der Buchführung zu einer Buchung führt.

1. Wir erhalten vom Lieferanten eine Warensendung mit Eingangsrechnung.
2. Wir erhalten von unserem Kunden eine Bestellung.
3. Wir senden dem Kunden die bestellte Ware mit Rechnung.
4. Der Kunde reklamiert Mängel an der letzten Warenlieferung.
5. Wir teilen dem Kunden den Preisnachlass wegen der Mängelrüge mit.
6. Wir stellen bei der Bank einen Kreditantrag.
7. Wir erhalten von der Bank die Kreditzusage.
8. Wir nehmen im Rahmen des eingeräumten Kredites einen Teilbetrag durch Banküberweisung in Anspruch.
9. Wir schließen mit einem Mieter einen Mietvertrag ab.
10. Auf unserem Bankkonto geht die Miete ein.
11. Wir kündigen dem Mieter.
12. Wir erteilen einem Lieferanten einen Großauftrag über eine Warenlieferung.
13. Nach Eintreffen der Auftragsbestätigung leisten wir vertragsgemäß eine Anzahlung durch Banküberweisung.

6680180

32.2 Die Belegorganisation

Der **Beleg** stellt das **Bindeglied zwischen dem Geschäftsvorfall und der Buchung** dar. Die Verbindung wird dadurch hergestellt, dass die Belege mit Buchungsvermerken oder Kontierungsstempeln versehen werden, die mit den entsprechenden Belegvermerken in der Buchführung übereinstimmen.

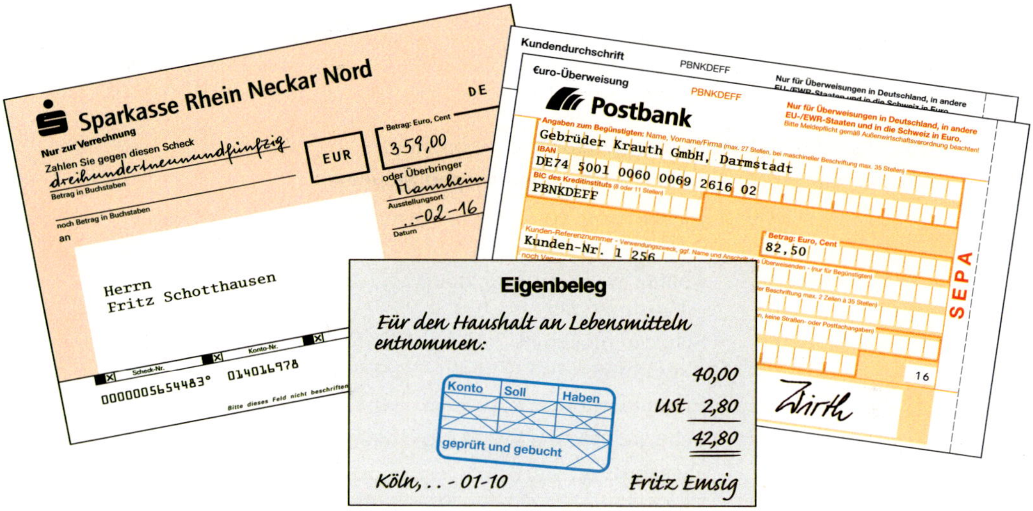

Das sind „Belege“.

In der modernen Buchführung hat der Beleg wesentlich an Bedeutung gewonnen.
Er ist wichtiges Beweismittel für die Richtigkeit der Aufzeichnungen.

Nach § 257 Abs. 1 HGB ist jeder Kaufmann verpflichtet, „die Belege für Buchungen in den von ihm zu führenden Büchern geordnet aufzubewahren“. Damit ein späterer Zugriff zu den Belegen erleichtert wird, teilt man die Belege schon bei der Bearbeitung nach Arten ein und versieht sie mit einer laufenden Nummerierung, z. B.:

AR	1748	=	Ausgangsrechnung	Nr.	1748	an einen Kunden
ER	936	=	Eingangsrechnung	Nr.	936	von einem Lieferanten
BA	148	=	Bankauszug	Nr.	148	
KB	271	=	Kassenbeleg	Nr.	271	
PB	16	=	Privatbeleg	Nr.	16	

Art und Größe des Unternehmens bestimmen die Anzahl der Belegarten, in die man die Belege einteilt.

Da die Belege zehn Jahre aufbewahrt werden müssen, ist die Belegorganisation vor allem für spätere Betriebsprüfungen wichtig. Ordnungsmäßig ist eine Buchführung nur dann, wenn auch die Belege in angemessener Zeit „auffindbar“ sind. Man geht heute dazu über, die Belege nicht mehr im Original aufzubewahren, sondern sie auf Mikrofilmen zu registrieren oder elektronisch zu archivieren (scannen). § 257 Abs. 3 HGB nennt dafür die Voraussetzungen:

„Belege können als Wiedergabe auf einem Bildträger aufbewahrt werden, wenn sichergestellt ist, dass die Wiedergaben bildlich mit den Belegen übereinstimmen, während der Dauer der Aufbewahrungsfrist verfügbar sind und jederzeit innerhalb angemessener Frist lesbar gemacht werden können.“

2 **Anfangsbestände:**

Ladenausstattung	14.000,00	Eigenkapital	56.000,00
Fuhrpark	20.000,00	Bankschulden	9.000,00
Waren	67.000,00	Darlehensschulden	46.000,00
Forderungen a. LL	51.000,00	Verbindlichkeiten a. LL	48.000,00
Kasse	7.000,00		

Kontenplan: 0810, 0840, 2000, 2400, 2600, 2800, 2880, 3000, 3001, 4200, 4250, 4400, 4800, 5000, 6000, 6103, 6105, 6200, 6520, 6700, 7700, 8000, 8010, 8020.

Die folgenden Belegangaben sind für Juni zu buchen:
Die Warenumsätze unterliegen dem **allgemeinen** Steuersatz.

3.	AR Nr. 947–950	Zielverkäufe von Waren, Warenwert	13.000,00	
		+ Umsatzsteuer	2470,00	15.470,00
4.	Kassenbeleg:	Mietaufwand für Juni, netto	700,00	
		+ Umsatzsteuer	133,00	833,00
5.	Bankauszug:	Scheckeinlösung (Lief.) Nr. 678456		4.280,00
		Vergütungen von Kunden		16.310,00
6.	Kassenbeleg:	Privatentnahme		1.000,00
7.	Bankauszug:	Scheckeinlösung Privat Nr. 678457		875,00
10.	Kassenbeleg:	Tageslosung		6.783,00
11.	ER Nr. 287	Zieleinkauf von Waren, Warenwert	12.900,00	
		+ Umsatzsteuer	2.451,00	15.351,00
12.	Bankauszug:	Scheckeinzug von Kunden		15.430,00
		Lastschrift für Strom, netto	650,00	
		+ Umsatzsteuer	123,50	773,50
		Überweisung für Lohnabschlagszahlungen		3.500,00
14.	Bankauszug:	Bareinzahlung		10.500,00
		Überweisung Gewerbesteuer		720,00
		Überweisung an Lieferanten		18.100,00
18.	AR Nr. 951	Zielverkauf von Waren, Warenwert	16.500,00	
		+ Umsatzsteuer	3.135,00	19.635,00
19.	Bankauszug:	Überweisung Darlehenstilgung		1.000,00
		Darlehenszinsen		1.500,00
20.	Kassenbeleg:	Reinigungsmaterial Büro, netto	400,00	
		+ Umsatzsteuer	76,00	476,00
21.	ER Nr. 288	Zieleinkauf von Waren, Warenwert	28.000,00	
		+ Umsatzsteuer	5.320,00	33.320,00
25.	AR Nr. 952:	Zielverkäufe von Waren, brutto		38.080,00
26.	Bankauszug:	Überweisung an Lieferanten		16.000,00

Abschlussangaben:

Abschreibung auf Ladenausstattung	10 % von den Anschaffungskosten	30.000,00
Abschreibung auf Fuhrpark	15 % von den Anschaffungskosten	30.000,00
Warenbestand laut Inventur		68.800,00

3 **Anfangsbestände:**

Ladenausstattung	30.000,00	Postbankguthaben	11.400,00
Lagerausstattung	27.000,00	Kasse	200,00
Waren	62.000,00	Eigenkapital	116.000,00
Forderungen a. LL	19.000,00	Verbindlichkeiten a. LL	36.000,00
Bankguthaben	7.600,00	Umsatzsteuer	5.200,00

Kontenplan: 0810, 0830, 2000, 2400, 2600, 2800, 2850, 2880, 3000, 3001, 4400, 4800, 5000, 6000, 6103, 6110, 6300, 6520, 6750, 6800, 6900, 7700, 7030, 8000, 8010, 8020.

Die folgenden Belegangaben sind zu buchen (allgemeiner Steuersatz):

Eingangsrechnungen:

1.	Nr. 798 für Wareneinkauf, Warenwert	12.500,00	
	+ Umsatzsteuer	2.375,00	14.875,00
2.	Nr. 799 für Einkauf von Heizöl, netto	3.400,00	
	+ Umsatzsteuer	646,00	4.046,00
3.	Nr. 800 für Geschäftsdrucksachen, netto	250,00	
	+ Umsatzsteuer (ermäßigter Steuersatz)	17,50	267,50
4.	Nr. 801 für Wareneinkauf, Warenwert	8.000,00	
	+ Umsatzsteuer	1.520,00	9.520,00

Ausgangsrechnungen:

5.	Nr. 2 117–2 125 für Zielverkäufe von Waren, Warenw.	11.600,00	
	+ Umsatzsteuer	2.204,00	13.804,00

Bankbelege:

6.	Überweisungen an Lieferanten	39.400,00
7.	Überweisung an die Stadtkasse, Gewerbesteuer	1.340,00
8.	Überweisung für Haftpflichtversicherung, privat	430,00
	Haftpflichtversicherung, Betrieb	1.070,00
9.	Barabhebung	1.000,00
10.	Bankbelastung für Gebühren (Kto. 6750)	150,00
11.	Überweisungen von Kunden	16.230,00
12.	Bareinzahlung eines Kunden	480,00
13.	Überweisung des Inhabers, Kapitaleinlage	25.000,00

Postbankbelege:

14.	Überweisung der Umsatzsteuer ans Finanzamt	5.200,00
15.	Überweisung der Kraftfahrzeugsteuer	800,00
16.	Überweisung für Kraftfahrzeugversicherung	2.000,00
17.	Überweisung der Gehälter	3.300,00
18.	Überweisung von Kunden	3.100,00

Kassenbelege:

19.	Auslagen für Paketgebühren (Versand)	140,00
20.	Tageslosung	59.500,00
21.	Bareinzahlung bei der Bank	50.000,00

Sonstige Buchungsanweisungen:

22.	Abschreibung auf Ladenausstattung	10 % v. d. AK	30.000,00
	auf Lagerausstattung	12½ % v. d. AK	40.000,00
23.	Warenbestand laut Inventur		47.500,00

32.3 Geschäftsgang nach Belegen

Gehören zu einem Geschäftsvorfall mehrere Belege, so darf nur nach **einem** Beleg gebucht werden. Bei Zahlungen durch die Bank bucht man nur nach den Kontoauszügen, nicht nach Schecks oder Überweisungsvordrucken. Nach den Kassenberichten werden nur die Tageslosungen gebucht; die anderen Bargeschäfte nach besonderen Belegen.

---

4 Anfangsbestände und Umsätze des **Einzelhandelsgeschäftes Werner Weber e. K., Krefeld,** vom 27. Juni ..:

0810	Ladenausstattung	28.300,00	–
0860	Büromaschinen, Organisationsmittel	1.400,00	200,00
2000	Warenbestände (7 % USt)	49.000,00	–
2010	Warenbestände (19 % USt)	2.500,00	–
2400	Forderungen a. LL	35.100,00	32.400,00
2600	Vorsteuer (7 % USt)	19.600,00	17.800,00
2610	Vorsteuer (19 % USt)	4.000,00	3.300,00
2800	Bank	313.405,00	308.800,00
2880	Kasse	289.697,00	289.200,00
3000	Eigenkapital	–	68.902,00
3001	Privat	28.400,00	–
4400	Verbindlichkeiten a. LL	314.900,00	350.100,00
4800	Umsatzsteuer (7 % USt)	24.500,00	27.400,00
4810	Umsatzsteuer (19 % USt)	2.200,00	3.500,00
5000	Umsatzerlöse (7 % USt)	–	391.000,00
5010	Umsatzerlöse (19 % USt)	–	21.000,00
6000	Aufwendungen für Waren (7 % USt)	280.500,00	–
6010	Aufwendungen für Waren (19 % USt)	13.000,00	–
6103	Aufwendungen für Energie	900,00	–
6105	Aufwendungen für Reinigungsmaterial	400,00	–
6300	Gehälter	79.300,00	–
6520	Abschreibungen auf Sachanlagen	–	–
6700	Mieten, Pachten	17.700,00	–
6820	Post und Telekommunikation	2.700,00	–
6870	Werbung, Dekoration	3.200,00	–
7000	Betriebliche Steuern	2.900,00	–
		1.513.602,00	1.513.602,00

Abschlussangaben:

Abschreibungen auf Ladenausstattung		2.830,00
Warenbestand laut Inventur:	Warengruppe I (7 % USt)	56.100,00
	Warengruppe II (19 % USt)	2.700,00

Arbeitsanweisungen und Erläuterungen:

Buchen Sie die folgenden Belege in den Konten und schließen Sie die Konten zum 30. Juni .. ab.

Kunden:	24001	Pension Rheinblick, Krefeld	1.614,00
(Offene-Posten-Liste)	24002	Inge Gross, Krefeld	830,00
	24...	Verschiedene Kunden	256,00
Lieferanten:	44001	Kramer OHG, Neuss	15.700,00
(Offene-Posten-Liste)	44002	Möller OHG, Krefeld	17.800,00
	44003	Deutsche Heizöl AG, Krefeld	400,00
	44...	Verschiedene Lieferanten	1.300,00

6680184

Beleg 1:

0001 KRAMER OHG RECHNUNG 0074/000009 0048/0130 SEITE 1
0002 LEBENSMITTEL-GROSSHANDEL DATUM ..-06-26
0003 KÖLNER STR. 81 08:39
0004 41464 NEUSS TELEFON 02101 9630-0 TELEFAX 02101 9630219
0005 USt-IdNr.: DE811578701 70/11
0006
0007 KUNDE: 0048/217814 L. R.: ..-06-26 0130 0074/000008 FEINKOST WERNER WEBER E. K.
0008 S 048 00021781 01 22 SÜDWALL 35
0009 V 29 47798 KREFELD
0010 --

	EAN	ART.-NR.	ARTIKEL-BEZEICHNUNG	EINZEL-PR.	INH.KOL	KOLLI-PR.	MENGE	W	GESAMTPREIS	MR
0011										
0012										
0013	41041819	124548.9	ZUCKER SFB	54,100	50	54,10	2,00		108,20	
0014	+4104	028976.9	SPEISESALZ FEIN	24,500	50	24,50	1,00		24,50	
0015	3228023920069	153542.6	DIAMANT KINDERGRIESS	2,700	5	2,70	5,00	W	13,50	
0016	4003505040201	146821.4	KONDENSMILCH 170 G	11,000	25	22,00	2,00		22,00	
0017	40409054	121772.8	KARTOFFELMEHL	0,760	1	0,76	25,00		19,00	
0018	4008467007903	019600.6	ROSINEN	1,760	1	1,76	20,00		35,20	
0019	40409108	130386.6	PIKANTJE HARTKÄSE 48 %	9,890	1	9,89	2,16	W	21,36	

0020 --
0021 NETTO 243,76
0022
0023 A 19,00 % UST 0,00 0,00
0024 B 07,00 % UST 243,76 17,06
0025
0026
0027 KOLLI GES.: 54 KOLLI GEW.: 1 (2,16) SUMME € 260,82
0028
0029
0030 --
0031 W = WERBEARTIKEL

Konto | Soll | Haben
geprüft und gebucht

Eingang: ..-06-26

Beleg 2:

Konto-Nr. 000 106 345 BLZ 320 500 00 — Kontoauszug 131
Sparkasse Krefeld UST-ID DE 120141940 — Blatt 1

Eingang: ..-06-28

Datum	Erläuterungen		Betrag
	Kontostand in EUR am ..-06-25, Auszug Nr. 130		4.605,00+
06-26	Pension Rheinblick, Urfeystr. 8, 47803 Krefeld - Akontozahlung	Wert: ..-06-26	500,00+
06-26	Stadt Krefeld, Stadtkasse, Gewerbesteuer Hebebuch Nr. 807, KAZ 67 1753 110202	Wert: ..-06-26	124,00-
06-26	Telekom AG 211100882424 ..-06	Wert: ..-06-28	98,23-
	Kontostand in EUR am ..-06-27, 14:45 Uhr		4.882,77+

Konto | Soll | Haben
geprüft und gebucht

Konto | Soll | Haben
geprüft und gebucht

Konto | Soll | Haben
geprüft und gebucht

Feinkost
Werner Weber e. K.
Südwall 35
47798 Krefeld

IBAN:
DE17 3205 0000 0000 1063 45
BIC: SPKRDE33

Beleg 3:

Ihre Rechnung

Deutsche Telekom AG
40477 Düsseldorf

DV 07 0,55

Feinkost
Werner Weber e. K.
Südwall 35
47798 Krefeld

Datum	..-06-20
Seite	1 von 3
Kundennummer	188 100 8493
Rechnungsnummer	368 012 8569
Buchungskonto	211 100 882 424
Haben Sie noch Fragen zu Ihrer Rechnung?	Sie erreichen Ihren Kundenservice kostenfrei unter:
Telefon	0800 3301020

Ihre Rechnung für Juni 20..

Die Leistungen im Überblick (Summen)		**Beträge (Euro)**
Monatliche Beträge		38,15
Nutzungsabhängige Beträge		44,40
Summe der oben angeführten Beträge		**82,55**
Umsatzsteuer 19 % auf ...	82,55	15,68
Rechnungsbetrag		**98,23**

Der Rechnungsbetrag wird nicht vor dem 7. Tag nach Zugang der Rechnung von Ihrem Konto 0000106345, BLZ 32050000 abgebucht.

Diese Rechnung können Sie zukünftig auch kostenlos per E-Mail erhalten. Einfach unter www.telekom.de/rechnung-online registrieren und Sie erhalten eine Gutschrift in Höhe von 10 Euro.

Eingang: ..-06-26

Deutsche Telekom AG
Postanschrift Postfach 12 03 33, 40433 Düsseldorf
Bankverbindung Postbank Frankfurt, Konto 498515-605, BLZ 500 100 60
IBAN DE74 5001 0060 0498 5156 05, BIC PBNKDEFF
Steuernummern 205/5777/0518 USt-IdNr.: DE 123 475 223 Inkassounternehmen im Sinne des RBerG
Erstellt durch ActiveBilling GmbH & Co. KG, Am Propsthof 10, 53121 Bonn, Inkassounternehmen

Fortsetzung auf der Rückseite

Beleg 4:

Frau
Inge Gross
Suedwall 41
47798 Krefeld

..-06-28

Konto | Soll | Haben
geprüft und gebucht

20,0	kg	Zucker	28,00 €
30,0	Pakete	Spaghetti	21,80 €
5,0	kg	Kindergriess	17,00 €
30,0	Dosen	Kalif. Pfirsiche	45,00 €
40,0	Dosen	Kondensmilch	18,80 €
5,0	kg	Krako-Gold-Kaffee	62,00 €

			192,60 €
			========

Beleg 5:

Deutsche Post AG
47798 Krefeld 155
26290227 ..-06-27

1796
Postwertzeichen ohne Zuschlag
*30,60 EUR A

Bruttoumsatz *84,00 EUR
mehrwertsteuerbefreit A
Nettoumsatz A *84,00 EUR

Konto | Soll | Haben
geprüft und gebucht

Vielen Dank für Ihren Besuch.
Ihre Deutsche Post AG

Beleg 6:

Kassenbericht Nr. 130 vom 27. Juni ..

			€	ct
Kassenbestand bei Geschäftsschluss			2.125,	00
Ausgaben im Laufe des Tages:				
1. Zahlungen für Wareneinkäufe:				
2. Geschäftsausgaben:				
Postwertzeichen	84,	00		
			84,	00
3. Privatentnahmen:				
4. Sonstige:				
zusammen			2.209,	00
abzüglich Kassenbestand des Vortages			497,	00
= Kasseneingang			1.712,	00
5. abzüglich: sonstige Einnahmen				
= **Bareinnahmen (Tageslosung)** (7 % USt)			1.712,	00

Konto | Soll | Haben
geprüft und gebucht

Kundenzahl: 48

Werner Weber
Unterschrift

Beleg 7:

Seifenhaus **Lehnert** OHG

47799 Krefeld · Tel. 02151 45233
Postbankkonto Köln 385 89-554
St.-Nr. 56 146 3214 8

Name: FEINKOST WEBER

Anschrift: SÜDWALL 35, 47798 KREFELD

Anzahl	Bezeichnung	Preis/€
20 KG	FUSSBODENPFLEGE-	
	MITTEL	185,60
	Eingang: ..-06-27	
	DURCH SCHECK AUF SPARKASSE	
	KREFELD NR. 870 ERHALTEN	
	Umsatzsteuer 19 %	Lehnert

Verkäufer 50-00925 Bei Irrtum oder Umtausch bitte diesen Zettel vorlegen.

..-06-27 0644 185,60

Beleg 8:

T. Langenfeld KG • Friedrichstr. 96, 47798 Krefeld

Theodor Langenfeld KG
Bürobedarf • Büromöbel • Büromaschinen

Feinkost
Werner Weber e. K.
Südwall 35
47798 Krefeld

Eingang: ..-06-28

Betrag erhalten ..-06-28 Scheck-Nr. 871 Sparkasse Langenfeld

Friedrichstraße 96 • 47798 Krefeld
Telefon/Telefax: 02151 41634

Steuernummer 56 248 7531 2

Internet: www.langenfeld-wvd.de
E-Mail: info@langenfeld-wvd.de

Ihre Bestellung/Nr./Tag/Zeichen	Unser Auftrag/Nr./Zeichen	Zeit der Leistung/Liefertag	Datum
		..-06-28	..-06-28

Rechnung Nr. 627

Wir sandten für Ihre Rechnung und auf Ihre Gefahr

Zeichen und Nr.	Gegenstand	Menge/ Einheit	Preis je Einheit/€	Betrag €	Empfänger-vermerke
	Personalcomputer „Solus Pi320 II“, Nr. SOP320-2	1		667,73	
	19 % Umsatzsteuer			126,87	
	Zahlbar rein netto			794,60	

Bankkonten:
Deutsche Bank Krefeld, Konto-Nr. 734 275, BLZ 320 700 80
IBAN: DE27 3207 0080 0000 7342 75, BIC: DEUTDEDD320

Postbank Köln, Konto-Nr. 161 24-552, BLZ 370 100 50
IBAN: DE74 3701 0050 0016 1245 52, BIC: PBNKDEFF370

6680188

Beleg 9:

Konto-Nr. 000 106 345 BLZ 320 500 00 — Kontoauszug 132
Sparkasse Krefeld UST-ID DE 120141940 — Blatt 1

Eingang: ..-06-28

Datum	Erläuterungen		Betrag
	Kontostand in EUR am ..-06-27, Auszug Nr. 131		4.791,84+
06-27	Scheck Nr. 870	Wert: ..-06-27	185,60-
06-27	Kramer OHG, Kölner Str. 81, 41464 Neuss Rechnung Nr. 1 378	Wert: ..-06-27	466,59-
06-27	Scheck Nr. 871	Wert: ..-06-28	749,60-
	Kontostand in EUR am ..-06-28, 16:05 Uhr		3.345,05+

Konto | Soll | Haben — geprüft und gebucht

Konto | Soll | Haben — geprüft und gebucht

Konto | Soll | Haben — geprüft und gebucht

Feinkost
Werner Weber e. K.
Südwall 35
47798 Krefeld

IBAN:
DE17 3205 0000 0000 1063 45
BIC: SPKRDE33

Beleg 10:

Müller OHG • Frische-Großhandel • 47798 Krefeld

Müller OHG

Feinkost
Werner Weber e. K.
Südwall 35
47798 Krefeld

Eingang: ..-06-28

Goethestraße 57
47798 Krefeld
Tel.: 02151 469-76
Fax: 02151 469-78
Internet: www.muellerfrische-wvd.de
E-Mail: info@mueller-wvd.de

Auftragsbestätigung und Rechnung Nr. 2 752

Konto | Soll | Haben — geprüft und gebucht

Datum
..-06-27

Lieferdatum: ..-06-27

Anzahl	Inhalt	Waren	Einzelpreis	Gesamtpreis
1	20 kg	Orangen		25,00
1	12 kg	Bananen		13,75
1	8 kg	Zitronen		12,00
1	6 kg	Äpfel		9,60
1	6 kg	Rosenkohl		10,00
2	10 Pckg.	Erdnüsse	2,10	21,00
1	100	Feigen	0,28	28,00
1	10 Pckg.	Haselnüsse	1,50	15,00
				134,35
		7 % USt		9,40
				€ 143,75

USt-IdNr.: DE 512 314 518

Bankverbindungen:

Sparkasse Krefeld
Konto 753 210 • BLZ 320 500 00
IBAN: DE94 3205 0000 0000 7532 10
BIC: SPKRDE33

Deutsche Bank Krefeld
Konto 431 099 • BLZ 320 700 80
IBAN: DE09 3207 0080 0000 4310 99
BIC: DEUTDEDK

Postbank Köln
Konto 1765 42-578 • BLZ 370 100 50
IBAN: DE52 3701 0050 0176 5425 78
BIC: PBNKDEFF370

Beleg 11:

Kassenbericht

Nr. 131 vom 28. Juni ..

Konto | Soll | Haben
geprüft und gebucht

	€	ct
Kassenbestand bei Geschäftsschluss	3.954,	70
Ausgaben im Laufe des Tages:		
1. Zahlungen für Wareneinkäufe:		
2. Geschäftsausgaben:		
3. Privatentnahmen:		
4. Sonstige:		
zusammen	3.954,	70
abzüglich Kassenbestand des Vortages	2.125,	00
= Kasseneingang	1.829,	70
5. abzüglich: sonstige Einnahmen		
= **Bareinnahmen (Tageslosung)** (7 % USt)	1.829,	70

Kundenzahl: 57

Werner Weber
Unterschrift

Beleg 12:

DEUTSCHE HEIZÖL AKTIENGESELLSCHAFT

RECHNUNG
und Lieferschein Nr. 71 285

Konto | Soll | Haben
geprüft und gebucht

Eingang:
..-06-29

Zahlung erbeten an:
Jakob Peters, Steinstraße 8
47798 Krefeld
Tel. u. Fax: 02151 2884

Dresdner Bank AG
Konto 644 332, BLZ 320 800 10
IBAN: DE55 3208 0010 0000 6443 32
BIC: DRESDEFF320

St.-Nr.: 56 128 4265 3

Tag	LA*
..-06-28	H

Feinkost
Werner Weber e. K.
Südwall 35
47798 Krefeld

Wir lieferten Ihnen aufgrund unserer Lieferungsbedingungen:

Zoll-/Steuer-Verm.	Sorte	Menge l/kg	Preis l/kg	Betrag Euro	ct		Gebinde ein	aus	Art**
						Betrag erhalten (Schecks E. v.) €	L	S	
zollfrei/versteuert a. ES	Heizöl-Spezial	375	0,88	330,	00		00	19	1
zollfrei/versteuert a. ES	19 % USt			62,	70	Quittung:			
Zahlungsziel: sofort netto			Gesamtbetrag:	392,	80				

* A-Abhlg., H-frachtfrei Haus, E-Bahn, frachtfrei Empf.-Stat., B-Bahn, frachtfrei Abgangs-Stat., ** F-Leih-Rollreifenfass, D-Leih-Drum, Vg-Verk. Gar.-fässch., Fb-Fett-Hob., Kg-Käufergebinde

6680190

Beleg 13:

Konto-Nr. 000 106 345 BLZ 320 500 00 — Kontoauszug 133
Sparkasse Krefeld UST-ID DE 120141940 — Blatt 1

Eingang: ..-06-30

Datum	Erläuterungen		Betrag
	Kontostand in EUR am ..-06-28, Auszug Nr. 132		3.345,05+
06-28	Jakob Peters, Rheinstraße 26, 47799 Krefeld, Rechnung v. ..-06-24	Wert: ..-06-28	121,00-
06-29	Scheck Nr. 872	Wert: ..-06-29	66,82-
	Kontostand in EUR am ..-06-29, 15:38 Uhr		3.157,23+

Konto | Soll | Haben — geprüft und gebucht

Feinkost
Werner Weber e. K.
Südwall 35
47798 Krefeld

Konto | Soll | Haben — geprüft und gebucht

IBAN:
DE17 3205 0000 0000 1063 45
BIC: SPKRDE33

Beleg 14:

Rheinische Post • Rheinstr. 93 • 47799 Krefeld

RHEINISCHE POST

Feinkost
Werner Weber e. K.
Südwall 35
47798 Krefeld

Betrag dankend erhalten Rheinische Post ..-06-29 Pitzer

Eingang: ..-06-29

Anzeigenrechnung

Konto-Nr.	Inhalt der Anzeige	Erscheinungstag/ Rechnungsdatum	Ausgabe	Rechnungs-Nr.	Anzeigenhöhe/mm	mm-Preis (€)	Rechnungsbetrag €
715	Werbung 19 % USt	..-06-21	K1	675	112,3	0,50	56,15 10,67
							66,82

Zahlbar sofort nach Erhalt der Rechnung ohne Abzug, sonst erfolgt nach Ablauf von 30 Tagen Einzug des Betrages durch Postnachnahme ohne vorherige Benachrichtigung.

Dresdner Bank AG • Konto 257 218 • BLZ 320 800 10 • IBAN: DE92 3208 0010 0000 2572 18 • BIC: DRESDEFF320
Postbank Köln • Konto 273 20-562 • BLZ 370 100 50 • IBAN: DE59 3701 0050 0027 3205 62 • BIC: PBNKDEFF370
St.-Nr.: 56 158 3145 8

Beleg 15:

Sparkasse Krefeld

Empfangsbescheinigung
über Bar-Einzahlung auf eigenes Konto

Kontonummer: 106 345

(falls erforderlich) Einzahlung durch: Name, Vorname

Für den Einzahlungstag

Sparkasse Krefeld

Einzahlung auf eigenes Konto
(Für Einzahlungen auf fremde Girokonten bitten wir, Zahlscheinvordrucke zu verwenden.)

Kontonummer: 106 345 — lautend auf: Name, Vorname/Firma: Feinkost Werner Weber e. K.

(falls erforderlich) Einzahlung durch: Name, Vorname/Firma

EUR 4.000,00------

Datum: ..-06-30 — Unterschrift: Werner Weber

Konto | Soll | Haben — geprüft und gebucht

81

Bitte dieses Feld nicht beschriften und nicht bestempeln

Beleg 16:

Quittung

Nr.

	Euro in Ziffern	ct
Nettowert		
+ -- % USt		
Gesamtbetrag	200,	00

Euro in Worten

zweihundert------------------- Cent wie oben

von der Kasse

für Privat

Konto | Soll | Haben — geprüft und gebucht

richtig erhalten zu haben, bestätigt

Ort 47798 Krefeld Datum ..-06-30

Buchungsvermerke

Stempel/Unterschrift des Empfängers

Werner Weber

Beleg 17:

Kassenbericht Nr. 132 vom 30. Juni ..

Konto | Soll | Haben — geprüft und gebucht

			€	ct
Kassenbestand bei Geschäftsschluss			1.359,	70
Ausgaben im Laufe des Tages:				
1. Zahlungen für Wareneinkäufe:				
2. Geschäftsausgaben:				
3. Privatentnahmen:			200,	00
4. Sonstige:				
Einzahlung bei der Sparkasse	4.000	,00	4.000,	00
zusammen			5.559,	70
abzüglich Kassenbestand des Vortages			3.954,	70
= Kasseneingang			1.605,	00
5. abzüglich: sonstige Einnahmen				
= **Bareinnahmen (Tageslosung)** (7 % USt)			1.605,	00

Kundenzahl: 34

Werner Weber

Unterschrift

6680192

33 Buchungen beim Warenverkehr

33.1 Der Wareneinkauf

33.1.1 Bezugskosten

Beim Einkauf von Waren entstehen häufig Aufwendungen für Verpackung, Bahn- und Hausfracht, Transportversicherung, Einfuhrzoll u. a. Da sie in direktem Zusammenhang mit dem Warenbezug stehen, heißen sie **Bezugskosten.**

Bezugskosten sind Anschaffungsnebenkosten; sie erhöhen den Einkaufspreis (Anschaffungspreis) der Ware und müssen deshalb auf dem Konto „Aufwendungen für Waren" erfasst werden. Einstandspreis = Einkaufspreis + Bezugskosten.

Um eine klare Einkaufskalkulation vornehmen zu können und genauen Aufschluss über die Art, Zusammensetzung und Höhe der Bezugskosten zu bekommen, bucht man sie nicht sofort auf das Konto „Aufwendungen für Waren", sondern auf

6001 Bezugskosten,

ein Unterkonto von „6000 Aufwendungen für Waren".

Soweit **Bezugskosten mit Umsatzsteuer** belastet sind, ist diese im Konto „2600 Vorsteuer" zu erfassen.

Zieleinkauf, ER 346, Warenwert	4.000,00 €	← Einkaufspreis, netto
Verpackung	60,00 €	← Bezugskosten, netto
Fracht	40,00 €	← (Bezugskosten, netto)
	4.100,00 €	← Einstandspreis, netto
Umsatzsteuer (19 % USt)	779,00 €	
Rechnungsbetrag	4.879,00 €	

Buchung:	6000 Aufwendungen für Waren	4.000,00	
	6001 Bezugskosten	100,00	
	2600 Vorsteuer	779,00	
an	4400 Verbindlichkeiten a. LL		4.879,00

Beim **Kontenabschluss** wird der Saldo des Kontos 6001 auf „6000 Aufwendungen für Waren" übertragen.

Buchung:	6000 Aufwendungen für Waren	100,00	
an	6001 Bezugskosten		100,00

S	6000 Aufwendungen für Waren		H
4400	4.000,00		
6001	100,00		

S	2600 Vorsteuer		H
4400	779,00		

S	6001 Bezugskosten		H
4400	100,00	6000	100,00

S	4400 Verbindlichkeiten a. LL		H
		6000, 6001, 2600	4.879,00

Der Einstandspreis ergibt sich aus Einkaufspreis + Bezugskosten.

Die Bezugskosten werden auf dem Konto „6001 Bezugskosten" erfasst, das damit einen klaren Überblick über die Anschaffungsnebenkosten beim Wareneinkauf gewährt.

Vor Errechnung des Wareneinsatzes wird das Konto „6001 Bezugskosten" auf das Konto „6000 Aufwendungen für Waren" abgeschlossen.

1 Bilden Sie die Buchungssätze aus Sicht von Josef Esser e. K.

1. Zielkauf von Waren, Warenwert	1.600,00	
+ Verpackungskosten, netto	16,00	
+ Fracht, netto	34,00	
+ Umsatzsteuer	313,50	1.963,50
2. Barzahlung für die Zufuhr von Waren	50,00	
+ Umsatzsteuer	8,00	58,00

3. Buchen Sie den folgenden Beleg.

Jansen & Wagner OHG, Hauptstr. 12, 52066 Aachen

ELEKTROGROSSHANDEL
JANSEN & WAGNER OHG

Josef Esser e. K.
Elektrofachgeschäft
Jägerstraße 7
68309 Mannheim

Hauptstraße 12 Tel.: 0241 6234-0
52066 Aachen Fax: 0241 623478
Internet: www.jansen+wagner-wvd.de
E-Mail: info@jansen-wvd.de

Konto | Soll | Haben
geprüft und gebucht

Rechnung Nr. 3 791 **Datum** ..07-05
Ihre Bestellung vom 28. Juni ..
Wir sandten Ihnen auf Ihre Rechnung und Gefahr am 5. Juli ..:

Artikel-Nr.	Stückzahl	Gegenstand	Stückpreis (€)	Gesamtpreis (€)
DA 120	15	Bono Dampfbügeleisen	39,00	585,00
HL 77	10	Heizlüfter 2000 W	59,50	595,00
HTR 81	15	Haartrockner	20,00	300,00
MK 73	5	Morex Küchenmaschinen	60,00	300,00
MW 80	5	Mallo Mikrowellen 750	222,00	1.110,00
				2.890,00
		Frachtkosten		120,00
		Transportversicherung		50,00
				3.060,00
		19 % Umsatzsteuer		581,40
				3.641,40

Eingang: ..-07-06

Bei Zahlung innerhalb von
10 Tagen 2 % Skonto.

Deutsche Bank Aachen, Konto 795 461, BLZ 390 700 20
IBAN: DE28 3907 0020 0000 7954 61, BIC: DEUTDEK390

Postbank Köln, Konto 4720 54-506, BLZ 370 100 50
Steuernummer: 61 215 4872 1 IBAN: DE89 3701 0050 0472 0545 06, BIC: PBNKDEFF370

4. Abschluss des Kontos „6001 Bezugskosten" .... ?

33.1.2 Rücksendungen an den Lieferanten

Schicken wir falsch, zu viel oder mangelhaft gelieferte Ware an den Lieferanten zurück, so verringern sich die Anschaffungskosten der bezogenen Waren, die Vorsteuern und die Verbindlichkeiten aus dieser Lieferung.

1. Dem folgenden Geschäftsvorfall ist der Wareneinkauf auf Ziel lt. ER 346 vorausgegangen (vgl. Seite 193).
2. Rücksendung falscher Waren an den Lieferanten,

Warenwert	200,00 €
Umsatzsteuer	38,00 €
Gutschrift	238,00 €

Buchung zu 2.:	**4400 Verbindlichkeiten a. LL**	**238,00**	
an	**6000 Aufwendungen für Waren**	**200,00**	
an	**2600 Vorsteuer**		**38,00**

Beide Geschäftsvorfälle stellen sich auf den Konten (vor Abschluss des Kontos 6001) wie folgt dar:

S	4400 Verbindlichkeiten a. LL		H
2. 6000, 2600	**238,00**	1. 6000, 6001, 1. 2600	4.879,00

S	6000 Aufwendungen für Waren		H
1. 4400	4.000,00	2. 4400	**200,00**

S	6001 Bezugskosten		H
1. 4400	100,00		

S	2600 Vorsteuer		H
1. 4400	779,00	2. 4400	**38,00**

Die **Rücksendung von Leihverpackung** (Kisten, Fässer) oder eine **Gutschrift für zurückgesandte Verpackung** wird auf **„6001 Bezugskosten“** gebucht:

4400 Verbindlichkeiten a. LL
an **6001 Bezugskosten**
an **2600 Vorsteuer**

Hier „wandert“ Ware oder Verpackung **„körperlich“** zurück.
Der Einkaufsbuchungssatz wird umgedreht!

2 Bilden Sie die Buchungssätze aus Sicht von Josef Esser e. K.

1. Rücksendung von mangelhaften Waren, netto	2.000,00	
+ Umsatzsteuer	380,00	2.380,00
2. Rücksendung von berechnetem Verpackungsmaterial, netto .	40,00	
+ Umsatzsteuer	7,60	47,60

3. Buchen Sie den folgenden Beleg.

Jansen & Wagner OHG, Hauptstr. 12, 52066 Aachen

ELEKTROGROSSHANDEL
JANSEN & WAGNER OHG

Josef Esser e. K.
Elektrofachgeschäft
Jägerstraße 7
68309 Mannheim

Hauptstraße 12 Tel.: 0241 6234-0
52066 Aachen Fax: 0241 623478
Internet: www.jansen+wagner-wvd.de
E-Mail: info@jansen-wvd.de

Konto | Soll | Haben
geprüft und gebucht

Ihr Zeichen, Ihre Nachricht vom	Unser Zeichen, unsere Nachricht vom	Telefon, Name 0241 6234-	Datum
		73 Herr Wagner	..-07-16

Gutschrift wegen Ihrer Mängelrüge vom 9. Juli ..

Eingang: ..-07-17

Sehr geehrter Herr Esser,

wir bedauern, Ihnen 3 falsche Haartrockner geliefert zu haben, und bitten Sie, unseren Irrtum zu entschuldigen. Die Haartrockner haben wir erhalten.

Wir schreiben Ihnen gut,	netto	60,00 €
	+ 19 % Umsatzsteuer	11,40 €
		71,40 €

Mit freundlichen Grüßen

Werner Wagner
Werner Wagner

Steuernummer: 61 215 4872 1

Deutsche Bank Aachen, Konto 795 461, BLZ 390 700 20
IBAN: DE28 3907 0020 0000 7954 61, BIC: DEUTDEDK390
Postbank Köln, Konto 4720 54-506, BLZ 370 100 50
IBAN: DE89 3701 0050 0472 0545 06, BIC: PBNKDEFF370

33.1.3 Rabatte beim Wareneinkauf

Im Warenhandel werden aus verschiedenen Gründen Preisnachlässe gewährt.

Eine Art der Nachlässe sind die handelsüblichen Sofortrabatte, die als Mengen- oder Sonderrabatte eingeräumt werden und bei denen gleich der verminderte Betrag gebucht wird. Grundlage der Einkaufsbuchung ist also der um den Rabatt verminderte Nettowarenwert. Dabei wird grundsätzlich nur der Warenwert rabattiert.

ELEKTROFACHMARKT

Heinz Hopp GmbH
Markt 28
17235 Neustrelitz
Telefon: 03981 2587-0
Telefax: 03981 2587-62
E-Mail: info@hopp-wvd.de
Steuer-Nr.: 15 564 3208 9

Heinz Hopp GmbH • Markt 28 • 17235 Neustrelitz

Josef Esser e. K.
Elektrofachgeschäft
Jägerstraße 7
68309 Mannheim

Konto	Soll	Haben

geprüft und gebucht

Eingang: ..-05-24

Ihr Zeichen, Ihre Nachricht vom	Unser Zeichen, unsere Nachricht vom	Telefon, Name 03981 2587-	Datum
		12 Herr Hopp	..-05-23

Rechnung Nr. 2356/7-5

Wir lieferten Ihnen auf Ihre Rechnung und Gefahr am ..-05-21:

10 Personal Computer VT 2800, Stückpreis 625,00 €	6.250,00 €
- 20 % Sonderrabatt	1.250,00 €
= Nettowarenwert	5.000,00 €
+ 19 % Umsatzsteuer	950,00 €
= Bruttorechnungsbetrag	5.950,00 €

Zahlung innerhalb von 14 Tagen mit 2 % Skonto oder 30 Tagen netto

Buchung:

	6000 Aufwendungen für Waren	**5.000,00**	
	2600 Vorsteuer	**950,00**	
an	**4400 Verbindlichkeiten a. LL**		**5.950,00**

3 Buchen Sie die folgenden Geschäftsfälle.

1. Zielkauf von Waren, netto	2.400,00	
– 25 % Rabatt vom Warenwert	?	
+ Umsatzsteuer	?	?
2. Barkauf von Verpackungsmaterial, netto	100,00	
– 10 % Sonderrabatt	?	
+ Umsatzsteuer	?	?
3. Zielkauf von Waren (Gruppe 2)	200,00	
– 15 % Mengenrabatt	?	
+ Frachtkosten	30,00	
+ Umsatzsteuer	?	?

6680196

33.1.4 Skonti, Gutschriften und Boni beim Wareneinkauf

Skonti (= nachträgliche Preisnachlässe) sind Preisnachlässe, die bei Zahlung innerhalb einer vereinbarten Frist vor Ablauf des Zahlungsziels eingeräumt werden – also eine Art „Belohnung“ bzw. „Anreiz“ für schnelles Zahlen.

Es handelt sich um einen nachträglichen Preisnachlass, da bei Eingang der Rechnung der volle Rechnungsbetrag gebucht wurde und jetzt nachträglich vermindert wird. Wir buchen den Nachlass im Haben des Kontos

6002 Nachlässe.

„14 Tage 2 % Skonto, 30 Tage netto“ erlaubt also bei der Bezahlung innerhalb von 14 Tagen 2 % abzuziehen oder spätestens nach 30 Tagen den vollen Rechnungsbetrag zu zahlen.

Die Eingangsrechnung vom Lieferanten Hopp 5.950,00 € wird abzüglich 2 % Skonto durch Banküberweisung beglichen.

Berechnung des Überweisungsbetrags:

Bruttorechnungsbetrag	5.950,00 €
– 2 % Skonto (vom Warenwert = 5.000,00 €)	100,00 €
– 19 % Vorsteuer (vom Skontobetrag = 100,00 €)	19,00 €
= Überweisungsbetrag	5.831,00 €

Buchung

		Soll	Haben
	4400 Verbindlichkeiten a. LL	**5.950,00**	
an	**2800 Bank**		**5.831,00**
an	**6002 Nachlässe**		**100,00**
an	**2600 Vorsteuer**		**19,00**

Das Konto „6002 Nachlässe“ ist ein Unterkonto des Kontos „6000 Aufwendungen für Waren“. Beim **Kontoabschluss** wird deshalb der Saldo übertragen durch die

Buchung

		Soll	Haben
	6002 Nachlässe	**100,00**	
an	**6000 Aufwendungen für Waren**		**100,00**

S 6000 Aufwendungen für Waren H

S			H
4400	5.000,00	2. 6002	100,00

S 6002 Nachlässe H

S			H
2. 6000	100,00	1. 4400	100,00

S 4400 Verbindlichkeiten a. LL H

S			H
1. 2800, 6002, 2600	5.950,00	6000, 2600	5.950,00

S 2800 Bank H

S			H
		1. 4400	5.831,00

S 2600 Vorsteuer H

S			H
4400	950,00	1. 4400	19,00

Boni (= nachträgliche Preisnachlässe) sind oft erst am Jahresende gewährte Treue- oder Umsatzprämien, die sich nach der Höhe des Jahresumatzes richten.

Sowohl **Boni** als auch **Gutschriften** (= nachträgliche Preisnachlässe aufgrund von Mängelrügen) vermindern die bereits gebuchten Anschaffungskosten in ähnlicher Weise wie beim Skonto. Die Gutschrifts- bzw. Bonibeträge gehen jedoch nicht auf dem Bankkonto ein, sondern verringern die bestehenden Verbindlichkeiten gegenüber dem Lieferanten.

ELEKTROFACHMARKT

Heinz Hopp GmbH • Markt 28 • 17235 Neustrelitz

Heinz Hopp GmbH
Markt 28
17235 Neustrelitz
Telefon: 03981 2587-0
Telefax: 03981 2587-62
E-Mail: info@hopp-wvd.de
Steuer-Nr.: 15 564 3208 9

Eingang: ..-06-03

Josef Esser e. K.
Elektrofachgeschäft
Jägerstraße 7
68309 Mannheim

Ihr Zeichen, Ihre Nachricht vom	Unser Zeichen, unsere Nachricht vom	Telefon, Name 03981 2587-	Datum
		12 Herr Hopp	..-06-02

Gutschrift - Ihre Mängelrüge bezüglich Rechnung Nr. 2356/7-5

Wir bedauern den kleinen technischen Fehler, den Sie inzwischen selbst behoben haben, und schreiben Ihnen gut:

Warenwert	120,00 €
+ 19 % Umsatzsteuer	22,80 €
	142,80 €

Mit freundlichem Gruß

H. Hopp

Konto	Soll	Haben
geprüft und gebucht		

Buchung

	4400 Verbindlichkeiten a. LL	**142,80**	
an	**6002 Nachlässe**		**120,00**
an	**2600 Vorsteuer**		**22,80**

Auf dem Konto „6002 Nachlässe“ werden gebucht:
Gutschriften, Boni und Skonti, die uns der Lieferant gewährt.
Die in den Nachlassbeträgen enthaltene Vorsteuer ist zu berichtigen.
Das Konto „6002 Nachlässe“ ist ein Unterkonto des Kontos „Aufwendungen für Waren“. Sein Saldo wird beim Abschluss auf „6000 Aufwendungen für Waren“ übertragen.

4 Buchen Sie die folgenden Geschäftsfälle.

1. Warenlieferant gewährt einen Treuebonus von	300,00	
+ Umsatzsteuer	57,00	357,00
2. Handwerkerrechnung (Reparatur Kassenbox), netto	120,00	
+ Umsatzsteuer	22,80	
wird unter Abzug von 2 % Skonto bezahlt	?	?
3. Bereits gelieferte Ware im Wert von netto	3.000,00	
+ Umsatzsteuer	570,00	3.570,00
hat eine schlechtere Qualität als vereinbart. Der Lieferant Hubertz gewährt nachträglich 20 % Preisnachlass	714,00	
4. Eine Rechnung über Warenbezug von netto	6.000,00	
– 10 % Rabatt	600,00	
+ Bezugskosten	300,00	
+ Umsatzsteuer	?	
wird mit 2 % Skontoabzug vom Warenwert über Bankkonto bezahlt.	?	?

33.2 Der Warenverkauf

33.2.1 Warenvertriebskosten

Auch beim Warenverkauf entstehen häufig Aufwendungen für **Warenabgabe** (Verpackungsmaterial) oder **Warenzustellung** (Bahn- und Hausfracht, Porto, Transportversicherung u. a.). Da sie in direktem Zusammenhang mit dem Vertrieb von Waren stehen, heißen sie **Warenvertriebskosten.** Sie werden erfasst in der Kontengruppe

61 Aufwendungen für Material und bezogene Leistungen.

Um genauen Aufschluss über die einzelnen Arten der Vertriebskosten zu erhalten, werden sie in der Praxis auf eigenen Aufwandskonten gebucht. Die dem Unternehmer zu diesen Kosten in Rechnung gestellte Umsatzsteuer ist für ihn Vorsteuer. Die **Warenvertriebskosten werden als Aufwandskonten über das Gewinn- und Verlustkonto abgeschlossen.**

Der Einzelhändler Paul Wilms e. K. in Duisburg liefert an einen Kunden in Koblenz „frei Haus“.

Vom Spediteur erhält er folgende Rechnung, die er durch Bankscheck begleicht:

Fracht Duisburg–Koblenz	150,00 €
Umsatzsteuer	28,50 €
Rechnungsbetrag	178,50 €

Buchung:	**6110 Frachten und Fremdlager**	**150,00**	
	2600 Vorsteuer	**28,50**	
an	**2800 Bank**		**178,50**

Liefert der Einzelhändler Wilms jedoch „ab Lager“, dann belastet er den Kunden mit der vorgelegten Fracht. **Kunden in Rechnung gestellte Warenvertriebskosten werden Bestandteil der Verkaufserlöse;** die Aufwandskonten werden nicht entlastet.

Ausgangsrechnung 720 an den Kunden Ermert, Koblenz:

1 Schlafsofa und 2 Sessel	5.250,00 €
Warenzustellung	150,00 €
Umsatzsteuer	1.026,00 €
Rechnungsbetrag	6.426,00 €

Buchung:	**2400 Forderungen a. LL**	**6.426,00**	
an	**5000 Umsatzerlöse**		**5.400,00**
an	**4800 Umsatzsteuer**		**1.026,00**

Dem Kunden berechnete Leihverpackung (Pfandgebühr für Flaschen o. Ä.) wird ebenfalls als Umsatzerlös gebucht. Bei Rückgabe der Leihverpackung erhält der Kunde eine Gutschrift, die an der Kasse erstattet oder verrechnet wird (vgl. Kapitel 33.2.2).

Warenvertriebskosten sind alle Kosten, die unmittelbar mit dem Vertrieb von Waren anfallen.
Sie werden auf eigenen Aufwandskonten in der Kontengruppe „61 Aufwendungen für Material und bezogene Leistungen“ gebucht.

Dem Kunden in Rechnung gestellte Warenvertriebskosten sind Bestandteil der Verkaufserlöse.

5 Buchen Sie die folgenden Geschäftsfälle.

1.	Verkauf von Waren gegen Scheck, netto	900,00	
	+ Fracht	30,00	
	+ Umsatzsteuer	?	?
2.	Der Spediteur berechnet uns obige Fracht (siehe 1)	30,00	
	+ Umsatzsteuer	5,70	35,70
3.	Ausgangsrechnung an Kunden Lutz, netto	2.000,00	
	+ Fracht	120,00	
	+ Verpackung	80,00	
	+ Umsatzsteuer	418,00	2.618,00

33.2.2 Warenrückgaben (Rücksendungen) von Kunden

Haben wir an einen Kunden Waren auf Ziel verkauft und schickt dieser Kunde uns vor Zahlung des Kaufpreises falsch, zu viel oder mit Mängeln gelieferte Ware zurück, so verringern sich die Verkaufserlöse, die darauf entfallende Umsatzsteuer und die Forderungen.

1. Warenverkauf auf Ziel lt. AR 219, Warenwert	1.500,00 €
Umsatzsteuer	285,00 €
Rechnungsbetrag	1.785,00 €
2. Warenrücksendung durch den Kunden wegen Falschlieferung	
Warenwert	300,00 €
Umsatzsteuer	57,00 €
Gutschriftsbetrag	357,00 €

Buchung zu 2.:

	5000 Umsatzerlöse	**300,00**	
	4800 Umsatzsteuer	**57,00**	
an	**2400 Forderungen a. LL**		**357,00**

S	**2400 Forderungen a. LL**		H
1. 5000, 4800	1.785,00	2. 5000, 4800	357,00

S	**5000 Umsatzerlöse**		H
2. 2400	300,00	1. 2400	1.500,00

S	**4800 Umsatzsteuer**		H
2. 2400	57,00	1. 2400	285,00

Eine Buchung der Warenrückgabe von Kunden ist ebenfalls erforderlich, wenn der Kunde den Rechnungsbetrag aus dem Zielverkauf bereits überwiesen hat; Buchung:

5000 Umsatzerlöse
4800 Umsatzsteuer
an **2800 Bank bzw. 2850 Postbank**

Kaufpreiserstattung aus der Tageskasse. Wird einem Kunden der Kaufpreis wegen einer Warenrückgabe bar erstattet, so verringern sich die Verkaufserlöse, die Umsatzsteuer und die Tageseinnahmen; mögliche Buchung:

5000 Umsatzerlöse
4800 Umsatzsteuer
an **2880 Kasse**

Auf eine Buchung wird in diesem Fall jedoch meist verzichtet, da der Erstattungsbetrag mit den Verkaufserlösen des Tages (Tageslosung) verrechnet werden kann.

Eine Warenrückgabe durch Kunden mindert Verkaufserlöse und Umsatzsteuer.

Bei Gutschrift des Kaufpreises oder bei seiner Rückzahlung über Bank- bzw. Postbankkonto werden Verkaufserlöse und Umsatzsteuer ebenfalls berichtigt.

Bei Barerstattung des Kaufpreises wegen Warenrückgabe ist keine Buchung erforderlich, wenn sie mit den Verkäufen des Tages verrechnet wird.

Ein Warenumtausch zum gleichen Preis wird nicht gebucht.

---

6 Buchen Sie die folgenden Geschäftsfälle (Umsatzsteuer 19 %).

1. Warenverkauf auf Ziel an Kundin Rernsberg, netto	1.600,00	
+ Umsatzsteuer	304,00	1.904,00
2. Kundin Rernsberg, **die schon bezahlt hat,** schickt Waren zurück wegen Mängeln im Wert von netto.................	400,00	
+ Umsatzsteuer	76,00	476,00
3. Verkauf von Waren an den Kunden Zeilmeier, brutto	833,00	
+ Spezialverpackung, brutto	119,00	952,00
4. Dem Kunden Zeilmeier wird für die Rücksendung der Spezialverpackung (siehe 3) eine Gutschrift erteilt, brutto		119,00

33.2.3 Rabatte beim Warenverkauf

Wie beim Wareneinkauf werden Rabatte beim Warenverkauf nicht gebucht. Ausgangspunkt für die Buchung ist der tatsächlich in Rechnung gestellte Betrag.

Aus Sicht der Heinz Hopp GmbH liegt eine Ausgangsrechnung vor:

ELEKTROFACHMARKT

Heinz Hopp GmbH
Markt 28
17235 Neustrelitz
Telefon: 03981 2587-0
Telefax: 03981 2587-62
E-Mail: info@hopp-wvd.de
Steuer-Nr.: 15 564 3208 9

Heinz Hopp GmbH • Markt 28 • 17235 Neustrelitz

Josef Esser e. K.
Elektrofachgeschäft
Jägerstraße 7
68309 Mannheim

Konto | Soll | Haben
geprüft und gebucht

Eingang: ..-05-24

Ihr Zeichen, Ihre Nachricht vom	Unser Zeichen, unsere Nachricht vom	Telefon, Name 03981 2587-	Datum
		12 Herr Hopp	..-05-23

Rechnung Nr. 2356/7-5

Wir lieferten Ihnen auf Ihre Rechnung und Gefahr am ..-05-21:

10 Personal Computer VT 2800, Stückpreis 625,00 €	6.250,00 €
– 20 % Sonderrabatt	1.250,00 €
= Nettowarenwert	5.000,00 €
+ 19 % Umsatzsteuer	950,00 €
= Bruttorechnungsbetrag	5.950,00 €

Zahlung innerhalb von 14 Tagen mit 2 % Skonto oder 30 Tagen netto

Buchung:

	2400 Forderungen a. LL	**5.950,00**	
an	**5000 Umsatzerlöse**		**5.000,00**
an	**4800 Umsatzsteuer**		**950,00**

7 Buchen Sie die folgenden Geschäftsfälle (Umsatzsteuer 19 %).

1. Zielverkauf von Waren, brutto	1.500,00	
– 10 % Rabatt	150,00	
+ Umsatzsteuer	256,50	1.606,50
2. Ausgangsrechnung für Kundin Lichl, netto	440,00	
– 5 % Rabatt	22,00	
+ Fracht	12,00	
+ Verpackung	5,00	
+ Umsatzsteuer	82,65	517,65

33.2.4 Skonti, Gutschriften und Boni beim Warenverkauf

Zieht ein Kunde von der Rechnung **Skonto** ab, gewähren wir ihm einen **Preisnachlass** aufgrund einer Mängelrüge oder nachträglich einen **Bonus,** so verringern sich unsere Verkaufserlöse. Wir buchen diese Entgeltsminderungen nicht sofort im Konto Umsatzerlöse, sondern zur besseren Übersicht im Soll des Kontos

5001 Erlösberichtigungen.

Die Ausgangsrechnung Nr. 296 an den Kunden Simons über	595,00 €
(Warenwert 500,00 € + Umsatzsteuer 95,00 €)	
wird abzüglich 2 % Skonto	11,90 €
durch Banküberweisung beglichen	583,10 €

Erlösberichtigungen werden vom Bruttobetrag berechnet. In dem Skonto von 11,90 € ist daher noch ein Umsatzsteueranteil von 1,90 € enthalten, der vor der Buchung herausgerechnet werden muss. (Umsatzsteuerberechnung siehe „Nachlässe beim Wareneinkauf")

Buchung:

	2800 Bank	**583,10**	
	5001 Erlösberichtigungen	**10,00**	
	4800 Umsatzsteuer	**1,90**	
an	**2400 Forderungen a. LL**		**595,00**

Das Konto „5001 Erlösberichtigungen" ist ein Unterkonto des Kontos „5000 Umsatzerlöse". Beim Abschluss wird der **Saldo** daher **übertragen** durch die

Buchung:

	5000 Umsatzerlöse	**10,00**	
an	**5001 Erlösberichtigungen**		**10,00**

S	**5001 Erlösberichtigungen**		H
1. 2400	10,00	2. 5000	10,00

S	**5000 Umsatzerlöse**		H
2. 5001	10,00	2400	500,00

S	**2800 Bank**		H
1. 2400	583,10		

S	**2400 Forderungen a. LL**		H
5000, 4800	595,00	1. 2800, 5001, 4800	595,00

S	**4800 Umsatzsteuer**		H
1. 2400	1,90	2400	95,00

Eine Gesamtdarstellung der Buchungen und Abschlüsse im Warenverkehr finden Sie auf Seite 204.

> Auf dem Konto „5001 Erlösberichtigungen" werden gebucht: Preisnachlässe aufgrund von Mängelrügen, Boni und Skonti, die wir unseren Kunden gewähren.
> Die in den Nachlassbeträgen enthaltene Umsatzsteuer ist zu berichtigen.
> Das Konto „5001 Erlösberichtigungen" ist ein Unterkonto des Kontos Umsatzerlöse.
> Sein Saldo wird beim Abschluss auf „5000 Umsatzerlöse" übertragen.

8 Buchen Sie die folgenden Geschäftsfälle

1. Wir gewähren dem Kunden Reiher aus dem Jahresumsatz von brutto 12.840,00 € (7 % USt) einen Bonus von 4 %		?
2. Für ein geringfügig beschädigtes Produkt im Wert von brutto 238,00 € (19 % USt) erteilen wir eine Gutschrift von 15 %....		35,70
3. Kundin Bölkl überweist eine Rechnung von	714,00	
(19 % USt) abzüglich 2 % Skonto	14,28	699,72
4. Abschluss des Kontos 5001		?

33.3 Wiederholungsaufgaben zum Warenverkehr

9 Bilden Sie die Buchungssätze unter Verwendung des allgemeinen Steuersatzes.

1. ER 97 für uns berechnete Verpackung und Fracht, netto	130,00	
+ Umsatzsteuer	?	?
2. Warenrückgabe durch Kunden, Gutschrift Nr. 17, netto	80,00	
+ Umsatzsteuer	?	?
3. Lieferantengutschrift Nr. 8 für zurückgesandte Kisten, netto ..	60,00	
+ Umsatzsteuer	?	?
4. Abschluss des Kontos „6001 Bezugskosten"		?

10 Buchen Sie in den Konten 2000, 2400, 2600, 2880, 4400, 4800, 5000, 6000, 6001, 6110.

Geschäftsvorfälle, denen der allgemeine Steuersatz zugrunde liegt:

1. Wareneinkauf auf Ziel, Warenwert	3.580,00	
Berechnete Verpackung, netto	20,00	
+ Umsatzsteuer	684,00	4.284,00
2. Barzahlung der Hausfracht, netto	25,00	
+ Umsatzsteuer	4,75	29,75
3. Warenrücksendung an den Lieferanten, Warenwert	40,00	
+ Umsatzsteuer	7,60	47,60
4. Warenverkauf auf Ziel, Warenwert	5.020,00	
+ Umsatzsteuer	953,80	5.973,80
5. Warenrückgabe von diesem Kunden + Gutschrift, netto	60,00	
+ Umsatzsteuer	11,40	71,40
6. Barzahlung der Paketgebühr für Warenzustellung an Kunden		6,20

Abschlussangaben: Warenbestände lt. Inventur: AB = 20.580,00, EB = 21.635,00. Abschluss der Konten 2600, 4800, 8020.

Buchungen und Abschlüsse im Warenverkehr

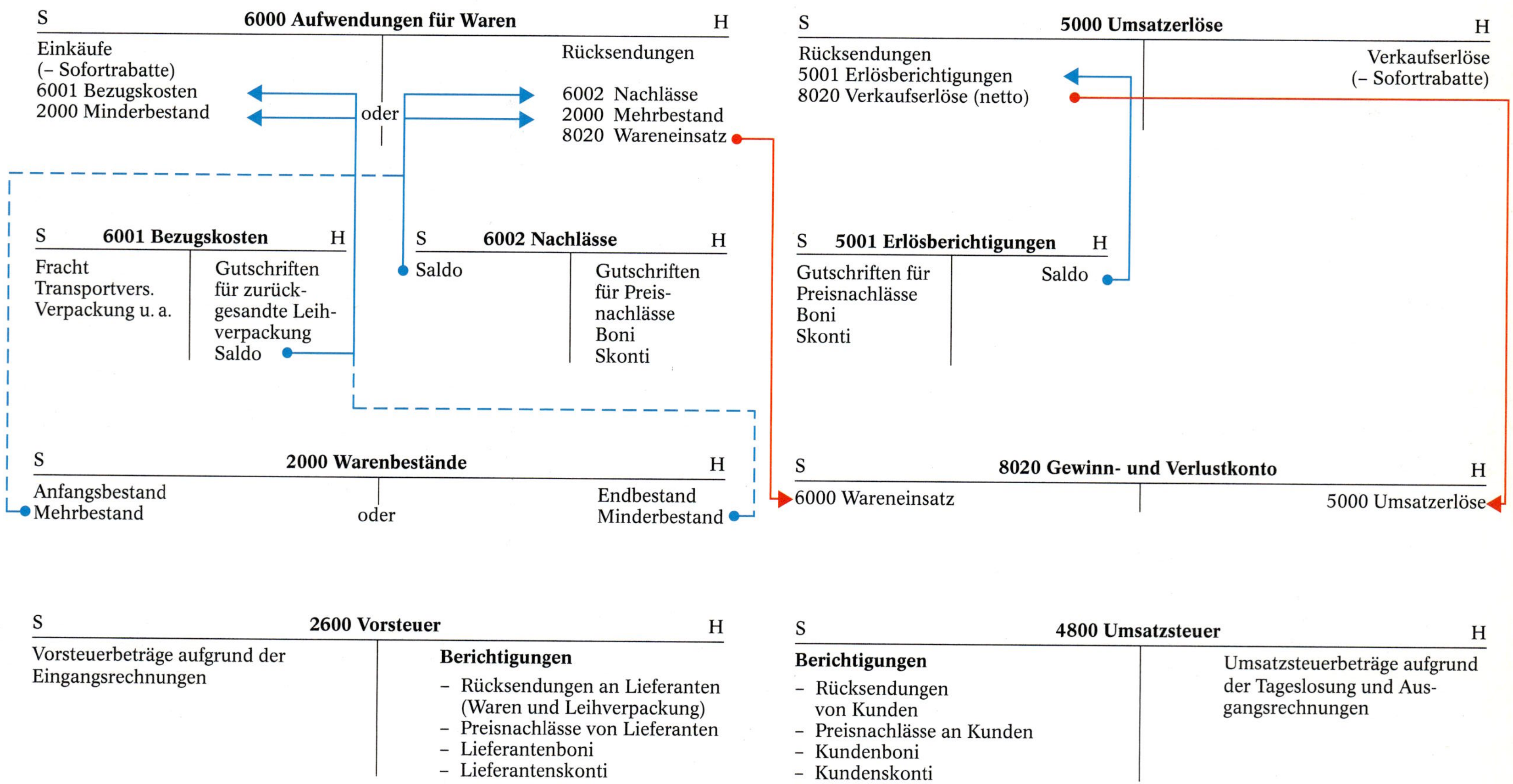

11 **Anfangsbestände:** Geschäftsausstattung 12.700,00 €, Waren 24.630,00 €, Verpackungsmaterial 840,00 €, Forderungen a. LL 980,00 €, Bankguthaben 8.290,00 €, Kasse 650,00 €, Verbindlichkeiten a. LL 5.480,00 €, Umsatzsteuer 208,00 €.

Kontenplan: 0800, 2000, 2200, 2400, 2600, 2800, 2880, 3000, 3001, 4400, 4800, 5000, 6000, 6001, 6101, 6700, 8000, 8010, 8020.

Geschäftsvorfälle mit dem ermäßigten Steuersatz bei den Warengeschäften:

1. Warenrückgabe und Gutschrift auf Kundenkonto, netto	20,00	
+ Umsatzsteuer	1,40	21,40
2. Privatentnahme bar		200,00
3. Wareneinkauf auf Ziel, Warenwert	2.600,00	
+ Umsatzsteuer	182,00	2.782,00
4. Barzahlung für Fracht auf diese Sendung, netto	40,00	
+ Umsatzsteuer	7,60	47,60
5. Banküberweisung der Geschäftsmiete		2.600,00
6. Barkauf von Packpapier, Tüten usw., Warenwert	250,00	
+ Umsatzsteuer	47,50	297,50
7. Warenrücksendung an einen Lieferanten, Warenwert	100,00	
+ Umsatzsteuer	7,00	107,00
8. Tageslosung		5.628,20
Abschlussangaben: Warenbestand lt. Inventur		24.210,00
Verpackungsmaterialbestand lt. Inventur		1.020,00

12 Bilden Sie die Buchungssätze (allgemeiner Steuersatz).

1. Barzahlung für Eingangsfracht, netto	30,00	
+ Umsatzsteuer	5,70	35,70
2. Preisnachlass eines Lieferanten aufgrund unserer Mängelrüge, Warenwert	80,00	
+ Umsatzsteuer	15,20	95,20
3. Gutschrift eines anderen Lieferanten für Boni, netto	240,00	
+ Umsatzsteuer	45,60	285,60
4. Gutschrift eines Lieferanten für Warenrücksendung, netto	70,00	
+ Umsatzsteuer	13,30	83,30
5. Ausgleich einer Lieferantenrechnung, Rechnungsbetrag		3.480,00
– 2 % Skonto		69,60
Banküberweisung		3.410,40
6. Ausgangsrechnung an einen Kunden, Warenwert	6.200,00	
Warenzustellung	100,00	
+ Umsatzsteuer	1.197,00	7.497,00
7. Warenrückgabe vom Kunden wegen Falschlieferung, Warenwert		200,00
+ Umsatzsteuer		38,00
Gutschrift		238,00

8. Wie lauten die Buchungen beim Abschluss der Konten 6001 und 6002?

13 Buchen Sie in den Konten: 2000 Waren, 2800 Bank, 2880 Kasse, 2400 Forderungen a. LL, 2600 Vorsteuer, 4400 Verbindlichkeiten a. LL, 4800 Umsatzsteuer, 5000 Umsatzerlöse, 6000 Aufwendungen für Waren, 6001 Bezugskosten, 6002 Nachlässe, 8020 GuV. (Den Geschäftsvorfällen liegt der allgemeine Steuersatz zugrunde.)

1. Wareneinkauf auf Ziel, Listenpreis	4.600,00	
– 25 % Wiederverkäuferrabatt	1.150,00	
Warenwert	3.450,00	
berechnete Verpackung, netto	50,00	
+ Umsatzsteuer	665,00	4.165,00
2. Warenrücksendung an einen Lieferanten, Warenwert	120,00	
+ Umsatzsteuer	22,80	142,80
3. Preisnachlass eines Lieferanten (Mängelrüge), netto	90,00	
+ Umsatzsteuer	17,10	107,10
4. Warenrückgabe vom Kunden und Kontogutschrift, netto	65,00	
+ Umsatzsteuer	12,35	77,35
5. Banküberweisung an einen Lieferanten, Rechnungsbetrag	2.900,00	
– 2 % Skonto	58,00	2.842,00
6. Tageslosung		3.062,40
7. Gutschrift eines Lieferanten für Boni, netto	130,00	
+ Umsatzsteuer	24,70	154,70

8. Schließen Sie die Konten 5000, 6000, 6001, 6002 sowie die Konten 2600, 4800 ab. Warenbestände lt. Inventur: AB = 20.250,00, EB = 21.680,00.

14 **Anfangsbestände:** Geschäftsausstattung 16.200,00 €, Waren 27.460,00 €, Forderungen a. LL 960,00 €, Bankguthaben 14.830,00 €, Kasse 1.675,00 €, Eigenkapital 48.755,00 €, Verbindlichkeiten a. LL 12.370,00 €.

Kontenplan: 0800, 2000, 2400, 2600, 2800, 2880, 3000, 4400, 4800, 5000, 6000, 6001, 6002, 6103, 6520, 6870, 8000, 8010, 8020.

Geschäftsvorfälle (mit dem allgemeinen Steuersatz):

1. Gutschrift eines Lieferanten für Boni, netto	200,00	
+ Umsatzsteuer	38,00	238,00
2. Banküberweisung an einen Lieferanten, Gesamtbetrag	1.392,00	
abzüglich 2 % Skonto	27,84	1.364,16
3. Wareneinkauf auf Ziel, Warenwert	4.500,00	
+ Fracht	30,00	
+ Umsatzsteuer	860,70	5.390,70
4. Warenrückgabe und Gutschrift auf Kundenkonto, netto	150,00	
+ Umsatzsteuer	28,50	178,50
5. Banküberweisung für Heizöl (Geschäft), Nettopreis	2.250,00	
+ Umsatzsteuer	427,50	2.677,50
6. Preisnachlass eines Lieferanten (Mängelrüge), Warenwert	60,00	
+ Umsatzsteuer	11,40	71,40
7. Barkauf von Dekorationsmaterial, netto	140,00	
+ Umsatzsteuer	26,60	166,60
8. Tageslosung		8.468,00
Abschlussangaben: Abschreibung auf Geschäftsausstattung		1.620,00
Warenbestand lt. Inventur		27.646,00

6680206

15 Bilden Sie die Buchungssätze.

1. Ein Kunde gibt Ware zurück und erhält eine Gutschrift, netto	30,00	
+ Umsatzsteuer	5,70	35,70
2. Wir gewähren einem Kunden Preisnachlass, Gutschrift, netto	70,00	
+ Umsatzsteuer	13,30	83,30
3. Ein Kunde begleicht durch Postbanküberweisg. AR 184 über	928,00	
unter Abzug von 2 % Skonto	18,56	909,44

16 Ein Einzelhändler ermittelt auf seinen Konten die folgenden Werte, die auf den entsprechenden Konten noch einzutragen sind:

Warenanfangsbestand	45.620,00 €	Bezugskosten	1.460,00 €
Wareneinkäufe	37.840,00 €	Nachlässe	2.140,00 €
Warenbestand lt. Inventur	50.470,00 €	Rücksendungen an Lief.	1.920,00 €

Wie lauten die Umbuchungen und wie hoch ist der Wareneinsatz?

17 Ein Einzelhändler stellt auf seinen Konten die folgenden Werte fest, die noch auf den entsprechenden Konten einzutragen sind:

Warenverkäufe	96.330,00 €	Erlösberichtigungen	2.166,00 €
Rücksendung von Kunden	4.104,00 €		

Welche Umbuchungen sind vorzunehmen und wie hoch sind die Nettoverkaufserlöse?

18 **Anfangsbestände:** Geschäftsausstattung 18.600,00 €, Waren 47.460,00 €, Forderungen a. LL 3.900,00 €, Bankguthaben 14.210,00 €, Kasse 3.370,00 €, Eigenkapital 64.243,00 €, Verbindlichkeiten a. LL 22.872,00 €, Umsatzsteuer 425,00 €.

Kontenplan: 0800, 2000, 2400, 2600, 2800, 2880, 3000, 4400, 4800, 5000, 5001, 6000, 6001, 6002, 6103, 6300, 6520, 8000, 8010, 8020.

Geschäftsvorfälle (mit dem allgemeinen Steuersatz):

1. Barzahlung der Stromrechnung fürs Geschäft, netto	270,00	
+ Umsatzsteuer	51,30	321,30
2. Banküberweisung an einen Lieferanten	3.480,00	
abzüglich 2 % Skonto	69,60	3.410,40
3. Banküberweisung der Umsatzsteuer		425,00
4. Wareneinkauf auf Ziel, Warenwert	4.550,00	
+ Umsatzsteuer	864,50	5.414,50
5. Barzahlung der Fracht für diese Sendung, netto		40,00
+ Umsatzsteuer	7,60	47,60
6. Banküberweisung für Gehalt	2.540,00	
7. Banküberweisung von einem Kunden, Rechnungsbetrag	2.900,00	
abzüglich 2 % Skonto	58,00	2.842,00
8. Tageslosung		9.976,00
9. Bareinzahlung auf das Bankkonto		7.000,00
10. Warenrückgabe eines Kunden und Gutschrift, Warenwert	100,00	
+ Umsatzsteuer	19,00	119,00

Abschlussangaben:

Abschreibung von der Geschäftsausstattung 10 % v. d. Anschaffungskosten	23.250,00
Warenbestand lt. Inventur	47.070,00

19 Welche Geschäftsvorfälle liegen folgenden Buchungssätzen zugrunde?

1.	6000			4.	2400 an	5000		7.	4400	an	6000
	2600	an	4400		an	4800				an	2600
2.	4400	an	6002	5.	2880 an	5000		8.	4400	an	6001
		an	2600		an	4800				an	2600
3.	6001			6.	2800			9.	4400	an	2800
	2600	an	4400		5001					an	6002
					4800 an	2400				an	2600

20 **Anfangsbestände:**

Geschäftsausstattung	14.200,00 €	Eigenkapital	28.860,00 €
Waren	33.642,00 €	Bankschulden	6.736,00 €
Forderungen a. LL	756,00 €	Verbindlichkeiten a. LL.	13.068,00 €
Kasse	328,00 €	Umsatzsteuer	262,00 €
Kunden:		**Lieferanten:**	
Karl Deuster, hier	331,00 €	Hans Groß OHG	3.215,00 €
Otto Blume, hier	153,00 €	Hermann Glarus KG	2.843,00 €
Martha Brandes, hier	272,00 €	Sommer & Verres OHG	7.010,00 €

Kontenplan: 0800, 2000, 2400, 2600, 2880, 3000, 3001, 4200, 4400, 4800, 5000, 5001, 5420, 6000, 6002, 6300, 6520, 6700, 8000, 8010, 8020.

Geschäftsvorfälle (mit dem ermäßigten Steuersatz von 7 %):

1.	Gutschrift für Otto Blume wegen Mängelrüge, netto	40,00	
	+ Umsatzsteuer	2,80	42,80
2.	Wareneinkauf auf Ziel von H. Glarus KG, Warenwert	1.500,00	
	+ Umsatzsteuer	105,00	1.605,00
3.	Sparkassenüberweisung von Martha Brandes		120,00
4.	Privatentnahme bar		250,00
5.	Warenrücksendung an Groß OHG., Warenwert	400,00	
	+ Umsatzsteuer	28,00	428,00
6.	Banküberweisung der Umsatzsteuer		262,00
7.	Sparkassenüberweisung an Sommer & Verres OHG	2.675,00	
	abzüglich 2 % Skonto	53,50	2.621,50
8.	Tageslosung		8.774,00
9.	Barzahlung der Miete fürs Geschäft		2.480,00
10.	Bareinzahlung bei der Sparkasse		6.000,00
11.	Privatentnahme von Waren, Warenwert	100,00	
	+ Umsatzsteuer	7,00	107,00
12.	Sparkassenüberweisung an Groß OHG.	2.140,00	
	abzüglich 2 % Skonto	42,80	2.097,20
13.	Warenverkauf auf Ziel an Karl Deuster, Warenwert	200,00	
	+ Umsatzsteuer	14,00	214,00
14.	Gehaltszahlung durch Bankscheck		1.940,00

Abschlussangaben:

Abschreibung auf 0800 = 10 % v. d. Anschaffungskosten	17.750,00
Warenbestand lt. Inventur	28.782,00

6680208

21 Ermitteln Sie unter Berücksichtigung der folgenden Angaben den Wareneinsatz und die Nettoverkaufserlöse.

S	2000 Warenbestände		H
AB	86.800,00		

S	6000 Aufwendungen für Waren		H
4400	25.400,00	4400	1.600,00

S	6001 Bezugskosten		H
4400	1.420,00		

S	6002 Nachlässe		H
		4400	800,00

S	5000 Umsatzerlöse		H
2400	750,00	2880	120.600,00

S	5001 Erlösberichtigungen		H
2400	1.400,00		

Warenbestand lt. Inventur 21.170,00

22 Sie sollen im Küchenstudio Hans Korsing e. K., Köln, aufgrund der beiden Belege die vier Geschäftsvorfälle buchen.

Beleg 1:

KölnerBank eG

BLZ 371 600 87

Kontonummer	erstellt am	Auszug	Blatt
20 834 002	..-09-12 16:05	10 Kontokorrent	1/1

Kontoauszug — EUR-Konto

Bu-Tag	Wert	Vorgang	
		alter Kontostand vom ..-09-09	94.825,50 H
09-10	09-10	W. Hentges KG, Möbelwerkstatt, Waldbröl Rechnung-Nr. 2 793 v. 30. Aug. .. über 29.000,00 € - 2 % Skonto = 580,00 €	28.420,00 S
09-11	09-11	Renate Baier, Euskirchen, Rechnung-Nr. 621 v. 1. Sept. über 9.860,00 € - 3 % Skonto = 295,80 €	9.564,20 H
09-11	09-11	Korte OHG, Küchenmöbel, Essen, Bonus 2. Quartal	464,00 H
		neuer Kontostand vom ..-09-12	76.433,70 H

Eingang: ..-09-13

Konto | Soll | Haben — geprüft und gebucht (3×)

Küchenstudio
Hans Korsing e. K.
Mittelstr. 20
50672 Köln

IBAN: DE84 3716 0087 0016 5342 08 BIC: GENODED1CGN

Beleg 2:

Kundendurchschrift GENODED1CGN Nur für Überweisungen in Deutschland, in andere EU-/EWR-Staaten und in die Schweiz in Euro.

€uro-Überweisung GENODED1CGN Nur für Überweisungen in Deutschland, in andere EU-/EWR-Staaten und in die Schweiz in Euro. Bitte Meldepflicht gemäß Außenwirtschaftsverordnung beachten!

KölnerBank eG

Angaben zum Begünstigten: Name, Vorname/Firma (max. 27 Stellen, bei maschineller Beschriftung max. 35 Stellen)
Spedition Herbert Hammes, Köln

IBAN
DE63 3705 0198 0076 4832 96

BIC des Kreditinstituts (8 oder 11 Stellen)
COLSDE33

Betrag: Euro, Cent
162,40-----------

Kunden-Referenznummer - Verwendungszweck, ggf. Name und Anschrift des Überweisenden - (nur für Begünstigten)
Rechnung Nr. 1 289 vom 8. Sept. ..

noch Verwendungszweck (insgesamt max. 2 Zeilen à 27 Stellen, bei maschineller Beschriftung max. 2 Zeilen à 35 Stellen)
für Warenzustellung an R. Baier, Euskirchen

Angaben zum Kontoinhaber: Name, Vorname/Firma, Ort (max. 27 Stellen, keine Straßen- oder Postfachangaben)
Hans Korsing e. K., 50672 Köln

IBAN
DE96 3716 0087 0020 8340 02 — 16

Datum: ..-09-15 — Unterschrift(en): Korsing

SEPA

Konto | Soll | Haben — geprüft und gebucht

33.4 Aufteilung der Warenkonten nach Warengruppen

Bisher haben wir nur *ein* Konto „Aufwendungen für Waren“ und *ein* Konto „Umsatzerlöse“ geführt. Dadurch war es lediglich möglich, Einstandspreise (Anschaffungskosten), Umsätze und den Warenerfolg in einer Summe zu ermitteln. Das Sortiment eines Einzelhändlers besteht jedoch häufig aus mehreren Warengruppen. **Aus betriebswirtschaftlichen und kalkulatorischen Gründen richtet man für jede Warengruppe ein besonderes Konto „Aufwendungen für Waren“** (Konten 6000, 6010 usw.) **und ein entsprechendes Konto „Umsatzerlöse“** (Konten 5000, 5010 usw.) **ein.** Diese Trennung ist **auch** erforderlich **bei unterschiedlichen Umsatzsteuersätzen** (Vorsteuerkonten: 2600 und 2610, Umsatzsteuerkonten: 4800 und 4810).

Wenn verschiedene Konten „Aufwendungen für Waren“ und „Umsatzerlöse“ geführt werden, dann müssen auch die Bezugskosten, die Rücksendungen und Nachlässe bzw. Erlösberichtigungen für jede Warengruppe einzeln erfasst werden.

Die Warenbestände werden für jede Warengruppe in den Konten 2000, 2010 usw. ausgewiesen.

Alle Konten „Aufwendungen für Waren“ und „Umsatzerlöse“ werden direkt über das Gewinn- und Verlustkonto abgeschlossen, sodass der Umsatzerfolg jeder Warengruppe klar zu erkennen ist. Dadurch wird der Aussagewert des Gewinn- und Verlustkontos erhöht.

S — 6000 Aufwendungen für Waren I — H

S		H	
Einkäufe	140.000,00	Rücksend.	14.000,00
Bezugsk.	20.000,00	Nachlässe	6.000,00
Minderbest.	10.000,00	W'einsatz	**150.000,00**
	170.000,00		170.000,00

S — 5000 Umsatzerlöse I — H

S		H	
Rücksend.	22.000,00	Verk'erl.	230.000,00
Erlösber.	8.000,00		
Umsatzerl.	**200.000,00**		
	230.000,00		230.000,00

S — 6010 Aufwendungen für Waren II — H

S		H	
Einkäufe	220.000,00	Rücksend.	18.000,00
Bezugsk.	30.000,00	Nachlässe	7.000,00
		Mehrbest.	15.000,00
		W'einsatz	**210.000,00**
	250.000,00		250.000,00

S — 5010 Umsatzerlöse II — H

S		H	
Rücksend.	28.000,00	Verk'erl.	340.000,00
Erlösber.	12.000,00		
Umsatzerl.	**300.000,00**		
	340.000,00		340.000,00

S — 8020 Gewinn- und Verlustkonto — H

S		H	
Aufw. f. Waren I (W'einsatz I)	**150.000,00**	Verkaufserlöse I (U'erlöse I)	**200.000,00**
Aufw. f. Waren II (W'einsatz II)	**210.000,00**	Verkaufserlöse II (U'erlöse II)	**300.000,00**

Der **Umsatzerfolg** der Warengruppen kann nun auch wie folgt dargestellt werden:

	Warengruppe I		Warengruppe II	
Umsatzerlöse	200.000,00	100 %	300.000,00	100 %
– Wareneinsatz	150.000,00	75 %	210.000,00	70 %
= **Warenrohgewinn** je Warengruppe	50.000,00	25 %	90.000,00	30 %

Ermitteln Sie auch den Prozentanteil jeder Warengruppe am Gesamtrohgewinn.

Die Aufteilung der Warenkonten nach Warengruppen gibt klare Auskunft über Wareneinsatz, Warenumsatz und Erfolg jeder einzelnen Warengruppe.

23 Anfangsbestände:

Geschäftsausstattung	24.000,00	Kasse	4.500,00
Waren I	45.200,00	Eigenkapital	80.700,00
Waren II	31.600,00	Langfr. Bankverbindlichk.	25.000,00
Verpackungsmaterial	500,00	Verbindlichkeiten a. LL	44.800,00
Forderungen a. LL	28.100,00	Umsatzsteuer (19 %)	880,00
Bankguthaben	17.800,00	Umsatzsteuer (7 %)	320,00

Kontenplan: 0800, 2000, 2010, 2200, 2400, 2600, 2610, 2800, 2880, 3000, 4250, 4400, 4800, 4810, 5000, 5010, 5011, 6000, 6001, 6002, 6010, 6011, 6101, 6300, 6520, 6700, 7510, 8000, 8010, 8020.

Geschäftsvorfälle (für **Waren I** = allg., für **Waren II** = ermäßigter Steuersatz):

1.	Eingangsrechnung für Waren I, Warenwert	7.800,00	
	Fracht und Versicherung	150,00	
	+ Umsatzsteuer	1.510,50	9.460,50
2.	Banküberweisung für Umsatzsteuerschulden	1.200,00	
	für Miete	3.800,00	
	für Darlehnszinsen	320,00	5.320,00
3.	Mängelrüge eines Kunden für Waren II, Nettogutschrift	100,00	
	+ Umsatzsteuer	7,00	107,00
4.	Barkauf von Verpackungsmaterial, netto	200,00	
	+ Umsatzsteuer	38,00	238,00
5.	Tageslosung, Waren I		16.240,00
6.	Preisnachlass eines Lieferanten (Mängelrüge)		
	Nettowert der Waren I	300,00	
	+ Umsatzsteuer	57,00	357,00
7.	Banküberweisung von Kunden		8.700,00
8.	Eingangsrechnung für Waren II, Warenwert	5.000,00	
	+ Umsatzsteuer	350,00	
	in Rechnung gestellte Leihverpackung, netto	100,00	
	+ Umsatzsteuer	19,00	5.469,00
9.	Rücksendung von Waren II an Lieferanten, Warenwert	200,00	
	+ Umsatzsteuer	14,00	214,00
10.	Banküberweisung an Lieferanten	6.200,00	
	für Gehälter	3.450,00	9.650,00
11.	Tageslosung, Waren II		12.840,00
12.	Gutschrift des Lieferanten		
	für zurückgeschickte Leihverpackung, Nettowert	50,00	
	+ Umsatzsteuer	9,50	59,50

Abschlussangaben:

Abschreibung auf Geschäftsausstattung 10 % von den AK		24.000,00
Bestände lt. Inventur:	Waren I	45.700,00
	Waren II	29.650,00
	Verpackungsmaterial	400,00

34 Die Steuern des Unternehmens und des Unternehmers

Hinsichtlich der **buchhalterischen Behandlung** unterscheidet man bei Steuern:

- Betriebsteuern (Aufwandsteuern)
- Privatsteuern (Personensteuern)
- aktivierungspflichtige Steuern
- Steuern als „durchlaufende Posten"

34.1 Betriebsteuern (Aufwandsteuern)

Zu den **Betriebsteuern** gehören alle Steuern, die wegen der Betriebstätigkeit anfallen. Sie **sind vom Betrieb zu zahlen,** stellen daher einen betrieblichen Aufwand dar und schmälern den Gewinn. Aus steuerlicher Sicht sind sie abzugsfähige Steuern, d. h. **Betriebsausgaben**[1]. Als **Kostenbestandteil** gehen sie in die Kalkulation ein. Die wichtigsten sind die

Grundsteuer – Kraftfahrzeugsteuer.

Buchhalterisch werden sie erfasst in den Konten:

7020 Grundsteuer[2]
7030 Kraftfahrzeugsteuer[2]

Betriebsteuern gehen als Kostenbestandteil in die Kalkulation ein.
Sie mindern den steuerpflichtigen Gewinn.

34.2 Privatsteuern (Personensteuern)

Privatsteuern betreffen die **Person des Unternehmers,** nicht das Unternehmen. Sie sind daher **keine** Betriebsausgaben. Berechnet werden sie entsprechend den persönlichen Verhältnissen des Unternehmers aus dem **Gewinn;** ihre Zahlung stellt einen **privaten Aufwand** dar. Die wichtigsten Personensteuern sind die

Einkommensteuer – Kirchensteuer – Erbschaftsteuer – Körperschaftsteuer

Die buchhalterische Behandlung der Personensteuern richtet sich nach der jeweiligen **Rechtsform** des Unternehmens.

Bei **Einzelunternehmen und Personengesellschaften (OHG, KG)** werden die Einkommensteuer und Kirchensteuer – sofern sie vom Betrieb für den Unternehmer bezahlt werden – als private Entnahmen gebucht auf dem Konto

3001 Privat.

Von **Kapitalgesellschaften (**z. B. **AG, GmbH, KGaA)** wird anstelle der Einkommensteuer **Körperschaftsteuer** erhoben. Da bei Kapitalgesellschaften keine Privatkonten existieren, wird diese Personensteuer zunächst als betrieblicher Aufwand gebucht auf dem Konto

7710 Körperschaftsteuer.

Dieses Konto wird über das Gewinn- und Verlustkonto abgeschlossen und mindert damit – handelsrechtlich zulässig – den Gewinn. Das Körperschaftsteuergesetz erkennt jedoch diese Personensteuer nicht als abzugsfähige Ausgaben an. Sie muss daher zur Ermittlung des steuerpflichtigen Gewinns (außerhalb der Buchführung) dem Handelsbilanzgewinn wieder zugerechnet werden.

Personensteuern dürfen bei der Ermittlung des steuerpflichtigen Gewinns nicht abgezogen werden. Sie werden aus dem Gewinn berechnet.

---

1 Seit der Unternehmenssteuerreform 2008 ist die Gewerbe(ertrag)steuer keine Betriebsausgabe mehr. Sie wird lediglich noch in der Handelsbilanz als Betriebsausgabe gebucht, in der Steuerbilanz wird dies wieder rückgängig gemacht.

2 Die Kfz-Steuer für private Kraftfahrzeuge und die Grundsteuer für private Grundstücke werden auf dem Konto „3001 Privat" gebucht.

34.3 Aktivierungspflichtige Steuern

Von den erfolgswirksamen und den privaten Steuern sind die aktivierungspflichtigen Steuern zu trennen. **Aktivierungspflichtige Steuern sind** als **Anschaffungsnebenkosten** anzusehen und damit Bestandteil der Anschaffungskosten. Sie werden auf den entsprechenden aktiven Bestandskonten gebucht (= aktiviert). Die wichtigste aktivierungspflichtige Steuer ist die

Grunderwerbsteuer.

Nach Kauf eines unbebauten Grundstücks wird die Grunderwerbsteuer von 3,5 % des Kaufpreises (180.000,00 €) durch die Bank überwiesen.

Buchung:	**0500 Unbebaute Grundstücke**	**6.300,00**	
	an **2800 Bank**		**6.300,00**

Aktivierungspflichtige Steuern sind Anschaffungsnebenkosten.

Auch die beim Kauf eines Grundstücks oder Gebäudes anfallenden Notar-, Grundbuch- und Vermessungsgebühren sind als Anschaffungsnebenkosten zu aktivieren. Erhobene Umsatzsteuer wird als Vorsteuer gebucht.

34.4 Steuern als „durchlaufende Posten"

Bestimmte Steuern werden vom Unternehmen **im Auftrag des Finanzamtes einbehalten und** später **abgeführt.** Diese Steuern wirken sich weder auf das Unternehmen noch auf den Unternehmer aus. Sie sind lediglich **„durchlaufende Posten"** und als **„Sonstige Verbindlichkeiten"** auszuweisen. Dies sind die

Umsatzsteuer – vom Arbeitnehmer einbehaltene Lohn- und Kirchensteuer.

Steuern, die der Betrieb im Auftrag des Finanzamtes einbehält und später abführt, sind „durchlaufende Posten" und erfolgsneutral.

---

1 Welche Konten sind bei folgenden Banküberweisungen zu belasten?

1. Einbehaltene Lohnsteuer und Kirchensteuer		1.675,00
2. Körperschaftsteuer		3.260,00
3. Kraftfahrzeugsteuer für Betriebsfahrzeug	370,00	
für den Pkw der Ehefrau des Inhabers	285,00	655,00
4. Einkommen- und Kirchensteuernachzahlung		3.650,00
5. Umsatzsteuer des Vormonats		4.367,00
6. Hundesteuer für den Wachhund	60,00	
für den Hund des Geschäftsinhabers	120,00	180,00

---

2 Ein Einzelhändler erwirbt am 10. April für den geplanten Bau einer Lagerhalle ein Baugrundstück zum Kaufpreis von 124.000,00 € gegen Bankscheck. Die Grunderwerbsteuer (Steuersatz 3,5 %) wird am 2. Juli durch Postbankscheck bezahlt.

1. Buchen Sie den Kauf des Baugrundstücks.
2. Buchen Sie die Zahlung der Grunderwerbsteuer.
3. Ermitteln Sie die Höhe der Anschaffungskosten des Baugrundstücks.

34.5 Umsatzsteuer bei privater Nutzung von Betriebsgegenständen

Nutzt der Unternehmer aus seinem Betrieb Wirtschaftsgüter für sich oder für andere betriebsfremde Zwecke, so liegt ein **steuerpflichtiger Tatbestand** vor (§ 3 Abs. 9 a UStG). Ausgangspunkt für die Besteuerung ist, dass die Umsatzsteuer grundsätzlich von jedem Endverbraucher getragen werden muss. Wenn der Verbraucher, der nicht Unternehmer ist, Waren kauft oder Dienstleistungen in Anspruch nimmt, hat er auch die im Preis enthaltene Umsatzsteuer zu zahlen. Bei einem Unternehmer sind die für sein Unternehmen empfangenen Lieferungen und Leistungen wegen des Vorsteuerabzuges nicht mit Umsatzsteuer belastet. Da aber jeder Steuerzahler gleich zu behandeln ist, muss auch der Eigenverbrauch des Unternehmers versteuert werden.

Die umsatzsteuerpflichtige Entnahme von Waren wurde bereits behandelt.[1] Unter „Zwecke, die außerhalb des Unternehmens liegen" ist die private Verwendung von Betriebsgegenständen oder Leistungen des Betriebes für den Geschäftsinhaber oder z. B. sein Personal zu verstehen (z. B. Arbeiten mit betrieblichen Maschinen am Privathaus des Unternehmers). Der Umsatz**besteuerung** unterliegen jedoch nur die Aufwendungen, die mit Vorsteuer belastet waren.

Ein **typisches Beispiel** ist:

- die private Nutzung einer zum Betriebsvermögen gehörenden Maschine.

Der Einzelhändler benutzt eine Maschine aus seinem Geschäft für private Zwecke, Nutzungswert 200,00 € + Umsatzsteuer 38,00 € = 238,00 €.

		Soll	Haben
Buchung:	**3001 Privat**	**238,00**	
	an **5420 Entnahme v. G. u. s. L.**		**200,00**
	an **4800 Umsatzsteuer**		**38,00**

Unter „Entnahme von Gegenständen und sonstigen Leistungen" versteht man
- die private Nutzung und Entnahme von betrieblichen Gegenständen,
- die private Inanspruchnahme von Dienstleistungen des Betriebes.

Der Eigenverbrauch ist umsatzsteuerpflichtig.

3 Ermitteln und buchen Sie die Entnahme v. G. u. s. L.

1. Der Geschäftsinhaber lässt von einem Betriebsangehörigen im Keller seines Privathauses Reparaturarbeiten für netto 160,00 € durchführen.
2. Die Kfz-Kosten für den vom Geschäftsinhaber mitgenutzten Personenwagen belaufen sich auf netto 2.500,00 €. Der private Nutzungsanteil beträgt lt. Fahrtenbuch 25 %. (Anschaffungszeitpunkt 1. September 1999)
3. Wie lauten die Abschlussbuchungen für die Konten „Privat" und „Entnahme v. G. u. s. L."?

1 Vgl. Seite 160. Die Entnahme von Anlagegütern wird auf Seite 234 behandelt.

4 1. Handelt es sich bei dem unten stehenden Sachverhalt um Aufwand- oder Personensteuern, aktivierungspflichtige Steuern oder Steuern als „durchlaufende Posten“?
Bankbelastung für:

- Zahlung der Grunderwerbsteuer
- Zahlung der Umsatzsteuer
- Zahlung der Kfz-Steuer für den Lieferwagen
- Zahlung der Körperschaftsteuer
- Vorauszahlung der Einkommen- und Kirchensteuer
- Zahlung der einbehaltenen Lohn- und Kirchensteuern

2. Welcher Geschäftsvorfall liegt den folgenden Buchungssätzen zugrunde?

3001	an	5420 und 4800	4800	an	2800
830 und 4840	an	2850	4830 und 4840	an	8010

5 **Anfangsbestände:**

Geschäftsausstattung	14.800,00	Eigenkapital	?
Waren	26.025,00	kurzfristige Bankverbindl. ..	9.110,00
Forderungen a. LL	1.748,00	Verbindlichkeiten a. LL	11.295,00
Kasse	2.453,00	Umsatzsteuer	634,00

Kontenplan:
0800, 2000, 2400, 2600, 2880, 3000, 3001, 4200, 4400, 4800, 4830, 4840, 5000, 6000, 6001, 6300, 6400, 6520, 6870, 7700, 8000, 8010, 8020.

Geschäftsvorfälle (mit dem allgemeinen Steuersatz):

1. ER Nr. 128 von Franz Schneider, Warenwert	1.950,00	
+ Umsatzsteuer	370,50	2.320,50
2. Bankauszug Nr. 63: Überweisung vom Kunden Weber		91,00
Hundesteuerzahlung (Inhaber)		50,00
3. Bankauszug Nr. 64: Überweisung an Lieferant Kramer		680,00
Kassenquittung Nr. 321: für Zeitungsanzeige, netto	120,00	
+ Umsatzsteuer	22,80	142,80
4. Bankauszug Nr. 65: Gehaltszahlung, netto	1.890,00	
einbehaltene Abzüge	1.310,00	3.200,00
Arbeitgeberanteil		670,00
Kassenquittung Nr. 322: Privatentnahme		350,00
5. ER Nr. 129 von Günter Obermann, Warenwert	2.800,00	
+ Umsatzsteuer	532,00	3.332,00
Kassenquittung Nr. 323: Fracht hierauf, netto	20,00	
+ Umsatzsteuer	3,80	23,80
6. Bankauszug Nr. 66: Überweisung für Einkommensteuer ..	2.870,00	
und für Gewerbesteuer	430,00	3.300,00
7. AR Nr. 8 an Irma Lammert, Warenwert	150,00	
+ Umsatzsteuer	28,50	178,50
Kassenbericht Nr. 267: Barverkäufe (Tageslosung)		8.806,00
Kassenquittung Nr. 324: Zahlung an Lieferant Müller		1.200,00
Bankauszug Nr. 67: Bareinzahlung		8.000,00

Abschlussangaben:

Abschreibung auf Geschäftsausstattung 10 % v. d. Anschaffungskosten ..	18.500,00
Warenbestand lt. Inventur	27.935,00

6 **Anfangsbestände:**

Ladenausstattung	18.600,00	Eigenkapital	?
Waren I	34.300,00	Kurzfristige Bankverbindl.	12.600,00
Waren II	18.100,00	Verbindlichkeiten a. LL	22.170,00
Forderungen a. LL	1.450,00	Sonst. Verb. geg. Finanzbeh.	530,00
Kasse	2.140,00	Verb. geg. Sozialversicherung	720,00
		Umsatzsteuer (19 %)	310,00
		Umsatzsteuer (7 %)	150,00

Kontenplan: 0810, 2000, 2010, 2400, 2600, 2610, 2880, 3000, 3001, 4200, 4400, 4800, 4810, 4830, 4840, 5000, 5010, 6000, 6001, 6010, 6200, 6400, 6520, 7700, 8000, 8010, 8020.

Geschäftsvorfälle (Waren I = 19 %, Waren II = 7 % Umsatzsteuer):

1.	Kauf eines Warenregals gegen Bankscheck, netto	650,00	
	+ Umsatzsteuer	123,50	773,50
2.	Warenverkäufe auf Ziel, Waren I (einschließlich USt)	297,50	
	Waren II (einschließlich USt)	321,00	618,50
3.	Wareneinkauf auf Ziel, Waren I, Warenwert	3.400,00	
	+ Umsatzsteuer	646,00	4.046,00
4.	Barzahlung der Fracht hierauf, netto	30,00	
	+ Umsatzsteuer	5,70	35,70
5.	Banküberweisung der Sonst. Verb. geg. Finanzbehörden	530,00	
	der Verb. geg. Sozialversicherungstr.	720,00	1.250,00
6.	Lastschrift der Bank für Gewerbesteuerzahlung		340,00
7.	Wareneinkauf auf Ziel, Waren II, Warenwert	1.400,00	
	+ Umsatzsteuer	98,00	1.498,00
8.	Banküberweisung der Einkommen- und Kirchensteuervorauszahlung		2.495,00
9.	Gutschrift an Kunden, Rückgabe von Waren II, netto	100,00	
	+ Umsatzsteuer	7,00	107,00
10.	Lohnzahlung bar, Nettolohn	1.920,00	
	einbehaltene Abzüge	1.180,00	3.100,00
	Arbeitgeberanteil zur Sozialversicherung		620,00
11.	Bankgutschrift für Kapitaleinlage des Inhabers aus einer Erbschaft		30.000,00
12.	Banküberweisung an einen Lieferanten	2.870,00	
	der Zahllast aus dem Vormonat	460,00	3.330,00
13.	Barverkäufe, Waren I (einschließlich USt)	9.222,50	
	Waren II (einschließlich USt)	2.247,00	11.469,50
14.	Banküberweisung der Erbschaftsteuer		3.300,00
15.	Bareinzahlung auf Bankkonto		4.000,00

Abschlussangaben:

Abschreibung auf Ladenausstattung 10 % v. d. Anschaffungskosten	23.250,00
Warenbestand lt. Inventur, Waren I	33.450,00
Waren II	18.360,00

35 Die Anlagenwirtschaft

35.1 Beschaffung von Anlagegütern

Kaufen wir ein Anlagegut, so berechnet uns der Lieferant auf die Nettoanschaffungskosten auch Umsatzsteuer. Sie wird bei uns als Vorsteuer erfasst.

Kauf eines Lieferwagens auf Ziel

Nettopreis	40.000,00 €
+ 19 % Umsatzsteuer	7.600,00 €
Rechnungsbetrag	47.600,00 €

Buchung:	**0840 Fuhrpark**	**40.000,00**	
	2600 Vorsteuer	**7.600,00**	
	an **4400 Verbindlichkeiten a. LL**		**47.600,00**

35.2 Die Berechnung der Anschaffungskosten

§ 255 Abs. 1 HGB definiert die Anschaffungskosten. Danach sind alle Aufwendungen Anschaffungskosten, die geleistet werden, um einen Vermögensgegenstand zu **erwerben** und ihn in einen **betriebsbereiten Zustand** zu versetzen.

Aus § 255 Abs. 1 HGB ergibt sich:

Anschaffungskosten:

= **Kaufpreis** (netto)

– **Anschaffungskostenminderungen** (Rabatte, Skonti und sonstige Nachlässe)

+ **Anschaffungsnebenkosten,** soweit sie dem Vermögensgegenstand einzeln zugeordnet werden können.

Anschaffungsnebenkosten		
Fuhrpark	**Maschinen/Einrichtung**	**Grundstücke und Gebäude**
Zulassungsgebühren	Fracht	Notargebühren
Überführungskosten	Transportversicherung	Grundbuchgebühren
Sonderausstattung	Zoll	Grunderwerbsteuer
	Montagekosten	Erschließungskosten
		Maklergebühr

Die Rechnung einer am 1. Januar angeschafften Ladeneinrichtung lautet über 100.000,00 € – 14 % Sonderrabatt + Montage 4.000,00 € + 19 % USt.
Berechnen Sie die Anschaffungskosten.

Kaufpreis netto:	100.000,00 €	
– Anschaffungskostenminderung	– 14.000,00 €	(Sonderrabatt)
+ Anschaffungsnebenkosten	+ 4.000,00 €	(Montage 4.000,00 €)
= Anschaffungskosten	= 90.000,00 €	

Buchung:	**0810 Ladeneinrichtung**	**90.000,00**	
	2600 Vorsteuer	**17.100,00**	
	an **4400 Verbindlichkeiten a. LL**		**107.100,00**

Die Rechnung für die Ladeneinrichtung wird durch Banküberweisung abzüglich 2 % Skonto auf den Wert der Ladeneinrichtung in Höhe von 86.000,00 € beglichen.

Kaufpreis netto	100.000,00 €	
– Rabatt	– 14.000,00 €	(= Anschaffungskostenminderung)
	= 86.000,00 €	
– 2 % Skonto	– 1.720,00 €	(= Anschaffungskostenminderung)
	= 84.280,00 €	
+ Montagekosten	+ 4.000,00 €	(= Anschaffungsnebenkosten)
= gesamt netto (AK neu)	= 88.280,00 €	
+ 19 % Umsatzsteuer	+ 16.773,20 €	
= Überweisungsbetrag	= 105.053,20 €	

Der auf den Nettowert der Ladeneinrichtung entfallende Skontoabzug verringert die Anschaffungskosten (= Anschaffungskostenminderung).

Soweit der Skonto die Vorsteuer betrifft, wird sie berichtigt. (19 % von 1.720,00 €)

Buchung:	**4400 Verbindlichkeiten a. LL**	**107.100,00**	
	an **0810 Ladeneinrichtung**		**1.720,00**
	an **2600 Vorsteuer**		**326,80**
	an **2800 Bank**		**105.053,20**

Die Transportkosten für die Ladeneinrichtung in Höhe von 720,00 € überweisen wir.

Buchung:	**0810 Ladeneinrichtung**	**720,00**	
	an **2800 Bank**		**720,00**

Auch die Anschaffungsnebenkosten werden über das Anlagekonto aktiviert.

Die Anschaffungskosten der Ladeneinrichtung betragen dann:

100.000,00 € – 14.000,00 € (Rabatt) = 86.000,00 € – 1.720,00 € (Skonto) = 84.280,00 € + 4.000,00 € (Montagekosten) = 88.280,00 € + 720,00 € (Transportkosten) = 89.000,00 €

1 a) Buchen Sie den Zieleinkauf der Thekenkombination.
b) Stellen Sie fest, ob es sinnvoll ist, den Skonto auch dann auszunutzen, wenn Sie einen Kredit der Hausbank in Anspruch nehmen müssen, der Sie 9 % Soll-Zinsen kostet. Beweisen Sie Ihre Entscheidung rechnerisch.

Erbel
Ladeneinrichtungen GmbH

Internet: www.erbel-wvd.de
E-Mail: info@erbel-wvd.de

Tel.: 09122 152222
Fax: 09122 152228

Rother Landstraße 107
91126 Schwabach

Erbel GmbH • Rother Landstr. 107 • 91126 Schwabach

Kaufmarkt Franken KG
Werner-von-Siemens-Str. 43
91052 Erlangen

Eingang: ..-04-02

Konto	Soll	Haben

geprüft und gebucht

Ihr Zeichen, Ihre Nachricht vom — Unser Zeichen, unsere Nachricht vom — Datum ..-03-31

Rechnung Nr. 1 026

Wir lieferten Ihnen am 30. März .. zum Angebotspreis

1 Kühlthekenkombination „Nordland“	31.200,00 €
Für die betriebsfertige Montage und Installation stellen wir Ihnen vereinbarungsgemäß in Rechnung	3.800,00 €
	35.000,00 €
19 % Umsatzsteuer	6.650,00 €
	41.650,00 €

Zahlbar innerhalb von 30 Tagen mit 1 % Skonto,
60 Tage rein netto.

Steuernummer: 97 123 5721 8

Sparkasse Nürnberg, Konto 6 120 081, BLZ 760 501 01
IBAN: DE74 7605 0101 0006 1200 81, BIC: SSKNDE77

2 Überweisen Sie die Rechnung für die Thekenkombination entsprechend Ihrer Entscheidung durch die Frankenbank.

3 Bilden Sie die Buchungssätze:

1. Kauf eines neuen Betriebsgebäudes:

Grundstückswert	400.000,00	
Gebäudewert	900.000,00	1.300.000,00
gegen Bankscheck	700.000,00	
gegen Aufnahme einer Hypothek	600.000,00	1.300.000,00
Banküberweisung für die Maklergebühr, netto	39.000,00	
+ Umsatzsteuer	7.410,00	46.410,00
Postbanküberweisung der Notariatsgebühren, netto	13.000,00	
+ Umsatzsteuer	2.470,00	15.470,00
Die Grunderwerbsteuer wird unserem Bankkonto belastet	45.500,00	

2. Zieleinkauf einer neuen Lagereinrichtung, netto

Zieleinkauf einer neuen Lagereinrichtung, netto	34.000,00	
+ Umsatzsteuer	6.460,00	40.460,00
Die Montagekosten dafür werden durch Bankscheck beglichen, netto	500,00	
+ Umsatzsteuer	95,00	595,00
Postbanküberweisung für die Lieferantenrechnung Lagereinrichtung	40.460,00	
abzüglich Skonto	1.213,80	39.246,20

3. Einkauf einer neuen Ladenausstattung

gegen Scheck, netto	85.000,00	
+ Umsatzsteuer	16.150,00	101.150,00
Bei der Abnahme der Ladenausstattung stellen sich geringfügige Mängel heraus.		
Wir erhalten einen Preisnachlass/Bankscheck, netto	1.600,00	
+ Umsatzsteuer	304,00	1.904,00

4. Kauf eines Lieferwagens

gegen Bankscheck, netto	42.000,00	
+ Umsatzsteuer	7.980,00	49.980,00
Einbau einer Kühlanlage in den Lieferwagen, netto	5.200,00	
+ Umsatzsteuer	988,00	6.188,00
Die Rechnung wird durch Bankscheck beglichen.		

5. Beschaffung eines Kassensystems auf Leasingbasis

Die Leasinggebühr für das erste Jahr zahlen wir durch Bankscheck, netto	1.750,00	
+ Umsatzsteuer	332,50	2.082,50

4 Ihr Unternehmen hat zu Beginn des Kalenderjahres eine neue Ladenausstattung angeschafft und die Rechnung des Herstellers folgendermaßen gebucht:

0810 Ladenausstattung	125.000,00	
2600 Vorsteuer	23.750,00	
an 4400 Verbindlichkeiten a. LL		148.750,00

Nach Fertigstellung der Ladenausstattung haben Sie die Montagekosten durch Postbanküberweisung bezahlt und gebucht:

0810 Ladenausstattung	5.000,00	
2600 Vorsteuer	950,00	
an 2850 Postbank		5.950,00

6680220

Die Rechnung für die Ladenausstattung haben Sie innerhalb der Skontofrist beglichen und vereinbarungsgemäß 2 % Skonto abgezogen. Die Buchung dazu:

4400 Verbindlichkeiten a. LL	148.750,00	
an 0810 Ladenausstattung		2.500,00
an 2600 Vorsteuer		475,00
an 2850 Postbank		145.775,00

Wie viel Prozent jährliche Abschreibung haben Sie angesetzt, wenn Sie die lineare Abschreibung wählen und am Jahresende folgendermaßen gebucht haben:

6520 Abschreibungen auf Sachanlagen	12.750,00	
an 0810 Ladenausstattung		12.750,00

Wie viel Euro schreiben Sie im zweiten Nutzungsjahr ab?

5 Bei den im Laufe des Geschäftsjahres angeschafften abnutzbaren Anlagegütern kann in diesem Jahr nur zeitanteilig, also von Beginn des Anschaffungsmonats an, abgeschrieben werden.

Ein Getränkemarkt hat am 1. September Getränkekühlschränke angeschafft und am Jahresende bei einem Jahresabschreibungssatz von 20 % mit 1.200,00 € abgeschrieben. Wie hoch waren die Anschaffungskosten?

6 **Fragen:**

1. *Wie hoch sind die Anschaffungskosten der verschiedenen Anlagegüter bei den Geschäftsvorfällen der Aufgabe 3?*
2. *Warum sind die Leasinggebühren des Kassensystems für die Anlagekonten des Einzelhändlers ohne Bedeutung?*

35.3 Verkauf und Entnahme von Anlagegütern

35.3.1 Verkauf abgeschriebener Anlagegüter

Anlagegüter, die technisch veraltet sind oder deren Nutzung unwirtschaftlich geworden ist, werden veräußert. Dazu ist es notwendig, den Buchwert zum Zeitpunkt des Verkaufs zu ermitteln (siehe Kapitel 36 „Die Abschreibung“).

Die Bemessungsgrundlage für die Steuer ist der Nettoverkaufspreis. Steuerpflichtige Umsätze müssen nach § 22 UStG so aufgezeichnet werden, dass die Bemessungsgrundlagen leicht zu ersehen sind. Für die Umsatzsteuervoranmeldung und die Umsatzsteuerverprobung ist es daher nicht möglich, den Anlagenverkauf unmittelbar über das Anlagekonto zu buchen. Man bucht vielmehr über ein Zwischenkonto

„5410 Sonstige Erlöse“.

Grundsätzlich kann man drei Fälle unterscheiden:

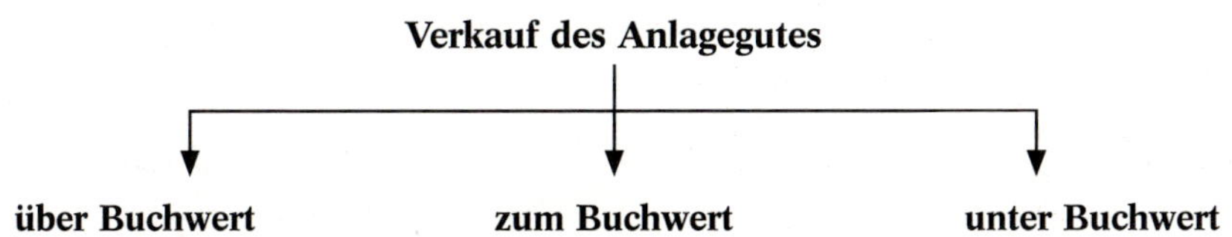

Dass der Nettoverkaufspreis eines Anlagegutes mit seinem Buchwert übereinstimmt, wird nur selten der Fall sein. Im Allgemeinen ist der Nettoverkaufspreis höher oder niedriger als der Buchwert. Der Preis für gebrauchte Anlagegüter richtet sich nämlich nach Angebot und Nachfrage und ist unabhängig von den jeweiligen betrieblichen Buchwerten. Dabei entstehen dann Verluste oder Gewinne aus dem Verkauf von Anlagegütern, die in den Konten „5430 Andere sonstige betriebliche Erträge" und „6930 Andere sonstige betriebliche Aufwendungen" gebucht werden.

Verkauf über dem Buchwert

Ein Kassensystem mit einem Buchwert von 7.500,00 € wird verkauft. Es gehen netto 10.000,00 € + 1.900,00 € USt auf unserem Bankkonto ein.

Verkaufsbuchung

Buchung:	**2800 Bank**	**11.900,00**	
	an **5410 Sonstige Erlöse**		**10.000,00**
	an **4800 Umsatzsteuer**		**1.900,00**

Nettoverkaufspreis des Kassensystems	10.000,00 €
– Buchwert des Kassensystems bei Verkauf	– 7.500,00 €
= „Gewinn"	= 2.500,00 €

Das Zwischenkonto „5410 Sonstige Erlöse" wird aufgelöst: in Höhe des Buchwertes zugunsten des Anlagekontos, in Höhe des entsprechenden Gewinns über das Konto „5430 Andere sonstige betriebliche Erträge".

Buchung des Anlagenabgangs

Buchung:	**5410 Sonstige Erlöse**	**10.000,00**	
	an **0820 Kassensysteme**		**7.500,00**
	an **5430 Andere sonstige betriebliche Erträge**		**2.500,00**

Verkauf zum Buchwert

Ein Kassensystem mit einem Buchwert von 7.500,00 € wird verkauft. Es gehen netto 7.500,00 € + 1.425,00 € USt auf unserem Bankkonto ein.

Verkaufsbuchung

Buchung:	**2800 Bank**	**8.925,00**	
	an **5410 Sonstige Erlöse**		**7.500,00**
	an **4800 Umsatzsteuer**		**1.425,00**

Nettoverkaufspreis des Kassensystems	7.500,00 €
– Buchwert des Kassensystems bei Verkauf	– 7.500,00 €
= „Gewinn/Verlust"	= 0,00 €

Das Zwischenkonto „5410 Sonstige Erlöse" wird in Höhe des Buchwertes zugunsten des Anlagekontos aufgelöst. Ein Gewinn oder Verlust entsteht nicht.

Buchung des Anlagenabgangs

Buchung:	**5410 Sonstige Erlöse an 0820 Kassensysteme**	**7.500,00**

Verkauf unter dem Buchwert

Ein Kassensystem mit einem Buchwert von 7.500,00 € wird verkauft. Es gehen netto 6.000,00 € + 1.140,00 € USt auf unserem Bankkonto ein.

Verkaufsbuchung

Buchung:	**2800 Bank**	**7.140,00**	
	an **5410 Sonstige Erlöse**		**6.000,00**
	an **4800 Umsatzsteuer**		**1.140,00**

Nettoverkaufspreis des Kassensystems	6.000,00 €
– Buchwert des Kassensystems bei Verkauf	– 7.500,00 €
= „Verlust"	= – 1.500,00 €

Nach der Auflösung des Kontos „5410 Sonstige Erlöse" ist das Anlagekonto noch nicht ausgeglichen. Erst nach der Buchung des Verlustes aus dem Verkauf des Kassensystems ist das Konto „0820 Kassensysteme" ausgeglichen.

Buchung des Anlagenabgangs

Buchung:	**5410 Sonstige Erlöse**	**6.000,00**	
	6930 Andere sonst. betriebliche Aufwendungen	**1.500,00**	
	an **0820 Kassensysteme**		**7.500,00**

Verkauf von Anlagegütern

1. **Buchung des Verkaufs**
   Im Soll aufs Zahlungskonto, im Haben auf 5410 und 4800
2. **Buchung des Anlagenabgangs**
   a) Über dem Buchwert
   Im Soll auf 5410, im Haben auf Anlagekonto und 5430
   b) Unter dem Buchwert
   Im Soll auf 5410 und 6930, im Haben auf Anlagekonto
   c) Zum Buchwert
   Im Soll auf 5410, im Haben auf Anlagekonto

---

7 Ein Pkw wurde zum Nettopreis von 38.000,00 € gegen Postbankscheck gekauft und ausschließlich betrieblich genutzt. Die Umsatzsteuer betrug 6.080,00 €.
Der Wagen hat beim Verkauf noch einen Buchwert von 2.000,00 € und wird bar verkauft für 1.800,00 € + 342,00 € Umsatzsteuer.

a) Buchen Sie den Kauf in den Konten: 0840, 2600, 2850.

b) Buchen Sie den Verkauf in den Konten: 0840, 2880, 4800, 5410, 6930.

---

8 **Eröffnungsbilanz**

Aktiva		Passiva	
Bebaute Grundstücke	35.000,00	Eigenkapital	244.850,00
Betriebsgebäude	125.000,00	Verbindlichkeiten a. LL	32.120,00
Ladenausstattung	8.600,00	Umsatzsteuer	1.280,00
Fuhrpark	28.000,00		
Waren	54.650,00		
Bank	22.730,00		
Kasse	4.270,00		
	278.250,00		278.250,00

Kontenplan: 0510, 0530, 0810, 0840, 2000, 2600, 2800, 2880, 3000, 4400, 4800, 4830, 4840, 5000, 5410, 5430, 6000, 6300, 6400, 6520, 6820, 6870, 6930, 8000, 8010, 8020.

Geschäftsvorfälle (allgemeiner Steuersatz):

1.	Verkauf eines gebrauchten Fahrzeugs gegen Bankscheck, netto	3.500,00	
	+ Umsatzsteuer	665,00	4.165,00
	Buchwert des Fahrzeugs		3.000,00
2.	Wareneinkäufe auf Ziel, Warenwert	20.700,00	
	+ Umsatzsteuer	3.933,00	24.633,00
3.	Banküberweisung der Umsatzsteuer des Vormonats		?
4.	Bankbelastung für Werbeanzeige, netto	450,00	
	+ Umsatzsteuer	85,50	535,50
5.	Tageslosungen		68.440,00
6.	Kauf eines neuen Pkw gegen Bankscheck, netto	45.000,00	
	+ Umsatzsteuer (betrieblich genutzt)	8.550,00	53.550,00
7.	Banküberweisung für Gehälter, Bruttobetrag	3.600,00	
	Lohn- und Kirchensteuer, Solidaritätszuschlag	320,00	
	Arbeitnehmeranteil zur Sozialversicherung	882,00	2.398,00
	Arbeitgeberanteil zur Sozialversicherung		851,00
8.	Banküberweisung für Telekommunikationsgebühren, netto	600,00	
	+ Umsatzsteuer	114,00	714,00
9.	Zahlung an verschiedene Lieferanten durch Banküberweisung		20.130,00
10.	Bareinzahlung auf das Bankkonto		70.000,00

Abschlussangaben:

Abschreibungen auf 0530 Betriebsgebäude = 2 % der Anschaffungskosten von 230.000,00 €,

auf 0810 Ladenausstattung	1.720,00
auf 0840 Fuhrpark	7.000,00
Fehlbestand laut Inventur: Kasse	20,00
Warenbestand laut Inventur	40.000,00

9 Buchen Sie den Zieleinkauf des Kraftwagens.

Autohaus Singer GmbH, Ersteiner Str. 127, 68229 Mannheim

Autohaus Singer GmbH

Ersteiner Straße 127
68229 Mannheim
Tel.: 0621 189999
Fax: 0621 189990
www.autosinger-wvd.de
E-Mail: info-singer@wvd.de

Kleinmöbel
Gerhard Becker e. K.
Kirchhoffstraße 32
68163 Mannheim

Eingang: ..-01-15

Konto	Soll	Haben

geprüft und gebucht ANLG. 317

Ihr Zeichen, Ihre Nachricht vom — Unser Zeichen, unsere Nachricht vom — Datum ..-01-12

Rechnung Nr. 16 702 915

Aufgrund Ihrer Bestellung lieferten wir Ihnen am 12. Januar:

1 Personenkraftwagen „Wega“ V6	
Ausstattung siehe Anlagen	
zum Nettopreis von	25.000,00 €
19 % Umsatzsteuer	4.750,00 €
	29.750,00 €

Zahlbar innerhalb von 10 Tagen mit 5 % Skonto,
von 30 Tagen rein netto.

Deutsche Bank Mannheim, Konto 302 684 800, BLZ 670 700 10
IBAN: DE33 6707 0010 0302 6848 00, BIC: DEUTDESM

USt-IdNr.:
DE 226 337 865

10 Buchen Sie die Bezahlung der Rechnung des Autohauses Singer GmbH. Ermitteln Sie die Anschaffungskosten des Kraftwagens (Zulassungskosten 20,00 €). Der Pkw soll linear abgeschrieben werden. Setzen Sie eine betriebsgewöhnliche Nutzungsdauer von sechs Jahren an und schreiben Sie für das Anschaffungsjahr ab.

Beleg 1

Deutsche Bank Mannheim

Tagesauszug
Konto: 306 753 500

Nr. 8 Blatt 1
vom ..-01-23

Buchungstag/Text		Wert	zu Ihren Lasten	zu Ihren Gunsten
	Alter Kontostand €			32.141,97
01-22	ÜBERWEISUNG AN AUTOHAUS SINGER LT. RECHNUNG V. ..-01-12 ABZGL. 5 % SKONTO	01-22	28.262,50	
	Neuer Kontostand €			3.879,47

Eingang: ..-01-24

Konto | Soll | Haben
geprüft und gebucht

KLEINMÖBEL
GERHARD BECKER E. K.
KIRCHHOFFSTR. 32
68163 MANNHEIM

IBAN: DE33 6707 0010 0306 7535 00 BIC: DEUTDESM

Beleg 2

Quittung

**Nur gegen Vorlage dieser Quittung
können die Antragsunterlagen ausgehändigt werden**

über die Einzahlung des maschinengedruckten Betrages.

**Stadt Mannheim
Ordnungsamt
– Kfz.-Zulassungsstelle –**

KBA	* -	€
MA	**20,00	€
GES	**20,00	€
Code-Nr.		395

Kennzeichen

Eingang: ..-01-22

MA-CJ 835

BLUEMLEIN

Namenszeichen

BADEN-WÜRTTEMBERG STADT MANNHEIM

Die Quittung ist nur mit Maschinendruck gültig – bei Zahlung über den Kassenautomaten nur mit zusätzlichem Kassenbon. Eine Unterschrift des Kassierers ist nicht erforderlich. Jede Änderung des Maschinendruckes macht die Quittung ungültig. Die Berechnung der Gebühr erfolgte nach der Gebührenordnung für Maßnahmen im Straßenverkehr.

NHU	AU	SIEGEL-PL	PRÜF-PL	AU-PL	KZ.GEST.
05 ..	05 ..				

Bitte prüfen Sie nach Erhalt der Fz.-Papiere die darin eingetragenen Daten auf ihre Richtigkeit.

Konto | Soll | Haben
geprüft und gebucht

11 Buchen Sie den Verkauf des gebrauchten Personenkraftwagens.
Interner Vermerk: Buchwert des Pkw = 3.200,00 €.

Automarkt Mannheim
An den Kasernen 119 • 68167 Mannheim

Kaufvertrag für ein gebrauchtes Kraftfahrzeug

Käufer:	Horst Valenta OHG Soldnerstraße 42 68219 Mannheim
Verkäufer:	Gerhard Becker e. K. Kirchhoffstraße 32 68163 Mannheim

Eingang: ..-06-30

Hersteller:	Opel	**Typ:**	Caravan
Fahrgestell-Nr.:	WOL00004365018198		
Kilometerstand:	76 800		
Anzahl der Vorbesitzer:	keine		
Tag der Erstzulassung:	..-09-30		
Tag der Übergabe:	..-06-30		
Kaufpreis:	inkl. 19 % USt 5.950,00 €		
Zahlungsart:	bar		

Verkäufer: Becker

Käufer: nach Probefahrt und eingehender Überprüfung übernommen
Valenta

Konto | Soll | Haben
geprüft und gebucht

12 Das Kassensystem eines Kaufmarktes wurde drei Jahre hintereinander mit 20 % linear (von den Anschaffungskosten) abgeschrieben und steht am Ende des dritten Jahres mit 24.800,00 € zu Buch. Wie hoch waren die Anschaffungskosten des Kassensystems?
Ermitteln und buchen Sie die Abschreibung für das vierte Jahr.

13 Die Präsentationsregale in einem Lebensmittelmarkt wurden vier Jahre hintereinander mit 20 % linear abgeschrieben. Sie stehen am Ende des vierten Jahres mit 5.000,00 € zu Buch. Ermitteln Sie die Anschaffungskosten der Regale.
Berechnen und buchen Sie die Abschreibung für das fünfte Jahr.

14 Das Spielwarenhaus „Kids“ kauft für eigene Zwecke einen „Kiddie rider“ zum Nettoeinkaufspreis von 410,00 €. Der Lieferant gewährt einen Sonderrabatt von 5 % und berechnet 19 % Umsatzsteuer.
Wie hoch sind die Anschaffungskosten des „Kiddie rider“?
Buchen Sie die Anschaffung des Spielgerätes gegen Bankscheck.

6680226

15 Anlässlich der Erweiterung des Baumarkts beziehen wir 50 neue Einkaufswagen zum Bruttoeinkaufspreis von 5.831,00 €. Die Rechnung begleichen wir vor Ablauf der Skontofrist unter Abzug von 2 % Skonto durch Postbanküberweisung. Buchen Sie den Zieleinkauf der Einkaufswagen. Wie buchen Sie bei der Bezahlung der Rechnung? Berechnen Sie die Anschaffungskosten eines Einkaufswagens.

---

16 Das Feinkostgeschäft „Superior" bezieht am 10. Januar ein neues Tiefkühlsystem zum Bruttoeinkaufspreis von 42.840,00 €. Im Kaufvertrag wird Ratenzahlung vereinbart: Bei Übergabe sind 30.000,00 € zu zahlen, der Rest am 10. März. Bei der Übergabe werden 20.000,00 € bar gezahlt und 10.000,00 € mit Postbankscheck beglichen.

a) Buchen Sie den Einkauf am 10. Januar. Wie bucht der Verkäufer?

b) Wie hoch ist der Abschreibungsbetrag im 2. Jahr, wenn man die lineare Abschreibungsmethode wählt? (20 % AfA)

---

17 Die Anschaffungskosten des firmeneigenen Pkw betrugen 48.000,00 €. Er wurde vier Jahre mit 20 % von den Anschaffungskosten abgeschrieben. Da wir zu Beginn des Geschäftsjahres einen neuen Pkw anschaffen, verkaufen wir den gebrauchten für 11.900,00 € (einschließlich 19 % Umsatzsteuer) gegen Bankscheck.
Konnten wir einen Gewinn erzielen? Buchen Sie den Verkauf des gebrauchten Pkw.

18

Erläutern Sie die folgenden Buchungen:		
2800 Bank	10.710,00	
an 5410 Sonstige Erlöse		9.000,00
an 4800 Umsatzsteuer		1.710,00
5410 Sonstige Erlöse	9.000,00	
6930 Andere sonst. betr. Aufwendungen	800,00	
an 0840 Fuhrpark		9.800,00

35.3.2 Entnahme von Anlagegütern

Entnimmt der Unternehmer ein zum Betriebsvermögen gehörendes Anlagegut für private Zwecke, so liegt ein Verkauf an den Eigentümer vor, der umsatzsteuerpflichtig ist. Er wird auch auf dem Konto „5410 Sonstige Erlöse" gebucht. Bemessungsgrundlage für die Besteuerung ist der Teilwert[1]. Er entspricht in etwa den Wiederbeschaffungskosten (Schätzung).

Ein Personenkraftwagen mit einem Buchwert von 5.000,00 € wird für private Zwecke entnommen. Schätzwert 6.500,00 € + 1.235,00 € Umsatzsteuer.

1 Betrag, den ein Erwerber des gesamten Betriebs im Rahmen des Kaufpreises für das einzelne Wirtschaftsgut ansetzen würde.

Buchung:	**3001 Privatkonto**	**7.735,00**	
	an **5410 Sonstige Erlöse**		**6.500,00**
	an **4800 Umsatzsteuer**		**1.235,00**
	5410 Sonstige Erlöse	**6.500,00**	
	an **0840 Fuhrpark**		**5.000,00**
	an **5430 Andere sonstige betr. Erträge**		**1.500,00**

19 Wie lauten die Buchungen?

1.	Barverkauf einer gebrauchten Schreibmaschine, netto	100,00	
	+ Umsatzsteuer	19,00	119,00
	Buchwert der Schreibmaschine		1,00
2.	Zieleinkauf von Ausstellungsvitrinen, netto	12.000,00	
	+ Umsatzsteuer	2.280,00	14.280,00
3.	Postbanküberweisung der Rechnung für Ausstellungsvitrinen	14.280,00	
	– 2,5 % Skonto	357,00	13.923,00
4.	Barzahlung für die Verankerung der Vitrinen, netto	400,00	
	+ Umsatzsteuer	76,00	476,00
5.	Ermitteln Sie die Anschaffungskosten der Vitrinen		?
6.	Buchwert eines Pkw in der Eröffnungsbilanz		7.000,00
	Zeitanteilige Abschreibung bis zum Verkauf		1.300,00
	Barverkauf des gebrauchten Pkw, netto	5.000,00	
	+ Umsatzsteuer	950,00	5.950,00
7.	Restwert einer Kühlvitrine in der Eröffnungsbilanz		13.000,00
	Zeitanteilige Abschreibung bis zum Verkauf		2.400,00
	Verkauf der Kühlvitrine gegen Bankscheck, netto	11.000,00	
	+ Umsatzsteuer	2.090,00	13.090,00
8.	Kauf eines neuen Kassensystems auf Ziel, netto	24.000,00	
	+ Umsatzsteuer	4.560,00	28.560,00
9.	Beim Kauf des Kassensystems werden gebrauchte Einzelkassen in Zahlung gegeben, netto	4.000,00	
	+ Umsatzsteuer	760,00	4.760,00
	Buchwert der Einzelkassen in der Eröffnungsbilanz		5.000,00
	Zeitanteilige Abschreibungen bis zum Verkauf		1.500,00
10.	Der Kaufpreisrest wird durch Bankscheck beglichen		?

36 Die Abschreibung

36.1 Das Wesen der Abschreibung

Anlagegüter wie Gebäude, Maschinen, Fahrzeuge, Betriebs- und Geschäftsausstattung sind langfristig an das Unternehmen gebunden. Sie zählen zum Anlagevermögen und **verlieren durch die Abnutzung und den technischen Fortschritt laufend an Wert** gegenüber den Anschaffungskosten. Diese Wertminderung berücksichtigt man in der Buchführung durch die **Abschreibung.** Der steuerliche Begriff dafür heißt AfA = Absetzung für Abnutzung.

Die Abschreibung stellt einen **Aufwand** dar, sie wird auf dem Erfolgskonto „Abschreibungen" erfasst und schmälert, wie jede andere Aufwandsart, den Gewinn des Unternehmens.

Durch die Abschreibung verteilt man die Anschaffungskosten eines Anlagegutes rechnerisch auf die Nutzungsjahre.

36.2 Die Berechnung der Abschreibung

Neben der Nutzungsdauer ist für die Höhe der Abschreibung die Berechnungsmethode maßgebend. Man unterscheidet zwischen der Abschreibung von den Anschaffungskosten **(= lineare Abschreibung)** und der Abschreibung vom Buchwert **(= degressive Abschreibung).**

Lineare Abschreibung

Der absolute jährliche Abschreibungsbetrag errechnet sich, indem man die Anschaffungskosten (AK) durch die Nutzungsdauer in Jahren (ND) teilt.

$$\text{Abschreibungsbetrag (Euro/Jahr)} = \frac{\text{AK (Euro)}}{\text{ND (Jahre)}}$$

Der jährliche Abschreibungssatz errechnet sich, indem man 100 % durch die Nutzungsdauer (ND) in Jahren teilt.

$$\text{Abschreibungssatz (\%)} = \frac{100\ \%}{\text{ND (Jahre)}}$$

Bei der linearen Abschreibungsmethode werden die Anschaffungskosten gleichbleibend über die Nutzungsjahre verteilt und führen zu jährlich **gleichbleibenden = linearen Abschreibungsbeträgen.**

Für Anlagegüter, die nach dem 31.12.2007 und vor dem 01.01.2009 angeschafft wurden, ist steuerrechtlich nur die **Abschreibung von den Anschaffungskosten (= lineare Abschreibung) möglich.**

Degressive Abschreibung

Bei der degressiven Abschreibungsmethode wird ab dem zweiten Jahr nicht wie bei der linearen Abschreibung von den Anschaffungskosten, sondern von den jeweiligen Buch- oder Restwerten abgezogen. Daraus ergeben sich **jährlich fallende = degressive Abschreibungsbeträge.**

Für bewegliche Wirtschaftsgüter, die seit dem 01.01.2009 angeschafft werden, wurde vom Gesetzgeber eine degressive Abschreibungsmöglichkeit in Höhe des 2,5-fachen linearen Abschreibungssatzes, maximal 25 %, geschaffen. Diese Möglichkeit ist auf zwei Jahre befristet.

Kleinere und mittlere Unternehmen können zusätzlich zur degressiven Abschreibung auch Sonderabschreibungen nutzen. Die dafür relevanten Betriebsvermögens- und Gewinngrenzen werden auf 335.000,00 € bzw. 200.000,00 € erhöht.

Jedes Anlagegut wird einzeln abgeschrieben. Dazu werden die Anlagegüter in einer Anlagenkartei/-datei erfasst. Für jeden einzelnen Anlagegegenstand wird eine eigene Karte – Datei geführt, die u. a. folgende Angaben enthält: Gegenstand, Anschaffungsdatum, Anschaffungskosten, voraussichtliche Nutzungsdauer, Abschreibungen und Buchwert.

Muster einer Anlagenkarte

Kontenart: 1084 Bezeichnung der Anlage: Kombiwagen Inventarnummer: 0848			Datum der Anschaffung: 5. Januar .. Vorauss. Nutzungsdauer: 5 Jahre Abschreibungsverfahren: linear Abschreibungsmethode: direkt		
Art des Zu- oder Abgangs	Datum	Anschaffungskosten	Abschreibungssatz	Abschreibungsbetrag	Restbuchwert
Kauf	..-01-05	39.250,00			
	..-12-31		20 %	7.850,00	31.400,00
	..-12-31		20 %	7.850,00	23.550,00
	..-12-31		20 %	7.850,00	15.700,00
	..-12-31		20 %	7.850,00	7.850,00
	..-12-31		20 %	7.850,00	1,00[1]

Die Anschaffungskosten einer am 1. Januar angeschafften Ladeneinrichtung betragen 90.000,00 €. Die Nutzungsdauer wird mit 10 Jahren angenommen. Vergleichen Sie die Abschreibungsbeträge und die jeweiligen Buchwerte bei einer linearen Abschreibung von 10 % und einer degressiven von 25 %.

Abschreibung von den Anschaffungskosten (AK)			**Abschreibung vom Buchwert (BW)**	
führt zu gleichbleibenden Abschreibungsbeträgen			führt zu fallenden Abschreibungsbeträgen	
= lineare Abschreibung			**= degressive Abschreibung**	
90.000,00		Anschaffungskosten (AK)		90.000,00
9.000,00	10 % v. AK	Abschreibung Ende 1. Jahr	25 % v. BW	22.500,00
81.000,00		Buchwert Ende 1. Jahr		67.500,00
9.000,00	10 % v. AK	Abschreibung Ende 2. Jahr	25 % v. BW	16.875,00
72.000,00		Buchwert Ende 2. Jahr		50.625,00
9.000,00	10 % v. AK	Abschreibung Ende 3. Jahr	25 % v. BW	12.656,25
63.000,00		Buchwert Ende 3. Jahr		37.968,75
9.000,00	10 % v. AK	Abschreibung Ende 4. Jahr	25 % v. BW	9.492,19
54.000,00		Buchwert Ende 4. Jahr		28.476,56
–	–	–	–	–
–	–	–	–	–
1,00[1]		Buchwert Ende 10. Jahr		5.068,22

1 Erinnerungswert

Die Finanzverwaltung hat für eine ganze Reihe von Anlagegegenständen eine „betriebsgewöhnliche Nutzungsdauer" festgelegt, die bindend ist. Damit werden die Höchstsätze für die lineare Abschreibung in der sogenannten „AfA-Tabelle"[1] festgelegt.

Auszug aus der AfA-Tabelle

Anlagegüter	Nutzungsdauer	Linearer AfA-Satz
Betriebs- und Geschäftsausstattung		
Kühleinrichtungen	8 Jahre	12,50 %
Fernsprechnebenstellenanlagen	10 Jahre	10,00 %
Kommunikationsendgeräte (allgemein)	8 Jahre	12,50 %
Workstations, Personal-Computer, Notebooks und deren Peripheriegeräte (Drucker, Scanner, ...)	3 Jahre	33,33 %
Beschallungsanlagen	9 Jahre	11,11 %
Registrierkassen	6 Jahre	16,67 %
Verkaufstheken	10 Jahre	10,00 %
Kartenleser (Giro-/Kreditkarten)	8 Jahre	12,50 %
Waagen (Obst, Gemüse, Fleisch u. Ä.)	11 Jahre	9,09 %
Schaukästen, Vitrinen, Lichtreklame	9 Jahre	11,11 %
Büromöbel	13 Jahre	7,69 %

Kann eine höhere Wertminderung *nachgewiesen* werden, so darf sie bei der Berechnung der Abschreibung angewendet werden.

Die Abschreibung muss monatsgenau erfolgen, d. h. dass im Anschaffungsjahr bzw. im letzten Nutzungsjahr **nur anteilig für die jeweiligen Nutzungsmonate** des Jahres abgeschrieben werden darf.

Bei Anschaffung am 1. Juli darf also nur die Hälfte des jährlichen Abschreibungsbetrages gebucht werden.

Diese monatsgenaue Abschreibung gilt für das Jahr der Anschaffung und für das Jahr des Verkaufs.

Am 10. September haben wir ein Kassensystem verkauft, das zu Jahresbeginn mit 12.000,00 € zu Buche steht. Die jährliche Abschreibung beträgt 6.000,00 €.

9/12 der Jahresabschreibung von 6.000,00 € .... 4.500,00 €

Buchwert des Kassensystems am 1. Januar	**12.000,00**
– zeitanteilige Abschreibung	**– 4.500,00**
Buchwert des Kassensystems am 10. September	**= 7.500,00**

Wertminderung wird durch Abschreibung erfasst.
Nutzungsdauer und Abschreibungsmethode bestimmen die Höhe der Abschreibung.
Abschreibungen verteilen die Anschaffungskosten auf die Dauer der Nutzung.
Abschreibungen schmälern den Gewinn.

1 Die AfA-Tabellen sind im Internet unter www.bundesfinanzministerium.de zu finden.

1 Die Anschaffungskosten einer EDV-Anlage betragen 40.000,00 €. Am Ende des 1. Nutzungsjahres sollen 33,33 % der Anschaffungskosten linear abgeschrieben werden. Mit welcher Nutzungsdauer rechnet das Unternehmen? Wie hoch ist der Abschreibungsbetrag für das 3. Nutzungsjahr?

2 Der Buchwert einer Kühleinrichtung, die über 8 Jahre linear abgeschrieben werden soll, beträgt zu Beginn des 3. Nutzungsjahres 2.250,00 €. Berechnen Sie die Anschaffungskosten.

3 Ein Firmenwagen wird am 1. April erworben. Die Anschaffungskosten betragen 24.000,00 €. Mit welchem Betrag wird das Fahrzeug am Jahresende abgeschrieben, wenn eine 5-jährige Nutzungsdauer unterstellt wird?

4 Stellen Sie einen Abschreibungsplan für eine Registrierkasse auf, die entsprechend der betriebsgewöhnlichen Nutzungsdauer abgeschrieben werden soll. Anschaffungskosten 3.600,00 €.

5 Ein Kartenlesegerät wird am 1. Juli angeschafft. Am Jahresende desselben Jahres wird es mit 87,50 € abgeschrieben. Berechnen Sie die Anschaffungskosten und die zugrunde gelegte Nutzungsdauer.

6 Auszug aus der Anlagenbuchhaltung eines Einzelhandelsunternehmens. Ermitteln Sie die Abschreibungsbeträge unter Anwendung der AfA-Tabelle und stellen Sie die Buchwerte für das Ende des Geschäftsjahres fest.

Gegenstand	Nutzungsjahr	Anschaffungskosten	Buchwert
Kartenlesegerät	5. Jahr	42.000,00 €	21.000,00 €
Fernsprechnebenstellenanlage	3. Jahr	1.200,00 €	960,00 €
Kühltheke	4. Jahr	60.000,00 €	37.500,00 €
Verkaufstheke	4. jahr	28.000,00 €	19.600,00 €

7 Das Regionalkaufhaus „Hackner" in Köln hat einen regionalen Zustelldienst eingerichtet und nutzt dazu einen Firmenwagen mit den Anschaffungskosten von 18.000,00 €. Nachweislich kann der Firmenwagen durch die hohe Beanspruchung nur drei Jahre genutzt werden. Berechnen Sie die jährliche Abschreibung in Prozent und in Euro.

8 Welche Auswirkung hat die Abschreibung auf den Jahresgewinn? Begründen Sie Ihre Antwort.

Geringwertige Wirtschaftsgüter (GWG)

Alle beweglichen, abnutzbaren, selbstständig nutzbaren und bewertbaren Güter des Anlagevermögens, deren Anschaffungs- oder Herstellungskosten **150,00 € netto nicht übersteigen,** dürfen seit dem Jahr 2008 nicht mehr abgeschrieben werden, sondern sind sofort als Betriebsausgabe bzw. Aufwand zu buchen.

Der Einzelhändler Peter Gooss, e. K. kauft ein Laminiergerät für 130,00 € netto + 24,70 € Umsatzsteuer.

Buchung:	**Aufwendungen GWG**	**130,00**	
	Vorsteuer	**24,70**	
	an **Verbindlichkeiten a. LL**		**154,70**

6680232

Für geringwertige Wirtschaftsgüter mit Anschaffungs- bzw. Herstellungskosten von **mehr als 150,00 € bis zu 1.000,00 €** ist ein **Sammelposten pro Jahr** zu bilden, der dann über fünf Jahre gleichmäßig mit 20 % pro Jahr abgeschrieben wird.

Diese Regelungen sollen zur Vereinfachung und damit zur Kostensenkung beitragen.

Wird eines dieser Anlagegüter in den fünf Jahren veräußert, zerstört oder gestohlen, so bleibt es aus Vereinfachungsgründen in dem Sammelposten und wird weiterhin abgeschrieben.

Der Einzelhändler Peter Gooss, e. K. kauft im Dezember 2009 einen Tischkopierer für 540,00 € netto + 102,60 € Umsatzsteuer.

Buchung:	**Sammelposten GWG (2009)**	**540,00**	
	Vorsteuer	**102,60**	
	an **Verbindlichkeiten a. LL**		**642,60**

1 Im Jahr 2008 wurden für insgesamt 2.800,00 € geringwertige Wirtschaftsgüter im Wert zwischen jeweils 200,00 € bis 800,00 € erworben. Wie viel Abschreibungen sind zum 31.12.2008 darauf zu buchen?

2 Die Abschreibungen auf den Sammelposten GWG (2008) betragen insgesamt 3.200,00 €. Wie hoch waren die Anschaffungskosten der gekauften Güter?

3 Ein Lebensmitteleinzelhändler kauft am 31.12.2008 ein Datenerfassungsgerät für 150,00 € netto. In welcher Höhe kann er dieses Gerät am Jahresende abschreiben?

4 Bis zu welchen Anschaffungskosten können die GWG sofort abgeschrieben werden?

5 Ein Discounter kauft am 1. März für seine Filialen Backautomaten. Insgesamt lautet die Rechnung über brutto 23.800,00 €. Der Discounter möchte die Backautomaten 8 Jahre nutzen. Wie hoch ist der Abschreibungsbetrag am Ende des 1. Jahres?

6 Formulieren Sie den Geschäftsvorfall, der hinter folgendem Buchungssatz steckt:

Sammelposten GWG (2009)
Vorsteuer
an Verbindlichkeiten

36.3 Die Buchung der Abschreibung

Die Abschreibung verteilt die Anschaffungs- oder Herstellungskosten als Aufwand auf die Gewinn- und Verlustrechnung der Nutzungsjahre. Der **Abschreibungsbetrag** wird am Ende des Jahres auf dem **Aufwandskonto „Abschreibungen“** gebucht.

Gleichzeitig **nimmt** der **Wert des Anlagegutes** auf dem Anlagekonto um diesen Betrag **ab.**

Beispiel 1:
Eine Geschäftsausstattung mit Anschaffungskosten von 90.000,00 € wird am Jahresende mit 10 % linear abgeschrieben.

Buchung:	**6520 Abschreibungen auf Sachanlagen**	**9.000,00**	
	an **0810 Geschäftsausstattung**		**9.000,00**

S	0810 Geschäftsausstattung		H
AK	90.000,00	Abschr.	**9.000,00**
		SBK	81.000,00

S	6520 Abschreibungen		H
Gesch.	**9.000,00**	GuV	9.000,00

S	8010 Schlussbilanzkonto		H
Gesch.	81.000,00		

S	8020 Gewinn- und Verlustkonto		H
Abschr.	9.000,00		

Beispiel 2:
Am 10. September haben wir ein Kassensystem verkauft, das zu Jahresbeginn mit 12.000,00 € zu Buche steht. Die jährliche Abschreibung beträgt 6.000,00 €.

9/12 der Jahresabschreibung von 6.000,00 € .... 4.500,00 €

Buchung (10. September):

6520 Abschreibungen auf Sachanlagen **4.500,00**
an **0820 Kassensysteme** **4.500,00**

Beispiel 3:
Im Jahr 2009 hat der Einzelhändler Peter Gooss, e. K. insgesamt für 2.600,00 € Anlagegüter im Wert zwischen 150,00 € bis 1.000,00 € auf das Konto „Sammelposten GWG (2009)“ gebucht.

Buchung am Jahresende:

6540 Abschreibungen auf GWG **520,00**
an **0890 Sammelposten GWG (2009)** **520,00**

36.4 Die Bedeutung der Abschreibung

Auf dem Anlagekonto wirkt sich die Abschreibung als Minderung der Anschaffungskosten aus; das Schlussbilanzkonto enthält daher nur noch den **Tageswert des Anlagegutes.**

Das Gewinn- und Verlustkonto weist neben anderen Aufwendungen auch die Abschreibungen auf Anlagen aus. Bei der **Kalkulation der Verkaufspreise** werden die **Abschreibungen anteilig einbezogen** und kommen über die Verkaufspreise wieder herein. Nur so ist es dem Unternehmen möglich, die Mittel für die Ersatzbeschaffung von Anlagen aufzubringen. Man spricht von einem „Kreislauf der Abschreibungen“.

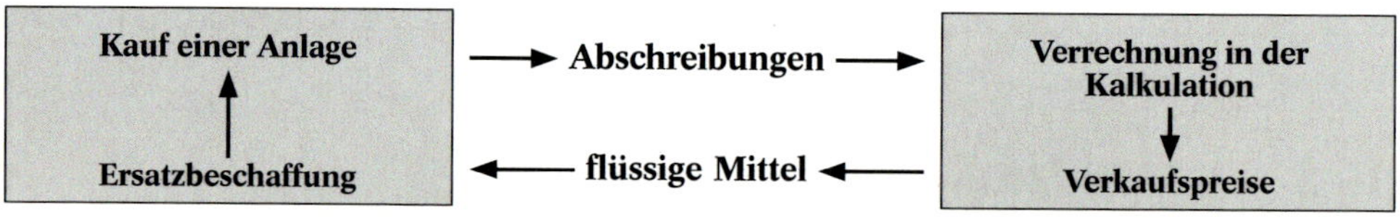

Abschreibungen ermöglichen Ersatzbeschaffungen über die Umsatzerlöse.

1 Die Anschaffungskosten einer Kühltheke betragen 15.000,00 €. Sie steht am Ende des 3. Jahres noch mit 6.000,00 € zu Buche. Mit wie viel Prozent wurde sie jährlich abgeschrieben, wenn man die lineare Abschreibung angewendet hat? Wie lautet die Buchung? Wie lange ist die vorgesehene Nutzungsdauer?

2 Aus dem Bestand des Kontos „Sammelposten GWG (2008)“ in Höhe von 7.450,00 € wurde am 28. Dezember ein Tischkopierer im Wert von 450,00 € verkauft. Mit welchem Wert wird das Konto „Sammelposten GWG (2008)“ am 31. Dezember abgeschrieben?

6680234

3 **Summenbilanz** des Zweiradhandels Reichert OHG, Burgthann, zum 31. März:
(Das Geschäftsjahr läuft vom 1. April bis zum 31. März.)

0510	Bebaute Grundstücke	80.000,00	–
0530	Betriebsgebäude	115.000,00	–
0810	Ladenausstattung	28.000,00	–
0830	Lagerausstattung	35.000,00	–
0860	Büromaschinen	6.100,00	–
0891	Sammelposten GWG Jahr 1	2.400,00	–
2000	Warenbestände	63.800,00	–
2400	Forderungen a. LL	130.300,00	107.900,00
2600	Vorsteuer	56.000,00	51.300,00
2800	Bank	472.600,00	455.900,00
2880	Kasse	90.900,00	88.400,00
3000	Eigenkapital	–	166.600,00
4250	Langfr. Bankverbindlichkeiten	–	60.000,00
4400	Verbindlichkeiten a. LL	382.500,00	438.300,00
4800	Umsatzsteuer	83.600,00	91.200,00
4830	Sonstige Verbindlichkeiten gegenüber Finanzbehörden	21.900,00	21.900,00
4840	Verbindlichkeiten gegenüber Sozialversicherungsträgern	42.400,00	42.400,00
5000	Umsatzerlöse	–	570.000,00
5001	Erlösberichtigungen	3.300,00	–
5710	Zinserträge	–	400,00
6000	Aufwendungen für Waren	350.100,00	–
6001	Bezugskosten	1.200,00	–
6002	Nachlässe	–	3.800,00
6300	Gehälter	103.400,00	–
6400	Arbeitgeberanteil zur Sozialversicherung	21.300,00	–
6520	Abschreibungen auf Sachanlagen	–	–
6530	Abschreibungen auf GWG	–	–
6750	Aufwendungen des Geldverkehrs	600,00	–
6800	Büromaterial	1.400,00	–
7020	Grundsteuer	3.900,00	–
7510	Zinsaufwendungen	2.400,00	–
		2.098.100,00	2.098.100,00

Abschlussangaben:

Abschreibungen auf	0530	2 % der Anschaffungskosten von	630.000,00 €
	0810	20 % der Anschaffungskosten von	36.000,00 €
	0830	20 % der Anschaffungskosten von	40.000,00 €
	0860	20 % der Anschaffungskosten von	10.000,00 €
	0891	Der Gesamtbestand ist voll abzuschreiben.	

Warenendbestand laut Inventur 39.900,00 €.

Die Barumsätze des 31. März sind bereits in der Summenbilanz enthalten. Buchen Sie die restlichen Belege und erstellen Sie den Abschluss.

Offene-Posten-Listen

Kunden:	24001 Motorradclub Franken e. V., Fürth	4.400,00
	24002 Radsportclub Herpersdorf e. V., Nürnberg	1.100,00
	24003 Zweiradzentrum Lang e. K., Nürnberg	1.600,00
	24004 Verschiedene Kunden	800,00
Lieferanten:	44001 Veloci GmbH, Neumarkt	0,00
	44002 Seifert & Klein GmbH, Schwabach	35.000,00
	44003 Euroswing KG, Schwarzenbruck	12.000,00
	44004 Verschiedene Lieferanten	2.900,00

Beleg 1:

Zweiradhandel Reichert OHG

Osterhofer Weg 2 • 90559 Burgthann
Telefon: 09183 4803-0
Telefax: 09183 4803-15
Internet: www.zweirad-reichert-wvd.de
E-Mail: info@reichert-wvd.de

Reichert OHG • Osterhofer Weg 2 • 90559 Burgthann

Herrn
Harald Sörgel
Elisenstraße 3
90451 Nürnberg

Rechnung

Rechnungs-Nr.: 30 456/2
Auftrags-Nr.: 3
Kunde: 24004
Lieferdatum: ..-03-30

Ihr Zeichen, Ihre Nachricht vom	Unser Zeichen, unsere Nachricht vom	Telefon, Name 09183 4803-	Datum
	0154/gs	12 Frau Sandt	..-03-31

Sehr geehrter Herr Sörgel,

wir lieferten Ihnen folgende Artikel:

Pos.	Menge	Artikelbezeichnung	Einzelpreis	Gesamt
1	8	Gabelöl GS 40 (0,5 l)	21,75 €	174,00 €
2	4	Spezialreflektoren	14,50 €	58,00 €
				232,00 €
		+ 19 % Umsatzsteuer		44,08 €
		Rechnungsbetrag		276,08 €

Bitte überweisen Sie den obigen Betrag in den nächsten Tagen.

Zahlungsbedingungen: 3 % Skonto innerhalb von 7 Tagen, 21 Tage netto.

Wir bedanken uns für den Auftrag und bleiben gerne weiterhin mit Ihnen in Kontakt.

Konto | Soll | Haben
geprüft und gebucht

Sparkasse Neumarkt, Konto-Nr. 2 685 315, BLZ 760 520 80
IBAN: DE70 7605 2080 0002 6853 15, BIC: BYLADEM1NMA

Raiffeisenbank Neumarkt, Konto-Nr. 58 426 544, BLZ 760 695 53
IBAN: DE57 7606 9553 0058 4265 44, BIC: GENODEF1NM1

Sitz der Gesellschaft:
Burgthann
Geschäftsführer: U. Reichert
Registergericht Nürnberg HRA Nr. 3658
USt-IdNr.: 854 759 284

6680236

Beleg 2:

Zweiradhandel Reichert OHG

Osterhofer Weg 2 • 90559 Burgthann
Telefon: 09183 4803-0
Telefax: 09183 4803-15
Internet: www.zweirad-reichert-wvd.de
E-Mail: info@reichert-wvd.de

Reichert OHG • Osterhofer Weg 2 • 90559 Burgthann

Radsportclub
Herpersdorf 1919 e. V.
An der Radrunde 56
90455 Nürnberg

Rechnung

Rechnungs-Nr.:	30 451/2
Auftrags-Nr.:	13
Kunde:	24002
Lieferdatum:	..-03-17

Ihr Zeichen, Ihre Nachricht vom	Unser Zeichen, unsere Nachricht vom	Telefon, Name 09183 4803-	Datum
..-03-20	0154/gs	12 Frau Sandt	..-03-31

Sehr geehrte Damen und Herren,

Ihre Reklamation vom 20. März .. erkennen wir an. Für die Lackschäden an den HI-TEN-Stahlrahmen gewähren wir Ihnen einen Preisnachlass von

20 % aus 600,00 €	120,00 €
+ 19 % Umsatzsteuer	22,80 €
	142,80 €

Bitte entschuldigen Sie diesen Mangel. Wir haben uns bereits mit unserem Lieferanten in Verbindung gesetzt, damit in Zukunft eine zweckmäßigere Verpackung gewählt wird.

Mit freundlichem Gruß

Zweiradhandel Reichert OHG

i. A. Gabriele Sandt

Konto | Soll | Haben
geprüft und gebucht

Sparkasse Neumarkt, Konto-Nr. 2 685 315, BLZ 760 520 80
IBAN: DE70 7605 2080 0002 6853 15, BIC: BYLADEM1NMA

Raiffeisenbank Neumarkt, Konto-Nr. 58 426 544, BLZ 760 695 53
IBAN: DE57 7606 9553 0058 4265 44, BIC: GENODEF1NM1

Sitz der Gesellschaft:
Burgthann
Geschäftsführer: U. Reichert
Registergericht Nürnberg HRA Nr. 3658
USt-IdNr.: 854 759 284

Beleg 3:

VELOCI GmbH
Ersatzteile für Zweiradfahrzeuge

Zur Schwärz 8
92318 Neumarkt

Telefon:
09181 203-0
Telefax:
09181 203-15
Internet:
www.veloci-wvd.de
E-Mail:
info@veloci-wvd.de

Veloci GmbH • Zur Schwärz 8 • 92318 Neumarkt

Zweiradhandel
Reichert OHG
Osterhofer Weg 2
90559 Burgthann

Eingang:
..-03-31

Ihr Zeichen, Ihre Nachricht vom	Unser Zeichen, unsere Nachricht vom	Telefon, Name 09181 203-	Datum
..-03-10	v-ht	14 Herr Thomas	..-03-30

Rechnung Nr. 056 874

Ihre Bestellung vom 10. März ..
Unsere Lieferung vom 24. März ..

Bezeichnung	Menge	Einzelpreis (€)	Gesamtpreis (€)
45 150 Schutzblech Stahl schwarz	50	14,70	735,00
46 789 Schutzblech Kunststoff blau	10	19,75	197,50
47 856 Schutzblechbefestigungsset	38	2,25	85,50
48 695 Kantenschutz Kunststoff	40	2,05	82,00
		Warenwert	1.100,00
		+ Fracht	50,00
		Zwischensumme	1.150,00
		+ 19 % USt	218,50
		Gesamtbetrag	1.368,50

Konto	Soll	Haben

geprüft und gebucht

2 % Skonto vom Warenwert innerhalb von 10 Tagen,
ohne Abzug innerhalb von 40 Tagen.

Vielen Dank für Ihren Auftrag.

Dresdner Bank Neumarkt, Konto 4 780 987, BLZ 760 800 40
IBAN: DE97 7608 0040 0004 7809 87, BIC: DRESDEFF760

Raiffeisenbank Neumarkt, Konto 45 673 829, BLZ 760 695 53
IAN: DE37 7606 9553 0045 6738 29, BIC: GENODEF1NM1

Registergericht Neumarkt
HRB Nr. 7543

Geschäftsführer: T. Moritz
USt-IdNr.: 948 537 632

Beleg 4:

Zweiradhandel Reichert OHG

Osterhofer Weg 2 • 90559 Burgthann
Telefon: 09183 4803-0
Telefax: 09183 4803-15
Internet: www.zweirad-reichert-wvd.de
E-Mail: info@reichert-wvd.de

Reichert OHG • Osterhofer Weg 2 • 90559 Burgthann

Seifert & Klein GmbH
Fahrradwerke
Austraße 1
91126 Schwabach

Ihr Zeichen, Ihre Nachricht vom	Unser Zeichen, unsere Nachricht vom	Telefon, Name 09183 4803-	Datum
	0157/tg	13 Herr Gerlach	..-03-31

Rechnungsausgleich

Sehr geehrter Herr Seifert,

zum Ausgleich der Rechnung 4 367 876 vom 18. März ..
über 32.000,00 € erhalten Sie

- einen Verrechnungsscheck über 32.000,00 €.

Mit freundlichem Gruß

Zweiradhandel Reichert OHG

i. V. Tim Gerlach

Anlagen

Konto	Soll	Haben

geprüft und gebucht

Sparkasse Neumarkt, Konto-Nr. 2 685 315, BLZ 760 520 80
IBAN: DE70 7605 2080 0002 6853 15, BIC: BYLADEM1NMA

Raiffeisenbank Neumarkt, Konto-Nr. 58 426 544, BLZ 760 695 53
IBAN: DE57 7606 9553 0058 4265 44, BIC: GENODEF1NM1

Sitz der Gesellschaft:
Burgthann
Geschäftsführer: U. Reichert
Registergericht Nürnberg HRA Nr. 3658
USt-IdNr.: 854 759 284

Beleg 5:

Euroswing Fahrradwerke KG **Welserstraße 12 • 90588 Schwarzenbruck**

Euroswing KG • Welserstr. 12 • 90588 Schwarzenbruck

Telefon: 09128 503324-0
Telefax: 09128 503324-99
Internet: www. euroswing-fahrradwerke-wvd.de
E-Mail: info@euroswing-wvd.de

Zweiradhandel
Reichert OHG
Osterhofer Weg 2
90559 Burgthann

Eingang:
..-03-31

Ihr Zeichen, Ihre Nachricht vom	Unser Zeichen, unsere Nachricht vom	Telefon, Name 09128 503324-	Datum
..-03-20	kl03	36 Frau Klar	..-03-30

Gutschrift

Sehr geehrte Damen und Herren,

für falsch gelieferte Fahrräder gemäß Lieferschein vom 18. März .. schreiben wir Ihnen gut:

Bezeichnung	Stückzahl	Einzelpreis (€)	Gesamt (€)
207 Trekkingrad Herren blaumetallic	20	174,00	3.480,00
211 Mountainbike Damen bahamabeige	8	239,00	1.912,00
		Warenwert	5.392,00
		+ 19 % USt	1.024,48
		Gesamtbetrag	6.416,48

Mit freundlichen Grüßen

Euroswing KG

ppa. Brigitte Klar

Konto	Soll	Haben

geprüft und gebucht

Bankverbindungen:
HypoVereinsbank Nürnberg, Konto 5 467 893, BLZ 760 200 70
IBAN: DE68 7602 0070 0005 4678 93, BIC: HYVEDEMM460
Postbank Nürnberg, Konto 40 507-851, BLZ 760 100 85
IBAN: DE48 7601 0085 0040 5078 51, BIC: PBNKDEFF760

St.-Nr.: 95 731 2456 8

Beleg 6:

Gehaltsliste per 31. März ..

Brutto-gehälter	Lohnsteuer	Solidaritäts-zuschlag	Kirchensteuer	Gesetzliche Sozialabgaben	Bank-überweisung
9.400,00 €	1.464,00 €	80,52 €	117,12 €	1.787,00 €	5.951,36 €

Arbeitgeberanteil Sozialversicherung = 1.650,00 €

Beleg 7:

Konto-Nr. 2 685 315

Sparkasse Neumarkt
BLZ 760 520 80

Zweiradhandel
Reichert OHG
Osterhofer Weg 2
90559 Burgthann

Kontoabrechnung zum 31. März ..

Bezeichnung	Soll € ct	Haben € ct
9 % Soll-Zinsen von # 17 100	427,50	
Kontoführungsentgelt	27,00	
2 % Haben-Zinsen von # 4 500		25,00
Zwischensumme Soll	454,50	
Zwischensumme Haben		25,00
Abschluss-Saldo	**429,50**	

Wir belasten Ihrem Konto 2 685 315 429,50 € per 31. März ...

..-03-31
IBAN: DE70 7605 2080 0002 6853 15

Sparkasse Neumarkt
BIC: BYLADEM1NMA

Beleg 8:

Konto-Nr. 002 685 315 BLZ 760 520 80 — Kontoauszug 173
Sparkasse Neumarkt UST-ID DE 133551149 — Blatt 1

Eingang: ..-03-31

Datum	Erläuterungen		Betrag
	Kontostand in EUR am ..-03-27, Auszug Nr. 172		16.700,00+
03 28	Barmer Ersatzkasse: Soz.-vers.-Beitr. lt. Aufstellung März .., Mitgliedsnummer 34 136	Wert: ..-03 31	3.437,00-
03 31	Veloci GmbH, Rechng.: 056 874 - 2 % Skonto	Wert: ..-03 31	1.342,32-
03 31	Sammelüberw. lt. Anlage: Gehälter März ..	Wert: ..-03 31	5.951,36-
03 31	Finanzamt Hersbruck: Lohn-, Kirchensteuer, Solidaritätszuschlag März ..	Wert: ..-03 31	1.661,64-
03 31	Rechnungsabschluss per 31. März ..	Wert: ..-03 31	429,50-
	Kontostand in EUR am ..-03-31, 16:22 Uhr		3.878,18+

Reichert OHG
Osterhofer Weg 2
90559 Burgthann

IBAN: DE70 7605 2080 0002 6853 15
BIC: BYLADEM1NMA

Konto | Soll | Haben — geprüft und gebucht

Konto | Soll | Haben — geprüft und gebucht

Konto | Soll | ~~Haben~~ — geprüft und gebucht

Beleg 9:

Neumann KG, Wielandstr. 9, 90419 Nürnberg

Neumann KG Lagersysteme

Wielandstraße 9 • 90419 Nürnberg
Telefon: 0911 393939 • Telefax: 0911 393990
Internet: www.neumannlager-wvd.de
E-Mail: info@neumannlager-wvd.de
USt-IdNr.: 854 658 732

Reichert OHG
Osterhofer Weg 2
90559 Burgthann

Eingang: ..-03-31

Konto	Soll	Haben

geprüft und gebucht

Datum
..-03-30

Rechnung Nr. 1 876/4
Lieferdatum: ..-03-29

Menge	Bezeichnung	Gesamtpreis
1	Lagersystem Karussell MKL 345	3.450,00 €
	- 5 % Sonderrabatt	172,50 €
		3.277,50 €
	+ Fracht	86,50 €
	+ Transportversicherung	43,20 €
	+ 4 Stunden Montagearbeit	127,80 €
		3.535,00 €
	+ 19 % Umsatzsteuer	671,65 €
		4.206,65 €

Zahlungsbedingungen:
2 % Skonto innerhalb von 14 Tagen, 30 Tage Ziel

Gerichtsstand Nürnberg
Komplementär:
Manfred Neumann

Dresdner Bank Nürnberg, Konto 105 196 900, BLZ 760 800 40
IBAN: DE83 7608 0040 0105 1969 00, BIC: DRESDEFF146
HypoVereinsbank Nürnberg, Konto 8 838 879, BLZ 760 200 70
IBAN: DE98 7602 0070 0008 8388 79, BIC: HYVEDEMM460

Beleg 10:

Büro-Meier e. K. • Rosengasse 14 • 90559 Burgthann

BÜRO-MEIER e. K.

Rosengasse 14
90559 Burgthann
Telefon/Fax:
09183 5670
Internet: www.buero-meier-wvd.de
E-Mail: bueromeier-wvd.de
St.-Nr. 357 658 246

Reichert OHG
Osterhofer Weg 2
90559 Burgthann

Eingang: ..-03-31

Konto	Soll	Haben

geprüft und gebucht

Datum
..-03-30

Rechnung ../3 659

Menge	Einzelpreis	Gegenstand	Gesamtpreis
4	85,00 €	Tischrechner	340,00 €
4	21,25 €	Taschenrechner	85,00 €
			425,00 €
		19 % USt	80,75 €
			505,75 €

Lieferung frei Haus am 29. März ..

Zahlung netto Kasse

Raiffeisenbank Neumarkt, Konto 985 432, BLZ 760 695 53
IBAN: DE70 7606 9553 0000 9854 32, BIC: GENODEF1NM1

37 Der Jahresabschluss der Unternehmen

37.1 Bestandteile und Offenlegung des Jahresabschlusses

Nach handels- und steuerrechtlichen Bestimmungen ist der Kaufmann verpflichtet, einen Jahresabschluss zu erstellen. Der Jahresabschluss besteht gemäß § 242 Abs. 3 HGB für alle Kaufleute aus der Bilanz und der Gewinn- und Verlustrechnung.

Unternehmen, die als Kapitalgesellschaften betrieben werden, haben nach § 264 HGB den für alle Kaufleute geltenden Jahresabschluss um einen Anhang zu erweitern. Sie unterliegen der Offenlegungspflicht, d. h., sie müssen den Jahresabschluss zum Handelsregister anmelden und im elektronischen Bundesanzeiger veröffentlichen.

Der Jahresabschluss besteht aus:

	Bilanz Gewinn- und Verlustrechnung	für Kapitalgesellschaften
	Anhang	

Der Jahresabschluss muss klar und übersichtlich aufgestellt werden. Unter Berücksichtigung der Grundsätze ordnungsmäßiger Buchführung (§ 243 Abs. 1 HGB) ist ein den tatsächlichen Verhältnissen entsprechendes Bild der Vermögens-, Finanz- und Ertragslage zu vermitteln. Dies geschieht in der Bilanz und in der Gewinn- und Verlustrechnung. Der Jahresabschluss ist innerhalb der einem ordnungsmäßigen Geschäftsgang entsprechenden Zeit aufzustellen (§ 243 Abs. 3 HGB).

Wichtige Grundsätze des ordnungsgemäßen Jahresabschlusses sind:

Grundsatz richtiger Erfolgsabgrenzung. Aufwendungen und Erträge, die wirtschaftlich ins abzuschließende Geschäftsjahr gehören, müssen erfasst werden, auch wenn der Zahlungsvorgang dafür erst im folgenden Jahr anfällt.

Aufwendungen und Erträge, die wirtschaftlich zum folgenden Jahr gehören, müssen übertragen werden, auch wenn der Zahlungsvorgang schon erfolgt ist. (Vgl. Seite 244 f.)

Bestandsaufnahme und Bewertung des Vermögens und der Schulden. Anlage- und Umlaufvermögen sind bestands- und wertmäßig zu überprüfen. Auch die Verbindlichkeiten sind in Höhe und Wertansatz zu kontrollieren. (Vgl. Seiten 254 und 258.)

Klarheit des Ausweises der Bilanz und der Gewinn- und Verlustrechnung

Die Gliederung der Bilanz und der Gewinn- und Verlustrechnung haben in Einklang mit den Gliederungsvorschriften der §§ 266 und 275 HGB zu stehen.

Saldierungen von Forderungen und Verbindlichkeiten sowie von Aufwendungen und Erträgen sind nicht zulässig. Das widerspricht dem Bruttoprinzip.

Der Jahresabschluss muss Einblick in die Vermögens-, Finanz- und Erfolgslage des Unternehmens gewähren.

Kein Kontenabschluss ohne Prüfung und Bewertung.

Das Bruttoprinzip ist zu beachten (Saldierungsverbot).

37.2 Zeitliche Abgrenzung

37.2.1 Sonstige Forderungen und Verbindlichkeiten

Zahlungen für Aufwendungen und Erträge werden im Allgemeinen in dem Jahr geleistet, in das sie wirtschaftlich gehören. Es kommt aber auch vor, dass Zahlungen für Aufwendungen/Erträge erst im neuen Jahr durchgeführt werden. In diesen Fällen darf man mit dem Buchen der Aufwendungen/Erträge nicht bis zum Tag der Zahlung warten. Sie müssen vielmehr noch im alten Jahr gebucht werden, damit die Erfolgsrechnung die vollständigen Aufwendungen/Erträge enthält und zeitlich richtig abgegrenzt wird.

Wenn wir für Erträge des alten Jahres die Zahlung erst im neuen Jahr zu erhalten haben, entsteht am Ende des Jahres eine **Sonstige Forderung** (Konto „2690 Übrige sonstige Forderungen").

Haben wir dagegen für Aufwendungen des alten Jahres die Zahlung erst im neuen Jahr zu leisten, entsteht eine **Sonstige Verbindlichkeit** (Konto „4890 Übrige sonstige Verbindlichkeiten").

1. Ein Darlehensschuldner hat die Zinsen für das letzte Halbjahr bis zum 31. Dezember nicht gezahlt. Wir haben noch 600,00 € zu fordern.

Da diese Zinserträge das abgelaufene Rechnungsjahr betreffen, müssen sie in der Erfolgsrechnung des alten Jahres erscheinen.

Buchung am 31. Dezember:

2690 Übrige sonstige Forderungen	**600,00**	
an **5710 Zinserträge**		**600,00**

S	2690 Übrige sonstige Forderungen		H
5710	600,00		

S	5710 Zinserträge		H
		2690	600,00

Der Schuldner überweist die Zinsen am 3. Januar des neuen Jahres durch die Bank.

Buchung am 3. Januar:

2800 Bank	**600,00**	
an **2690 Übrige sonstige Forderungen**		**600,00**

S	2800 Bank		H
2690	600,00		

S	2690 Übrige sonstige Forderungen		H
AB	600,00	2800	600,00

2. Die Lagermiete für Dezember von 450,00 € wurde von uns noch nicht gezahlt. Wir sind diesen Betrag am Jahresende noch schuldig.

Da dieser Aufwand in das alte Jahr gehört, dürfen wir auch hier mit der Buchung nicht bis zum Zahlungstag warten.

Buchung am 31. Dezember:

6700 Mieten, Pachten	**450,00**	
an **4890 Übrige sonstige Verbindlichkeiten**		**450,00**

S	6700 Mieten, Pachten		H
4890	450,00		

S	4890 Übrige sonstige Verbindlichkeiten		H
		6700	450,00

6680244

Wir überweisen die Miete am 2. Januar des neuen Jahres durch die Postbank, 450,00 €.

Buchung am 2. Januar:

4890 Übrige sonstige Verbindlichkeiten	**450,00**	
an **2850 Postbank**		**450,00**

S	4890 Übrige sonstige Verbindlichkeiten		H
2850	450,00	AB	450,00

S	2850 Postbank		H
		4890	450,00

Durch unsere Überweisung im Januar wird die Verbindlichkeit gegenüber dem Vermieter erfüllt.

Werden Zahlungen für Aufwendungen/Erträge, die das alte Jahr angehen, erst im neuen Jahr geleistet, so entstehen Sonstige Forderungen bzw. Sonstige Verbindlichkeiten. Die Konten 2690 und 4890 schließen über Konto 8010 ab.

Betrifft der Ertrag/Aufwand, für den die Zahlung bis zum Jahresende nicht geleistet worden ist, teils das alte, teils das neue Rechnungsjahr, so entstehen ebenfalls Sonstige Forderungen bzw. Sonstige Verbindlichkeiten. Es darf aber jetzt nur der Teil des Ertrages/Aufwandes gebucht werden, der das alte Jahr betrifft.

Die in diesen Fällen erforderlichen Buchungen zeigen folgende Beispiele:

1. Unser Darlehensschuldner hat 1.200,00 € Zinsen für die Zeit vom 1. Mai bis 30. April nachträglich zu zahlen.

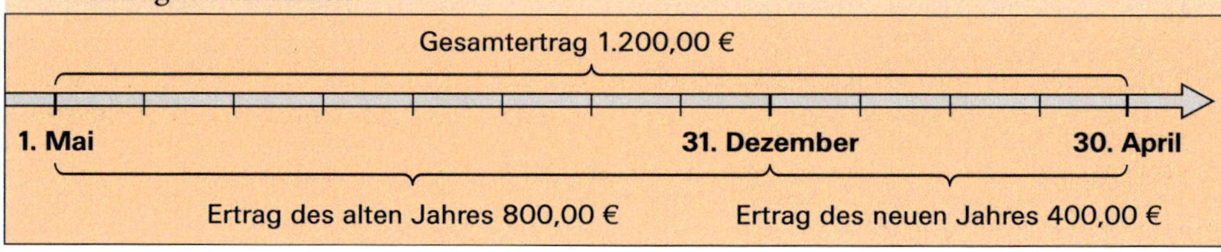

Da 800,00 € Zinserträge das abgelaufene Rechnungsjahr betreffen, müssen sie in der Erfolgsrechnung des alten Jahres erscheinen.

Buchung am 31. Dezember:

2690 Übrige sonstige Forderungen	**800,00**	
an **5710 Zinserträge**		**800,00**

S	2690 Übrige sonstige Forderungen		H
5710	800,00		

S	5710 Zinserträge		H
		2690	800,00

Der Schuldner überweist am 30. April des neuen Jahres 1.200,00 € Darlehenszinsen durch die Bank.

Buchung am 30. April (Banküberweisung):

2800 Bank	**1.200,00**	
an **2690 Übrige sonstige Forderungen**		**800,00**
an **5710 Zinserträge**		**400,00**

S	2800 Bank		H
2690, 5710	1.200,00		

S	2690 Übrige sonstige Forderungen		H
AB	800,00	2800	800,00

S	5710 Zinserträge		H
		2800	400,00

2. Die Leasinggebühr für eine EDV-Anlage haben wir am 28. Februar für ein Vierteljahr nachträglich zu zahlen: 1.800,00 €.

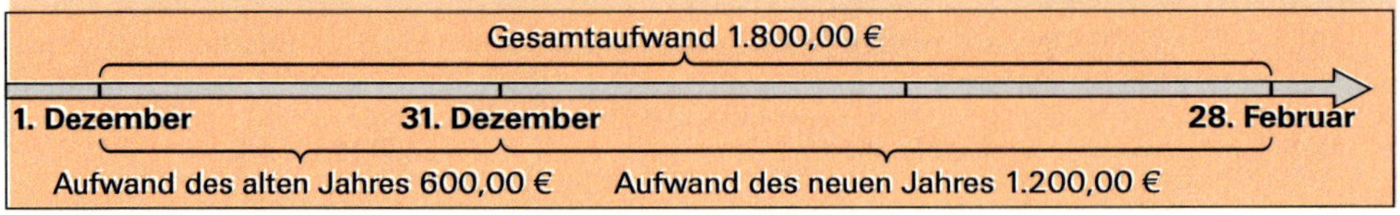

Da 600,00 € Aufwendungen das abgelaufene Rechnungsjahr betreffen, müssen sie in die Erfolgsrechnung des alten Jahres aufgenommen werden.

Buchung am 31. Dezember:

	Soll	Haben
6710 Leasing	600,00	
an 4890 Übrige sonstige Verbindlichkeiten		600,00

S	6710 Leasing		H
4890	600,00		

S	4890 Übrige sonstige Verbindlichkeiten		H
		6710	600,00

Buchung am 28. Februar (Postbank):

	Soll	Haben
4890 Übrige sonstige Verbindlichkeiten	600,00	
6710 Leasing	1.200,00	
2600 Vorsteuer	342,00	
an 2850 Postbank		2.142,00

S	4890 Übrige sonstige Verbindlichkeiten		H
2850	600,00	AB	600,00

S	6710 Leasing		H
2850	1.200,00		

S	2600 Vorsteuer		H
2850	342,00		

S	2850 Postbank		H
		2600, 4890, 6710	2.142,00

In all diesen Fällen müssen Erträge bzw. Aufwendungen bereits im alten Jahr gebucht werden, obwohl die entsprechende **Zahlung** erst **im neuen Jahr** geleistet wird. Da hier die (Erfolgs-)Buchung gegenüber der Zahlung vorgezogen wird, spricht man von **antizipativen Posten** (lat. anticipere = vorziehen). Es handelt sich um Forderungen bzw. Verbindlichkeiten, die durch eine **Zahlung im neuen Jahr** ausgeglichen werden.

---

1 Wie ist am Jahresende und bei der Zahlung im neuen Jahr zu buchen?

1. Der Handelskammerbeitrag für das letzte Vierteljahr (Oktober bis Dezember) wird erst im Januar gezahlt 150,00
2. Unser Mieter hat am 31. Dez. die Dezembermiete noch nicht überwiesen 395,00
3. Unser Darlehensschuldner zahlt die Zinsen für die Zeit vom 1. Dezember bis 28. Februar vertragsgemäß nachträglich 2.400,00
4. Wir zahlen die Hypothekenschuldzinsen jeweils am 1. Febr. und 1. Aug. für ein halbes Jahr nachträglich 7.200,00
5. Die Telekommunikationsrechnung für die Zeit vom 11. Dez. an steht noch aus. Sie geht am 16. Jan. ein. Es sind insgesamt zu zahlen 600,00
   davon für das alte Jahr ..... (342,00)
   \+ Umsatzsteuer ..... 114,00 — 714,00
6. Wir gewähren einem Angestellten einen Gehaltsvorschuss bar 1.000,00

6680246

37.2.2 Abgrenzungsposten der Jahresrechnung

Werden Zahlungen für Aufwendungen und Erträge des neuen Jahres bereits im alten Jahr geleistet (Zahlungs-Vorleistung), so entstehen **Aktive und Passive Abgrenzungsposten der Jahresrechnung.**

1. Am 30. Dezember überweisen wir die Jahresprämie der Brandversicherung für das Geschäftshaus von 300,00 € im Voraus.

Da diese Vorauszahlung einen Aufwand des folgenden Jahres betrifft, darf sie die Erfolgsrechnung des laufenden Jahres nicht belasten. Unser Anspruch auf Versicherungsleistungen ist keine echte Forderung. Darunter versteht man nur Forderungen auf Zahlung eines bestimmten Geldbetrages.

Diesen Posten bezeichnet man vielmehr als **Aktiven Abgrenzungsposten.**

Buchung im alten Jahr (30. Dezember):

2900 Aktive Rechnungsabgrenzung **300,00**
an **2800 Bank** **300,00**

S	2900 Aktive Rechnungsabgrenzung		H
2800	300,00		

S	2800 Bank		H
		2900	300,00

Das Konto 2900 wird am Jahresende über das Schlussbilanzkonto abgeschlossen und erscheint nach der Eröffnung der Bestandskonten im neuen Jahr wieder mit einem Anfangsbestand von 300,00 € im Soll. Es wird nun sofort ausgeglichen durch die

Buchung im neuen Jahr:

6900 Versicherungsbeiträge **300,00**
an **2900 Aktive Rechnungsabgrenzung** **300,00**

S	6900 Versicherungsbeiträge		H
2900	300,00		

S	2900 Aktive Rechnungsabgrenzung		H
AB	300,00	6900	300,00

2. Ein Mieter zahlt 750,00 € Miete für Januar schon am 29. Dezember bar.

Diesen Ertrag dürfen wir nicht in der Erfolgsrechnung des alten Jahres ausweisen. Unsere Verpflichtung zur Überlassung der Mieträume ist keine echte Verbindlichkeit, weil wir nicht zur Zahlung eines Geldbetrages verpflichtet sind. Sie ist vielmehr als **Passiver Abgrenzungsposten** auszuweisen.

Buchung im alten Jahr (29. Dezember):

2880 Kasse **750,00**
an **4900 Passive Rechnungsabgrenzung** **750,00**

S	2880 Kasse		H
4900	750,00		

S	4900 Passive Rechnungsabgrenzung		H
		2880	750,00

Das Konto 4900 wird über das Schlussbilanzkonto abgeschlossen und erscheint im neuen Jahr nach der Eröffnung der Bestandskonten mit einem Anfangsbestand von 750,00 € im Haben. Es wird sofort ausgeglichen durch die

Buchung im neuen Jahr:

4900 Passive Rechnungsabgrenzung **750,00**
an **5400 Nebenerlöse aus Vermietung** **750,00**

S	4900 Passive Rechnungsabgrenzung		H
5400	750,00	AB	750,00

S	5400 Nebenerlöse aus Vermietung		H
		4900	750,00

Werden Zahlungen für Aufwendungen/Erträge, die das neue Jahr betreffen, bereits im alten Jahr geleistet, so entstehen Aktive/Passive Abgrenzungsposten.

Gehören Aufwendungen bzw. Erträge, für die eine Zahlung bereits im alten Jahr geleistet wird, teils ins alte, teils ins neue Rechnungsjahr, so entstehen Aktive bzw. Passive Abgrenzungsposten, jedoch nur insoweit, als die Aufwendungen/Erträge das neue Rechnungsjahr betreffen. Die folgenden Beispiele zeigen die erforderlichen Buchungen.

1. Wir überweisen am 1. November die Kraftfahrzeugversicherung von 300,00 € für die Zeit vom 1. November bis 30. April im Voraus durch die Bank.

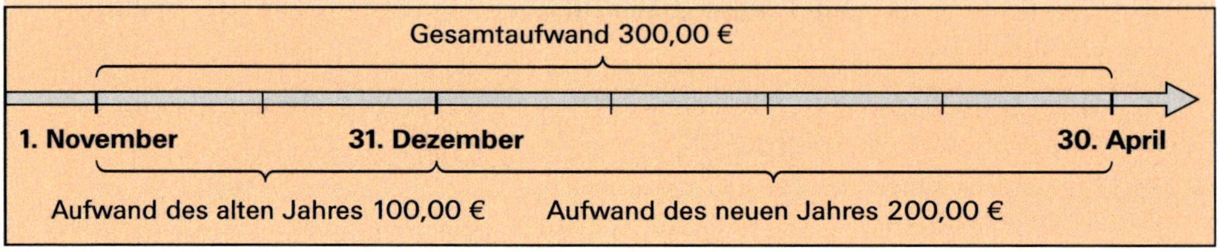

Von dem Gesamtaufwand über 300,00 € betreffen 200,00 € das neue Geschäftsjahr; sie müssen von der Erfolgsrechnung des alten Jahres abgegrenzt werden.

Buchung am 1. November:

6900 Versicherungsbeiträge	**100,00**	
2900 Aktive Rechnungsabgrenzung	**200,00**	
an **2800 Bank**		**300,00**

S	6900 Versicherungsbeiträge	H	
2800	100,00		

S	2800 Bank	H	
		6900, 2900	300,00

S	2900 Aktive Rechnungsabgrenzung	H	
2800	200,00		

Wäre stattdessen gebucht worden: 6900 an 2800 ... 300,00 €, so hätte vor dem Jahresabschluss die Buchung folgen müssen: 2900 an 6900 ... 200,00 €.

Welche Buchungen ergeben sich am 31. Dezember und nach der Eröffnung der Konten im neuen Jahr?

2. Wir erhalten 1.600,00 € Miete für die Zeit vom 1. Dezember bis 31. März im Voraus durch Bankscheck.

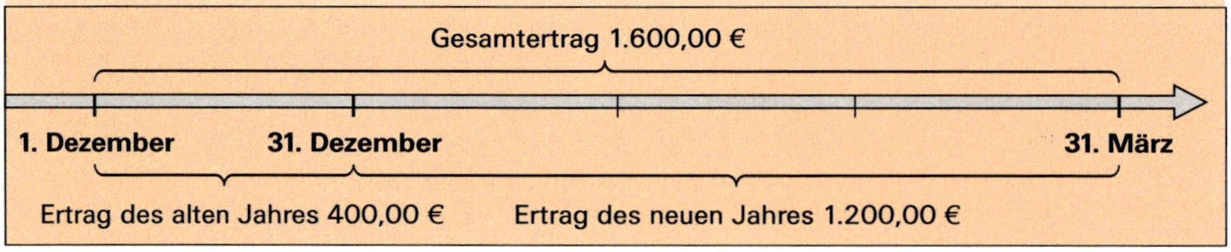

1.200,00 € Ertrag des neuen Jahres müssen vom alten Jahr abgegrenzt werden.

Buchung am 1. Dezember:

2800 Bank	**1.600,00**	
an **4900 Passive Rechnungsabgrenzung**		**1.200,00**
an **5400 Nebenerlöse aus Vermietung**		**400,00**

S	2800 Bank	H
4900, 5400	1.600,00	

S	4900 Passive Rechnungsabgrenzung	H
	2800	1.200,00

S	5400 Nebenerlöse aus Vermietung	H
	2800	400,00

Wie müsste am Jahresende gebucht werden, wenn die Buchung am 1. Dezember gelautet hätte: 2800 Bank an 5400 Nebenerlöse aus Vermietung ... 1.600,00 €?

Erklären Sie die Buchungen beim Abschluss und nach der Wiedereröffnung der Konten.

In all diesen Fällen wird eine **Zahlung** für Aufwendungen bzw. Erträge, die das neue Jahr angehen, bereits **im alten Jahr** geleistet und gebucht. Da die Zahlung ins neue Jahr hinüberwirkt, spricht man von **transitorischen Posten** (lat. transire = hinübergehen). Die Konten 2900 und 4900 werden auch als Übergangs**aktiva** bzw. Übergangs**passiva** bezeichnet.

Unterscheiden Sie:
Sonstige Forderungen/Verbindlichkeiten von den Abgrenzungsposten!

Altes Jahr	Neues Jahr	zu buchen als
Ertrag Aufwand	**Einnahme** **Ausgabe**	**Sonstige Forderungen** **Sonstige Verbindlichkeiten**
Ausgabe **Einnahme**	Aufwand Ertrag	**Aktive Abgrenzungsposten** **Passive Abgrenzungsposten**

2 Bilden Sie die Buchungssätze für das alte und für das neue Jahr. Nehmen Sie erforderliche Abgrenzungen sofort vor.

1.	Am Jahresende haben wir fällige Lieferantenboni (Abrechnung liegt bereits vor) noch nicht erhalten: Nettowert ...	250,00	
	+ Umsatzsteuer ...	47,50	297,50
2.	Wir überweisen die Januarmiete für die Geschäftsräume bereits am 30. Dezember durch die Postbank ...		1.500,00
3.	Unser Darlehensschuldner überweist am 27. Dezember die Zinsen für das 1. Quartal des kommenden Jahres im Voraus per Bank ...		450,00
4.	Die Stromrechnung für die Zeit vom 11. Dezember an wird erst im Januar überwiesen. Kosten lt. Zähler bis Jahresende netto ... (Vorsteuer nicht buchen, weil noch kein Beleg vorliegt!)		220,00
5.	Wir bezahlen die Kraftfahrzeugsteuer für die Zeit vom 1. August bis 31. Juli im Voraus durch Banküberweisung ...		480,00
6.	Unser Mieter überweist am 1. November die Miete für sechs Monate im Voraus auf unser Bankkonto ...		1.800,00
7.	Wir erhalten Darlehenszinsen für die Zeit vom 1. Oktober bis 31. März nachträglich überwiesen ...		350,00
8.	Das Konto 6300 enthält am Jahresende Vorschüsse[1] auf Januar- ...		1.000,00
	Gehälter; Buchung am 31. Dezember ...		?
9.	Zahlung der Januar-Gehälter durch Bank, brutto ...	20.000,00	
	einbehaltene Lohn- und Kirchensteuer sowie SolZ ...	4.000,00	
	einbehaltene Sozialversicherungsbeiträge ...	4.100,00	
	verrechnete Gehaltsvorschüsse ...	1.000,00	10.900,00
	Arbeitgeberanteil zur Sozialversicherung ...		3.900,00

1 Lohn- und Gehaltsvorschüsse sind Forderungen an Mitarbeiter (Konto 2650).

3 Die **Eröffnungsbilanz** eines Einzelhandelsbetriebes enthält u. a.:

2650	Forderungen an Mitarbeiter	1.000,00
2690	Übrige sonstige Forderungen	2.000,00
2900	Aktive Rechnungsabgrenzung	4.200,00
4890	Übrige sonstige Verbindlichkeiten	3.400,00
4900	Passive Rechnungsabgrenzung	1.400,00

Erläuterungen:

2650	Forderungen an Mitarbeiter		
	Ausbezahlter Gehaltsvorschuss		1.000,00
2690	Übrige sonstige Forderungen		
	Ausstehende Darlehenszinsen		2.000,00
2900	Aktive Rechnungsabgrenzung		
	Abgegrenzte Hypothekenschuldzinsen	3.000,00	
	Abgegrenzte Haftpflichtversicherungsprämie	1.200,00	4.200,00
4890	Übrige sonstige Verbindlichkeiten		
	Leasinggebühren für September–Dezember	3.200,00	
	Wartungsgebühren Kassensystem für Dezember	200,00	3.400,00
4900	Passive Rechnungsabgrenzung		
	Erhaltene Mietvorauszahlung		1.400,00

Kontenplan: 2600, 2650, 2690, 2800, 2900, 4830, 4840, 4890, 4900, 5400, 5710, 6300, 6400, 6710, 6900, 7510.

Geschäftsvorfälle:

1. Auflösung der Rechnungsabgrenzungsposten		
2. Darlehensschuldner überweist Zinsen auf unser Bankkonto		
für die Monate November–Dezember des Vorjahres	2.000,00	
für die Monate Januar–April dieses Jahres	4.000,00	6.000,00
3. Banküberweisung der Wartungsgebühren Dezember, netto	200,00	
+ Umsatzsteuer	38,00	238,00
4. Banküberweisung der Januar-Gehälter, brutto	22.000,00	
einbehaltene Lohn- und Kirchensteuer sowie SolZ	4.500,00	
Arbeitnehmeranteil Sozialversicherung	4.400,00	
Verrechnung des Vorschusses	1.000,00	12.100,00
Arbeitgeberanteil Sozialversicherung		4.200,00
5. Banküberweisung für Leasinggebühren, netto		
für die Monate September–Dezember, netto	3.200,00	
für die Monate Januar–Februar, netto	1.600,00	
+ Umsatzsteuer	912,00	5.712,00

37.2.3 Rückstellungen

Den Sonstigen Verbindlichkeiten verwandt sind die Rückstellungen. Auch sie gehören zu den Passiven der Bilanz. In beiden Fällen handelt es sich um Verbindlichkeiten für Aufwendungen, die wirtschaftlich in das alte Jahr gehören. Während die Sonstigen Verbindlichkeiten (z. B. für rückständige Löhne) aber nach der Höhe und Fälligkeit feststehen, ist das bei den Rückstellungen nicht der Fall. **Rückstellungen sind Verbindlichkeiten, die dem Grunde nach feststehen, aber noch nicht nach Höhe und/oder Fälligkeit.** Die Höhe der Rückstellungen muss daher von Fall zu Fall geschätzt werden.

Nach § 249 HGB müssen Rückstellungen gebildet werden (Passivierungspflicht)

für:
- ungewisse Verbindlichkeiten (z. B. Gewerbesteuernachzahlungen, gesetzliche und vertragliche Garantieverpflichtungen, Prozessrisiken),
- drohende Verluste aus schwebenden Geschäften (zu erwartende Verluste aus Devisengeschäften),
- im Geschäftsjahr unterlassene Aufwendungen für Reparaturen (soweit sie in den ersten drei Monaten des folgenden Geschäftsjahres nachgeholt werden),
- Gewährleistungen ohne rechtliche Verpflichtung (Kulanzregelungen).

Eine Rückstellung wird gebildet, indem man den benötigten Betrag auf dem betreffenden Konto der Klasse 6 oder 7 bucht und die Gegenbuchung auf dem Konto **„3700 Rückstellungen“** vornimmt. Dadurch kommt der zurückgestellte Betrag einerseits in die Erfolgsrechnung des laufenden Jahres, andererseits als Verbindlichkeit in das Schlussbilanzkonto.

Rückstellungen dienen der periodengerechten Erfolgsermittlung.

Bei Aufwendungen, die umsatzsteuerpflichtig sind, werden nur die Nettobeträge zurückgestellt. Die Vorsteuer buchen wir erst bei der Zahlung.

Aufgrund einer Betriebsprüfung müssen wir mit einer Nachzahlung von Gewerbesteuer von voraussichtlich 3.200,00 € rechnen.

Buchung: **7700 Gewerbesteuer** **3.200,00**
an **3700 Rückstellungen** **3.200,00**

S	7700 Gewerbesteuer	H
3700	3.200,00	

S	3700 Rückstellungen	H
	7700	3.200,00

Rückstellungen sind immer zweckgebunden. Sie dürfen nur für den Zweck in Anspruch genommen werden, für den sie gebildet wurden.

Rückstellungen werden für Verbindlichkeiten gebildet, die dem Grunde nach feststehen, deren Höhe und/oder Fälligkeit aber noch nicht bekannt sind.

„Rückstellungen dürfen nur aufgelöst werden, wenn der Grund hierfür entfallen ist." (§ 249 HGB) Das ist der Fall, wenn sie in Anspruch genommen werden (z. B. Zahlung der Steuernachveranlagung) oder wenn der Grund für die Rückstellung hinfällig geworden ist (z. B. Garantieverpflichtungen sind erloschen). Da die Rückstellung immer nur auf einer Schätzung beruht, weicht die tatsächliche Inanspruchnahme vom zurückgestellten Betrag ab.

War die Schätzung zu hoch angesetzt, so ergibt die Auflösung „Erträge aus der Herabsetzung von Rückstellungen" (Konto 5480). Lag die Schätzung dagegen zu niedrig, so fällt für den fehlenden Betrag ein periodenfremder Aufwand an, den man dem Konto „6930 Andere sonstige betriebliche Aufwendungen" belastet.

Laut Gewerbesteuerbescheid werden wir zu einer Gewerbesteuernachzahlung von 3.000,00 € veranlagt, die wir durch Bank überweisen. Vgl. dazu Seite 251.

Buchung: **3700 Rückstellungen** **3.200,00**
an **2800 Bank** **3.000,00**
an **5480 Erträge aus der Herabsetzung von Rückstellungen** **200,00**

S	3700 Rückstellungen		H
7700	3.200,00	AB	3.200,00

S	2850 Bank		H
		3700	3.000,00

S	5480 Ertr. a. d. Herabsetzg. v. Rückstellng.		H
		3700	200,00

Wegen der falschen Einschätzung des Risikos dürfen wir die Aufwandsart 7700 des neuen Jahres nicht entlasten. Für die Erfolgsrechnung des neuen Jahres ist der überhöhte Rückstellungsbetrag ein Ertrag aus der Auflösung von Rückstellungen.

Für eine im Vorjahr unterlassene Fassadenreparatur haben wir eine Rückstellung von 17.000,00 € gebildet. Die Reparatur wird im ersten Quartal dieses Jahres nachgeholt. Die Rechnung über 18.000,00 € + 3.420,00 € USt zahlen wir durch die Postbank.

Buchung: **3700 Rückstellungen** **17.000,00**
6930 Andere sonstige betriebliche Aufwendungen **1.000,00**
2600 Vorsteuer **3.420,00**
an **2850 Postbank** **21.420,00**

S	3700 Rückstellungen		H
2850	17.000,00	AB	17.000,00

S	6930 Andere sonst. betriebl. Aufwendng.		H
2850	1.000,00		

S	2600 Vorsteuer		H
2850	3.420,00		

S	2850 Postbank		H
		3700, 6930 2600	21.420,00

Die Reparaturrückstellung reicht nicht aus. Der fehlende Betrag ist für das neue Geschäftsjahr eine Andere sonstige betriebliche Aufwendung.

Entfällt der Grund der Rückstellung, so ist sie aufzulösen.
Zu niedrige Rückstellungen verursachen periodenfremden Aufwand.
Zu hohe Rückstellungen führen zu Erträgen aus der Auflösung.

4 **Bestände und Umsätze** vom 1. Januar .. bis 28. Dezember .. :

0800	Geschäftsausstattung	13.800,00	–
2000	Warenbestände	40.500,00	–
2400	Forderungen a. LL	19.964,00	16.905,00
2600	Vorsteuer	14.260,00	13.810,00
2800	Bank	56.718,00	50.147,00
2850	Postbank	44.596,00	43.868,00
2880	Kasse	102.735,00	102.329,00
3000	Eigenkapital	–	91.024,00
3001	Privat	15.844,00	–
3700	Rückstellungen	–	4.500,00
4400	Verbindlichkeiten a. LL	59.237,00	65.306,00
4800	Umsatzsteuer	15.980,00	15.980,00
4890	Übrige sonstige Verbindlichkeiten	–	–
5000	Umsatzerlöse	–	101.783,00
5420	Entnahme v. G. u. s. L.	–	1.425,00
6000	Aufwendungen für Waren	96.802,00	350,00
6001	Bezugskosten	790,00	–
6002	Nachlässe	–	748,00
62/63	Personalkosten	18.352,00	–
6520	Abschreibungen auf Sachanlagen	–	–
6700	Mieten, Pachten	4.400,00	–
6820	Post und Telekommunikation	581,00	–
7700	Gewerbesteuer	3.616,00	–
		508.175,00	508.175,00

Folgende **Geschäftsvorfälle** sind noch zu buchen (allgemeiner Steuersatz):

29. Dez.	1.	ER Nr. 132 von Georg Erdmann e. K., Warenwert	650,00	
		+ Umsatzsteuer	123,50	773,50
	2.	Frachtbrief: Fracht auf diese Sendung bar, netto	15,00	
		+ Umsatzsteuer	2,85	17,85
	3.	PB Nr. 28 Privatentnahme von Waren, netto	100,00	
		+ Umsatzsteuer	19,00	119,00
	4.	Postbankauszug: Überweisung von Gewerbesteuer		254,00
	5.	Kassenbeleg: Tageslosung		2.436,00
30. Dez.	6.	Bankauszug: Überweisung an Lieferant Klaus	1.044,00	
		abzüglich 2 % Skonto	20,88	1.023,12
	7.	Quittungsdurchschrift: Abhebung von der Bank		750,00
	8.	Kassenquittung: Zahlung für Postwertzeichen		20,00
	9.	Kassenbeleg: Tageslosung		2.784,00
31. Dez.	10.	Quittungsdurchschrift: Barzahlung des Kunden Roos		547,00
	11.	Kassenbeleg: Tageslosung		3.364,00

Abschlussangaben:

Abschreibung auf Geschäftsausstattung	2.070,00
Warenbestand laut Inventur	59.992,00
Die Miete für Dezember ist noch nicht gezahlt	400,00
Wir müssen mit einer Mietnachzahlung rechnen. Dafür ist eine Rückstellung zu bilden von	1.200,00

37.3 Die Bewertung des Vermögens

37.3.1 Die Bewertung des Anlagevermögens

Anlagegüter verlieren durch Abnutzung, wirtschaftliche Wertminderung und technischen Fortschritt an Wert. Wertminderungen müssen durch die jährlich vorzunehmende „Bewertung“ des Anlagevermögens erfasst werden. Die Bewertung nimmt man durch Abschreibungen vor. Dabei ist zwischen der planmäßigen und der außerplanmäßigen Abschreibung zu unterscheiden.

Planmäßige Abschreibungen, steuerrechtlich **A**bsetzung **f**ür **A**bnutzung (AfA): **Abnutzbare Anlagegüter** wie Gebäude, Ladenausstattung und Fuhrpark werden entsprechend der betriebsgewöhnlichen Nutzungsdauer planmäßig abgeschrieben.

Die planmäßige Abschreibung beginnt bei abnutzbaren Anlagegütern im Monat der Anschaffung und muss zeitanteilig ermittelt werden.

Außerplanmäßige Abschreibungen: Verliert ein abnutzbares Anlagegut außerordentlich und dauernd an Wert, so berücksichtigt man dies neben der planmäßigen Abschreibung durch eine zusätzliche außerplanmäßige Abschreibung. **Nicht abnutzbare Anlagegüter** unterliegen keiner planmäßigen Wertminderung. Bei einer voraussichtlich dauernden Wertminderung muss daher außerplanmäßig abgeschrieben werden. Außerplanmäßige Abschreibungen bucht man auch auf dem Konto 6520.

Ein Gabelstapler mit Anschaffungskosten von 15.000,00 €, der noch mit 9.000,00 € zu Buche steht, muss neben der planmäßigen Abschreibung von 3.000,00 € wegen technischer Neuerungen mit 4.000,00 € außerplanmäßig abgeschrieben werden.

Buchung:	**6520 Abschreibungen auf Sachanlagen**	**4.000,00**	
	an **0830 Lagerausstattung**		**4.000,00**

Nur der niedrigere Tageswert von 2.000,00 € wird in der Bilanz ausgewiesen.

Ein unbebautes Grundstück mit Anschaffungskosten von 700.000,00 € wird durch eine angrenzende Mülldeponie im Wert um 200.000,00 € dauernd gemindert.

Buchung:	**6520 Abschreibungen auf Sachanlagen**	**200.000,00**	
	an **0500 Unbebaute Grundstücke**		**200.000,00**

Nur der niedrigere Tageswert von 500.000,00 € erscheint in der Bilanz.

Wertansätze für Anlagegüter gemäß § 253 HGB:

Abnutzbare Anlagegüter:	Anschaffungskosten – planmäßige Abschreibungen – außerplanmäßige Abschreibungen
Nicht abnutzbare Anlagegüter:	Anschaffungskosten – außerplanmäßige Abschreibungen

6680254

37.3.2 Die Bewertung des Umlaufvermögens

37.3.2.1 Die Bewertung der Warenvorräte

Das Umlaufvermögen des Einzelhändlers unterliegt starken Wertschwankungen. Davon sind besonders die Warenvorräte betroffen. Das HGB schreibt daher für diesen Teil des Vermögens strenge Bewertungsvorschriften vor.

Bei der Bewertung des Umlaufvermögens bilden die Anschaffungskosten grundsätzlich die Bewertungs**ober**grenze.

Außerdem bilden Anschaffungskosten und Wert am Tag der Bilanzierung (Tageswert) die Grundlage der Bewertung. Anschaffungskosten und Tageswert werden miteinander verglichen. Ist der Tageswert niedriger als die Anschaffungskosten, so muss aus Gründen der Vorsicht der Tageswert in die Bilanz übernommen werden. Ist der Wert zwischen Anschaffung und Bilanzierung gestiegen, so sind die Anschaffungskosten die niedrigere Bewertungsgrundlage und werden in die Bilanz übernommen.

Dieses Bewertungsprinzip, bei dem immer der niedrigere Wert genommen wird, bezeichnet man als **strenges Niederstwertprinzip.** Es gilt für alle Posten des Umlaufvermögens und ist Ausdruck kaufmännischer Vorsicht.

Ein Elektrohändler hat am Bilanzstichtag Kupferlitzen mit Anschaffungskosten von 5.000,00 € auf Lager. Durch einen Preisverfall bei Kupfer hat der Vorrat am Bilanzstichtag nur noch einen Wert von 4.500,00 €.

Anschaffungskosten	5.000,00 €
Tageswert	**4.500,00 € = Wertansatz in der Bilanz**

Die Wertminderung der Waren wird wie eine Bestandsminderung gebucht.

Buchung: 6000 Aufwendungen für Waren an **2000 Warenbestände** **500,00**

Der Vorrat an Kupferlitzen hat am Bilanzstichtag einen Tageswert von 5.500,00 €.

Anschaffungskosten	**5.000,00 € = Wertansatz in der Bilanz**
Tageswert	5.500,00 €

Da die **Anschaffungskosten die Wertobergrenze** bilden, bleibt der Warenvorrat mit den Anschaffungskosten in der Bilanz.

Eine Buchung erübrigt sich.

Bei diesem Bewertungsprinzip werden **noch nicht realisierte Verluste** aus Vorsichtsgründen bereits **erfasst,** während **noch nicht realisierte Gewinne nicht ausgewiesen** werden. Die ungleiche Behandlung bezeichnet man als **Imparitätsprinzip.**

Für die Bewertung des Umlaufvermögens gilt das strenge Niederstwertprinzip.

Das Niederstwertprinzip ist eine Höchstwertvorschrift. Die Anwendung der Niederstwertvorschriften führt zu einem Imparitätsprinzip.

Gruppenbewertung der Warenvorräte

Auch für die Warenvorräte gilt der Grundsatz der Einzelbewertung (§ 252 HGB). Eine Einzelbewertung der Waren ist in der Praxis nicht durchführbar, da die Waren zu verschiedenen Zeitpunkten und zu unterschiedlichen Preisen gekauft wurden. Es lässt sich nur schwer ermitteln, aus welchen Lieferungen der Endbestand besteht und zu welchen Preisen er eingekauft wurde.

Nach §§ 240, 256 HGB ist es daher erlaubt, bei gleichartigen Gütern eine Durchschnittsbewertung vorzunehmen. Die einfache Durchschnittsbewertung besteht darin, aus dem Anfangsbestand und den Zugängen (Einkäufen) einen gewogenen Durchschnitt zu ermitteln.

Beispiel		Menge	Anschaffungskosten je Einheit	Gesamtwert
1. Jan.	Anfangsbestand	3 000	4,50 €	13.500,00 €
10. Mai	Zugang	4 500	5,00 €	22.500,00 €
3. Sept.	Zugang	5 000	4,00 €	20.000,00 €
3. Nov.	Zugang	3 500	4,80 €	16.800,00 €
		16 000		72.800,00 €
		Durchschnittswert = 72.800,00 € : 16 000 = 4,55 €		

Die durchschnittlichen Anschaffungskosten je Stück betragen 4,55 €. Bei einem Endbestand von 2 800 Stück beträgt der Gesamtwert 2 800 · 4,55 € = 12.740,00 €. Dieser Wert kann nicht ohne Weiteres in die Bilanz übernommen werden. Er muss noch mit dem Tageswert am 31. Dezember verglichen werden.

Der Tageswert beträgt 4,50 €.

Bewertung: TW < AK; 2 800 Stück zum Tageswert von 4,50 € = 12.600,00 €

Der Tageswert beträgt 4,60 €.

Bewertung: TW > AK; 2 800 Stück zu durchschnittlichen Anschaffungskosten von 4,55 € = 12.740,00 €

Den Durchschnittswert der Anschaffungskosten kann man noch genauer ermitteln, indem man ihn nach jedem Lagerzugang und Lagerabgang neu ermittelt und den Abgang zum neuesten Durchschnitt ausbucht.

Auch bei der Durchschnittsbewertung ist das Niederstwertprinzip zu beachten.

---

5 Eine Spielwarenhandlung hat folgende Einkäufe von Kunststoffbällen durchgeführt:

1.	Juli	Anfangsbestand	40 Stück zum Stückpreis von 8,00 €
15.	Aug.	Zugang	60 Stück zum Stückpreis von 7,50 €
21.	Sept.	Zugang	20 Stück zum Stückpreis von 7,00 €
29.	Okt.	Zugang	50 Stück zum Stückpreis von 7,20 €
15.	Dez.	Zugang	50 Stück zum Stückpreis von 6,80 €

Endbestand am 31. Dezember: 60 Stück.

a) Bewerten Sie den Warenbestand bei einem Tageswert von 7,20 € je Stück.
b) Bewerten Sie den Warenbestand bei einem Tageswert von 7,30 € je Stück.

37.3.2.2 Die Bewertung der Forderungen

Mit jedem Warenverkauf auf Ziel ist das Risiko verbunden, dass der Kunde bei Fälligkeit der Forderung nicht dazu in der Lage ist, den Rechnungsbetrag zu zahlen. Daher sind am Bilanzstichtag auch die Forderungen zu bewerten, d. h. auf ihre „Bonität" (Güte) zu überprüfen. Forderungen, bei denen der Zahlungseingang zweifelhaft wird, kann man aus dem Konto „2400 Forderungen" aussondern und auf ein besonderes Konto mit der Bezeichnung „Zweifelhafte Forderungen" übertragen. Da solche Fälle im Einzelhandel selten sind, verzichtet man auf eine Übertragung. Der Kontenrahmen sieht daher auch kein eigenes Konto für zweifelhafte Forderungen vor.

Es kommt auch im Einzelhandel vor, dass eine Forderung uneinbringlich wird, d. h. völlig verloren ist, z. B. bei der Einstellung eines Insolvenzverfahrens mangels Masse oder bei einer fruchtlosen Pfändung. Der Zahlungsausfall steht endgültig fest. Wir schreiben die Forderung ab. Den Nettowarenwert buchen wir auf dem Konto „6950 Abschreibungen auf Forderungen". Die in der Rechnung enthaltene Umsatzsteuer berichtigen wir auf dem Konto „4800 Umsatzsteuer", um den Gesamtbetrag nimmt das Konto „2400 Forderungen" ab.

Eine Forderung über 1.190,00 € ist uneinbringlich. Sie ist abzuschreiben.

Buchung:	**6950 Abschreibungen auf Forderungen**	**1.000,00**	
	4800 Umsatzsteuer	**190,00**	
	an **2400 Forderungen a. LL**		**1.190,00**

Eine Forderung kann auch teilweise uneinbringlich werden.

Bei einem Insolvenzverfahren ergibt sich eine Erstattungsquote von 60 %. Unsere Forderung beträgt 5.950,00 €. Über den Rest erhalten wir einen Bankscheck.

Forderung	5.950,00 €
Erstattungsquote/Scheck	3.570,00 €
Zahlungsausfall brutto	2.380,00 €

Buchung:	**2800 Bank**	**3.570,00**	
	6950 Abschreibungen auf Forderungen	**2.000,00**	
	4800 Umsatzsteuer	**380,00**	
	an **2400 Forderungen a. LL**		**5.950,00**

Uneinbringliche Forderungen sind mit ihrem Nettowert abzuschreiben. Die Umsatzsteuer ist zu berichtigen (Konto 4800 Soll).

6

1. Warenverkauf auf Ziel an den Kunden Weber,
   Warenwert 15.000,00
   \+ Umsatzsteuer .... 2.850,00 .... 17.850,00
2. Der Kunde Weber befindet sich in Zahlungsverzug.
   Wir belasten ihn mit Verzugszinsen 120,00
3. Der Kunde Weber überweist die belasteten
   Verzugszinsen auf unser Bankkonto 120,00
4. Über das Vermögen des Kunden Weber wird das
   Insolvenzverfahren eröffnet.
   Unsere Forderung ist verloren 17.850,00

37.4 Die Bewertung der Schulden

Gemäß § 253 HGB sind Schulden am Bilanzstichtag mit ihrem Höchstwert anzusetzen. Dieses Höchstwertprinzip ist im Einzelhandel beispielsweise anzuwenden, wenn ein Unternehmen am Bilanzstichtag Währungsverbindlichkeiten hat, bei denen der Kurs für die Fremdwährung gestiegen ist.

Ein Textilkaufhaus importiert am 15. November Textilien aus England im Wert von 18.000,00 GBP. Kurs des GBP am 15. November: 1,00 EUR = 0,64 GBP.

Buchung:	**6000 Aufwendungen für Waren**	**28.125,00**	
	an **4400 Verbindlichkeiten a. LL**		**28.125,00**

Der Kurs für GBP ist bei der Bilanzierung am 31. Dezember auf 1,00 EUR = 0,60 GBP gestiegen.

Buchung:	**6000 Aufwendungen für Waren**	**1.875,00**	
	an **4400 Verbindlichkeiten a. LL**		**1.875,00**

Die Verbindlichkeit gegenüber dem englischen Lieferanten wird in der Bilanz mit insgesamt 30.000,00 € ausgewiesen und entspricht damit dem Höchstwertprinzip.

Einen Kursrückgang berücksichtigt man bei der Bilanzierung nicht, denn der eingetretene Kursgewinn ist noch nicht realisiert. Er kann bis zur Fälligkeit wieder hinfällig geworden sein.

---

7 Ein Spielwarengeschäft hat folgende Massenartikel eingekauft:

Anfangsbestand	am	1. Jan.	125 Stück	zu je 4,50 €
Einkauf	am	10. Mai	100 Stück	zu je 4,50 €
Einkauf	am	19. Sept.	250 Stück	zu je 4,80 €
Einkauf	am	20. Nov.	300 Stück	zu je 4,40 €
Endbestand	am	31. Dez.	400 Stück	

a) Mit welchem Wert wird der Endbestand am 31. Dezember in der Bilanz ausgewiesen, wenn der Tageswert 4,25 € beträgt?

b) Wie hoch ist der Wertansatz bei einem Tageswert von 5,00 €?

---

8 Währungsverbindlichkeiten eines Einzelhandelsunternehmens:

Einkauf eines Warenpostens zu 4.500,00 USD zum Kurs von 1 EUR = 0,96 USD.
Kurs des USD bei der Bilanzierung: 1 EUR = 1,09 USD.

---

9 **Fragen:**

1. *Was versteht man unter dem Niederstwertprinzip?*
   Bei welchen Bilanzposten ist es anzuwenden?
2. *Was versteht man unter dem Höchstwertprinzip?*
   Bei welchen Bilanzposten ist es anzuwenden?
3. *Für welche Anlagegüter gibt es planmäßige Abschreibungen?*
4. *Für welche Anlagegüter gibt es außerplanmäßige Abschreibungen?*

37.5 Der Jahresabschluss verschiedener Unternehmensformen

37.5.1 Der Jahresabschluss der Personengesellschaften

37.5.1.1 Abschluss der offenen Handelsgesellschaft (OHG)

Die Gesellschafter der OHG haften persönlich mit ihren Kapitaleinlagen und mit ihrem Privatvermögen. Sie sind zur Mitarbeit verpflichtet. Entsprechend der Anzahl der Gesellschafter führt die OHG mehrere Kapitalkonten. Jeder Gesellschafter ist zu Privatentnahmen berechtigt, die auf besonderen Privatkonten gebucht werden.

Beim Jahresabschluss wird der erzielte Gewinn nach den vertraglichen Vereinbarungen (Gesellschaftsvertrag) auf die Gesellschafter verteilt. Fehlt eine vertragliche Vereinbarung, so gelten die Bestimmungen des HGB (§ 121).

Nach dem HGB erhalten die Gesellschafter vom Gewinn zunächst ihr Kapital zu 4 % verzinst, der Rest des Gewinns wird nach Köpfen verteilt. Reicht der Gewinn nicht zu einer 4%igen Verzinsung aus, so muss nach HGB eine niedrigere Verzinsung gewählt werden. Eine Restverteilung entfällt dann. Verluste tragen die Gesellschafter zu gleichen Teilen.

An einer OHG sind die Gesellschafter A mit 300.000,00 €, B mit 200.000,00 € und C mit 400.000,00 € beteiligt. Von den Privatentnahmen entfallen auf A 13.000,00 €, auf B 25.000,00 € und auf C 31.000,00 €. Gewinn = 108.000,00 €. Gewinnverteilung laut Gesellschaftsvertrag: Verzinsung der Kapitalanteile zu 7 %, Restgewinn in gleichen Teilen.

Gewinnverteilungstabelle:

Gesellschafter	Kapitalanteile	7 % Zinsen	Restanteil	Gesamtanteil
A	300.000,00 €	21.000,00 €	15.000,00 €	36.000,00 €
B	200.000,00 €	14.000,00 €	15.000,00 €	29.000,00 €
C	400.000,00 €	28.000,00 €	15.000,00 €	43.000,00 €
	900.000,00 €	63.000,00 €	45.000,00 €	108.000,00 €

Buchungen: 3000 an 3001, 3010 an 3011, 3020 an 3021

S	8020 Gewinn- und Verlustkonto		H
Aufwendungen	2.080.000,00	Erträge	2.188.000,00
Gewinnanteil A	36.000,00		
Gewinnanteil B	29.000,00		
Gewinnanteil C	43.000,00		
	2.188.000,00		2.188.000,00

Buchungen: 8020 an 3000, 3010 und 3020

S	3001 Privat A		H
Entn.	13.000,00	3000	13.000,00

S	3000 Eigenkapital A		H
3001	13.000,00	AB	300.000,00
SB	323.000,00	8020	36.000,00

S	3011 Privat B		H
Entn.	25.000,00	3010	25.000,00

S	3010 Eigenkapital B		H
3011	25.000,00	AB	200.000,00
SB	204.000,00	8020	29.000,00

S	3021 Privat C		H
Entn.	31.000,00	3020	31.000,00

S	3020 Eigenkapital C		H
3021	31.000,00	AB	400.000,00
SB	412.000,00	8020	43.000,00

10 Der Jahresgewinn einer OHG beträgt 125.000,00 €. Verteilen Sie den Gewinn nach den Bestimmungen des HGB.

Kapitalanteile:	Gesellschafter A	420.000,00 €,	Gesellschafter B	580.000,00 €
Privatentnahmen:	Gesellschafter A	61.000,00 €,	Gesellschafter B	52.000,00 €

11 **Vorläufige Summenbilanz einer offenen Handelsgesellschaft:**

	1. Jahr		2. Jahr	
Konten	Soll	Haben	Soll	Haben
0810 Ladenausstattung . . .	119.000,00	–	98.000,00	–
0840 Fuhrpark	180.000,00	–	160.000,00	–
2000 Waren	53.000,00	–	34.000,00	–
2400 Forderungen a. LL . .	136.000,00	90.000,00	110.000,00	20.000,00
2600 Vorsteuer	169.000,00	162.000,00	189.000,00	183.000,00
2800 Bank	2.700.000,00	2.504.000,00	2.780.000,00	2.591.000,00
2880 Kasse.	2.186.000,00	2.184.000,00	2.193.000,00	2.189.000,00
3000 Eigenkapital A .	–	180.000,00	–	179.200,00
3001 Privat A.	20.000,00	–	16.000,00	–
3010 Eigenkapital B	–	170.000,00	–	167.800,00
3011 Privat B.	21.000,00	–	17.000,00	–
3020 Eigenkapital C	–	150.000,00	–	151.000,00
3021 Privat C.	17.000,00	–	19.000,00	–
4400 Verbindlichkeiten a. LL	1.190.000,00	1.220.000,00	1.210.000,00	1.305.000,00
4800 Umsatzsteuer.	218.000,00	227.000,00	221.000,00	232.000,00
4830 S. Verb. g. Finanzb. . .	132.000,00	138.000,00	149.000,00	158.000,00
5000 Umsatzerlöse.	–	1.500.280,00	–	1.575.560,00
5001 Erlösberichtigungen .	2.280,00	–	4.560,00	–
6000 Aufwendgn. f. Waren	1.087.000,00	–	1.210.000,00	–
6002 Nachlässe	–	3.000,00	–	1.000,00
6103 Aufwendgn. f. Energie	8.000,00	–	11.000,00	–
62/63 Löhne/Gehälter	195.000,00	–	224.000,00	–
6520 Abschreibungen.	–	–	–	–
6700 Mieten.	36.000,00	–	38.000,00	–
6710 Leasing	11.000,00	–	19.000,00	–
6900 Versicherungsbeiträge	7.000,00	–	6.000,00	–
7000 Betriebl. Steuern	41.000,00	–	44.000,00	–
	8.528.280,00	8.528.280,00	8.752.560,00	8.752.560,00

Abschlussangaben für das 1. Jahr: Abschreibungen auf 0810 = 15 % von den Anschaffungskosten 140.000,00 €, auf 0840 = 10 % von den Anschaffungskosten 200.000,00 €. Warenbestand laut Inventur: 34.000,00 €. Verteilen Sie den Gewinn nach HGB.

Abschlussangaben für das 2. Jahr: Abschreibungen auf 0810 = 15 % von den Anschaffungskosten 140.000,00 €, auf 0840 = 10 % von den Anschaffungskosten 200.000,00 €. Warenbestand laut Inventur: 46.000,00 €. Verteilen Sie den Verlust nach HGB.

6680260

37.5.1.2 Abschluss der Kommanditgesellschaft (KG)

Bei dieser Gesellschaftsform gibt es neben voll haftenden Gesellschaftern (Komplementäre) auch Gesellschafter, die nur bis zur vertraglich bedungenen Einlage haften. Man nennt sie Teilhafter (Kommanditisten). Sie sind nicht zur Mitarbeit verpflichtet und verfügen deshalb nicht über Privatkonten. Nach den Bestimmungen des HGB (§ 167–169) wird der Gewinn folgendermaßen verteilt: Voll- und Teilhafter erhalten ihre Einlagen mit 4 % verzinst. Der Restgewinn ist in einem angemessenen Verhältnis, d. h. unter Berücksichtigung der unterschiedlichen Mitarbeit und der unterschiedlichen Haftung, zu verteilen. Die Gewinnanteile der Teilhafter schreibt man nicht den Kapitalkonten, sondern dem Konto „Sonstige Verbindlichkeiten" gut, damit die Kapitalanteile der Teilhafter nicht über die vertraglich bedungene Höhe der Einlage hinauswachsen.

Auch ein Verlust ist im angemessenen Verhältnis zu verteilen. Die Verlustanteile der Teilhafter belastet man nicht ihren Kapitalkonten, sondern dem Konto „Sonstige Forderungen". Wird im folgenden Jahr ein Gewinn verteilt, so müssen die Verlustanteile des Vorjahres erst ausgeglichen werden.

An einer Kommanditgesellschaft sind Komplementär A mit 100.000,00 €, Kommanditist B mit 250.000,00 € und Kommanditist C mit 150.000,00 € beteiligt. Laut Gesellschaftsvertrag erhalten die Gesellschafter eine 4%ige Verzinsung ihrer Kapitaleinlagen, der Rest wird im Verhältnis 8 : 1 : 1 unter die Gesellschafter A, B und C verteilt. Der Jahresgewinn ist 55.000,00 €. Komplementär A hat 25.000,00 € Privatentnahmen gemacht.

Gewinnverteilungstabelle:

Gesellschafter	Kapitalanteile	4 % Zinsen	Restanteil	Gesamtanteil
A	100.000,00 €	4.000,00 €	28.000,00 €	32.000,00 €
B	250.000,00 €	10.000,00 €	3.500,00 €	13.500,00 €
C	150.000,00 €	6.000,00 €	3.500,00 €	9.500,00 €
	500.000,00 €	20.000,00 €	35.000,00 €	55.000,00 €

Buchungen: **3000 Eigenkapital A** an **3001 Privat A** **25.000,00**
8020 GuV-Konto **55.000,00**
an **3000 Eigenkapital A** **32.000,00**
an **4890 Übrige sonstige Verbindlichkeiten** **23.000,00**

S 8020 Gewinn- und Verlustkonto H

S		H	
Aufwendungen	1.940.000,00	Erträge	1.955.000,00
Gewinnanteil A	32.000,00		
Gewinnanteil B	13.500,00		
Gewinnanteil C	9.500,00		
	1.995.000,00		1.995.000,00

S 3001 Privat A H

S		H	
Entn.	25.000,00	3000	25.000,00

S 3000 Eigenkapital A H

S		H	
3001	25.000,00	AB	100.000,00
SB	107.000,00	8020	32.000,00

S 4890 Übrige sonstige Verbindlichkeiten H

S		H	
		8020 B	13.500,00
		8020 C	9.500,00

Die Kapitalkonten der Teilhafter B und C werden nicht berührt.

12 Stellen Sie die Gewinnverteilungstabelle auf (KG). Buchen Sie die Gewinnverteilung in den Konten: 3000, 3001, 3010, 3011, 4890 und 8020.

Kapitalanteile: Komplementär A 350.000,00 €, Komplementär B 150.000,00 € und Kommanditist C 500.000,00 €. Privatentnahmen A 28.000,00 €, Privatentnahmen B 23.000,00 €. Aufwendungen des Geschäftsjahres 6.300.000,00 €. Erträge des Geschäftsjahres 6.425.000,00 €. Gewinnverteilung: 4 % Zinsen auf die Kapitaleinlagen, der Rest im Verhältnis 4 : 4 : 2 unter A, B und C.

13 **Vorläufige Summenbilanz einer Kommanditgesellschaft:**

	1. Jahr		2. Jahr	
Konten	Soll	Haben	Soll	Haben
0810 Ladenausstattung	24.000,00	–	18.000,00	–
0840 Fuhrpark	182.000,00	2.000,00	160.000,00	–
2000 Waren	41.900,00	–	122.800,00	–
2400 Forderungen a. LL	93.100,00	65.700,00	113.400,00	83.600,00
2600 Vorsteuer	158.100,00	155.800,00	172.900,00	168.300,00
2800 Bank	1.453.300,00	1.363.400,00	1.501.100,00	1.369.700,00
2880 Kasse	1.423.200,00	1.333.900,00	1.447.400,00	1.390.400,00
3000 Eigenkapital A	–	115.000,00	–	124.750,00
3001 Privat A	21.100,00	–	22.700,00	–
3070 Kommanditkapital B	–	150.000,00	–	150.000,00
3080 Kommanditkapital C	–	100.000,00	–	100.000,00
4400 Verbindlichkeiten a. LL	825.600,00	916.200,00	887.400,00	946.500,00
4800 Umsatzsteuer	178.700,00	194.100,00	194.600,00	211.900,00
4890 Übrige Verbindlichk.	45.900,00	46.100,00	60.600,00	64.850,00
5000 Umsatzerlöse	–	1.267.200,00	–	1.384.200,00
5400 Nebenerlöse Vermiet.	–	3.200,00	–	–
6000 Aufwendgn. f. Waren	1.008.300,00	–	1.024.400,00	–
6300 Gehälter	95.100,00	–	100.600,00	–
6400 Soziale Abgaben	12.500,00	–	13.600,00	–
6520 Abschreibungen	–	–	–	–
6700 Mieten	64.800,00	–	66.000,00	–
6870 Werbung	42.900,00	–	45.200,00	–
7000 Betriebliche Steuern	38.500,00	–	40.100,00	–
7510 Zinsaufwendungen	3.600,00	–	3.400,00	–
	5.712.600,00	5.712.600,00	5.994.200,00	5.994.200,00

Abschlussangaben:

Abschreibungen in beiden Jahren:

auf 0810 = 20 % der Anschaffungskosten von 30.000,00 €;
auf 0840 = 10 % der Anschaffungskosten von 200.000,00 €.

Warenbestand laut Inventur: 1. Jahr 122.800,00 €, 2. Jahr 120.890,00 €.

Gewinnverteilung laut Gesellschaftsvertrag: 4 % Zinsen auf die Kapitaleinlagen, der Rest wird im Verhältnis 7 : 3 : 2 unter Komplementär A und den Kommanditisten B und C verteilt.

37.5.2 Der Jahresabschluss der Kapitalgesellschaften

Nach § 264 HGB besteht der **Jahresabschluss** der Kapitalgesellschaften aus **Bilanz** (§ 266 HGB), **Gewinn- und Verlustrechnung** (§ 275 HGB) **und Anhang** (§§ 284–288 HGB). Bilanz und Gewinn- und Verlustrechnung sind nach den im HGB vorgegebenen **Gliederungsvorschriften** aufzustellen. Aufgabe des Anhangs ist es, einzelne Positionen der Bilanz und der Gewinn- und Verlustrechnung näher zu erläutern. Die Abschreibungsmethoden, die Beteiligungen an anderen Unternehmen, die Fristigkeiten der Verbindlichkeiten, die Bezüge der Vorstandsmitglieder und andere Positionen werden detailliert dargestellt.

Für das abgelaufene Geschäftsjahr ist gemäß § 289 HGB **zusätzlich ein Lagebericht** aufzustellen, in dem Auftragslage, Liquidität, Personalentwicklung u. a. m. erläutert werden müssen.

Alle Kapitalgesellschaften müssen den Jahresabschluss durch freie Abschlussprüfer **prüfen lassen** und je nach Größe der Gesellschaft mit unterschiedlichem Umfang Jahresabschluss und Lagebericht veröffentlichen.

Art und Umfang der Offenlegung sind von der Größe des Unternehmens abhängig. Dabei wird in folgende **Größenklassen** unterschieden:

große, mittelgroße und kleine Kapitalgesellschaften (§ 267 HGB).

Bilanzsumme, Umsatz und Belegschaftszahl sind ausschlaggebend für die Zuordnung:

Zuordnung zur Größenklasse			
	Bilanzsumme €	**Umsatz €**	**Beschäftigte**
große Kapitalgesellschaft	über 16.060.000,00	über 32.120.000,00	über 250
mittelgroße Kapitalgesellschaft	bis 16.060.000,00	bis 32.120.000,00	bis 250
kleine Kapitalgesellschaft	bis 4.015.000,00	bis 8.030.000,00	bis 50

Zwei der drei Größenmerkmale müssen an zwei aufeinanderfolgenden Bilanzstichtagen zutreffen. Börseneingeführte AGs gelten als große Kapitalgesellschaften.

Umfang der Offenlegung					
	Jahresabschluss			**Lagebericht**	**Publizität**
	Bilanz	GuV	Anhang		
große Kapitalgesellschaft	X	X	X	X	HR, BA
mittelgroße Kapitalgesellschaft	X	X	X	X	HR
kleine Kapitalgesellschaft	X	–	X	–	HR

HR = Handelsregister, BA = Bundesanzeiger (elektronisch)

Die Tabelle zeigt, in welchem Umfang und an welcher Stelle veröffentlicht werden muss.

37.5.2.1 Bilanzgliederung offenlegungspflichtiger Unternehmen

Große Kapitalgesellschaften müssen bei der Veröffentlichung der Bilanz die vollständige Gliederung nach § 266 HGB einhalten.[1] Diese ausführliche Gliederung ermöglicht einen detaillierten Einblick in die Vermögens- und die Kapitalverhältnisse des Unternehmens.

Mittelgroße Kapitalgesellschaften erstellen ihre Bilanz auch in dieser vollständigen Form, können aber bei der Veröffentlichung die für kleine Gesellschaften vorgeschriebene Vereinfachung wählen.

Kleine Kapitalgesellschaften stellen eine verkürzte Bilanz auf, die nur aus den Bilanzpositionen mit Buchstaben und römischen Zahlen besteht.

Die Forderung nach Bilanzklarheit wird bei offenlegungspflichtigen Bilanzen durch folgende Besonderheiten unterstrichen:

Zu jedem Bilanzposten ist der Vorjahresbetrag auszuweisen.

Die Entwicklung des Anlagevermögens während des Geschäftsjahres ist durch einen Anlagespiegel näher zu erläutern.

Der Betrag der **Forderungen** mit einer Restlaufzeit von **mehr als einem Jahr muss angegeben werden.** Das Gleiche gilt für **Verbindlichkeiten** mit einer Restlaufzeit **von weniger als einem Jahr.** Damit ist die Liquiditätslage besser zu beurteilen.

Eventualverbindlichkeiten aus weitergegebenen Wechseln, aus Bürgschaftsverpflichtungen und aus Gewährleistungsverträgen sind unter der Bilanzsumme anzugeben.

Ausweis des Eigenkapitals in der Bilanz

Die Gruppe „Eigenkapital“ gliedert man folgendermaßen auf:

I. Gezeichnetes Kapital

Darunter versteht man das im Handelsregister eingetragene Haftungskapital der Gesellschafter. Es ist zum Nennwert anzugeben (Ausgegebene Aktien der AG, Stammeinlagen der GmbH).

II. Kapitalrücklage

Das bei der Ausgabe von Geschäftsanteilen erzielte Agio (Aufgeld) muss den Kapitalrücklagen zugewiesen werden.

III. Gewinnrücklage

Aus dem versteuerten Jahresgewinn werden Anteile zur Abdeckung späterer Verluste angesammelt. Man unterscheidet die gesetzlichen Rücklagen nach § 150 AktG, die jährlich 5 % des Gewinns betragen, bis die Rücklagen 10 % des gezeichneten Kapitals ausmachen, und satzungsmäßige Rücklagen, deren Bildung und Verwendung satzungsmäßig festgelegt werden.

IV. Gewinn-/Verlustvortrag

Soweit der Gewinn des Vorjahres nicht voll ausgeschüttet bzw. der Verlust nicht abgedeckt wurde, weist man ihn hier aus.

V. Jahresüberschuss/-fehlbetrag

Das Ergebnis des Geschäftsjahres kann vor der Verteilung des Gewinns oder der Abdeckung des Verlustes in die Bilanz eingestellt werden.

Eigenkapital = Gezeichnetes Kapital + Kapitalrücklage + Gewinnrücklage + Gewinnvortrag (– Verlustvortrag) + Jahresüberschuss (– Jahresfehlbetrag)

1 Die Bilanzgliederung nach § 266 HGB befindet sich im Anhang.

37.5.2.2 Gewinn- und Verlustrechnung offenlegungspflichtiger Unternehmen

Offenlegungspflichtige Unternehmen können die Erfolgsrechnung nicht so veröffentlichen, wie sie im Konto „8020 Gewinn und Verlust“ dargestellt ist.

Abweichend von der Kontenform ist die **Staffelform** zu wählen.

Die **Aufwands- und Ertragsarten** werden nicht in der Ausführlichkeit der kontenplanmäßigen Gliederung übernommen, sie müssen vielmehr **nach den Gliederungsvorschriften des § 275 HGB** ausgewiesen werden.[1]

Wie bei den Gliederungsvorschriften für die Bilanz handelt es sich auch hier um eine **Mindestgliederung,** die eingehalten werden muss. So können z. B. Zinsaufwendungen und Zinserträge nicht gegeneinander verrechnet werden; sie müssen einzeln ausgewiesen werden. Dadurch erhöht man die Aussagekraft der Gewinn- und Verlustrechnung.

§ 275 HGB: Gliederung. Die Gewinn- und Verlustrechnung ist in Staffelform nach dem Gesamtkostenverfahren oder dem Umsatzkostenverfahren aufzustellen. Dabei sind die in Absatz 2 oder 3 bezeichneten Posten in der angegebenen Reihenfolge gesondert auszuweisen. (...)

Man unterscheidet zwischen einem Gesamtkostenverfahren und einem Umsatzkostenverfahren. Wegen der überwiegenden Bedeutung des **Gesamtkostenverfahrens** in der Praxis der Einzelhandelsbetriebe wird im Folgenden die Gliederung nur nach diesem Verfahren dargestellt.

Die Gliederung beginnt mit den **betriebsgewöhnlichen Erträgen.** Sie bestehen im Einzelhandel in erster Linie aus den **Umsatzerlösen für Waren** und den **sonstigen betrieblichen Erträgen.**

Es schließen sich die **betriebsgewöhnlichen Aufwendungen** wie **Wareneinsatz, Personalaufwand, Abschreibungen** und **sonstige betriebliche Aufwendungen** an.

Auch die **Aufwendungen und Erträge des Finanzbereichs** sind auszuweisen.

Alle bis hier angefallenen Aufwendungen und Erträge fasst man zum **Ergebnis der gewöhnlichen Geschäftstätigkeit** zusammen.

Die **außergewöhnlichen Aufwendungen** und **Erträge** stehen zwar mit dem Betriebszweck in Verbindung, sind aber **zufällig, einmalig** und **in der Regel ungewöhnlich hoch** (§ 277 HGB). Hierzu gehören Verluste und Gewinne aus dem Verkauf eines Teilbetriebes und Verluste aus außergewöhnlichen Schadensfällen. Man fasst sie zum **außergewöhnlichen Ergebnis** zusammen.

Nach Abzug der Steuern ergibt sich der **Jahresüberschuss/Jahresfehlbetrag.**

	Ergebnis der gewöhnlichen Geschäftstätigkeit
+/−	Außerordentliches Ergebnis
−	Steuern
=	Jahresüberschuss/Jahresfehlbetrag

14 Vergleichen Sie den Aufbau des Kontenrahmens mit der Gliederung gem. § 275 HGB. Erläutern Sie den Begriff Abschlussgliederungsprinzip. Zählen Sie die Unterschiede zwischen GuV-Konto und GuV-Rechnung auf.

1 Die Gliederung der Gewinn- und Verlustrechnung nach § 275 HGB befindet sich im Anhang.

37.5.2.3 Der Jahresabschluss der Aktiengesellschaft (AG)

Für die **Aufstellung des Jahresabschlusses** ist **der Vorstand** der Aktiengesellschaft verantwortlich. Entsprechend den Vorschriften des Aktiengesetzes (§§ 58 und 170 AktG) wird häufig schon bei der Bilanzerstellung ein Teil des Jahresüberschusses den Gewinnrücklagen zugewiesen oder ein Jahresfehlbetrag durch Auflösung von Rücklagen ganz oder teilweise abgedeckt. Den noch nicht verwendeten Teil des Jahresüberschusses bezeichnet man als Bilanzgewinn. Über die Verwendung des Bilanzgewinns entscheidet die Hauptversammlung.

Jahresüberschuss + Gewinnvortrag – Zuweisung zu den Gewinnrücklagen = Bilanzgewinn

Kaufmarkt AG: Gezeichnetes Kapital 12.000.000,00 €, Gesetzliche Rücklagen 2.000.000,00 €, Andere Rücklagen 1.800.000,00 €, Gewinnvortrag 69.000,00 €. Der Jahresüberschuss beträgt 1.188.000,00 €. Den anderen Rücklagen sollen vorweg 200.000,00 € zugewiesen werden.

Aus Gründen der Übersichtlichkeit überträgt man den Jahresüberschuss aus dem GuV- Konto auf ein eigenes „Ergebnisverwendungskonto".

		Soll	Haben
Buchungen:	**8020 GuV-Konto**	**1.188.000,00**	
	3310 Gewinnvortrag	**69.000,00**	
	an **3300 Ergebnisverwendung**		**1.257.000,00**
	3300 Ergebnisverwendung	**1.257.000,00**	
	an **3240 Andere Rücklagen**		**200.000,00**
	an **3410 Bilanzgewinn**		**1.057.000,00**

Hauptversammlungsbeschluss: Die Aktionäre erhalten eine Dividende von 8 % (abzüglich 20 % Kapitalertragsteuer). Der restliche Bilanzgewinn ist auf neue Rechnung vorzutragen.

		Soll	Haben
Buchungen:	**3410 Bilanzgewinn**	**1.057.000,00**	
	an **4830 Sonst. Verbindlk. geg. Finanzbehörd.**		**192.000,00**
	an **4890 Übrige sonstige Verbindlichkeiten**		**768.000,00**
	an **3310 Gewinnvortrag**		**97.000,00**

15 Die Elektronik-Markt AG weist im Konto „8020 Gewinn und Verlust" einen Jahresfehlbetrag von 87.000,00 € aus. Das gezeichnete Kapital beträgt 5.000.000,00 €, die gesetzlichen Rücklagen 500.000,00 €. Decken Sie den Jahresfehlbetrag durch entsprechende Auflösung der gesetzlichen Rücklage ab.

Im folgenden Geschäftsjahr erzielt die Elektronik-Markt AG einen Jahresüberschuss von 94.000,00 €. Die gesetzlichen Rücklagen sind auf die Mindesthöhe aufzufüllen. Laut Hauptversammlungsbeschluss ist der restliche Jahresüberschuss auf neue Rechnung vorzutragen.

Der Jahresüberschuss ergibt sich aus der Gewinn- und Verlustrechnung.
Über die Verwendung des Bilanzgewinns entscheidet die Hauptversammlung.

16 **Frage:** *Wodurch unterscheiden sich Jahresüberschuss und Bilanzgewinn?*

17 Die Do-it-yourself Springerle-AG hat am 31. Dezember .. folgende Bilanz und Gewinn- und Verlustrechnung aufgestellt:

Aktiva	**Bilanz**		Passiva
A. Anlagevermögen		**A. Eigenkapital**	
Sachanlagen	1.394.000,00	Gezeichnetes Kapital .	1.000.000,00
Finanzanlagen	76.000,00	Kapitalrücklagen	220.000,00
B. Umlaufvermögen		Gewinnrücklagen	
Vorräte	1.607.000,00	Gesetzliche Rücklagen	200.000,00
Forderungen u. sonst.		Andere Rücklagen ...	269.300,00
Vermögensgegenstände	231.000,00	Gewinnvortrag	18.600,00
Flüssige Mittel	82.000,00	Jahresüberschuss ...	294.300,00
C. Rechnungsabgrenzungsposten	15.300,00	**B. Rückstellungen**	167.800,00
		C. Verbindlichkeiten ...	1.204.500,00
		D. Rechnungsabgrenzungsposten	30.800,00
	3.405.300,00		3.405.300,00

Gewinn- und Verlustrechnung	
Umsatzerlöse	19.120.200,00
Sonstige betriebliche Erträge	14.800,00
Aufwendungen für bezogene Waren	13.462.500,00
Personalaufwendungen,	
Löhne und Gehälter	3.871.400,00
Soziale Abgaben........................	776.200,00
Abschreibungen auf Sachanlagen	406.800,00
Sonstige betriebliche Aufwendungen	72.900,00
Erträge aus Finanzanlagen	10.000,00
Sonstige Zinsen und ähnliche Erträge......	14.000,00
Zinsen und ähnliche Aufwendungen	21.800,00
Ergebnis der gewöhnl. Geschäftstätigkeit .	547.400,00
Steuern vom Einkommen und vom Ertrag. .	209.400,00
Sonstige Steuern	43.700,00
Jahresüberschuss	294.300,00

Gewinnverteilung laut Beschluss der Hauptversammlung:

Den Anderen Rücklagen sind 100.000,00 € zuzuweisen. Die Aktionäre erhalten eine Dividende von 18 % (20 % Kapitalertragsteuer sind einzubehalten). Der restliche Jahresüberschuss ist auf neue Rechnung vorzutragen.

18 **Fragen:**

1. *Wie viel Euro betrug das Eigenkapital zu Beginn des Geschäftsjahres?*
2. *Aus welchen Einzelposten setzte es sich zusammen?*
3. *Mit wie viel Prozent hat sich das Eigenkapital in diesem Geschäftsjahr verzinst?*
4. *Wie viel Prozent macht der Jahresüberschuss vom Umsatzerlös aus?*

37.5.2.4 Der Jahresabschluss der Gesellschaft mit beschränkter Haftung (GmbH)

Die Geschäftsführer der GmbH tragen die Verantwortung für den Jahresabschluss. Bei mittelgroßen und großen Unternehmen ist der Jahresabschluss von Wirtschaftsprüfern oder vereidigten Buchprüfern zu prüfen. Kleine Unternehmen unterliegen nicht der Prüfungspflicht.

Hat die Gesellschaft aufgrund ihrer Größe einen Aufsichtsrat, so werden Jahresabschluss, Lagebericht und Prüfungsbericht durch ihn überprüft. Es ist Aufgabe der Gesellschafterversammlung, den Jahresabschluss festzustellen und die Verwendung des Ergebnisses zu beschließen. Auch für die GmbH gelten die von der Größe abhängigen Offenlegungspflichten (vgl. Seite 263).

Auszug aus der Summenbilanz einer GmbH (Eigenkapital):

I. Gezeichnetes Kapital	250.000,00
II. Kapitalrücklagen	50.000,00
III. Gewinnrücklagen	70.000,00
IV. Verlustvortrag	10.000,00
V. Jahresüberschuss	66.300,00

Beschluss der Gesellschafterversammlung: 1. Abdeckung des Verlustvortrages, 2. Zuweisung zur Gewinnrücklage 20.000,00 €, 3. Ausschüttung eines Gewinnanteils von 12 % auf die Stammeinlage (– 20 % Kapitalertragsteuer), 4. Vortrag des Restgewinns auf neue Rechnung.

Buchungen nach der Aufstellung des Jahresabschlusses:

	Soll	Haben
3400 Jahresüberschuss	**66.300,00**	
an **3300 Ergebnisverwendung**		**66.300,00**
3300 Ergebnisverwendung	**10.000,00**	
an **3310 Verlustvortrag**		**10.000,00**
3300 Ergebnisverwendung	**56.300,00**	
an **3210 Gewinnrücklagen**		**20.000,00**
an **4890 Übrige sonstige Verbindlichkeiten**		**24.000,00**
an **4830 Sonst. Verbindlichk. geg. Finanzbehörden**	**6.000,00**	
an **3310 Gewinnvortrag (neues Jahr)**		**6.300,00**

19 **Summenbilanz** des Einrichtungshauses Brauer GmbH zum 31. Dezember .. :

0510 Bebaute Grundstücke	48.000,00	–
0530 Betriebsgebäude	150.000,00	–
0810 Ladenausstattung	64.200,00	–
0830 Lagerausstattung	10.000,00	–
0840 Fuhrpark	73.400,00	–
0891 Sammelposten GWG Jahr 1	3.200,00	–
2000 Waren	14.800,00	–
2300 Geleistete Anzahlungen auf Vorräte	31.000,00	10.000,00
2400 Forderungen a. LL	83.636,00	79.000,00
2600 Vorsteuer	82.200,00	78.500,00
2690 Übrige sonstige Forderungen	–	–
2800 Bank	328.400,00	250.000,00

2880	Kasse	361.300,00	307.000,00
3000	Gezeichnetes Kapital	–	400.000,00
3200	Gewinnrücklagen	–	40.000,00
3300	Ergebnisverwendung	–	–
3310	Gewinnvortrag	–	–
4250	Langfristige Bankverbindlichkeiten	–	30.000,00
4400	Verbindlichkeiten a. LL	351.400,00	378.900,00
4800	Umsatzsteuer	92.100,00	101.300,00
4830	Sonst. Verbindlichkeiten geg. Finanzbehörden	–	–
4840	Verb. g. Sozialversicherungsträgern	28.700,00	37.000,00
4890	Übrige sonstige Verbindlichkeiten	–	–
4900	Passive Rechnungsabgrenzung	–	–
5000	Umsatzerlöse	–	693.300,00
5001	Erlösberichtigungen	2.964,00	–
5400	Nebenerlöse aus Vermietung	–	2.300,00
5710	Zinserträge	–	–
6000	Aufwendungen für Waren	495.000,00	–
6001	Bezugskosten	3.700,00	–
6002	Nachlässe	–	8.400,00
6300	Gehälter	124.800,00	–
6400	Soziale Abgaben	24.100,00	–
6520	Abschreibungen auf Sachanlagen	–	–
6700	Mieten	5.300,00	–
6900	Versicherungsbeiträge	2.500,00	–
7000	Betriebliche Steuern	25.700,00	–
7500	Zinsaufwendungen	2.100,00	–
7710	Körperschaftsteuer	7.200,00	–
		2.415.700,00	2.415.700,00

Führen Sie den Abschluss auf Konten durch.

Abschlussangaben:

Direkte Abschreibung auf das Betriebsgebäude 2 % von den Anschaffungskosten des Gebäudes 160.000,00 €, auf Ladenausstattung 8.025,00 €, auf Lagerausstattung 1.000,00 €, auf Fuhrpark 11.010,00 € und auf Sammelposten GWG (Jahr 1) 3.200,00 €.

Warenbestand laut Inventur 66.200,00 €.

Es steht noch eine Zinsgutschrift der Bank über 300,00 € aus. Der Posten von 2.300,00 € im Konto „5400 Nebenerlöse aus Vermietung" enthält einen Betrag von 600,00 €, den ein Mieter am 1. Dezember für drei Monate im Voraus gezahlt hat.

Gewinnverteilung laut Gesellschafterbeschluss:

Die Rücklagen werden mit 3.000,00 € gespeist. Die Gesellschafter erhalten auf ihr Kapital eine Dividende von 8 % (– 20 % Kapitalertragsteuer).

Der Rest ist auf neue Rechnung vorzutragen.

38 Kennzahlen des Jahresabschlusses

Bilanzen und Gewinn- und Verlustrechnungen dienen nicht nur der **Rechnungslegung.** Sie bieten gleichzeitig die Möglichkeit, **Einblick in die Vermögens- und Kapitalsituation sowie** die **Ertragslage** eines Unternehmens zu gewinnen. Die Entwicklung eines Unternehmens lässt sich besonders gut durch einen **Vergleich** mehrerer aufeinanderfolgender Jahresabschlüsse beurteilen (Zeitvergleich). Ein Vergleich mit den Zahlen anderer branchengleicher Unternehmen (Betriebsvergleich) macht die Entwicklung des Unternehmens im Rahmen seiner Branche deutlich.

Die Jahresabschlüsse sind nicht nur für das Unternehmen selbst, sondern auch für Außenstehende von Interesse. **Veröffentlichte Jahresabschlüsse bieten** Lieferanten, Konkurrenten und Kreditgebern **Einblick in das Unternehmen.** Lieferanten können feststellen, ob die flüssigen Mittel ausreichen, den kurzfristigen Verbindlichkeiten nachzukommen. Kreditgeber können beurteilen, ob genügend Haftungskapital (Eigenkapital) vorhanden ist. An einer Beteiligung Interessierte können die Rentabilität des Umsatzes und des investierten Kapitals beurteilen. Besonders die Geschäftsleitung wird den eigenen Jahresabschluss kritisch beurteilen.

Bevor man Jahresabschlüsse beurteilen kann, muss man die Zahlen aufbereiten.

Der Jahresabschluss dient nicht nur der Rechnungslegung. Er bietet bei entsprechender Auswertung auch Einblick in die Vermögens- und Kapitalsituation sowie in die Ertragslage.

38.1 Aufbereitung der Bilanz

Die Bilanz enthält viele Einzelzahlen, die einen detaillierten Einblick ermöglichen. Bei der Beurteilung der Bilanz ist es aber notwendig, die Einzelpositionen gruppenweise zusammenzufassen, damit man die wichtigsten Größenverhältnisse besser zum Ausdruck bringt und einen Gesamtüberblick gewinnt. Eine Bilanz aufzubereiten heißt, die zahlreichen Einzelpositionen so zusammenzufassen, dass die für die Beurteilung wichtigen Werte erkennbar sind.

Vorher wird die Bilanz schon um bestimmte Posten bereinigt:

Man saldiert die Wertberichtigungen mit den entsprechenden Aktivwerten der Bilanz, rechnet die Aktiven Rechnungsabgrenzungsposten den kurzfristigen Forderungen und die Passiven Rechnungsabgrenzungsposten den kurzfristigen Verbindlichkeiten zu.

Die Abschlusskonten enthalten absolute Zahlen. Der Aussagewert dieser Konten wird verbessert, indem man das Verhältnis der Zahlen zueinander ausdrückt. Man ermittelt den prozentualen Anteil der Einzelwerte an der Gesamtsumme der Aktiva bzw. Passiva (Bilanzsummen).

Ein Einzelhandelsunternehmen hat zum 31. Dezember .. folgende Schlussbilanz:

Aktiva	Bilanz zum 31. Dezember ..		Passiva
Bebaute Grundstücke	500.000,00	Eigenkapital	750.000,00
Betriebsgebäude	800.000,00	Hypothekenschulden	490.000,00
Geschäftsausstattung	200.000,00	Darlehensschulden	535.000,00
Waren	625.000,00	Verbindlichkeiten a. LL	714.000,00
Forderungen a. LL	245.000,00	Sonstige Verbindlichkeiten	8.000,00
Sonstige Forderungen	4.000,00	Passive Rechnungsabgrenz.	3.000,00
Bankguthaben	122.000,00		
Kasse	3.000,00		
Aktive Rechnungsabgrenz.	1.000,00		
	2.500.000,00		2.500.000,00

Für die Auswertung der Bilanz ist es notwendig, sie aufzubereiten. Das Anlagevermögen fasst man zu einem Posten zusammen. Das Umlaufvermögen wird in den Posten Vorräte, Forderungen und flüssige Mittel zusammengefasst. Auf der Passivseite stehen neben dem Eigenkapital nur das langfristige und das kurzfristige Fremdkapital. Außerdem ermittelt man den prozentualen Anteil des Anlage- und des Umlaufvermögens am Gesamtvermögen sowie den prozentualen Anteil des Eigen- und des Fremdkapitals am Gesamtkapital.

Aktiva	Vereinfachte Bilanz zum 31. Dezember ..				Passiva
Anlagevermögen	1.500.000,00	60 %	Eigenkapital	750.000,00	30 %
Umlaufvermögen:			Fremdkapital:		
1. Vorräte	625.000,00	25 %	1. Langfr. Fremdk.	1.025.000,00	41 %
2. Forderungen	250.000,00	10 %	2. Kurzfr. Fremdk.	725.000,00	29 %
3. Flüssige Mittel	125.000,00	5 %			
	2.500.000,00	100 %		2.500.000,00	100 %

Diese vereinfachte Bilanz gibt nur einen ersten Überblick über die Vermögens- und Kapitalstruktur des Unternehmens. Sie muss weiter ausgewertet werden.

38.2 Auswertung der Bilanz

38.2.1 Die Vermögensstruktur (Konstitution)

Die Struktur (Zusammensetzung) des Vermögens wird in erster Linie durch die Branchenzugehörigkeit des Unternehmens bestimmt. Ein Großhandelsunternehmen mit einem großen Fuhrpark muss einen wesentlich höheren Anteil seines Vermögens langfristig in Anlagegütern investieren als ein Unternehmen, in dem die Warenvorräte und die anderen Posten des Umlaufvermögens überwiegen.

Je größer der Anteil des Anlagevermögens ist, desto mehr Kapital ist langfristig gebunden. Hohe Fixkosten (feste Kosten) für Kapitalverzinsung, Abschreibungen und Instandhaltung belasten die Ertragslage. Deswegen sind anlageintensive Unternehmen gezwungen, ihre Kapazität voll auszunutzen, um die Fixkosten auf eine möglichst große Anzahl von Waren zu verteilen.

Überwiegt in einem Unternehmen das Umlaufvermögen, so sind die meisten Vermögenswerte nur kurzfristig gebunden und werden relativ schnell wieder zu flüssigen Mitteln.

Beachten Sie aber: Auch ein Teil des Umlaufvermögens ist langfristig gebunden, z. B. der „eiserne Bestand“ an Waren.

Kennzahlen der Vermögensstruktur:

Ein Einzelhandelsunternehmen hat ein Anlagevermögen von 1.500.000,00 €. Das Umlaufvermögen besteht aus Vorräten (Waren) 625.000,00 €, Forderungen 250.000,00 € und flüssigen Mitteln 125.000,00 € (siehe Beispiel Seite 271).

$$\textbf{Anteil des Anlagevermögens} = \frac{\textbf{Anlagevermögen} \cdot \textbf{100}}{\textbf{Gesamtvermögen}} = \frac{1.500.000,00 \cdot 100}{2.500.000,00} = 60\ \%$$

$$\textbf{Anteil des Umlaufvermögens} = \frac{\textbf{Umlaufvermögen} \cdot \textbf{100}}{\textbf{Gesamtvermögen}} = \frac{1.000.000,00 \cdot 100}{2.500.000,00} = 40\ \%$$

Eine Aufteilung des Umlaufvermögens in Vorräte, Forderungen und flüssige Mittel vermittelt einen tieferen Einblick in die Vermögensstruktur.

$$\textbf{Anteil der Vorräte} = \frac{\textbf{Vorräte} \cdot \textbf{100}}{\textbf{Gesamtvermögen}} = \frac{625.000,00 \cdot 100}{2.500.000,00} = 25\ \%$$

$$\textbf{Anteil der Forderungen} = \frac{\textbf{Forderungen} \cdot \textbf{100}}{\textbf{Gesamtvermögen}} = \frac{250.000,00 \cdot 100}{2.500.000,00} = 10\ \%$$

$$\textbf{Anteil der flüssigen Mittel} = \frac{\textbf{flüssige Mittel} \cdot \textbf{100}}{\textbf{Gesamtvermögen}} = \frac{125.000,00 \cdot 100}{2.500.000,00} = 5\ \%$$

1 Das Vermögen eines Einzelhandelsunternehmens setzt sich am 31. Dezember .. (Berichtsjahr) folgendermaßen zusammen:

Grundstücke und Bauten	756.000,00 €
Betriebsausstattung	144.000,00 €
Fahrzeuge	126.000,00 €
Warenvorräte	522.000,00 €
Forderungen a. LL	90.000,00 €
Sonstige Forderungen	14.000,00 €
Kasse	7.000,00 €
Postbank	90.000,00 €
Bank	47.000,00 €
Aktive Rechnungsabgrenzung	4.000,00 €
	1.800.000,00 €

Fassen Sie das Vermögen nach dem Schema von Seite 271 zusammen und ermitteln Sie die entsprechenden Kennzahlen.

Vergleichen Sie die errechneten Werte mit den Werten des Vorjahres.

Anlagevermögen	1.008.000,00 €	63 %
Vorräte	400.000,00 €	25 %
Forderungen a. LL	80.000,00 €	5 %
Flüssige Mittel	112.000,00 €	7 %
	1.600.000,00 €	100 %

2 **Frage:** *Wie beurteilen Sie die Zunahme der Vorräte und Forderungen, wenn die Umsatzerlöse im Berichtsjahr um 25 % gestiegen sind?*

6680272

38.2.2 Die Kapitalstruktur (Finanzierung)

Die anteilige Zusammensetzung des Kapitals aus Eigenkapital und Fremdkapital hat für das Unternehmen besondere Bedeutung.

Ein hoher Eigenkapitalanteil wirkt sich vorteilhaft aus. Er verbessert die Kreditwürdigkeit gegenüber Banken und Gläubigern und gewährt **finanzielle Unabhängigkeit.**

Ist das Unternehmen gezwungen, mit einem hohen Fremdkapitalanteil zu arbeiten, so fallen erhebliche Zinsaufwendungen an. Da die Fremdkapitalzinsen in jedem Falle, also unabhängig von der Ertragslage, gezahlt werden müssen, belasten sie das Ergebnis in schlechten Geschäftsjahren zusätzlich. Der **Grad der Verschuldung** hat besondere Bedeutung.

Kennzahlen der Kapitalstruktur:

Ein Einzelhandelsunternehmen weist in der Bilanz folgende Passivwerte aus:

Eigenkapital	750.000,00 €
Hypothekenschulden	490.000,00 €
Darlehensschulden	535.000,00 €
Verbindlichkeiten a. LL	714.000,00 €
Sonstige Verbindlichkeiten	8.000,00 €
Passive Rechnungsabgrenzung	3.000,00 €

Bereiten Sie die Zahlen nach dem Schema von Seite 271 auf.

$$\text{Grad der finanziellen Unabhängigkeit} = \frac{\text{Eigenkapital} \cdot 100}{\text{Gesamtkapital}} = \frac{750.000{,}00 \cdot 100}{2.500.000{,}00} = 30\,\%$$

$$\text{Grad der Verschuldung} = \frac{\text{Fremdkapital} \cdot 100}{\text{Gesamtkapital}} = \frac{1.750.000{,}00 \cdot 100}{2.500.000{,}00} = 70\,\%$$

Da das Fremdkapital sich aus verschiedenen Verbindlichkeiten mit sehr unterschiedlicher Rückzahlungsfrist zusammensetzt, ist es sinnvoll, den Grad der Verschuldung aufzuteilen in:

$$\text{Anteil des langfristigen Fremdkapitals} = \frac{\text{langfristiges Fremdkapital} \cdot 100}{\text{Gesamtkapital}} = \frac{1.025.000{,}00 \cdot 100}{2.500.000{,}00} = 41\,\%$$

$$\text{Anteil des kurzfristigen Fremdkapitals} = \frac{\text{kurzfristiges Fremdkapital} \cdot 100}{\text{Gesamtkapital}} = \frac{725.000{,}00 \cdot 100}{2.500.000{,}00} = 29\,\%$$

Die Aufteilung zeigt, dass nur etwa die Hälfte des Fremdkapitals kurzfristig ist, das daher in absehbarer Zeit zurückgezahlt werden muss.

---

3 Ein Einzelhandelsunternehmen weist in der Bilanz folgende Passivwerte aus:

Eigenkapital	532.000,00
Hypothekenschulden	420.000,00
Verbindlichkeiten a. LL	385.000,00
Verbindlichkeiten gegenüber Sozialversicherungsträgern	51.000,00
Sonstige Verbindlichkeiten	8.000,00
Umsatzsteuer	4.000,00
	1.400.000,00

Ermitteln Sie die Kennzahlen der Kapitalstruktur.

38.2.3 Die Anlagendeckung (Investierung)

Bei der Beurteilung der Bilanz darf man Vermögensstruktur und Kapitalstruktur nicht einzeln betrachten, sondern muss sie im Zusammenhang sehen, denn sie beeinflussen sich gegenseitig.

Langfristige Investitionen in Form von Anlagegütern können nur durch langfristig zur Verfügung stehendes Kapital finanziert werden. Dazu eignet sich besonders das Eigenkapital. Auch langfristiges Fremdkapital kann zur Finanzierung herangezogen werden. Kurzfristiges Fremdkapital eignet sich nicht zur langfristigen Anlage. Es wird früher zur Rückzahlung fällig, als die damit finanzierte Anlage über die Abschreibungen zu flüssigen Mitteln wird.

Die Deckung des Anlagevermögens durch die verschiedenen Kapitalformen bezeichnet man als Investierung.

Kennzahlen der Investierung:

Ein Einzelhandelsunternehmen weist ein Anlagevermögen von 1.500.000,00 € aus. Das Eigenkapital beträgt 750.000,00 €, das langfristige Fremdkapital 1.025.000,00 € (siehe Beispiel Seite 271).

Deckungsgrad I $= \frac{\textbf{Eigenkapital} \cdot \textbf{100}}{\textbf{Anlagevermögen}} = \frac{750.000,00 \cdot 100}{1.500.000,00} = 50\,\%$

Der Deckungsgrad I gibt an, zu wie viel Prozent das Anlagevermögen durch Eigenkapital finanziert wurde.

Deckungsgrad II $= \frac{\textbf{langfristiges Kapital} \cdot \textbf{100}}{\textbf{Anlagevermögen}} = \frac{1.775.000,00 \cdot 100}{1.500.000,00} = 118,3\,\%$

Der Deckungsgrad II kennzeichnet das Verhältnis des langfristigen Kapitals (Eigen- und Fremdkapital) zum Anlagevermögen.

Eigenkapital und langfristiges Fremdkapital reichen in diesem Beispiel zur Abdeckung des Anlagevermögens; es bleibt sogar ein Anteil von 225.000,00 € = 18,3 % übrig, mit dem ein Teil des Umlaufvermögens langfristig finanziert werden kann.

---

4 Aufbereitete Bilanz eines Einzelhandelsunternehmens:

Aktiva		Passiva	
Anlagevermögen	1.800.000,00	Eigenkapital	1.620.000,00
Umlaufvermögen:		Fremdkapital:	
1. Vorräte	990.000,00	1. langfr. Fremdkapital	1.260.000,00
2. Forderungen	60.000,00	2. kurzfr. Fremdkapital	120.000,00
3. Flüssige Mittel	150.000,00		
	3.000.000,00		3.000.000,00

Ermitteln und beurteilen Sie die Vermögensstruktur, die Kapitalstruktur und die Investierung.

38.2.4 Die Zahlungsbereitschaft (Liquidität)

Zur Erfüllung seiner Verbindlichkeiten benötigt das Unternehmen flüssige Mittel. Das gilt besonders für die Verbindlichkeiten mit der kürzesten Lauffrist.

Die Liquidität eines Unternehmens ist seine Zahlungsbereitschaft, die sich aus dem Verhältnis der flüssigen Mittel zu den kurzfristigen Verbindlichkeiten ermitteln lässt. Da die Bilanz für einen Stichtag erstellt ist, lässt sich aus ihr nur die Liquidität zu diesem Stichtag erkennen. Die täglichen Einnahmen und Ausgaben verändern das Verhältnis zwischen den flüssigen Mitteln und den kurzfristigen Verbindlichkeiten ständig. Wer einen Einblick in die täglichen Schwankungen der Liquidität gewinnen will, muss einen genauen Liquiditäts- und Finanzplan aufstellen.

Man unterscheidet drei Stufen der Liquidität, je nachdem, ob man nur die flüssigen Mittel (Kasse, Bank, Postbank und Besitzwechsel) oder auch zusätzlich die Forderungen oder das gesamte Umlaufvermögen zu den kurzfristigen Verbindlichkeiten in Beziehung setzt.

Kennzahlen der Liquidität:

Die kurzfristigen Verbindlichkeiten eines Einzelhandelsbetriebes betragen 400.000,00 €. Das Umlaufvermögen setzt sich folgendermaßen zusammen: flüssige Mittel 325.000,00 €, Forderungen 125.000,00 € und Vorräte 250.000,00 €.

$$\textbf{Liquidität I} = \frac{\textbf{flüssige Mittel} \cdot \textbf{100}}{\textbf{kurzfr. Fremdkapital}} = \frac{325.000,00 \cdot 100}{400.000,00} = 81,25\ \%$$

Die Liquidität I wird als **Barliquidität** bezeichnet. Nur die flüssigen Mittel stellt man dem kurzfristigen Fremdkapital gegenüber.

$$\textbf{Liquidität II} = \frac{\textbf{(fl. Mittel + Forderungen)} \cdot \textbf{100}}{\textbf{kurzfr. Fremdkapital}} = \frac{450.000,00 \cdot 100}{400.000,00} = 112,5\ \%$$

Bei der Liquidität II zählen auch die Forderungen (die in Kürze eingezogen werden) zu den Barmitteln. Sie heißt daher **Einzugsliquidität.**

$$\textbf{Liquidität III} = \frac{\textbf{Umlaufvermögen} \cdot \textbf{100}}{\textbf{kurzfr. Fremdkapital}} = \frac{700.000,00 \cdot 100}{400.000,00} = 175\ \%$$

Setzt man das gesamte Umlaufvermögen zu den kurzfristigen Verbindlichkeiten in Beziehung, so ist das Ergebnis die **Umsatzliquidität.**

Nur selten werden die Mittel der Barliquidität zur Abdeckung der kurzfristigen Verpflichtungen ausreichen. Es entspricht durchaus einer vernünftigen Finanzplanung, wenn die Einzugsliquidität 100 % angemessen übersteigt. Will man die Zahlungseingänge aus den fälligen Forderungen als liquide Mittel verwenden, so muss man berücksichtigen, dass ein Teil dieser Forderungen nicht fristgerecht eingeht.

Macht die Liquidität III wesentlich mehr als 100 % aus, so dürften im Allgemeinen keine Engpässe in der Zahlungsbereitschaft auftreten.

5 Berechnen Sie aus den folgenden Angaben eines Einzelhandelsunternehmens die Barliquidität, die Einzugsliquidität und die Umsatzliquidität:

Vorräte	138.000,00	Bankschulden	12.000,00
Forderungen a. LL	198.000,00	Sonst. Verbindlichkeiten	5.000,00
Kasse	60.000,00	Verbindlichkeiten a. LL.	163.000,00

6 Die Bilanz eines Einzelhandelsunternehmens enthält folgende Werte:

Aktiva			Passiva
Bebaute Grundstücke	80.000,00	Eigenkapital	416.000,00
Betriebsgebäude	186.000,00	Rückstellungen	84.000,00
Ladenausstattung	70.000,00	Hypothekenschulden	104.000,00
Lagerausstattung	56.200,00	kurzfr. Bankschulden	97.300,00
Fuhrpark	8.000,00	Verbindlichkeiten a. LL	108.400,00
Waren	291.300,00	Verbindlichk. g. Sozialv.	65.100,00
Forderungen a. LL	176.000,00	Sonstige Verbindlichkeiten	1.200,00
Sonstige Forderungen	1.800,00	Passive Rechnungsabgr.	2.200,00
Kasse	6.300,00		
Aktive Rechnungsabgr.	2.600,00		
	878.200,00		878.200,00

Erläuterung: Von den Rückstellungen müssen ⅔ dem kurzfristigen Fremdkapital, der Rest dem langfristigen Fremdkapital zugerechnet werden.

Bereiten Sie die Bilanz für eine Beurteilung auf.

Laut Mitteilung des Fachverbandes kann in vergleichbaren Betrieben mit folgenden Richtwerten gerechnet werden:

Grad der Verschuldung:	46 %	Vorratsquote:	15 %
Deckungsgrad II:	135 %	Anteil der flüssigen Mittel:	6 %
Anlagenintensität:	47 %	Liquidität III:	180 %

Stellen Sie fest, wo erhebliche Abweichungen von den Richtwerten vorliegen und wo die besonderen Gefahren für dieses Unternehmen liegen.

Aktiva	**Aufbereitete Bilanz**	**Passiva**
1. ↕ **Anlagevermögen**	3. ↔	**Eigenkapital** ↕ 2.
Umlaufvermögen	4. ↔	**Fremdkapital**
1. Vorräte		1. Langfristiges Fremdkapital
2. Forderungen		2. Kurzfristiges Fremdkapital
3. Flüssige Mittel		
Summe des Vermögens		**Summe des Kapitals**

Kennzahlen der Bilanzstruktur:

1. Vermögensstruktur	Anlagevermögen	: Umlaufvermögen	vertikal
2. Kapitalstruktur	Eigenkapital	: Fremdkapital	vertikal
3. Investierung	Eigenkapital	: Anlagevermögen	horizontal
4. Liquidität	Umlaufvermögen	: Fremdkapital	horizontal

38.3 Auswertung der Erfolgsrechnung

38.3.1 Kostenstatistik

Die Erfolgsrechnung (Gewinn und Verlust) enthält neben dem Wareneinsatz auch die verschiedenen Kostenarten, die betriebsnotwendig waren. Anhand der Kostensummen führt die Betriebsleitung eine Kostenkontrolle durch. Sie stellt fest, wie viel Prozent die Kosten vom Umsatz ausmachen. Vergleicht man die Kosten über mehrere Jahre hinweg, so kann man die Kostenentwicklung erkennen (Zeitvergleich).

Aber auch Vergleiche mit Durchschnittswerten, die von Fachverbänden veröffentlicht werden, sind aufschlussreich (zwischenbetrieblicher Vergleich).

Die folgenden Aufgaben enthalten einige wichtige Kosten-Umsatz-Vergleiche.

7 Aufwendungen **Gewinn- und Verlustkonto** Erträge

Aufwendungen		Erträge	
Aufwendungen für Waren	633.840,00	Umsatzerlöse	792.300,00
Personalkosten	37.460,00		
Abschreibungen	26.610,00		
Werbung, Dekoration	10.840,00		
Steuern	23.655,00		
Reingewinn	59.895,00		
	792.300,00		792.300,00

Berechnen Sie die Prozentsätze der Kostenarten vom Umsatz.

8 Vergleichen Sie die Entwicklung der Personalkosten im Verhältnis zum Umsatz.

	1. Jahr	2. Jahr	3. Jahr	4. Jahr
Umsatz	1.837.400,00 €	1.881.900,00 €	1.945.200,00 €	1.998.600,00 €
Personalkosten	40.027,00 €	43.301,00 €	47.921,00 €	52.326,00 €

9 Vergleichen Sie die Entwicklung der Gesamtkosten im Verhältnis zum Umsatz.

	1. Jahr	2. Jahr	3. Jahr	4. Jahr
Umsatz	1.679.200,00 €	1.704.500,00 €	1.761.900,00 €	1.824.300,00 €
Gesamtkosten	86.258,00 €	92.290,00 €	105.904,00 €	121.170,00 €

10 Aufwendungen **Gewinn- und Verlustkonto** Erträge

Aufwendungen		Erträge	
Aufwendungen für Waren	653.600,00	Umsatzerlöse	871.500,00
Personalkosten	58.000,00		
Abschreibungen	37.200,00		
Werbung, Dekoration	13.700,00		
Steuern	27.300,00		
Reingewinn	81.700,00		
	871.500,00		871.500,00

Verfahren Sie wie in Aufgabe 7 und vergleichen Sie die Ergebnisse.

11 Vergleichen Sie die Prozentsätze der Kosten eines Einzelhandelsunternehmens mit den Richtzahlen des Fachverbandes (Durchschnittswerte gleich großer Betriebe).

Kostenart	Personalkosten	Mieten	Steuern
Richtzahl (Fachverband)	6,1 %	2,4 %	0,9 %
Ist-Zahl (EH'unternehmen)	5,9 %	2,3 %	0,9 %

Kostenart	Werbung	Abschreibungen	Allg. Verwaltung
Richtzahl (Fachverband)	1,4 %	2,2 %	1,1 %
Ist-Zahl (EH'unternehmen)	1,7 %	2,1 %	0,8 %

38.3.2 Lagerkennziffern

Der Gewinn des Handelsbetriebes wird in erster Linie durch den Verkauf von Waren erzielt. Für den größtmöglichen Umsatz muss der Einzelhändler jederzeit lieferbereit sein. Deshalb legt er Waren auf Lager.

Die Höhe des benötigten Lagerbestandes kann er nur schätzen. Der Lagerbestand darf nicht zu groß sein, da sich im Lager gebundenes Kapital nicht verzinst (totes Kapital). Er darf aber auch nicht zu klein sein, sonst kann der Händler evtl. nicht rechtzeitig liefern.

Eiserner Bestand
Um Lieferengpässe bei unvorhersehbaren Ereignissen (Lieferant fällt aus, hohe Nachfrage, Streiks, ...) zu vermeiden, empfiehlt es sich, einen **Mindestbestand = eisernen Bestand** zu halten, der nur im äußersten Notfall angegriffen werden sollte.

Meldebestand
Der Bestellzeitpunkt, also die Frage, wann wieder neu bestellt werden muss, um zu verhindern, dass man nicht mehr liefern kann, hängt vom *Tagesabsatz* der Ware, der *Beschaffungszeit* und der Höhe des *eisernen Bestandes* ab.

Ein Einzelhändler verkauft jeden Tag 5 Stück einer Ware, die Beschaffungszeit beträgt 3 Arbeitstage und der eiserne Bestand 10 Stück.

Meldebestand = (5 · 3) + 10 = 25 Stück,

d. h., dass bei einem Bestand von 25 Stück bestellt werden muss.

Meldebestand = (Tagesabsatz · Beschaffungszeit) + eiserner Bestand

Die Zahlen des Jahresabschlusses lassen auch einen Rückschluss auf die Wirtschaftlichkeit der Lagerhaltung zu.

Dazu benötigt man den **Wareneinsatz** und den **Lagerbestand.** Da die Höhe des Lagerbestandes im Laufe des Jahres schwankt, geht man von einem Durchschnittswert aus.

Jahresanfangsbestand 1. Januar	131.000,00 €	**Durchschnitt** =
Jahresendbestand 31. Dezember	+ 97.000,00 €	$\frac{228.000,00}{2}$ = **114.000,00 €**
	228.000,00 €	

Diese Rechnung ist sehr ungenau, da sie nur zwei Bestände berücksichtigt. Zu einem genaueren Ergebnis gelangt man, indem man den **Anfangsbestand und die 12 Monatsendbestände** berücksichtigt.

Jahresanfangsbestand 1. Januar	131.000,00 €	**Durchschnitt** =	
Monatsendbestände Jan.–Dez.	+ 1.702.000,00 €	$\frac{1.833.000,00}{13}$	= **141.000,00 €**
	1.833.000,00 €		

$$\text{Durchschnittlicher Lagerbestand} = \frac{\text{AB} + 12 \text{ Monatsendbestände}}{13}$$

Beträgt der Wareneinsatz 1.128.000,00 €, so ist der durchschnittliche Lagerbestand im Laufe des Jahres achtmal umgesetzt worden: 1.128.000,00 : 141.000,00 = 8
Diese Zahl bezeichnet man als **Umschlagshäufigkeit.**

$$\text{Umschlagshäufigkeit} = \frac{\text{Wareneinsatz}}{\text{durchschnittlicher Lagerbestand}}$$

→ *Je höher* die Umschlagshäufigkeit, *umso besser* für das Unternehmen.

Aus der Umschlagshäufigkeit lässt sich eine weitere Kennzahl ableiten. Rechnet man das Geschäftsjahr mit 360 Tagen, so lässt sich die **durchschnittliche Lagerdauer** ermitteln: 360 Tage : 8 = 45 Tage. Die Ware befand sich also durchschnittlich 45 Tage auf Lager.

$$\text{Durchschnittliche Lagerdauer} = \frac{360}{\text{Umschlaghäufigkeit}}$$

→ *Je niedriger* die durchschnittliche Lagerdauer, *umso besser* für den Einzelhändler.

---

12 Ein Einzelhändler setzt an 250 Tagen 10 000 Stück eines Artikels ab. Der eiserne Bestand reicht für 3 Verkaufstage, die Beschaffungszeit beträgt 6 Tage. Berechnen Sie
a) den durchschnittlichen täglichen Absatz,
b) den Mindestbestand,
c) den Meldebestand.

---

13 Bei einem eisernen Bestand von 20 Stück und einer Beschaffungszeit von 5 Tagen ergibt sich ein Meldebestand von 60 Stück. Berechnen Sie den täglichen Absatz.

---

14 In ein Lager passen maximal 200 Stück eines Artikels. Der tägliche Absatz beträgt 10 Stück. Nach wie viel Tagen muss spätestens bestellt werden, wenn der eiserne Bestand mindestens für 3 Tage reichen soll und die Beschaffungszeit bei 2 Tagen liegt?

---

15 Mit welcher Rechnung kann man den Meldebestand berechnen?
a) Durchschnittlicher Lagerbestand : Wareneinsatz
b) Wareneinsatz : Durchschnittlicher Lagerbestand
c) 360/durchschnittlicher Lagerbestand
d) Wareneinsatz · durchschnittlicher Lagerbestand
e) mit keiner aus a)–d)

---

16 Ein Textileinzelhändler hat eine Wareneinsatz von 1.800.000,00 € bei einem durchschnittlichen Lagerbestand von 600.000,00 €. Zeigen Sie durch eine nachvollziehbare Rechnung, wie lange die durchschnittliche Lagerdauer ist.

---

17 Wenn man die Umschlagshäufigkeit bei gleichbleibendem Wareneinsatz von 4 auf 5 steigern kann, so ändert sich die Lagerdauer
a) um wie viel Tage?
b) Um wie viel Prozent sinkt dadurch der durchschnittliche Lagerbestand?

---

18 Berechnen Sie den durchschnittlichen Lagerbestand, die Umschlagshäufigkeit und die durchschnittliche Lagerdauer aus den folgenden Angaben:

Lagerbestände:

1. Jan.	58.000,00 €	31. Mai	52.100,00 €	31. Okt.	70.900,00 €
31. Jan.	62.700,00 €	30. Juni	55.100,00 €	30. Nov.	73.200,00 €
28. Febr.	54.200,00 €	31. Juli	49.000,00 €	31. Dez.	61.200,00 €
31. März	65.900,00 €	31. Aug.	68.400,00 €		
30. April	69.800,00 €	30. Sept.	72.000,00 €		

Der Wareneinsatz beträgt 625.000,00 €.

38.3.3 Rentabilitätsberechnungen

Die **Rentabilität** zeigt das Ergebnis der betrieblichen Tätigkeit, sie **ist der Maßstab für den Erfolg eines Unternehmens.** Die Rentabilität wird berechnet aus dem Verhältnis des Reingewinns zum eingesetzten Kapital (Eigenkapital bzw. Gesamtkapital) oder zum Umsatz. Man unterscheidet demnach die **Kapital**rentabilität von der **Umsatz**rentabilität.

38.3.3.1 Rentabilität des Eigenkapitals (Unternehmerrentabilität)

Die **Unternehmer**rentabilität vergleicht den Unternehmergewinn mit dem Eigenkapital zu Anfang des Geschäftsjahres. Der Gewinn des Unternehmens muss ein Entgelt für den Arbeitseinsatz des Unternehmers, eine angemessene Verzinsung des Eigenkapitals und darüber hinaus noch eine Prämie für das allgemeine Unternehmerrisiko abwerfen.

Wegen der Vergleichbarkeit mit der Rentabilität von Kapitalgesellschaften, bei denen für die leitenden Angestellten Personalaufwendungen anfallen, muss in einem Einzelunternehmen oder in einer Personengesellschaft der Jahresgewinn um einen angemessenen Unternehmerlohn bereinigt werden.

Unternehmerlohn ist das Entgelt für die Arbeit des Unternehmers.

Der **Unternehmergewinn** ergibt sich aus der Differenz zwischen Reingewinn und Unternehmerlohn. Dem Unternehmerlohn legt man das Gehalt eines leitenden Angestellten in vergleichbarer Position zugrunde.

Aus der Buchhaltung ergeben sich folgende Zahlen: Eigenkapital (Anfangskapital) 425.000,00 €, Reingewinn 118.000,00 €. Monatlicher Unternehmerlohn 7.000,00 €.

Berechnung des Unternehmergewinns:

Reingewinn	118.000,00 €
– Unternehmerlohn	84.000,00 €
= Unternehmergewinn	34.000,00 €

$$\text{Unternehmerrentabilität} = \frac{\text{Unternehmergewinn} \cdot 100}{\text{Eigenkapital}} = \frac{34.000,00 \cdot 100}{425.000,00} = 8\,\%$$

Die Unternehmerrentabilität zeigt, mit welchem Erfolg das Eigenkapital eingesetzt wurde. Die Rendite sollte über dem Zinssatz für langfristig angelegte Gelder liegen, damit sie neben dem Unternehmerlohn und den Zinsen für das Eigenkapital noch eine Prämie für das übernommene Risiko (Unternehmerwagnis) enthält.

19 Berechnen Sie die Unternehmerrentabilität für die folgenden Jahre.

	1. Jahr	2. Jahr	3. Jahr
Eigenkapital	240.000,00 €	288.000,00 €	333.200,00 €
Aufwendungen	632.000,00 €	674.800,00 €	743.340,00 €
Erträge	730.000,00 €	770.000,00 €	850.000,00 €
verrechneter Unternehmerlohn	86.000,00 €	88.000,00 €	90.000,00 €

38.3.3.2 Rentabilität des Gesamtkapitals (Unternehmensrentabilität)

Der Reingewinn wurde mit dem Gesamtkapital (Eigen- und Fremdkapital) erzielt. Für das Fremdkapital mussten Zinsen gezahlt werden, die bei der Gewinnberechnung als Aufwand abgesetzt wurden. Bei der Berechnung der Unternehmensrentabilität müssen diese Zinsen deshalb dem Unternehmergewinn wieder zugezählt werden.

Aus der Buchhaltung ergeben sich: Eigenkapital 475.000,00 €, Fremdkapital 150.000,00 €, Zinsaufwendungen 9.000,00 €. Unternehmergewinn 34.000,00 €.

$$\text{Unternehmensrentabilität} = \frac{(\text{Unternehmergewinn} + \text{Zinsen}) \cdot 100}{\text{Gesamtkapital}} = \frac{(34.000,00 + 9.000,00) \cdot 100}{625.000,00} = 6,88\ \%$$

Die Unternehmensrentabilität zeigt, ob der Fremdkapitaleinsatz günstig war. Er ist dann rentabel, wenn die Unternehmensrentabilität kleiner ist als die Unternehmerrentabilität.

20

Schlussbilanz

Aktiva		Passiva	
Anlagevermögen	500.000,00	**Eigenkapital**	400.000,00
Umlaufvermögen:		**Fremdkapital:**	
Waren	100.000,00	Hypothekenschuld	180.000,00
Forderungen a. LL	15.000,00	Bankschulden	127.000,00
Flüssige Mittel	185.000,00	Verbindlichkeiten a. LL	90.000,00
		Umsatzsteuer	3.000,00
	800.000,00		800.000,00

Gewinn- und Verlustkonto

Aufwendungen		Erträge	
Aufwendungen für Waren	1.440.000,00	Umsatzerlöse	1.800.000,00
Personalkosten	192.500,00		
Abschreibungen	25.000,00		
Mieten, Pachten	14.500,00		
Aufwendungen für Komm.	9.400,00		
Betriebliche Steuern	28.600,00		
Zinsaufwendungen	24.000,00		
Reingewinn	66.000,00		
	1.800.000,00		1.800.000,00

Was kann man über Finanzierung, Vermögensaufbau, Kapitalinvestierung, Zahlungsbereitschaft aussagen? Wie hoch war die durchschnittliche Lagerdauer der Waren, durchschnittlicher Lagerbestand 80.000,00 €? Ermitteln Sie die Rentabilität des Eigenkapitals und des Gesamtkapitals (Unternehmerlohn 54.000,00 €).

38.3.3.3 Umsatzrentabilität

Die Umsatzrentabilität gibt Aufschluss über den prozentualen Anteil des Unternehmergewinns zum Umsatz.

$$\text{Umsatzrentabilität} = \frac{\text{Unternehmergewinn} \cdot 100}{\text{Umsatz zu Verkaufspreisen}} = \frac{34.000,00 \cdot 100}{850.000,00} = 4\,\%$$

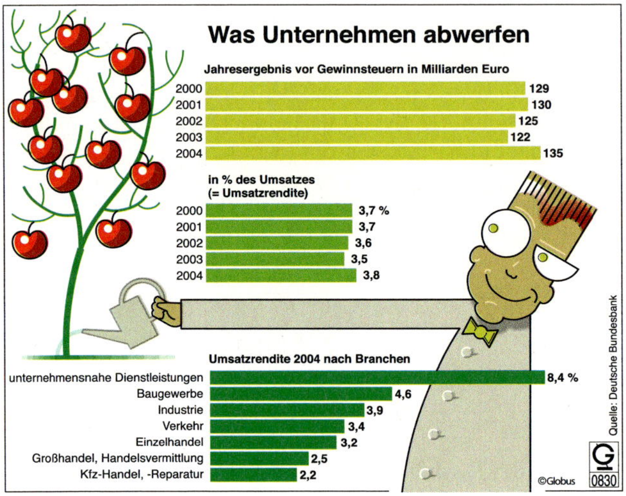

Je günstiger dieses Verhältnis ausfällt, desto größer war der Erfolg. Der Einzelhändler bemüht sich, dieses Verhältnis möglichst zu seinen Gunsten zu beeinflussen. Da die Verkaufspreise durch die Konkurrenz annähernd festliegen, kann er seinen Gewinn steigern, wenn es ihm gelingt, die Kosten zu senken. Vergleicht man die Umsatzrentabilität mehrerer Jahre, so ergeben sich wertvolle Erkenntnisse über die Unternehmensentwicklung.

---

21 Die Buchhaltung weist aus:

	1. Jahr	2. Jahr	3. Jahr
Eigenkapital	230.000,00 €	250.000,00 €	280.000,00 €
Fremdkapital	160.000,00 €	200.000,00 €	190.000,00 €
Reingewinn	92.000,00 €	106.000,00 €	112.000,00 €
Zinsen für Fremdkapital	8.000,00 €	12.000,00 €	13.300,00 €
Umsatzerlöse	680.000,00 €	740.000,00 €	780.000,00 €
Verrechneter Unternehmerlohn	74.000,00 €	80.000,00 €	83.000,00 €

1. Berechnen Sie die Unternehmer-, Unternehmens- und Umsatzrentabilität.
2. Welche Aussagen lassen sich über die Unternehmensentwicklung machen?

---

22 Der Jahresabschluss eines Einzelhandelsunternehmens weist folgende Werte auf:

Aktiva **Schlussbilanz** Passiva

Aktiva		Passiva	
Anlagevermögen	400.000,00 €	**Eigenkapital**	450.000,00 €
Umlaufvermögen:		**Fremdkapital:**	
Waren	120.000,00 €	Hypothekenschuld	150.000,00 €
Forderungen a. LL	20.000,00 €	Verbindlichkeiten a. LL	96.000,00 €
Flüssige Mittel	160.000,00 €	Umsatzsteuer	4.000,00 €
	700.000,00 €		700.000,00 €

Aufwendungen	Gewinn- und Verlustkonto		Erträge
Aufwendungen für Waren	720.000,00	Umsatzerlöse	960.000,00
Personalkosten	108.700,00		
Abschreibungen	20.000,00		
Mieten, Pachten	7.300,00		
Aufwendungen f. Komm.	4.000,00		
Betriebliche Steuern	17.800,00		
Zinsaufwendungen	15.000,00		
Reingewinn	67.200,00		
	960.000,00		960.000,00

Was kann man über Finanzierung, Vermögensaufbau, Kapitalinvestierung und Zahlungsbereitschaft aussagen? Wie hoch war die durchschnittliche Lagerdauer der Waren (durchschnittl. Lagerbestand 60.000,00 €)? Ermitteln Sie die Rentabilität des Eigen- und des Gesamtkapitals (Unternehmerlohn 48.000,00 €).

38.4 Wirtschaftlichkeits- und Produktivitätskennzahlen

Bei der Wirtschaftlichkeit handelt es sich um das Verhältnis von Aufwand zu Ertrag, bei der Produktivität um das Verhältnis von Umsatz zur Beschäftigtenzahl, Raumgröße oder Kundenzahl. Grundsätzlich spielt es keine Rolle, auf welche Zeit sich die Zahlen beziehen. Für einen Vergleich muss aber auf Zeitgleichheit geachtet werden.

Beispiel: Aufwand 730.000,00 €, Gesamtertrag 850.000,00 €, Umsatz 800.000,00 €, beschäftigte Personen 32, Größe der Verkaufsfläche 250 m², Kundenzahl 4 500.

Allgemeine Wirtschaftlichkeit

Lösung: $\frac{\textbf{Aufwand} \cdot \textbf{100}}{\textbf{Ertrag}}$ $\frac{730.000,00 \cdot 100}{850.000,00} = 85,88\ \%$

Die Wirtschaftlichkeit wird mitunter auch als absolute Zahl angegeben, nämlich als

Quotient aus $\frac{\text{Ertrag}}{\text{Aufwand}}$. Dann lautet die Lösung: $\frac{850.000,00}{730.000,00} = 1,16$.

Kontrolle: $\frac{85,88}{100} \cdot 1,16 = 1$

Personalproduktivität

Lösung: $\frac{\textbf{Umsatz}}{\textbf{Beschäftigte}}$ $\frac{800.000,00}{32} = 25.000,00$ €

Raumproduktivität

Lösung: $\frac{\textbf{Umsatz}}{\textbf{Fläche}}$ $\frac{800.000,00}{250} = 3.200,00$ €

Kundenproduktivität

Lösung: $\frac{\textbf{Umsatz}}{\textbf{Kundenzahl}}$ $\frac{800.000,00}{4\,500} = 177,78$ €

23 Berechnen Sie die Wirtschaftlichkeit absolut und in Prozent.

	a)	b)	c)	d)
Aufwand	240.000,00	18.000,00	5.000,00	82.375,00 €
Ertrag	375.000,00	14.000,00	6.200,00	96.580,00 €

24 Berechnen Sie die Personal-, Raum- und Kundenproduktivität.

Umsatz	Zahl der beschäftigten Personen	Fläche in m²	Zahl der bedienten Kunden
a) 180.000,00 €	140	65	820
b) 75.000,00 €	95	48	575

Wertpapierrendite

Grundsätzlich gilt auch hier die Rentabilitätsformel. Als Kapital muss das sog. angelegte Kapital oder die Anschaffungskosten, d. h. die Summe aus **Kurs**wert der Wertpapiere und deren Ankaufskosten, berücksichtigt werden. Der Ertrag sind die Dividenden, z. B. bei Aktien, oder die Zinsen bei festverzinslichen Wertpapieren, z. B. bei Anleihen oder Pfandbriefen.

$$\frac{\text{tatsächlicher Ertrag} \cdot 100}{\text{tatsächlicher Kapitaleinsatz}}$$

39 Statistik

Die Statistik gehört neben der Buchführung, der Kostenrechnung und der Betriebsplanung zum betrieblichen Rechnungswesen. Sie soll Zahlen, die von der Buchführung, der Kostenrechnung oder außerbetrieblichen Stellen, z. B. statistischen Ämtern, aufgezeichnet werden, systematisch sammeln, darstellen, vergleichen und auswerten.

Sie liefert so eine übersichtliche Information über viele Änderungen, die den Betrieb betreffen, und erleichtert eine gesicherte Planung.

Im Einzelhandel sind besonders häufig die Einkaufs- und Verkaufsstatistik, Kostenstatistiken wie Personal- oder Werbekosten bzw. Lager- bzw. Ertragsstatistiken.

39.1 Tabellarische Statistiken

Verkaufsstatistik	**März**		**Januar bis März (einschl.)**	
	lfd. Jahr	**Vorjahr**	**lfd. Jahr**	**Vorjahr**
Gesamtumsatz	550.000,00 €	500.000,00 €	1.480.000,00 €	1.350.000,00 €
Verkaufstage	27	26	77	79
Umsatz/Verkaufstag	20.370,00 €	19.230,00 €	19.220,00 €	17.090,00 €
Kundenzahl	2 412	2 295	5 108	4 910
Umsatz/Kunde	228,03 €	217,86 €	289,74 €	274,95 €
Anzahl Verkäufer	4	4,5	4	4,5
Umsatz/Verkäufer	137.500,00 €	111.111,11 €	370.000,00 €	300.000,00 €
Kunden/Verkäufer im Monat	603,00	510,00	1.277,00	1.091,11
Kunden/Verkäufer am Tag	22,33	19,62	16,58	13,81
Verkaufsfläche in m²	200	200	200	200
Umsatz/m²	2.750,00 €	2.500,00 €	7.400,00 €	6.750,00 €

1 Vergleichen Sie in der vorstehenden Verkaufsstatistik die für den Monat März angegebenen Zahlen des laufenden und des Vorjahres bezüglich:

Umsatz/Verkaufstag – Kundenzahl – Umsatz/Kunde – Umsatz/Verkäufer – Umsatz/m^2.

Berechnen Sie das Vergleichsergebnis in Euro und in Prozent.

Kostenstatistik	März				Januar bis März			
	lfd. Jahr	% v. Ums.	Vorjahr	% v. Ums.	lfd. Jahr	% v. Ums.	Vorjahr	% v. Ums.
Personalkosten	60.500	11,00 %	50.000	10,00 %	164.280	11,10 %	156.600	11,60 %
Raumkosten	22.000	4,00 %	20.000	4,00 %	59.200	4,00 %	55.100	4,08 %
Steuern	8.250	1,50 %	6.500	1,30 %	22.200	1,50 %	20.300	1,50 %
Werbung	11.000	2,00 %	9.000	1,80 %	37.000	2,50 %	29.000	2,15 %
Zinsen	6.600	1,20 %	5.500	1,10 %	20.720	1,40 %	17.400	1,29 %
Abschreibungen	7.700	1,40 %	6.000	1,20 %	19.240	1,30 %	18.850	1,40 %
Sonst. Kosten	22.000	4,00 %	17.500	3,50 %	66.600	4,50 %	58.000	4,30 %
Gesamt	138.050	25,10 %	114.500	22,90 %	389.240	26,30 %	355.250	26,31 %

2 Welche Umsätze in Euro ergeben sich aus der Kostenstatistik? Wie beurteilen Sie die Kostenentwicklung im März des laufenden Jahres verglichen mit den Werten des Vorjahres? Wie beurteilen Sie die Kostenentwicklung im 1. Quartal gegenüber dem Vorjahr?

3 Ein Einzelhandelskaufmann führt vierteljährlich Umsatz- und Kostenvergleiche gegenüber dem Vorjahr durch. Nach den Angaben der folgenden Übersicht ergibt sich eine Umsatz- und Kostensteigerung gegenüber dem Vorjahr.

	1. Vierteljahr		2. Vierteljahr		3. Vierteljahr		4. Vierteljahr	
Verkaufsstellen	Umsatz in €	Kosten in €	Umsatz in €	Kosten in €	Umsatz in €	Kosten in €	Umsatz in €	Kosten in €
Osterhof	148.300,00 + 12 %	44.200,00 + 9 %	139.400,00 + 4 %	40.700,00 + 7,5 %	140.500,00 + 2 %	41.900,00 + 1,5 %	151.500,00 + 7,5 %	45.700,00 + 7,75 %
Altdorf	177.500,00 + 9,5 %	55.800,00 + 6,67 %	166.100,00 + 5,5 %	48.200,00 + 1,5 %	162.100,00 + 1,1 %	46.400,00 + 3,2 %	179.200,00 + 1,7 %	59.400,00 + 10,5 %

Berechnen Sie für jede Verkaufsstelle die Höhe des Umsatzes und die Kosten des Vorjahres je Quartal und für das Vorjahr insgesamt.

4 Bei einem Gesamtumsatz von 20.000.000,00 € hatte ein Discounter im Lebensmittelbereich einen Umsatz von 5.000.000,00 €.
Ergänzen Sie bei unten stehender Übersicht die fehlenden Größen.

Lebensmittelabteilungen	Umsatz in €	Anteil am Umsatz	Anteil am Gesamtumsatz
Molkereiprodukte		20 %	
Tiefkühlkost		45 %	
Sonstiges	1.750.000,00 €		8,75 %
Gesamt	5.000.000,00 €	100 %	

5 Da sich Ihr Unternehmen in den letzten Jahren vergrößern konnte und auch weiterhin wächst, wurde auch die Zahl der Auszubildenden erhöht. Im Rahmen von Kostensenkungsmaßnahmen sollen nun die Ausbildungskosten im Unternehmen überprüft werden.

Jahr	Azubis 1.–3. Lehrjahr	Ausbildungskosten in €
1	10	140.250,00
2	12	166.550,00
3	12	165.790,00
4	13	170.780,00
5	15	191.560,00

Entscheiden Sie, ob folgende Aussagen wahr (w) oder falsch (f) sind.
- Das Unternehmen hatte jedes Jahr mehr Azubis.
- Die Gesamtzahl der Azubis am Ende des 5. Jahres ergibt sich aus der Summe der Einzelwerte, hier also 62.
- Die Kosten für die Azubis sind ständig gestiegen.
- Ein Azubi verursachte im Jahr 5 über 12.000,00 € Ausbildungskosten.

39.2 Grafische Darstellungen

Die grafischen oder bildhaften Darstellungen **veranschaulichen** die in einer Tabelle erfassten **Zahlen.**

Am häufigsten sind **Säulen-, Balken-, Linien oder Kreis- bzw. Flächendiagramme.**

Liegt die entsprechende Tabelle vor, so lassen sich die unterschiedlichsten Diagramme heutzutage relativ einfach über entsprechende Tabellenkalkulationsprogramme (z. B. Excel) mit einem **Diagramm-Assistenten** erzeugen.

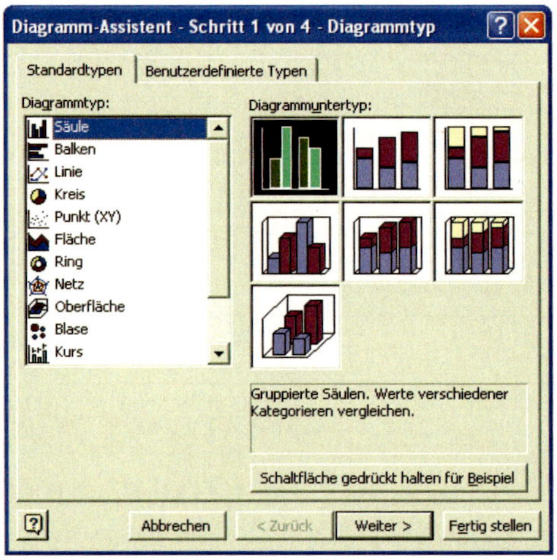

Das Säulen-, Balken- und Liniendiagramm

Es eignet sich besonders für mehrere bzw. viele Zahlen. Die Einteilung ergibt sich aus den darzustellenden Zahlen.

Beispiel: Die Monatsumsätze eines Einzelhändlers betragen (gerundet):

Januar	43.000,00 €	Juli	37.000,00 €
Februar	39.000,00 €	August	39.000,00 €
März	38.000,00 €	September	40.000,00 €
April	42.000,00 €	Oktober	45.000,00 €
Mai	44.000,00 €	November	48.000,00 €
Juni	41.000,00 €	Dezember	64.000,00 €

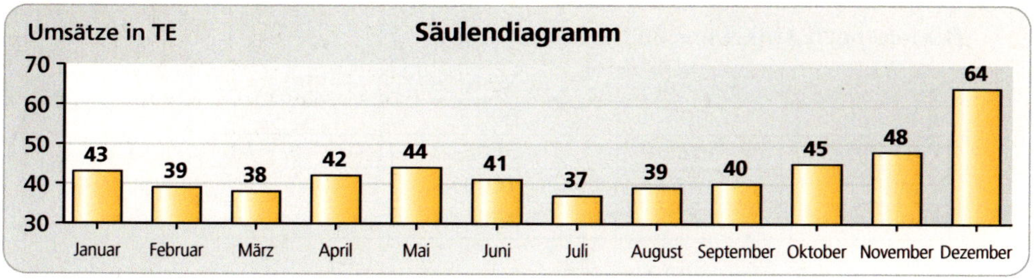

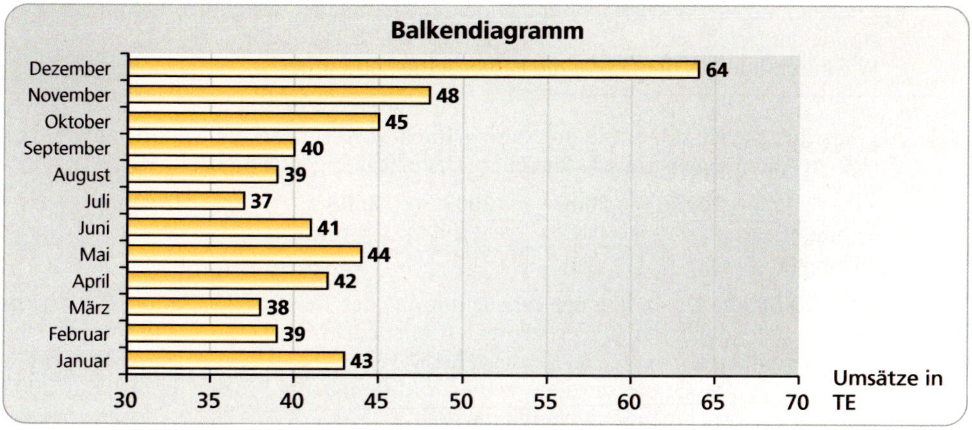

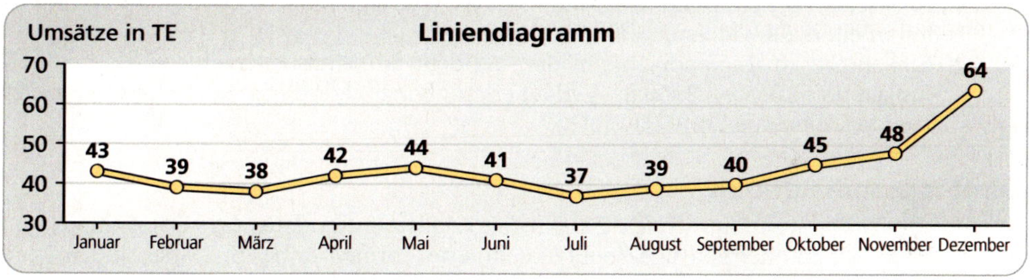

6 Stellen Sie die Veränderungen in den Aufgaben 1 und 2 durch geeignete Diagramme dar.

7 Eine Boutique registriert folgende Umsatzentwicklung:

1. Jahr 30.000,00 €	2. Jahr 25.000,00 €	3. Jahr 28.000,00 €
4. Jahr 31.000,00 €	5. Jahr 30.000,00 €	6. Jahr 32.000,00 €

Stellen Sie die Entwicklung grafisch dar.

8 Der Anteil der Personalkosten am Umsatz eines Unternehmens beträgt lt. Statistik:

2003	2004	2005	2006	2007	2008
5,0 %	6,0 %	7,0 %	8,5 %	8 %	9,5 %

a) Stellen Sie den Verlauf der Kostenentwicklung so in einer Grafik dar, dass man die jeweiligen Kostenanteile den Jahren zuordnen kann.
b) Machen Sie zwei konkrete Vorschläge, wie man den Anteil der Personalkosten senken könnte.

9 Die folgenden Artikel sind im Lager vorhanden:

Artikel	Bestand	Mindestbestand	Fehlbestand
Notebook	250	200	
DVD-Player	302	350	
Scanner	85	100	
Monitor	130	150	

a) Berechnen Sie den Fehlbestand.
b) Erstellen Sie ein Säulendiagramm, in dem die jeweiligen Bestände und Mindestbestände dargestellt sind.
c) Wie kann man aus der Grafik die Fehlbestände erkennen?

10 Als Abteilungsleiter sollen Sie im Auftrag Ihres Vorgesetzten die Mitarbeiterzahl der einzelnen Abteilungen grafisch darstellen. Dazu liegt folgende Statistik vor:

	2005	2006	2007	2008
Abteilung I	16	18	19	21
Abteilung II	21	19	17	12

a) Erfassen Sie die Daten in einer Tabelle mithilfe der Tabellenkalkulation. Berechnen Sie außerdem den jeweiligen prozentualen Anteil der Mitarbeiter und formatieren Sie die Ergebnisse auf zwei Nachkommastellen.
b) Erstellen Sie eine Grafik, die die Anzahl der Mitarbeiter in Prozent für die Jahre 2005 bis 2008 in Form einer Säulengrafik darstellt.
c) Entwickeln Sie ein Liniendiagramm, das die jeweilige (2005 bis 2008) Jahresgesamtmitarbeiterzahl widerspiegelt.
d) Stellen Sie ein Liniendiagramm dar, bei dem die Mitarbeiterzahlen beider Abteilungen von 2005 bis 2008 im Verlauf erkennbar sind. Wo liegt der Schnittpunkt der beiden (Abteilung I und II) Linien?

Das Flächendiagramm

Es wird verwendet, wenn nur wenige Zahlen dargestellt werden sollen. Die Darstellung kann durch Kreise, Ringe oder sonstige benutzerdefinierte Formen erfolgen. Dabei sind sowohl zwei- als auch dreidimensionale Darstellungen möglich.

Je größer der jeweilige Datenwert, umso größer die Fläche oder der Flächenanteil.

Beispiel: Die Verkaufsprovision eines Unternehmens verteilt sich auf drei Mitarbeiter. Mitarbeiter Müller erhält 2.300,00 €, Weichert 3.500,00 € und Ruff 4.200,00 €.

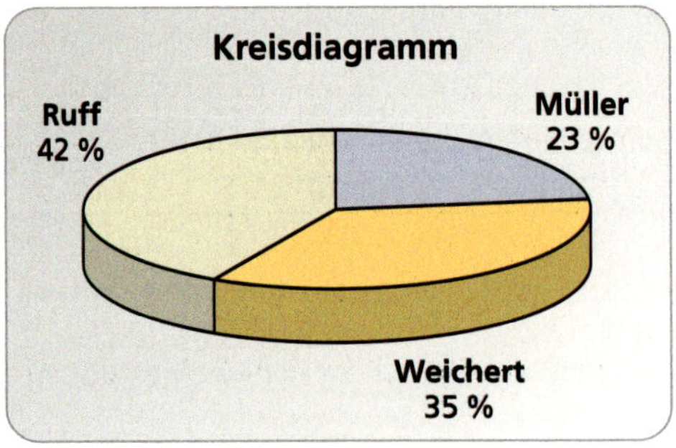

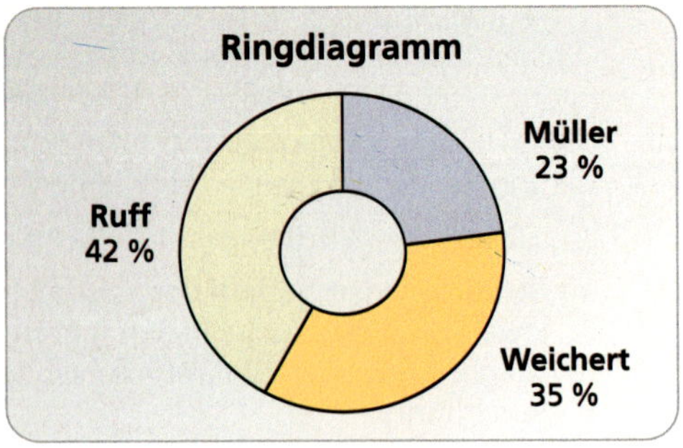

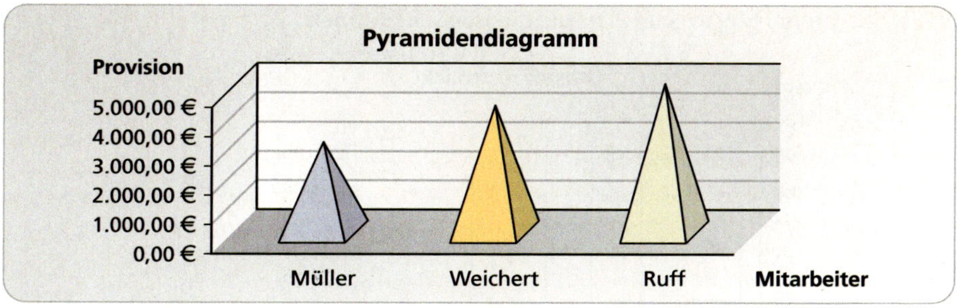

11 Die Belegschaft eines Lebensmittelsupermarktes zeigt folgenden Aufbau: 60 % Verkäuferinnen/Kassiererinnen, 30 % Hilfskräfte und 10 % Auszubildende. Stellen Sie die Prozentsätze durch geeignete Diagramme dar.

12 Von jeweils 100,00 € Umsatz im Facheinzelhandel entfielen auf Wareneinkauf 61,60 €, Personalkosten 11,90 €, Umsatzsteuer 10,60 €, Miete 3,20 €, Sonstiges 9,10 € und 3,60 € Gewinn. Stellen Sie ein geeignetes Diagramm auf.

13

Filialen	Jahr 1	Jahr 2	Jahr 3	Jahr 4
Nürnberg	47	56	62	45
Düsseldorf	21	23	24	26
Cottbus	120	134	122	156

Erstellen Sie eine Grafik, die die Anzahl der Mitarbeiter für die Jahre 1 bis 4 in Form einer Säulengrafik darstellt. Die einzelnen Filialen sollen in einer Legende aufgeführt sein.

14 Von einem Artikel xy liegen folgende Verkaufszahlen vor.

	Januar	Februar	März
1. Quartal: Stück	10	11	13
	April	**Mai**	**Juni**
2. Quartal: Stück	12	13	19

Ein angehender Einzelhändler hat zur Veranschaulichung folgende Grafik entworfen:

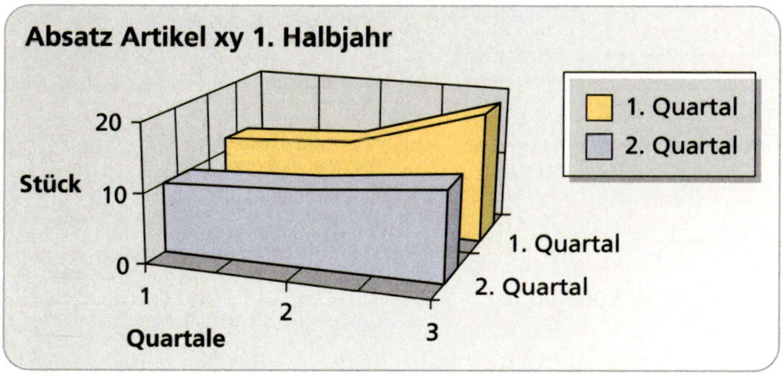

a) Überprüfen Sie die Grafik. Welche Fehler hat er gemacht?

b) Was halten Sie bei dieser dreidimensionalen Darstellung von der Ablesbarkeit der Zahlenwerte auf den Achsen?

15 Überprüfen Sie, welche Aussagen richtig sein können.

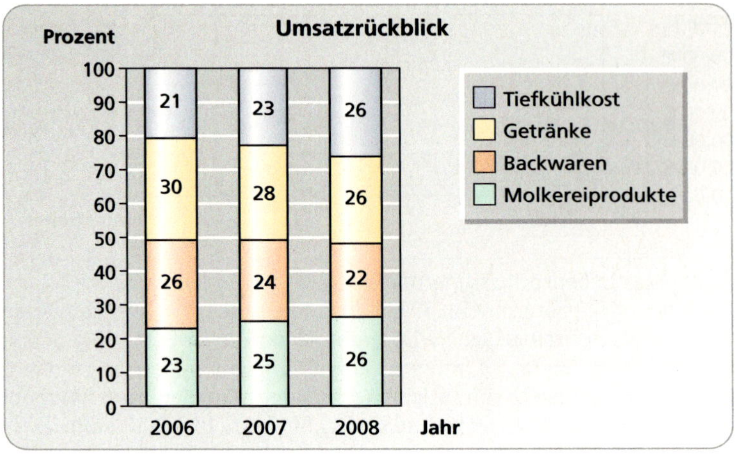

a) Der Anteil der Backwaren und der Molkereiprodukte zusammen lag im betrachteten Zeitraum immer unter 50 %.
b) Der Umsatzanteil der Tiefkühlkost ist ständig gestiegen.
c) Der Gesamtumsatz ist immer gleich geblieben.
d) Die Abnahme des Getränkeanteils kann auch durch Preissenkungen bei den Getränken verursacht sein.

16

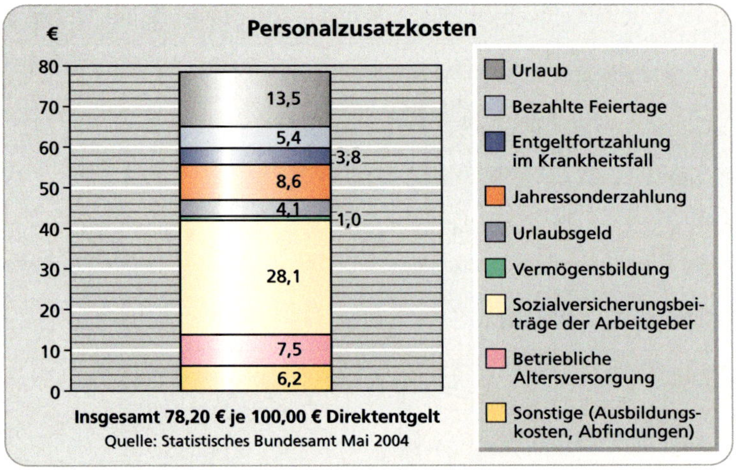

Je 100,00 € Lohn/Gehalt entstehen dem Arbeitgeber zusätzlich 78,20 € Kosten.

Führen Sie die folgenden unvollständigen Sätze in Bezug auf vorstehende Statistik fort:
a) Den größten Kostenanteil an den Personalzusatzkosten haben … .
b) Mit 1,00 € hat die … den geringsten Anteil.
c) Der bezahlte Urlaub zusammen mit dem Urlaubsgeld verursacht pro 100,00 € Direktentgelt zusätzlich … € Kosten.
d) Je höher die Zusatzkosten (Lohnnebenkosten), umso … die Arbeitsstunde.
e) Der Arbeitgeberaufwand für ein Bruttogehalt von 2.000,00 € beträgt ca. … €.

40 Die Kosten- und Leistungsrechnung

40.1 Abgrenzung zwischen Geschäfts- und Betriebsbuchführung

Die Hauptaufgabe des Einzelhändlers ist der Warenumsatz. Alle Aufwendungen und Erträge, die im Zusammenhang mit dem eigentlichen Betriebszweck anfallen, sind betriebsbedingte Aufwendungen und Erträge. Betriebsbedingte Aufwendungen nennt man Kosten (Grundkosten). Betriebsbedingte Erträge bezeichnet man als Leistungen. Aus dem Vergleich von Kosten und Leistungen ergibt sich das Betriebsergebnis.

Leistungen > Kosten = Betriebsgewinn
Leistungen < Kosten = Betriebsverlust

Für den Einzelhändler ist es besonders wichtig, das Ergebnis seiner warenwirtschaftlichen Tätigkeit zu erkennen. Dazu ist die Geschäftsbuchführung nicht unmittelbar in der Lage. So enthält das Gewinn- und Verlustkonto z. B. auch Aufwendungen und Erträge, die betriebsfremd, außerordentlich oder zeitraumfremd sind, man bezeichnet sie auch als neutrale Aufwendungen und Erträge.

Zu den **betriebsfremden** Aufwendungen und Erträgen gehören z. B. Verluste und Gewinne aus Wertpapiergeschäften. **Außerordentliche** Aufwendungen und Erträge stehen zwar mit dem Betriebszweck in Verbindung, sind aber zufällig, einmalig und ungewöhnlich hoch (§ 277 HGB). Hierzu gehören Verluste und Gewinne aus dem Verkauf eines Teilbetriebes oder hohe Schadensfälle, die nicht durch eine Versicherung abgedeckt sind. Als **zeitraumfremd** bezeichnet man Aufwendungen und Erträge, die andere Rechnungszeiträume betreffen. Sie fallen bei Steuernachzahlungen oder Steuererstattungen an.

Für die Abgrenzung der neutralen Aufwendungen und Erträge von den Kosten und Leistungen sind im Kontenrahmen des Einzelhandels keine Konten vorgesehen. Man nimmt die **Abgrenzung** daher **tabellarisch** außerhalb der Konten der Buchführung vor.

Von den Aufwendungen und Erträgen des Gewinn- und Verlustkontos sondert man in einer Abgrenzungsrechnung die neutralen Aufwendungen und Erträge ab. Nur die betriebsbedingten Aufwendungen und Erträge gehen in die Kosten- und Leistungsrechnung ein. Das folgende Schaubild verdeutlicht die Zusammenhänge zwischen GuV-Konto, Abgrenzungsrechnung und Betriebsergebnisrechnung (Betriebsbuchführung).

Ergebnistabelle

Rechnungskreis I			Rechnungskreis II			
Kto.	**Gewinn- und Verlustkonto**		**Abgrenzungsrechnung**		**Betriebsergebnisrechnung**	
	Aufwendg.	Erträge	Neutrale Aufwendg.	Neutrale Erträge	Kosten	Leistungen
5000		125.000,00				125.000,00
5400		3.000,00		3.000,00		
5430		2.000,00		2.000,00		
6000	80.000,00				80.000,00	
6300	30.000,00				30.000,00	
7600	4.000,00		4.000,00			
	114.000,00	130.000,00	4.000,00	5.000,00	110.000,00	125.000,00
	16.000,00		1.000,00		**15.000,00**	
	130.000,00	130.000,00	5.000,00	5.000,00	125.000,00	125.000,00
	Unternehmensergebnis		**Abgrenzungsergebnis**		**Betriebsergebnis**	

Erläuterungen zur Ergebnistabelle:

Die Umsatzerlöse aus dem Konto 5000 = 125.000,00 € werden als Leistungen in die Betriebsergebnisrechnung übernommen, während die Nebenerlöse (Konto 5400 Mieterträge) = 3.000,00 € und die sonstigen Erlöse (Konto 5430, z. B. Erträge aus Anlagenverkäufen) = 2.000,00 € Bestandteil der Abgrenzungsrechnung sind. Die Aufwendungen für Waren (Konto 6000) = 80.000,00 € und die Gehälter (Konto 6300) = 30.000,00 € übernimmt man in die Betriebsergebnisrechnung. Die außerordentlichen Aufwendungen (Konto 7600) = 4.000,00 € zählen zu den neutralen Aufwendungen.

Die Kosten- und Leistungsrechnung weist einen Betriebsgewinn von 15.000,00 € aus, die Abgrenzungsrechnung führt zu einem Neutralgewinn von 1.000,00 €. Das Gewinn- und Verlustkonto ermittelt einen Unternehmensgewinn von 16.000,00 €. Die Abstimmung dieser Teilrechnungen lautet also:

Betriebsgewinn	15.000,00 €
+ Neutralgewinn	1.000,00 €
Unternehmensgewinn	16.000,00 €

> Die Ergebnistabelle dient der Abgrenzung zwischen der Geschäftsbuchführung und der Betriebsbuchführung.
>
> Die Zusammenfassung von Betriebs- und Neutralergebnis entspricht immer dem Unternehmensergebnis.

1 Stellen Sie eine Ergebnistabelle anhand der folgenden Angaben auf. Beurteilen Sie anschließend das Ergebnis nach seiner Zusammensetzung.

Auszug aus der Geschäftsbuchführung:		Soll	Haben
5000	Umsatzerlöse für Waren	–	670.000,00
5800	Außerordentliche Erträge	–	147.000,00
6000	Aufwendungen für Waren	400.000,00	–
6300	Gehälter	140.000,00	–
6400	Soziale Abgaben	21.000,00	–
6520	Abschreibungen auf Sachanlagen	95.000,00	–
7600	Außerordentliche Aufwendungen	62.000,00	–

2 Beurteilen Sie in der folgenden Aufgabe die Ergebnisse nach ihrer Zusammensetzung.

Unternehmensergebnis		**Abgrenzungsergebnis**		**Betriebsergebnis**	
Gewinn	137.000,00 €	Verlust	11.000,00 €	Gewinn	148.000,00 €
Verlust	5.000,00 €	Verlust	188.000,00 €	Gewinn	183.000,00 €
Gewinn	14.000,00 €	Gewinn	98.000,00 €	Verlust	84.000,00 €

3 Ergänzen Sie die jeweils fehlende Größe.

Unternehmensergebnis		**Abgrenzungsergebnis**		**Betriebsergebnis**	
Gewinn	189.000,00 €	?		Gewinn	97.000,00 €
Gewinn	237.000,00 €	Gewinn	8.000,00 €	?	
?		Verlust	11.000,00 €	Gewinn	186.000,00 €

6680292

40.2 Kostenrechnerische Korrekturen

Die Betriebsergebnisrechnung enthält bisher nur die aufwandsgleichen Grundkosten. Man verrechnet neben den Grundkosten noch kalkulatorische Zusatzkosten, denen in der Geschäftsbuchführung keine entsprechenden Aufwendungen gegenüberstehen, weil sie keine Ausgaben verursachen. Die Selbstkostenrechnung führt erst dann zu richtigen Ergebnissen, wenn die Kostenartenrechnung (siehe Seite 298) den gesamten leistungsbedingten Werteverzehr ausweist.

40.2.1 Kalkulatorischer Unternehmerlohn

Der Inhaber eines Einzelunternehmens, der im Unternehmen mitarbeitet, erhält für seine Tätigkeit kein Gehalt. Überträgt man seine Tätigkeit einem leitenden Angestellten, so schlägt sich das Gehalt in der Erfolgsrechnung als Personalaufwand nieder, der in die Kosten- und Leistungsrechnung übernommen wird. Die Kostenrechnung muss daher auch für die Nutzung der **Arbeitskraft des mitarbeitenden Unternehmers Kosten** verrechnen, den sogenannten **kalkulatorischen Unternehmerlohn.**

Die Höhe des kalkulatorischen Unternehmerlohnes muss dem Gehalt leitender Angestellter mit gleichwertiger Tätigkeit entsprechen.

> Für den mitarbeitenden Unternehmer muss die Kosten- und Leistungsrechnung einen angemessenen kalkulatorischen Unternehmerlohn verrechnen.
>
> Kalkulatorische Zusatzkosten verursachen weder Ausgaben noch Aufwendungen.
>
> Kalkulatorische Zusatzkosten sind erfolgsneutral.

Die Ergebnistabelle nimmt bei der Abgrenzungsrechnung eine zweite Doppelspalte mit der Bezeichnung „Kostenrechnerische Korrekturen“ auf. Während die Abgrenzungsrechnung bislang nur unternehmensbezogene Abgrenzungen enthielt, werden durch die kostenrechnerischen Korrekturen betriebsbezogene Abgrenzungen vorgenommen (Muster Seite 295).

---

4 Stellen Sie eine Ergebnistabelle auf und teilen Sie die Abgrenzungsrechnung in unternehmensbezogene und betriebsbezogene Abgrenzung auf.

Zahlen der Geschäftsbuchführung:		Soll	Haben
5000	Umsatzerlöse für Waren	–	952.000,00
5400	Nebenerlöse aus Vermietung	–	3.000,00
6000	Aufwendungen für Waren	540.000,00	–
6300	Gehälter	175.000,00	–
6400	Soziale Abgaben	32.000,00	–
6520	Abschreibungen auf Sachanlagen	85.000,00	–
7600	Außerordentliche Aufwendungen	75.000,00	–

Es ist ein kalkulatorischer Unternehmerlohn von 96.000,00 € zu verrechnen.

---

5 **Fragen:**

1. *Wie hat sich der verrechnete kalkulatorische Unternehmerlohn in den verschiedenen Spalten der Ergebnistabelle ausgewirkt?*
2. *Wodurch unterscheiden sich unternehmensbezogene Abgrenzungen von kostenrechnerischen Korrekturen?*

40.2.2 Kalkulatorische Abschreibungen

Die unterschiedlichen Aufgaben der Geschäftsbuchführung und der Kosten- und Leistungsrechnung führen dazu, dass bestimmte Aufwendungen nicht mit den dort ausgewiesenen Beträgen in die Kosten- und Leistungsrechnung übernommen werden können. Man nennt sie daher Anderskosten.

So werden die **Abschreibungen in der Geschäftsbuchführung** nach **steuerlichen** Gesichtspunkten bemessen. Es ist steuerlich zulässig, schneller abzuschreiben, als nach wirtschaftlichen Gesichtspunkten notwendig, d. h., man wendet die degressive Abschreibung von den Restbuchwerten an.

In der **Kostenrechnung** müssen die **Abschreibungen verursachungsgerecht** auf die Nutzungsdauer verteilt werden. Diesen Anforderungen entspricht die lineare Abschreibung. Die Abschreibungen werden wie die anderen Kosten in die Verkaufspreise einkalkuliert, fließen damit in das Unternehmen zurück und dienen zur Neuanschaffung der abgenutzten Anlagen. Häufig sind in der Zwischenzeit die Preise für neue Anlagen gestiegen, sodass die einkalkulierten Mittel nicht für die Ersatzbeschaffung ausreichen. In der Kosten- und Leistungsrechnung schreibt man daher vom voraussichtlichen Wiederbeschaffungswert ab. Im Rechnungswesen des Einzelhandelsbetriebes wird folgerichtig unterschieden zwischen den Abschreibungen für die Geschäftsbuchführung (bilanzmäßige Abschreibungen) und den Abschreibungen für die Kostenrechnung (kalkulatorische Abschreibungen).

Die bilanzmäßige Abschreibung wird degressiv von den Restbuchwerten berechnet und in der Geschäftsbuchführung erfasst.

Die kalkulatorische Abschreibung ermittelt man linear von den **Wiederbeschaffungswerten.** Sie ist Bestandteil der Kosten- und Leistungsrechnung.

40.2.3 Kalkulatorische Zinsen

Zinsen sind das Entgelt für geliehenes Kapital. Die **Geschäftsbuchführung** erfasst im Gewinn- und Verlustkonto die **für das Fremdkapital gezahlten Zinsen.** In die **Kosten- und Leistungsrechnung** können diese Beträge nicht übernommen werden, da auch das Eigenkapital genutzt wird. An die Stelle der Fremdkapitalzinsen treten die **kalkulatorischen Zinsen für das betriebsnotwendige Kapital.** Darunter versteht man das Kapital, das zur Durchführung der betrieblichen Aufgaben notwendig ist.

Die tatsächlich gezahlten Fremdkapitalzinsen wirken sich nur in der Geschäftsbuchführung aus.
Die kalkulatorischen Zinsen berechnet man vom betriebsnotwendigen Kapital. Sie sind Bestandteil der Kosten- und Leistungsrechnung.

In einem Einzelhandelsunternehmen betragen die bilanzmäßigen Abschreibungen 44.000,00 €, die kalkulatorischen Abschreibungen 50.000,00 €.

Die Zinsen für das Fremdkapital betragen 3.000,00 €, die Zinsen für das betriebsnotwendige Kapital werden mit 5.000,00 € angesetzt. (Beispiel siehe Seite 295)

Ergebnistabelle

Rechnungskreis I			Rechnungskreis II					
Erfolgsbereich			Abgrenzungsbereich				Kosten- und Leistungsbereich	
Aufwands- und Ertragsarten der Geschäftsbuchführung			Unternehmensbezogene Abgrenzungen		Kostenrechnerische Korrekturen		Betriebsergebnisrechnung	
Konto	**Aufwendungen**	**Erträge**	**Neutrale Aufwendungen**	**Neutrale Erträge**	**Aufwendungen lt. Geschäftsbuchführung**	**Verrechnete kalkulatorische Kosten**	**Kosten**	**Leistungen**
5000 Umsatzerlöse		980.000,00						980.000,00
5400 Mieterträge		6.000,00		6.000,00				
5710 Zinserträge		1.000,00		1.000,00				
6000 Aufw. f. Waren	760.000,00						760.000,00	
6101 Aufw. f. Verpackung	2.000,00						2.000,00	
6300 Gehälter	70.000,00						70.000,00	
6400 Soziale Abgaben	12.000,00						12.000,00	
6520 Abschreibungen	44.000,00				44.000,00			
6900 Versicherungen	5.000,00						5.000,00	
7000 Betriebsteuern	4.000,00						4.000,00	
7510 Zinsaufwendungen	3.000,00				3.000,00			
Kalkulator. Kosten Unternehmerlohn						60.000,00	60.000,00	
Abschreibungen						50.000,00	50.000,00	
Zinsen						5.000,00	5.000,00	
Summen	900.000,00	987.000,00	0,00	7.000,00	47.000,00	115.000,00	968.000,00	980.000,00
	87.000,00		**7.000,00**		**68.000,00**		**12.000,00**	
	987.000,00	987.000,00	7.000,00	7.000,00	115.000,00	115.000,00	980.000,00	980.000,00

Erläuterungen zur Ergebnistabelle: Die bilanzmäßigen Abschreibungen und die Fremdkapitalzinsen fließen nicht in die Betriebsergebnisrechnung ein. Sie werden als Aufwendungen laut Geschäftsbuchführung im Abgrenzungsbereich festgehalten. Dafür setzt man die kalkulatorischen Abschreibungen und die kalkulatorischen Zinsen in die Betriebsergebnisrechnung ein und nimmt den kalkulatorischen Unternehmerlohn dort ebenfalls auf (Gegenbuchungen als verrechnete Kosten bei den kostenrechnerischen Korrekturen). Der Minderung des Betriebsergebnisses steht eine Erhöhung der kostenrechnerischen Korrekturen um den gleichen Betrag gegenüber. Minderung und Erhöhung gleichen sich gegenseitig aus.

Abstimmung:

	Ergebnis aus unternehmensbezogener Abgrenzung	(+)	7.000,00 €
+	Ergebnis aus kostenrechnerischen Korrekturen	(+)	68.000,00 €
	Abgrenzungsergebnis	(+)	75.000,00 €
+	Betriebsergebnis	(+)	12.000,00 €
	Gesamtergebnis	(+)	87.000,00 €

6 Ermitteln Sie die jeweils fehlende Größe.

Unternehmensergebnis	Unternehmensbezogene Abgrenzungen	Kostenrechnerische Korrekturen	Betriebsergebnis
?	Verlust 4.500,00 €	Verlust 7.000,00 €	Gewinn 3.700,00 €
Gewinn 237.000,00 €	Gewinn 76.000,00 €	Gewinn 12.000,00 €	?
Verlust 24.800,00 €	Verlust 50.000,00 €	?	Gewinn 10.900,00 €
Gewinn 76.000,00 €	?	Gewinn 47.600,00 €	Gewinn 22.500,00 €

7 Die Geschäftsbuchführung eines Einzelhandelsunternehmens schließt das Geschäftsjahr mit folgenden Aufwendungen und Erträgen ab:

		Soll	Haben
5000	Umsatzerlöse für Waren	–	1.570.000,00
5100	Sonstige Umsatzerlöse	–	6.000,00
5400	Nebenerlöse aus Vermietung	–	24.000,00
5710	Zinserträge	–	7.000,00
5800	Außerordentliche Erträge	–	59.000,00
6000	Aufwendungen für Waren	976.000,00	–
6101	Aufwendungen für Verpackung	4.000,00	–
6130	Aufwendungen für Energie	13.000,00	–
6300	Gehälter	347.000,00	–
6400	Soziale Abgaben	70.000,00	–
6520	Abschreibungen auf Sachanlagen	22.000,00	–
6700	Aufwendungen für Miete	48.000,00	–
7000	Betriebsteuern	9.000,00	–
7510	Zinsaufwendungen	13.000,00	–
7600	Außerordentliche Aufwendungen	31.000,00	–

Aus der Kosten- und Leistungsrechnung liegen folgende Angaben vor:

1. Kalkulatorische Abschreibungen auf Sachanlagen .... 30.000,00 €
2. Die kalkulatorischen Zinsen sind noch zu ermitteln:
   Betriebsnotwendiges Kapital .... 250.000,00 €
   Kalkulatorischer Zins .... 8 %
3. Kalkulatorischer Unternehmerlohn .... 72.000,00 €

Stellen Sie eine Ergebnistabelle auf und beantworten Sie die folgenden **Fragen:**

1. *Wie hat sich die Verrechnung der kalkulatorischen Kosten auf das Betriebsergebnis ausgewirkt?*
2. *Welchen Einfluss haben die kalkulatorischen Kosten auf das Unternehmensergebnis?*
3. *Wie unterscheiden sich kalkulatorische Zusatzkosten von den Anderskosten?*
4. *Welche Kostenarten in der Aufgabe 7 zählen zu den Grundkosten?*

---

8 Summenbilanz eines Einzelhandelsunternehmens zum 31. Dezember ..:

		Soll	Haben
0510	Bebaute Grundstücke	50.000,00	–
0530	Betriebsgebäude	150.000,00	–
0810	Ladenausstattung	60.000,00	–
0830	Lagerausstattung	16.000,00	–
0891	Sammelposten GWG Jahr 1	5.000,00	–
2000	Waren	15.000,00	–
2400	Forderungen a. LL	79.000,00	75.000,00
2600	Vorsteuer	86.000,00	82.000,00
2800	Bank	690.000,00	557.000,00
3000	Eigenkapital	–	208.000,00
4400	Verbindlichkeiten a. LL	351.000,00	442.000,00
4800	Umsatzsteuer	99.000,00	105.000,00
5000	Umsatzerlöse für Waren	–	905.000,00
5001	Erlösberichtigungen	3.000,00	–
5400	Nebenerlöse aus Vermietung	–	2.000,00
5410	Sonstige Erlöse	–	8.000,00
5710	Zinserträge	–	1.000,00
6000	Aufwendungen für Waren	490.000,00	–
6001	Bezugskosten	4.000,00	–
6002	Nachlässe	–	12.000,00
6300	Gehälter	224.000,00	–
6400	Soziale Abgaben	40.000,00	–
6520	Abschreibungen auf Sachanlagen	–	–
7000	Betriebsteuern	23.000,00	–
7510	Zinsaufwendungen	12.000,00	–
		2.397.000,00	2.397.000,00

Abschlussangaben:

Direkte Abschreibung auf das Betriebsgebäude 2 % von den Anschaffungskosten des Gebäudes 540.000,00 €, auf Ladenausstattung 6.000,00 €, auf Lagerausstattung 2.000,00 €. Der Bestand des Kontos „Sammelposten GWG" ist voll abzuschreiben. Warenendbestand laut Inventur 8.000,00 €. Führen Sie den Abschluss in Konten durch. Führen Sie anschließend die Kosten- und Leistungsrechnung in Form der Ergebnistabelle durch. Übernehmen Sie dazu die Aufwendungen und Erträge des Gewinn- und Verlustkontos in die Ergebnistabelle und berücksichtigen Sie die folgenden Angaben:

Jahressätze der kalkulatorischen Abschreibungen auf Ladenausstattung	8 %
auf Lagerausstattung	10 %
Voraussichtliche Wiederbeschaffungswerte für die Ladenausstattung	75.000,00 €
die Lagerausstattung	90.000,00 €

Das betriebsnotwendige Kapital beträgt .... 300.000,00 €

Es muss mit einem Zinssatz von 6 % gerechnet werden.

Es ist ein Unternehmerlohn von 72.000,00 € anzusetzen.

Beurteilen Sie anhand der Ergebnistabelle die Zusammensetzung des Gesamtergebnisses.

Grundkosten sind aufwandsgleich. Sie stimmen in der Geschäftsbuchführung und der Kosten- und Leistungsrechnung überein.

Anderskosten weichen von den Aufwendungen der Geschäftsbuchführung ab.

Kalkulatorische Kosten vervollständigen die Kosten- und Leistungsrechnung. In der Geschäftsbuchführung findet sich keine Aufwandsart, die ihnen entspricht.

Erläutern Sie das folgende Schema:

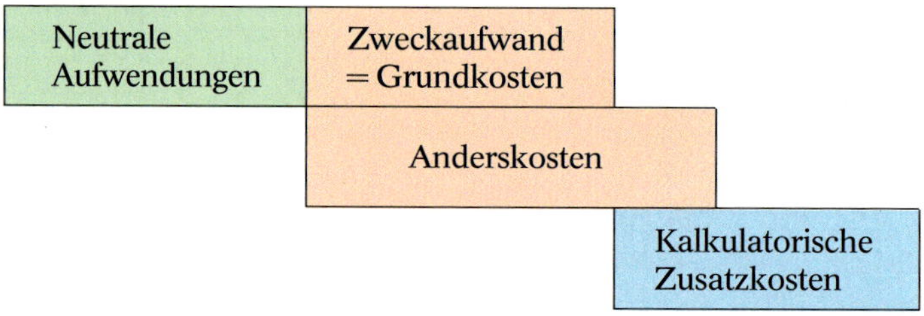

40.3 Die Kostenartenrechnung

Aufgabe der Ergebnistabelle ist es, die Kosten von den Aufwendungen abzugrenzen. Daran schließt sich die Kostenartenrechnung an. Für den Einzelhändler ist es von Bedeutung, einen Einblick in die Kostenstruktur zu gewinnen. Er führt Zeitvergleiche durch, indem er Höhe und Zusammensetzung der Kosten mit denen des Vorjahres vergleicht und für die Abweichungen Begründungen sucht. Durch Betriebsvergleiche mit den Richtwerten der Fachverbände kann er einen Vergleich mit gleich großen Unternehmen seiner Branche ziehen. Vergleichen Sie dazu die Beispiele in Aufgabe 11 auf Seite 278.

Eine weitere wichtige Unterscheidung der Kosten ist die zwischen **Einzel-** und **Gemeinkosten.** Zu den **Einzelkosten** gehören die Kostenarten, die dem Kostenträger – der Ware – unmittelbar zugerechnet werden können. **Gemeinkosten** können der Ware nur mittelbar durch Umlage hinzugerechnet werden. Dies geschieht meistens für mehrere Kostenarten gemeinsam in Form des Handlungskostenzuschlags.

Die wichtigsten Einzelkosten des Einzelhandels sind die Nettopreise der eingekauften Waren (Konto 6000), die in Rechnung gestellten Verpackungskosten und die Bezugskosten wie Bahnfracht, Hausfracht und Transportversicherung (Konto 6001). Zu den Gemeinkosten zählen z. B. Personalkosten, Betriebsteuern, Abschreibungen und Aufwendungen für Kommunikation.

---

9 Ordnen Sie die folgenden Kostenarten den Einzel- und Gemeinkosten zu:

Eingangsfrachten für bezogene Waren, Feuerversicherung für das Warenlager, Kosten für die Entsorgung von Verpackungsmaterial, Energiekosten für die Beleuchtung der Verkaufsräume, Transportversicherung für den Bezug eines neuen Kassensystems, Zustellgebühren für die Anlieferung von Waren, Kosten für die Leihverpackung eingekaufter Waren.

Auch die Unterscheidung zwischen **fixen** (festen) und **variablen** Kostenarten ist für den Einzelhändler von Interesse. Als **fix** bezeichnet man eine Kostenart, die **unabhängig von der Beschäftigung, dem Umsatz,** in gleicher Höhe anfällt. So fällt die vertraglich vereinbarte Miete für die Geschäftsräume monatlich in gleicher Höhe an, unabhängig davon, ob ein hoher oder ein niedriger Warenumsatz erzielt werden konnte. **Variabel** sind Kosten, die sich in **Abhängigkeit von der Beschäftigung, dem Umsatz** ändern (Warenkosten).

10 Ordnen Sie die folgenden Kostenarten den fixen und variablen Kosten zu:
Aufwendungen für Verpackungsmaterial, Brandversicherung für das Geschäftsgebäude, Abschreibungen auf Sachanlagen, Aufwendungen für Miete, Wartungskosten für die Sprinkleranlage, Aufwendungen für Energie, Monatsfixum des Reinigungsunternehmens, Personalkosten, Aufwendungen für Werbung.

Einzelkosten kann man dem Kostenträger unmittelbar hinzurechnen, Gemeinkosten lassen sich nur durch Umlage auf die Kostenträger verteilen.

Fixe Kostenarten bleiben auch bei Umsatzschwankungen unverändert. Variable Kosten verändern sich bei Umsatzschwankungen.

11 Auszug aus der Kosten- und Leistungsrechnung eines Einzelhandelsunternehmens:

	Kosten €	**Leistungen** €
Umsatzerlöse für Waren	–	550.000,00
Aufwendungen für Waren	400.000,00	–
Gehälter	80.000,00	–
Soziale Abgaben	12.000,00	–
Abschreibungen	7.000,00	–
Aufwendungen für fremde Dienste	3.000,00	–
Aufwendungen für Kommunikation	1.000,00	–
Betriebsteuern	5.000,00	–
Kapitalkosten (kalkulatorische Zinsen)	4.000,00	–
Betriebsgewinn	38.000,00	–

Stellen Sie die Summe der Gemeinkosten fest. Beziehen Sie die Gemeinkosten auf den Wareneinsatz. Wie hoch ist der Handlungskostensatz? Welchen Betriebsgewinn hat das Unternehmen erzielt? Stellen Sie die Umsatzrendite fest.

12 Verfahren Sie wie in Aufgabe 11 und vergleichen Sie die Ergebnisse miteinander.

	Kosten €	**Leistungen** €
Umsatzerlöse für Waren	–	640.000,00
Aufwendungen für Waren	480.000,00	–
Gehälter	84.000,00	–
Soziale Abgaben	13.600,00	–
Abschreibungen	7.400,00	–
Aufwendungen für fremde Dienste	3.000,00	–
Aufwendungen für Kommunikation	1.500,00	–
Betriebsteuern	6.000,00	–
Kapitalkosten	4.500,00	–
Betriebsgewinn	40.000,00	–

13 In einem Einzelhandelsunternehmen wird für zwei aufeinanderfolgende Jahre ein Kostenvergleich durchgeführt.

	1. Jahr €	2. Jahr €
Umsatzerlöse	1.500.000,00	1.650.000,00
– Wareneinsatz	950.000,00	1.045.000,00
Warenrohgewinn	550.000,00	?
– variable Kosten	80.000,00	88.000,00
– fixe Kosten	320.000,00	?
Betriebsgewinn	150.000,00	?
Umsatzrendite	10 %	?

Um wie viel Prozent haben im 2. Jahr Umsatzerlöse, Wareneinsatz und variable Kosten zugenommen? Ergänzen Sie die fehlenden Werte. Worauf ist es zurückzuführen, dass die Umsatzrendite sich im 2. Jahr verändert hat?

40.4 Die Kostenstellenrechnung (Betriebsabrechnungsbogen)

Ein großer Teil der Kostenarten gehört zu den Gemeinkosten. Je höher der Gemeinkostenanteil ist, desto wichtiger ist es zu wissen, an welchen Stellen des Unternehmens die Gemeinkosten angefallen sind. Diese Aufgabe erfüllt die Kostenstellenrechnung mithilfe des Betriebsabrechnungsbogens.

Die Kostenstellenrechnung teilt das Unternehmen in Abteilungen (Kostenstellen) ein. Den Kostenstellen werden die **Gemeinkosten** entweder direkt oder mithilfe von Verteilungsschlüsseln **zugerechnet.** So ist es z. B. möglich, anhand der Gehaltslisten festzustellen, in welcher Kostenstelle der Mitarbeiter tätig ist. Damit hat man einen zuverlässigen Schlüssel, mit dem man die Personalkosten auf die Kostenstellen aufteilt. Die Mietkosten lassen sich aufgrund der Raumgröße verursachungsgerecht zuweisen. Liegen keine schlüssigen Verteilungsschlüssel vor, hilft man sich mit Erfahrungswerten.

Das folgende Beispiel zeigt die Aufteilung der Gemeinkosten in einem Einzelhandelsunternehmen. Es lässt auch die Summe der Gemeinkosten für jede Kostenstelle erkennen und ermöglicht damit einen Kostenvergleich mit anderen Zeiträumen.

Betriebsabrechnungsbogen für das 1. Quartal

Kostenarten	Zahlen der Kosten- und Leistungsrechnung	Verteilungsgrundlagen	Einkauf	Lager	Verkauf	Verwaltung
Personalkosten	800.000,00	Gehaltslisten	140.000,00	60.000,00	480.000,00	120.000,00
Miete	120.000,00	Raumgröße	8.000,00	20.000,00	80.000,00	12.000,00
Energie	42.000,00	kWh	4.000,00	6.000,00	24.000,00	8.000,00
Betriebsteuern	60.000,00	Steuerarten	5.000,00			55.000,00
Werbung	87.000,00	nur Verkauf			87.000,00	
Sonstige Kosten	15.000,00	Belege	3.000,00	4.000,00	6.000,00	2.000,00
Abschreibungen	90.000,00	Anlagenkartei	5.000,00	15.000,00	63.000,00	7.000,00
	1.214.000,00		165.000,00	105.000,00	740.000,00	204.000,00

6680300

14 Erstellen Sie den Betriebsabrechnungsbogen für das 2. Quartal. Verteilen Sie die Gemeinkosten mithilfe der vorgegebenen Schlüssel auf die Kostenstellen Einkauf, Lager, Verkauf und Verwaltung:

Kostenarten	**Beträge**	**Verteilungsschlüssel**
Personalkosten	840.000,00 €	7 : 3 : 24 : 6
Miete	120.000,00 €	2 : 5 : 20 : 3
Energie	63.000,00 €	2 : 3 : 12 : 4
Betriebsteuern	66.000,00 €	1 : 0 : 0 : 11
Werbung	95.000,00 €	0 : 0 : 100 : 0
Sonstige Kosten	15.000,00 €	3 : 4 : 6 : 2
Abschreibungen	90.000,00 €	5 : 15 : 63 : 7

Vergleichen Sie die Ergebnisse mit dem 1. Quartal. Wo stellen Sie Abweichungen fest? Worauf könnten diese zurückzuführen sein?

Der Betriebsabrechnungsbogen enthält die Kostenstellenrechnung.

Die Gemeinkosten werden mithilfe von Verteilungsschlüsseln auf die Kostenstellen verteilt.

Die Kostenstellenrechnung dient auch dem Kostenvergleich.

Die Kostenstellenrechnung ermöglicht nicht nur Kostenvergleiche, sondern ist auch Voraussetzung für die Berechnung des Handlungskostensatzes. Das folgende Beispiel zeigt das Verfahren.

Die Tätigkeiten in den Kostenstellen Einkauf/Lager und Verwaltung sind Hilfstätigkeiten für die Verkaufsstellen (Hilfskostenstellen). Daher müssen die dort angefallenen Gemeinkosten auf die Verkaufsstellen (Hauptkostenstellen) verteilt werden. Das geschieht nach Erfahrungssätzen. Die Gemeinkostensummen der Hauptkostenstellen bezieht man auf den jeweiligen Wareneinsatz der Kostenstelle und ermittelt daraus den Handlungskostensatz.

Beispiel für Verkauf I: Wareneinsatz 750.000,00 € = 100 %; Gemeinkosten 225.000,00 € = ? %

$$\frac{100 \cdot 225.000,00}{750.000,00} = 30\ \%$$

	Einkauf/Lager	Verkauf I	Verkauf II	Verkauf III	Verwaltung
verteilte Gemeinkosten	60.000,00	195.000,00	150.000,00	70.000,00	27.000,00
Umlage Einkauf/Lager		20.000,00	25.000,00	15.000,00	
Umlage Verwaltung		10.000,00	12.000,00	5.000,00	
Gemeinkostensummen		225.000,00	187.000,00	90.000,00	
Zuschlagsgrundlage Wareneinsatz		750.000,00	748.000,00	500.000,00	
Handlungskostensatz		30 %	25 %	18 %	

15 Ein Einzelhandelsunternehmen führt die Fachmärkte Foto, Hi-Fi und Video. Die Verteilung der Gemeinkosten in einem Betriebsabrechnungsbogen ergab:

Einkauf/Lager	45.000,00 €	Fachmarkt Video	60.000,00 €
Fachmarkt Foto	75.000,00 €	Verwaltung	21.900,00 €
Fachmarkt Hi-Fi	90.000,00 €		

Die Gemeinkosten der Kostenstelle Einkauf/Lager sollen im Verhältnis 5 : 6 : 4 und die Gemeinkosten der Kostenstelle Verwaltung im Verhältnis 27 : 30 : 16 auf die Fachmärkte verteilt werden. Der Wareneinsatz beträgt im Fachmarkt Foto 545.000,00 €, im Fachmarkt Hi-Fi 780.000,00 € und im Fachmarkt Video 480.000,00 €.

Berechnen Sie die Handlungskostensätze.

40.5 Die Kostenträgerrechnung

Die Breite des Warensortiments macht es erforderlich, mit verschiedenen Handlungskostensätzen zu kalkulieren. Lagerung, Pflege und Präsentation der einzelnen Warengruppen verursachen unterschiedlich hohe Gemeinkosten. Bei der Bildung der Hauptkostenstellen fasst man die Waren zu Gruppen zusammen, die einen ähnlich hohen Gemeinkostenanteil verursachen und damit mit dem gleichen Handlungskostensatz kalkuliert werden können.

16 In einem Lebensmittelhandel ergaben sich folgende Handlungskostensätze: Teigwaren 24 %, Obst und Gemüse 30 % und Konserven 20 %. Berechnen Sie die Selbstkostenpreise für
1 Gebinde Teigwaren zu 100 kg, Bezugspreis 120,00 €;
10 Steigen Äpfel zu je 25 Kilogramm, Bezugspreis 480,00 €;
1 Kleinpalette mit 240 Kilodosen Mischgemüse, Bezugspreis 132,00 €.

17 Das Gewinn- und Verlustkonto für unsere Filiale enthält folgende Zahlen:

Aufwendungen	**Gewinn- und Verlustkonto**		Erträge
Aufwendungen für Waren	680.000,00	Umsatzerlöse	880.000,00
Gehälter	72.200,00		
Soziale Aufwendungen	14.700,00		
Abschreibungen	12.100,00		
Mieten	60.000,00		
Versicherungen	2.400,00		
Steuern	1.800,00		
Gewinn	36.800,00		
	880.000,00		880.000,00

Haben wir kostendeckend kalkuliert, wenn wir im abgelaufenen Geschäftsjahr 22 % Handlungskosten zugrunde gelegt haben? Mit welchem Handlungskostensatz müssen wir im nächsten Geschäftsjahr kalkulieren, wenn wir mit einer Mieterhöhung von 20 % rechnen?

40.6 Die Deckungsbeitragsrechnung

In den letzten Jahren ist dem stationären Einzelhandel durch neue Vertriebsformen erhebliche Konkurrenz erwachsen. Darüber hinaus hat der Wegfall des Rabattgesetzes zu mehr Situationen geführt, in denen der Verkaufspreis an Kundenvorstellungen angepasst werden muss.

Es stellt sich also die Frage, inwieweit ein Händler Preisvorstellungen seiner Kunden entgegenkommen kann bzw. bis zu welcher Höhe es wirtschaftlich sinnvoll ist, Konkurrenzangebote zu halten bzw. zu unterbieten.

40.6.1 Kennzeichen der Deckungsbeitragsrechnung

Beispiel 1: Ein wichtiger Kunde teilt uns mit, dass er unseren Nettoverkaufspreis von 1.100,00 € für einen Laptop nicht akzeptieren kann, da unser Konkurrent das gleiche Produkt für netto 850,00 € anbietet. Wir kalkulierten mit 800,00 € Bezugspreis, 25 % Handlungskosten und 10 % Gewinn.

Unserem Verkaufspreis lag folgende Kalkulation zugrunde:

Bezugspreis	800,00 €
+ 25 %Handlungskosten	200,00 €
= Selbstkosten	**1.000,00 €**
+ 10 % Gewinn	100,00 €
= Nettoverkaufspreis	**1.100,00 €**
+ 19 % Umsatzsteuer	209,00 €
= Bruttoverkaufspreis	1.309,00 €

Hier ergibt sich ein **Gewinn** von **100,00 €.**

Berücksichtigt man den Konkurrenzpreis, so ergibt sich folgende Rechnung:

Bezugspreis	800,00 €
25 %Handlungskosten	200,00 €
= Selbstkosten	**1.000,00 €**
+ 10 % Gewinn	– €
= Nettoverkaufspreis	**850,00 €**
+ 19 % Umsatzsteuer	161,50 €
= Bruttoverkaufspreis	1.011,50 €

Hier ergibt sich ein **Verlust** von **150,00 €,** da die Selbstkosten (= 1.000,00 €) größer sind als der Nettoverkaufspreis (= 850,00).

Man würde es also aus dieser Sicht heraus ablehnen, den Laptop für netto 850,00 € + 19 % USt zu verkaufen.

Um Fehlentscheidungen zu verhindern, muss man aber die Kosten genauer betrachten. Voraussetzung für diese **Teilkostenrechnung** ist die Aufteilung der Kosten in **fixe** und **variable** Kosten.

Fixe Kosten sind Kosten, die sich bei einer Änderung des Umsatzes nicht verändern. Diese Kosten fallen also unabhängig davon an, ob bzw. wie viel Umsatz gemacht wird.

Miete, Personalkosten (außer Verkaufsprovisionen), Energiekosten, Abschreibungen, Grundsteuern usw.

Variable Kosten sind Kosten, die sich bei einer Änderung des Umsatzes auch ändern.

Warenkosten, Transportkosten, Verpackung, Versicherung

fixe Kosten
+ variable Kosten
= Gesamtkosten

Der sogenannte **Deckungsbeitrag** ergibt sich aus:

Nettoverkaufserlöse
– variable Kosten
= Deckungsbeitrag
– fixe Kosten
= Gewinn

Erweitern wir die Ausgangslage etwas und nehmen Folgendes an:

Beispiel 2: Dem Einzelhändler entstehen monatlich 10.000,00 € Fixkosten (Miete der Verkaufsräume, Personal, ...) durch den Laptopverkauf. Die variablen Kosten betragen pro Stück 800,00 € (= hier nur die Bezugspreise).
Er hat in diesem Monat schon 50 Stück Laptops zu 1.100,00 € + 19 % USt verkauft und stellt sich die Frage, ob er den 51. Laptop für 850,00 € + 19 % USt verkaufen kann bzw sollte. **(siehe Beispiel 1)**

VERKAUF VON:

50 Stück

Nettoverkaufserlöse (50 · 1.100,00 €)	55.000,00 €
– variable Kosten (50 · 800,00 €)	– 40.000,00 €
= Deckungsbeitrag	= 15.000,00 €
– fixe Kosten	– 10.000,00 €*
= Gewinn	= **5.000,00 €**

51 Stück

Nettoverkaufserlöse (50 · 1.100,00 € + 850,00 €)	55.850,00 €
– variable Kosten (51 · 800,00 €)	– 40.800,00 €
= Deckungsbeitrag	= 15.050,00 €
– fixe Kosten	– 10.000,00 €*
= Gewinn	= **5.050,00 €**

* Die Fixkosten sind in beiden Fällen gleich hoch!

Ergebnis: Obwohl der Nettoverkaufspreis des 51. Computers (850,00 €) unter den kalkulierten Selbstkosten liegt, vergrößert sich der Gewinn um 50,00 €.

In unserem Beispiel sind die Fixkosten (10.000,00 €) schon durch die anderen Verkäufe (Deckungsbeitrag 15.000,00 €) abgedeckt und somit vergrößert der **Deckungsbeitrag des 51. Laptops** (850,00 € – 800,00 € = **50,00 €**) den Gewinn um 50,00 €.

Geht man davon aus, dass die Handlungskosten i. d. R. fixe Kosten sind, so wäre also jeder Nettopreis, der über 800,00 € liegt, kurzfristig zu akzeptieren, da er mithilft, die Fixkosten abzudecken bzw. den Gewinn zu vergrößern.

Allgemein gilt:

Die **kurzfristige Preisuntergrenze** eines Auftrages ist mindestens der **Bezugspreis zuzüglich der sonstigen variablen Kosten.** Liegt der Preis darüber, trägt er zur Abdeckung des Fixkostenblocks bei.
Ist die Summe der Deckungsbeiträge größer als die der Fixkosten, wird die Gewinnzone erreicht.

18 Geben Sie an, ob es sich um fixe oder variable Kosten handelt.

a) Miete
b) Verpackungskosten
c) Energiekosten für den Verkaufsraum
d) Transportversicherung
e) Personalkosten (Monatsgehalt)

19 Berechnen Sie den Deckungsbeitrag pro Stück: Nettoverkaufspreis 1.000,00 €, variable Kosten pro Stück 700,00 €.

20 Ermitteln Sie den Monatsgewinn eines Fahrradeinzelhändlers: Absatzmenge 10, Nettoverkaufspreis/Stück 1.000,00 €, variable Kosten/Stück 500,00 €, fixe Kosten 3.000,00 €.

21 Wie hoch dürfen die Fixkosten maximal sein, damit der Händler noch Gewinn macht? Verkaufte Produkte: 460 Stück, variable Kosten/Stück 80,00 €, Nettoverkaufserlös/Stück: 120,00 €.

22 Die Gesamtkosten der Christoph Dentler OHG betragen bei einem Verkauf von 5 000 Stück 230.000,00 €, bei einem Verkauf von 4 000 Stück 195.000,00 €. Wie hoch sind die fixen Kosten des Einzelhändlers?

40.6.2 Die Break-even-Analyse (Gewinnschwelle)

Aus Sicht einer vorausschauenden Planung ist es für den Einzelhändler wichtig zu wissen, bei welchem Absatz/Umsatz die Fixkosten abgedeckt sind (bzw. die Gewinnzone erreicht wird).

Beispiel: Ein Einzelhändler handelt nur mit einem Produkt. Es liegt folgende Kostensituation vor: Nettoverkaufspreis 1.100,00 €, Fixkosten 10.000,00 €, variable Kosten 800,00 € pro Stück.

1. Ermittlung des Deckungsbeitrags pro Stück

Verkaufspreis	1.100,00 €
– variable Kosten/Stück	800,00 €
Deckungsbeitrag pro Stück	**300,00 €**

2. Ermittlung der Gewinnschwelle

a) **Gewinnschwellenmenge**
Fixkosten 10.000,00 €/Deckungsbeitrag pro Stück 300,00 € = **33,33 Stück**

Gewinnschwellenmenge = Fixkosten/Deckungsbeitrag pro Stück

b) **Gewinnschwellenumsatz**
33,33 Stück · 1.100,00 € = **36.666,67 €**

Gewinnschwellenumsatz = Gewinnschwellenmenge · Nettoverkaufspreis

23 Ein Discounter verkauft von einem Produkt monatlich 13 500 Stück. Der Nettoverkaufspreis beträgt 72,10 €. An variablen Kosten fallen pro Stück 40,00 € an. Durch diesen Artikel werden Fixkosten von monatlich 381.990,00 € verursacht.

a) Welchen Deckungsbeitrag erzielt das Unternehmen insgesamt und pro Stück?
b) Wie hoch ist der Gewinn bzw. Verlust?
c) Welche Stückzahl muss mindestens verkauft werden, um in die Gewinnzone zu kommen?
d) Wie hoch muss der Umsatz mindestens sein, damit die Gesamtkosten (variable + fixe Kosten) gedeckt sind?

24 Aus der Kostenrechnung der Dietz OHG liegen folgende Zahlen vor: Absatz 8 500 Stück, Nettoverkaufspreis 56,50 €, variable Kosten/Stück 44,00 €, Fixkosten 110.000,00 €.

a) Berechnen Sie den Deckungsbeitrag pro Stück.
b) Wie hoch ist der Gesamtdeckungsbeitrag?
c) Wie hoch ist der Gewinn/Verlust?
d) Ab welcher verkauften Stückzahl macht die Dietz OHG Gewinn?
e) Wie hoch ist der Gewinnschwellenumsatz?
f) Tragen Sie auf der x-Achse eines Koordinatenkreuzes die Menge und auf der y-Achse die Kosten und Erlöse ab. Wo schneidet die Gesamtkostengerade die Erlösgerade? Vergleichen Sie das Ergebnis mit Ihrer rechnerischen Lösung.

25 Sie sollen für Ihren Arbeitgeber ein neues Produkt kalkulieren. Dazu liegen Ihnen folgende Angaben vor: Variable Kosten pro Stück 40,00 €, Fixkosten 18.000,00 €, Nettoverkaufserlös je Stück 60,00 €.

a) Übernehmen Sie die folgende Übersicht in Ihre Unterlagen und berechnen Sie den Gewinn/Verlust.

	1 200 Stück	**1 000 Stück**	**900 Stück**	**800 Stück**
Fixkosten				
variable Kosten				
Gesamtkosten				
Gesamtkosten je Stück				
Verkaufserlöse				
Deckungsbeitrag				
Gewinn/Verlust				

b) Zu welchen Verkaufsmengen passt die jeweilige Aussage?
   1. Es entsteht ein Gewinn.
   2. Es gibt weder einen Gewinn noch einen Verlust, da der Deckungsbeitrag den fixen Kosten entspricht.
   3. Es entsteht ein Verlust. Dennoch wird ein Beitrag zur Abdeckung der fixen Kosten geleistet.

26 Der Textileinzelhändler Schwarz konkurriert im Bereich Sportkleidung mit einem preisagressiven Discounter. Bisher hatte er einen Jahresabsatz von 500 Trainingsanzügen. Durch die zunehmende Konkurrenz sieht sich Schwarz gezwungen den Verkaufspreis von 119,00 € um 20 % zu senken.
Dabei rechnet er mit einem Mehrabsatz von 350 Trainingsanzügen. Durch die höhere Bezugsmenge würde sich ein Bezugspreis von 46,00 € pro Stück ergeben.

a) Überprüfen Sie, ob sich durch die Preissenkung eine Veränderung der Deckungsbeiträge ergibt. Übertragen Sie dafür die Tabelle und berechnen Sie die fehlenden Werte.

	Vor Preissenkung	**Nach Preissenkung**
Jahresabsatz	500 Stück	
Bruttopreis pro Stück	119,00 €	
19 % Umsatzsteuer		
Nettopreis pro Stück		
Bezugspreis pro Stück	48,00 €	€
Variable Handlungskosten pro Stück	12,00 €	12,00 €
Deckungsbeitrag pro Stück		
Deckungsbeitrag insgesamt		

b) Wie wirkt sich die Veränderung des Deckungsbeitrages auf das Jahresergebnis aus?

41 Buchungen im Personalbereich

41.1 Lohn und Gehalt

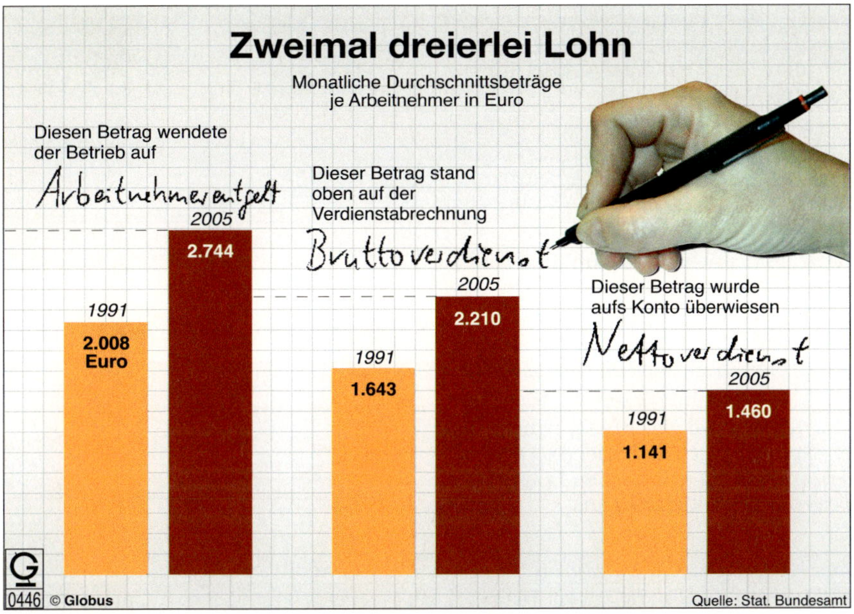

Die Arbeitnehmer werden für ihre Arbeitsleistung vom Unternehmer entlohnt. Die Arbeiter bekommen **Lohn,** die Angestellten **Gehalt.** Löhne und Gehälter sind für die Arbeitnehmer Einkommen, für den Arbeitgeber **Aufwand** (Personalkosten).

Vom Arbeitgeber sind aufgrund gesetzlicher Bestimmungen vom Bruttoentgelt jedes Arbeitnehmers Lohnsteuer, Solidaritätszuschlag, Kirchensteuer (soweit Kirchenmitglied) und Sozialversicherungsbeiträge einzubehalten. Das auszuzahlende Nettoentgelt wird wie nebenstehend berechnet:

Bruttoentgelt	2.000,00 €
– Lohnsteuer	253,33 €
– Kirchensteuer	20,26 €
– Solidaritätszuschlag	13,93 €
– Rentenversicherung	199,00 €
– Arbeitslosenversicherung	28,00 €
– Krankenversicherung	158,00 €
– Pflegeversicherung	19,50 €
= Nettoentgelt	1.307,98 €

Lohnsteuer wird vom Einkommen aus nicht selbstständiger Arbeit erhoben. Die Höhe der Lohnsteuer richtet sich nach

- der Höhe des Bruttolohnes bzw. -gehaltes,
- der Steuerklasse (Familienstand, Allein- oder Doppelverdiener),
- etwaigen Freibeträgen.

Jeder Arbeitnehmer erhält jährlich von seiner Gemeinde/Stadt eine **Lohnsteuerkarte,** die alle für die Lohnsteuerberechnung wichtigen Daten enthält (Name und Anschrift, Geburtsdatum, Steuerklasse, Zahl der Kinderfreibeträge und Abkürzungen für den Kirchensteuerabzug).

Die Lohnsteuerkarte ist dem Arbeitgeber auszuhändigen, der die Steuerschuld den Angaben entsprechend nach der Steuerklasse berechnet.

Steuerklassen	
I	ledige, verwitwete, geschiedene sowie verheiratete Arbeitnehmer, die dauernd getrennt leben
II	allein Erziehende/r (keine eheähnlichen oder eingetragenen Lebensgemeinschaften), zu deren Haushalt mindestens ein Kind gehört, für das sie/er Kindergeld erhält
III	verheiratete Arbeitnehmer, die nicht dauernd getrennt leben und deren Ehepartner keinen Arbeitslohn beziehen **oder** deren Arbeitspartner Lohn beziehen und in Steuerklasse V eingestuft sind
IV	verheiratete Arbeitnehmer, wenn beide Ehepartner Arbeitslohn beziehen und nicht dauernd getrennt leben
V	gleicher Personenkreis wie Steuerklasse IV, wenn einer der Ehepartner auf gemeinsamen Antrag in Steuerklasse III eingestuft ist
VI	alle Arbeitnehmer, die gleichzeitig Arbeitslohn von mehreren Arbeitgebern beziehen. Die zweite und gegebenenfalls jede weitere Lohnsteuerkarte weist die Steuerklasse VI aus.

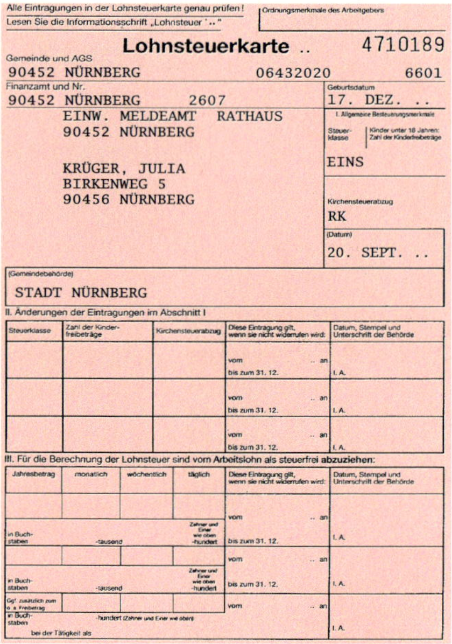
Alle Eintragungen in der Lohnsteuerkarte genau prüfen!
Lesen Sie die Informationsschrift „Lohnsteuer '.."
Ordnungsmerkmale des Arbeitgebers

Lohnsteuerkarte .. 4710189

Gemeinde und AGS
90452 NÜRNBERG 06432020 6601
Finanzamt und Nr.
90452 NÜRNBERG 2607
Geburtsdatum
17. DEZ. ..
EINW. MELDEAMT RATHAUS
90452 NÜRNBERG

KRÜGER, JULIA
BIRKENWEG 5
90456 NÜRNBERG

I. Allgemeine Besteuerungsmerkmale
Steuerklasse | Kinder unter 18 Jahren: Zahl der Kinderfreibeträge
EINS
Kirchensteuerabzug
RK
(Datum)
20. SEPT. ..
(Gemeindebehörde)
STADT NÜRNBERG

II. Änderungen der Eintragungen im Abschnitt I

Steuerklasse	Zahl der Kinderfreibeträge	Kirchensteuerabzug	Diese Eintragung gilt, wenn sie nicht widerrufen wird:	Datum, Stempel und Unterschrift der Behörde
			vom .. an bis zum 31. 12.	I. A.
			vom .. an bis zum 31. 12.	I. A.
			vom .. an bis zum 31. 12.	I. A.

III. Für die Berechnung der Lohnsteuer sind vom Arbeitslohn als steuerfrei **abzuziehen**:

Jahresbetrag	monatlich	wöchentlich	täglich	Diese Eintragung gilt, wenn sie nicht widerrufen wird:	Datum, Stempel und Unterschrift der Behörde
				vom .. an	
in Buchstaben	-tausend		Zehner und Einer wie oben -hundert	bis zum 31. 12.	I. A.
				vom .. an	
in Buchstaben	-tausend		Zehner und Einer wie oben -hundert	bis zum 31. 12.	I. A.
Ggf. zusätzlich zum o. a. Freibetrag				vom .. an	
in Buchstaben bei der Tätigkeit als	-hundert (Zehner und Einer wie oben)				I. A.

Abzüge	Stand 2009
Kirchensteuer (KiSt)	je nach Bundesland 8 % (Bayern und Baden-Württemberg) bzw. 9 % (andere Bundesländer) der Lohnsteuer (rk = römisch-katholisch/ev = evangelisch)
Solidaritätszuschlag (SolZ)	Der „Soli“ beträgt 5,5 % der Lohnsteuer (ab einem bestimmten Betrag). Er dient zur Finanzierung der Deutschen Einheit.
Sozialversicherungsbeitrag (SV) KV RV AV PV	Die Beiträge setzen sich aus – Krankenversicherungsbeitrag (KV: 14,9 %), – Rentenversicherungsbeitrag (RV: 19,9 %), – Arbeitslosenversicherungsbeitrag (AV: 2,8 %) und – Pflegeversicherungsbeitrag (PV: 1,95 %) zusammen und beziehen sich auf das Bruttogehalt. Die Sozialversicherungsbeiträge werden **je zur Hälfte** vom **Arbeitgeber** und vom **Arbeitnehmer** getragen. Eine Ausnahme gilt bei der Pflegeversicherung, bei der **kinderlose** Arbeitnehmer ab 23 Jahren einen um 0,25 % erhöhten Beitrag zahlen, und bei der Krankenversicherung, bei der der Arbeitnehmer einen Beitragsanteil von 0,9 % allein zu tragen hat. Der Arbeitgeber trägt dann 7 %, der Arbeitnehmer 7,9 %.

6680308

Jedes Kind unter 18 Jahren wird ohne Einschränkung auf der Lohnsteuerkarte mit dem Zähler 0,5 berücksichtigt.[1] Der Zähler erhöht sich auf 1,0 bei verheirateten und nicht dauernd getrennt lebenden Arbeitnehmern. Kinderfreibeträge haben keinen Einfluss auf die Höhe der Lohnsteuer, sie verringern jedoch Solidaritätszuschlag und Kirchensteuer.

Die einbehaltene Lohnsteuer, den Solidaritätszuschlag und die Kirchensteuer muss der Arbeitgeber bis zum 10. des folgenden Monats an das Finanzamt abführen. Die **gesamten Sozialversicherungsbeiträge** werden am drittletzten Bankarbeitstag des Beschäftigungsmonats **von der Krankenkasse** durch Bankeinzug vereinnahmt.

Stehen keine elektronischen Hilfsmittel zur Verfügung, so kann die Berechnung auch anhand amtlicher Steuertabellen erfolgen:

Auszug aus der Gesamtabzugstabelle für monatliche Lohn- und Gehaltszahlung

Lohn/ Gehalt bis €*	Abzüge an Lohnsteuer, Solidaritätszuschlag (SolZ) und Kirchensteuer (8%, 9%) in den Steuerklassen																								
	I – VI					I, II, III, IV		mit Zahl der Kinderfreibeträge . . .																	
			ohne Kinderfreibeträge					0,5			1			1,5			2			2,5			3**		
		LSt	SolZ	8%	9%		LSt	SolZ	8%	9%	SolZ	8%	9%	SolZ	8%	9%	SolZ	8%	9%	SolZ	8%	9%	SolZ	8%	9%
2 900,99	I,IV	513,58	28,24	41,08	46,22	I	513,58	23,87	34,72	39,06	19,69	28,64	32,22	15,69	22,83	25,68	11,89	17,30	19,46	8,28	12,04	13,55	1,46	7,06	7,94
	II	478,66	26,32	38,29	43,07	II	478,66	22,03	32,05	36,05	17,93	26,08	29,34	14,02	20,39	22,94	10,30	14,98	16,85	6,76	9,84	11,07	—	5,03	5,66
	III	241,50	13,28	19,32	21,73	III	241,50	3,60	14,40	16,20	—	9,73	10,94	—	5,58	6,28	—	1,97	2,21	—	—	—	—	—	—
	V	926,91	50,98	74,15	83,42	IV	513,58	26,03	37,87	42,60	23,87	34,72	39,06	21,75	31,64	35,60	19,69	28,64	32,22	17,66	25,70	28,91	15,69	22,83	25,68
	VI	959,08	52,74	76,72	86,31																				
2 903,99	I,IV	514,50	28,29	41,16	46,30	I	514,50	23,92	34,80	39,15	19,73	28,70	32,29	15,73	22,89	25,75	11,93	17,36	19,53	8,31	12,10	13,61	1,60	7,12	8,01
	II	479,58	26,37	38,36	43,16	II	479,58	22,08	32,12	36,13	17,98	26,15	29,42	14,06	20,46	23,01	10,34	15,04	16,92	6,81	9,90	11,14	—	5,08	5,72
	III	242,33	13,32	19,38	21,80	III	242,33	3,76	14,46	16,27	—	9,78	11,—	—	5,64	6,34	—	2,01	2,26	—	—	—	—	—	—
	V	928,16	51,04	74,25	83,53	IV	514,50	26,08	37,94	42,68	23,92	34,80	39,15	21,80	31,72	35,68	19,73	28,70	32,29	17,71	25,76	28,98	15,73	22,89	25,75
	VI	960,33	52,81	76,82	86,42																				
2 906,99	I,IV	515,50	28,35	41,24	46,39	I	515,50	23,97	34,86	39,22	19,78	28,78	32,37	15,78	22,96	25,83	11,98	17,42	19,60	8,36	12,16	13,68	1,75	7,18	8,07
	II	480,50	26,42	38,44	43,24	II	480,50	22,13	32,19	36,21	18,02	26,22	29,49	14,10	20,52	23,08	10,38	15,10	16,99	6,84	9,96	11,20	—	5,13	5,77
	III	243,16	13,37	19,45	21,88	III	243,16	3,93	14,53	16,34	—	9,85	11,08	—	5,69	6,40	—	2,06	2,32	—	—	—	—	—	—
	V	929,41	51,11	74,35	83,64	IV	515,50	26,13	38,02	42,77	23,97	34,86	39,22	21,85	31,78	35,75	19,78	28,78	32,37	17,76	25,83	29,06	15,78	22,96	25,83
	VI	961,58	52,88	76,92	86,54																				
2 909,99	I,IV	516,41	28,40	41,31	46,47	I	516,41	24,02	34,94	39,30	19,83	28,84	32,45	15,83	23,02	25,90	12,02	17,48	19,67	8,40	12,22	13,74	1,88	7,23	8,13
	II	481,41	26,47	38,51	43,32	II	481,41	22,17	32,26	36,29	18,07	26,28	29,57	14,15	20,58	23,15	10,42	15,16	17,06	6,88	10,02	11,27	—	5,18	5,83
	III	244,—	13,42	19,52	21,96	III	244,—	4,10	14,60	16,42	—	9,92	11,16	—	5,74	6,46	—	2,10	2,36	—	—	—	—	—	—
	V	930,66	51,18	74,45	83,75	IV	516,41	26,18	38,09	42,85	24,02	34,94	39,30	21,90	31,86	35,84	19,83	28,84	32,45	17,80	25,90	29,13	15,83	23,02	25,90
	VI	962,83	52,95	77,02	86,65																				
2 912,99	I,IV	517,33	28,45	41,38	46,55	I	517,33	24,07	35,01	39,38	19,87	28,91	32,52	15,87	23,09	25,97	12,06	17,54	19,73	8,44	12,28	13,81	2,01	7,28	8,19
	II	482,33	26,52	38,58	43,40	II	482,33	22,22	32,33	36,37	18,11	26,35	29,64	14,19	20,65	23,23	10,46	15,22	17,12	6,93	10,08	11,34	—	5,24	5,89
	III	245,—	13,47	19,60	22,05	III	245,—	4,26	14,66	16,49	—	9,97	11,21	—	5,80	6,52	—	2,16	2,43	—	—	—	—	—	—
	V	931,91	51,25	74,55	83,87	IV	517,33	26,23	38,16	42,93	24,07	35,01	39,38	21,94	31,92	35,91	19,87	28,91	32,52	17,85	25,96	29,21	15,87	23,09	25,97
	VI	964,16	53,02	77,13	86,77																				
2 915,99	I,IV	518,25	28,50	41,46	46,64	I	518,25	24,12	35,08	39,47	19,92	28,98	32,60	15,92	23,16	26,05	12,10	17,61	19,81	8,48	12,34	13,88	2,16	7,34	8,26
	II	483,25	26,57	38,66	43,49	II	483,25	22,27	32,40	36,45	18,16	26,42	29,72	14,24	20,71	23,30	10,50	15,28	17,19	6,96	10,13	11,39	—	5,29	5,95
	III	245,83	13,52	19,66	22,12	III	245,83	4,43	14,73	16,57	—	10,04	11,29	—	5,85	6,58	—	2,20	2,47	—	—	—	—	—	—
	V	933,16	51,32	74,65	83,98	IV	518,25	26,29	38,24	43,02	24,12	35,08	39,47	22,—	32,—	36,—	19,92	28,98	32,60	17,89	26,03	29,28	15,92	23,16	26,05
	VI	965,41	53,09	77,23	86,88																				
2 918,99	I,IV	519,25	28,55	41,54	46,73	I	519,25	24,17	35,16	39,55	19,97	29,05	32,68	15,96	23,22	26,12	12,15	17,67	19,88	8,52	12,40	13,95	2,30	7,40	8,32
	II	484,16	26,62	38,73	43,57	II	484,16	22,32	32,47	36,53	18,20	26,48	29,79	14,28	20,78	23,37	10,55	15,34	17,26	7,—	10,19	11,46	—	5,34	6,01
	III	246,66	13,56	19,73	22,19	III	246,66	4,60	14,80	16,65	—	10,10	11,36	—	5,90	6,64	—	2,25	2,53	—	—	—	—	—	—
	V	934,41	51,39	74,75	84,09	IV	519,25	26,34	38,31	43,10	24,17	35,16	39,55	22,05	32,07	36,08	19,97	29,05	32,68	17,94	26,10	29,36	15,96	23,22	26,12
	VI	966,66	53,16	77,33	86,99																				
2 921,99	I,IV	520,16	28,60	41,61	46,81	I	520,16	24,21	35,22	39,62	20,02	29,12	32,76	16,01	23,29	26,20	12,19	17,73	19,94	8,56	12,46	14,01	2,45	7,46	8,39
	II	485,08	26,67	38,80	43,65	II	485,08	22,37	32,54	36,61	18,25	26,55	29,87	14,33	20,84	23,45	10,59	15,41	17,33	7,04	10,25	11,53	—	5,39	6,06
	III	247,50	13,61	19,80	22,27	III	247,50	4,76	14,86	16,72	—	10,16	11,43	—	5,96	6,70	—	2,29	2,57	—	—	—	—	—	—
	V	935,75	51,46	74,86	84,21	IV	520,16	26,39	38,38	43,18	24,21	35,22	39,62	22,09	32,14	36,15	20,02	29,12	32,76	17,99	26,17	29,44	16,01	23,29	26,20
	VI	967,91	53,23	77,43	87,11																				
2 924,99	I,IV	521,08	28,65	41,68	46,89	I	521,08	24,26	35,30	39,71	20,06	29,18	32,83	16,05	23,35	26,27	12,23	17,80	20,02	8,60	12,51	14,07	2,58	7,51	8,45
	II	486,—	26,73	38,88	43,74	II	486,—	22,42	32,61	36,68	18,30	26,62	29,94	14,37	20,90	23,51	10,63	15,47	17,40	7,08	10,30	11,59	—	5,44	6,12
	III	248,33	13,65	19,86	22,34	III	248,33	4,93	14,93	16,79	—	10,22	11,50	—	6,01	6,76	—	2,34	2,63	—	—	—	—	—	—
	V	937,—	51,53	74,96	84,33	IV	521,08	26,44	38,46	43,26	24,26	35,30	39,71	22,14	32,21	36,23	20,06	29,18	32,83	18,04	26,24	29,52	16,05	23,35	26,27
	VI	969,16	53,30	77,53	87,22																				

Quelle: Stollfußtabelle 2009

1 Bei Kindern bis zu 18 Jahren kann der halbe Freibetrag (0,5) auf Antrag auf den anderen Elternteil übertragen werden.

Abzüge für Sozialversicherungsbeiträge								
Arbeits-entgelt bis	**KV 14,9 %**[1] Krankenversicherung		**PV 1,95 %** Pflegeversicherung		**RV 19,9 %** Rentenversicherung		**AV 2,8 %** Arbeitslosenversicherung	
	AN (7,9 %)	AG (7,0 %)	AG + AN mit Kindern oder jünger als 23	AN ohne Kinder und älter als 22	AN	AG	AN	AG
2.900,00 €	229,10 €	203,00 €	28,28 €	31,90 €	288,55 €	288,55 €	40,60 €	40,60 €
2.903,00 €	229,34 €	203,21 €	28,30 €	31,93 €	288,85 €	288,85 €	40,64 €	40,64 €
2.906,00 €	229,57 €	203,42 €	28,33 €	31,97 €	289,15 €	289,15 €	40,68 €	40,68 €
2.909,00 €	229,81 €	203,63 €	28,36 €	32,00 €	289,45 €	289,45 €	40,73 €	40,73 €
2.912,00 €	230,05 €	203,84 €	28,39 €	32,03 €	289,74 €	289,74 €	40,77 €	40,77 €
2.915,00 €	230,29 €	204,05 €	28,42 €	32,07 €	290,04 €	290,04 €	40,81 €	40,81 €
2.918,00 €	230,52 €	204,26 €	28,45 €	32,10 €	290,34 €	290,34 €	40,85 €	40,85 €
2.921,00 €	230,76 €	204,47 €	28,48 €	32,13 €	290,64 €	290,64 €	40,89 €	40,89 €
2.924,00 €	231,00 €	204,68 €	28,51 €	32,16 €	290,94 €	290,94 €	40,94 €	40,94 €

AG = Arbeitgeberanteil
AN = Arbeitnehmeranteil

Die anfallenden Gehaltsbuchungen sind in chronologischer Reihenfolge durchzuführen.

Beispiel: Wir zahlen dem Angestellten Werner Bogers ein Bruttomonatsgehalt von 2.906,00 €, Steuerklasse III, 2 Kinder, rk (8 %).:

I Drittletzter Arbeitstag des laufenden Monats

Abbuchung der Sozialversicherungsbeiträge (Arbeitnehmer- und Arbeitgeberanteil) durch die Krankenkasse am drittletzten Arbeitstag des laufenden Monats.

- Sozialversicherung (AN + AG)

Krankenversicherung	432,99	
Pflegeversicherung	56,66	
Rentenversicherung	578,29	
Arbeitslosenversicherung	81,37	
Summe:		1.149,31 €

Buchung:

2670 Sozialversicherungsvorauszahlungen	**1.149,31**	
an **2800 Bank**		**1.149,31**

1 Bis einschließlich Juli 2009 beträgt der Krankenversicherungsbeitrag 15,5 %.

II Monatsende des laufenden Monats

Gehaltsbuchung + Arbeitgeberanteil Sozialversicherung

Bruttogehalt		2.906,00 €
– Sozialversicherung (AN)		
Krankenversicherung	– 229,57	
Pflegeversicherung	– 28,33	
Rentenversicherung	– 289,15	
Arbeitslosenversicherung	– 40,68	
Summe:		– 587,73 €
– Steuern		
Lohnsteuer	– 243,16	
Solidaritätszuschlag	– 0,00	
Kirchensteuer	– 2,06	
Summe:		– 245,22 €
= **Nettogehalt**		2.073,05 €

Buchung:

6300 Gehälter	**2.906,00**	
an **2800 Bank**		**2.073,05**
an **2670 Sozialversicherungsvorauszahlungen**		**587,73**
an **4830 Verbindlichkeiten geg. Finanzbehörden**		**245,22**
6400 Arbeitgeberanteil Sozialversicherung	**561,58**	
an **2670 Sozialversicherungsvorauszahlungen**		**561,58**

III Am 10. des folgenden Monats

Überweisung der Verbindlichkeiten gegenüber Finanzbehörden

Steuern		
Lohnsteuer	243,16	
Solidaritätszuschlag	0,00	
Kirchensteuer	2,06	
Summe:		245,22 €

Buchung:

4830 Verbindlichkeiten geg. Finanzbehörden	**245,22**	
an **2800 Bank**		**245,22**

Die Berechnungen lassen sich auch in kleineren Firmen durch den Einsatz von Lohn- und Gehaltsprogrammen bzw. über Personalabrechnungsmodule des jeweiligen Warenwirtschaftssystems kostengünstig durchführen.

Lohn- und Gehaltsabrechnung

Name/Vorname	Bogers	Werner
Jahr/Monat	2009	Januar
Bruttolohn	2.906,00 EUR	Monat
weitere Be- und Abzüge	-ohne Angaben-	
Steuerklasse/Kirchensteuer	III	8 %
Kinderfreibeträge/monatl. Freibetrag	2	0,00 EUR
Tabellenart	Allgemeine Tabelle	
Krankenversicherung/Beitragssatz KV	pflichtig	14,9 %
PV-Zuschlag (kinderlose Arbeitnehmer)		Nein

Arbeitnehmerangaben	
Bruttolohn	2.906,00 €
Lohnsteuer	243,16 €
Solidaritätszuschlag	0,00 €
Kirchensteuer	2,06 €
Gesamtabzug Steuern	245,22 €
Krankenversicherung	229,57 €
Pflegeversicherung	28,33 €
Rentenversicherung	289,15 €
Arbeitslosenversicherung	40,68 €
Gesamtabzug Sozialversicherung	587,73 €
Nettoverdienst	2.073,05 €
Netto-Bezüge	2.073,05 €

- Die Beiträge zur Kranken, Pflege-, Renten- und Arbeitslosenversicherung werden in voraussichtlicher Höhe am drittletzten Arbeitstag des Monats als Sozialversicherungsvorauszahlungen vom Bankkonto abgebucht.
- Das Bruttogehalt bucht man auf das Konto „Gehälter“ (den Bruttolohn auf das Konto „Löhne“).
- Das Konto „Gehälter“ ist ein Aufwandskonto, Abschluss über das „Gewinn- und Verlustkonto“.
- Die Sozialversicherungsbeiträge werden dem Arbeitnehmer abgezogen und mit den Sozialversicherungsvorauszahlungen verrechnet.
- Lohnsteuer, Solidaritätszuschlag und Kirchensteuer werden bei ihrer Entstehung auf dem Konto „Sonstige Verbindlichkeiten“ gegenüber Finanzbehörden gesammelt.
- Am Geschäftsjahresende werden die Konten „Sonstige Verbindlichkeiten gegenüber Finanzbehörden“ und „Sozialversicherungsvorauszahlungen“ über das Schlussbilanzkonto abgeschlossen.
- Der Arbeitgeberanteil zur Kranken-, Pflege-, Renten- und Arbeitslosenversicherung wird gebucht und mit den bereits beglichenen Beitragsvorauszahlungen verrechnet.
- Lohnsteuer, Solidaritätszuschlag und Kirchensteuer werden bei Fälligkeit überwiesen.

Zu den Sozialversicherungsbeiträgen zählt auch die Unfallversicherung, die der Arbeitgeber zu 100 % trägt. Bei Fälligkeit sind die Beiträge zu überweisen.

Beispiel: Wir überweisen die Unfallversicherung in Höhe von 450,00 €.

Buchung:

6420 Beiträge zur Berufsgenossenschaft	**450,00**	
an **2800 Bank**		**450,00**

1 Der Angestellte Christian Weichert erhält ein Bruttogehalt von 2.918,00 €. Er ist verheiratet. Seine Ehefrau ist nicht berufstätig. Sie haben ein gemeinsames Kind. Beide Ehepartner sind katholisch.
Der Krankenkassenbeitrag beträgt 14,9 % (AN 7,9 %).

a) Zu welcher Steuerklasse gehört Christian Weichert?

b) Ermittlen Sie anhand der Tabelle die Steuerabzüge:
- Lohnsteuer – Solidaritätszuschlag – Kirchensteuer

c) Wie hoch ist der Betrag, den der Arbeitgeber für Herrn Weichert an das Finanzamt abführen muss?

d) Ermitteln Sie ebenfalls anhand der Tabelle die Beiträge von Herrn Weichert zur Sozialversicherung:
- Krankenversicherung – Arbeitslosenversicherung – seinen Gesamtbeitrag
- Pflegeversicherung – Rentenversicherung zur Sozialversicherung.

e) Wie hoch ist der Arbeitgeberanteil zur Sozialversicherung?

f) Führen Sie die Abbuchung der Sozialversicherungsbeiträge, die Gehaltsbuchung und die Verbuchung des Arbeitgeberanteils durch.

2 Die Angestellte Daniela Schuppe ist verheiratet, evangelisch und hat zwei Kinder. Ihr Ehemann ist nicht berufstätig. Sie bezieht ein Tarifgehalt von 2.778,00 €. Im März erhält sie zusätzlich 125,00 € für Mehrarbeit im letzten Monat. Ihr Krankenkassenbeitrag beträgt 14,9 (AN 7,9 %).

a) Wie hoch ist ihr steuerpflichtiges Bruttogehalt im März?

b) Berechnen Sie sämtliche Abgaben aus den abgebildeten Tabellen und ermitteln Sie den Arbeitnehmeranteil zur Sozialversicherung.

c) Stellen Sie in einer Gehaltsabrechnung das Nettogehalt fest.

3 Formulieren Sie die Buchungssätze.

a)	Banküberweisung für Gehalt	2.100,00 €
	– abzüglich Lohn- und Kirchensteuer.....................	318,65 €
	– abzüglich Sozialversicherung	424,73 €
b)	Banküberweisung für Lohnsteuer, Solizuschl. und Kirchensteuer	3.000,00 €
c)	Buchung des Arbeitgeberanteils zur Sozialversicherung......	2.800,00 €
d)	Banküberweisung der Unfallversicherung	500,00 €

41.2 Vorschüsse, Sachleistungen und freiwillige Zuschüsse

Erhält ein Angestellter einen Vorschuss, so haben wir ihm gegenüber eine Forderung. Der Vorschuss ist ein kurzfristiges Darlehen und wird buchhalterisch bis zur Verrechnung mit dem Lohn oder Gehalt erfasst auf dem Konto

2650 Forderungen an Mitarbeiter.

Beispiel: ① Werner Bogers erhält einen Gehaltsvorschuss von 100,00 € bar.
② Bei der nächsten Gehaltszahlung wird der Vorschuss verrechnet.

- Vorschüsse bucht man auf das Konto „Forderungen an Mitarbeiter". Dieses Konto findet auch für Personalkäufe Anwendung.
- Das Konto **„Forderungen an Mitarbeiter** (FaM)" ist ein Aktivkonto, das über das Schlussbilanzkonto abzuschließen ist.
- In der Regel löst sich das Konto bei der nächsten Gehaltszahlung automatisch wieder auf, da der Vorschuss bei der nächsten Gehaltszahlung einbehalten wird.

Buchungen:

Geschäftsfall	Buchungssatz	Soll	Haben
① Auszahlung eines Gehaltsvorschusses bar 100,00 €	2650 FaM	100,00	
	an 2880 an Kasse		100,00
② Banküberweisung für Gehalt, minus der Abzüge und des Vorschusses	6300 Gehälter	2.906,00	
	an 2800 Bank		1.973,05
	an 4830 VerbFB		245,22
	an 2670 SV-Vorauszahlungen		587,73
	an 2650 FaM		100,00

Sachleistungen (Waren, ...) werden ebenfalls bei Gehaltszahlung verrechnet.

Beispiel: Werner Bogers hat bei uns Waren im Wert von 100,00 € + 19,00 € Umsatzsteuer = 119,00 € eingekauft.

Buchungen:

6300 Gehälter	2.906,00	
an 2800 Bank		1.954,05
an 4830 Sonstige Verbindlichk. geg. Finanzbehörden		245,22
an 2670 Sozialversicherungsvorauszahlungen		587,73
an 5000 Umsatzerlöse		100,00
an 4800 Umsatzsteuer		19,00

Freiwillige Zuschüsse werden auf dem Konto
6600 Sonstige Personalaufwendungen erfasst.

Beispiel: Für eine Betriebsfeier gibt der Unternehmer einen Zuschuss von 1.000,00 € bar.

Buchungen:

6600 Sonstige Personalaufwendungen	1.000,00	
an 2880 Kasse		1.000,00

1 Verkäufer Günter Ziegler bekommt einen Gehaltsvorschuss von 250,00 € bar ausbezahlt. Formulieren Sie den Buchungssatz.

2 Der Angestellte Gregor Kalke, 21 Jahre, bezieht ein Bruttogehalt von 2.915,00 €. Er ist evangelisch, geschieden und kinderlos.

a) Buchen Sie die Sozialversicherungsvorauszahlungen.

b) Erstellen Sie eine Gehaltsabrechnung anhand der Gesamtabzugstabellen auf Seite 310 Krankenkassenbeitrag = 14,9 % (AN 7,9 %).

c) Buchen Sie die Gehaltsabrechnung und den Arbeitgeberanteil zur Sozialversicherung.

3 Buchen Sie

a) die Barzahlung von 100,00 € Lohnvorschuss an den Arbeiter Kaiser am 5. August,

b) die Lohnabrechnung (Banküberweisung) mit Vorschussrechnung am 15. August,

Brutto lohn	LSt	SolZ	KiSt	Sozial- versich.	Vor- schuss	Gesamt- abzüge	Auszah- lung	AG- Anteil
1.800,00	201,66	11,09	16,13	364,05	100,00	692,93	1.107,07	347,85

c) die Banküberweisung aller abzuführenden Abgaben.

4

Gehaltsliste Monat März								
Name	Steuer- klasse	Brutto gehalt	Abzüge				Gesamt- abzüge	Auszah- lung
			LSt	SolZ	KiSt	Sozial- versich.		
Burg	III/2,0/–	2.171,96	68,66	–	–	455,03	523,69	1.648,27
Doll	I/–/rk	1.953,39	241,41	13,27	21,72	414,12	690,52	1.262,87
Lang	II/1,0/ev	2.050,02	236,91	5,18	9,62	429,48	681,19	1.368,83
Summe		6.175,37	546,98	18,45	31,34	1.298,63	1.895,40	4.279,97

a) Buchen Sie die Sozialversicherungsvorauszahlungen,.

b) die Abrechnung lt. Gehaltsliste am 15. März,

c) den Arbeitgeberanteil zur Sozialversicherung (1.238,16 €),

d) die Überweisung der Verbindlichkeiten aus Steuern.

5 Bruttogehälter lt. Gehaltsliste 62.400,00

Lohn- und Kirchensteuer, Solidaritätszuschlag 10.120,00

Sozialversicherungsbeiträge der Arbeitnehmer 12.480,00

Einbehaltene Mieten 3.100,00

Einbehaltene Beträge aus Warenverkäufen (netto 3.500,00 + USt 665,00) 4.165,00

Mieten und die Beträge aus Warenverkäufen werden mit den Gehältern verrechnet. Buchen Sie die Gehaltsabrechnung, den AG-Anteil zur Sozialversicherung (11.900,00 €), die Überweisung der Steuern und die Vorauszahlungen der Sozialversicherungsbeiträge.

41.3 Vermögenswirksame Leistungen

Vermögenswirksame Leistungen sind Geldleistungen, die der Arbeitgeber für den Arbeitnehmer in einer bestimmten Anlageform (Vermögensbeteiligungen, Anlage zum Wohnungsbau) anlegt.

Dabei hängt es vom jeweiligen Arbeitgeber bzw. vom Arbeitsvertrag oder Tarifvertrag ab, ob bzw. in welcher Höhe er sich an den Zahlungen beteiligt. Sie können also ganz vom Arbeitgeber bzw. Arbeitnehmer oder von beiden aufgebracht werden. Sie sind heute vielfach Bestandteil von Arbeitsverträgen, Betriebsvereinbarungen oder Tarifverträgen.

Unabhängig von der Beteiligung des Arbeitgebers fördert der Staat diese Vermögensbildung durch die Gewährung einer je nach Anlageart unterschiedlich hohen Sparzulage. Dabei werden Beträge bis zu 870,00 €/Jahr gefördert.

Es ergibt sich folgende Übersicht:

Anlageart (Stand 2009)	Sparzulagensatz	begünstigter Höchstbetrag
Vermögensbeteiligungen	18 %	400,00 €
Bausparvertrag und Anlage zum Wohnungsbau	9 %	470,00 €

Die Gewährung der Zulage ist allerdings an bestimmte Anlageformen gebunden und nur innerhalb bestimmter Höchsteinkommensgrenzen möglich (Ledige 17.900,00 €, Verheiratete 35.800,00 €).

Die Zulage wird nach Ablauf der Sperrfrist (6 Jahre einzahlen + 1 Jahr warten) in einer Summe ausgezahlt.

Um die Überweisung der vermögenswirksamen Leistungen durchführen zu können, muss dem Arbeitgeber Folgendes mitgeteilt werden:

- die Höhe des Betrages, der gespart werden soll,
- die Anlageform (Sparvertrag, Bausparvertrag, Lebensversicherung, ...),
- das Unternehmen, bei dem die Anlage erfolgen soll (Kontonummer bzw. Vertragsnummer),
- der Zeitpunkt, ab dem der Betrag überwiesen werden soll.

Die vermögenswirksamen Leistungen, die der Arbeitgeber trägt, bucht er auf das Konto:

6210 bzw. 6310 Sonstige Lohn- bzw. Gehaltsaufwendungen.

Sämtliche vermögenswirksamen Leistungen (die des Arbeitgebers und des Arbeitnehmers) werden bis zur Überweisung auf das begünstigte Konto des Arbeitnehmers auf folgendem Konto gebucht:

4860 Verbindlichkeiten aus vermögenswirksamen Leistungen

Beispiel 1: Vermögenswirksame Leistungen des Arbeitgebers

Eine Angestellte (Steuerklasse IV/1,0/ev) bezieht ein Bruttogehalt von 1.800,00 € im Monat. Laut Arbeitsvertrag erhält sie vom Arbeitgeber zusätzlich 40,00 € vermögenswirksame Leistungen, die dieser an die Bausparkasse überweist. Der Arbeitgeberanteil zur Sozialversicherung beträgt 355,58 €.

Die Abzüge betragen 605,00 € (Lohnsteuer, Solidaritätszuschlag und Kirchensteuer 232,86 €, Sozialversicherungsanteil 372,14 €).

Gehaltsabrechnung:

Bruttogehalt		1.800,00
+ vermögenswirksame Leistungen AG		40,00
= steuerpflichtiges Gehalt		1.840,00
– Lohnsteuer, SolZ, Kirchensteuer	232,86	
– Sozialversicherungsanteil	372,14	605,00
		1.235,00
– vermögenswirksame Leistungen		40,00
= Nettogehalt (Auszahlung)		1.195,00
Arbeitgeberanteil zur Sozialversicherung		355,58

Buchung:

		Soll	Haben
	6300 Gehälter	1.800,00	
	6310 Sonstige Gehaltsaufwendungen	40,00	
an	4830 Sonstige Verbindl. geg. Finanzbehörden		232,86
an	2670 Sozialversicherungsvorauszahlungen		372,14
an	4860 Verbindl. a. vermögenswirksamen Leistungen		40,00
an	2800 Bank		1.195,00
	6400 Arbeitgeberanteil zur Sozialversicherung	355,58	
an	2670 Sozialversicherungsvorauszahlungen		355,58

Überweisung der einbehaltenen Steuern und der vermögenswirksamen Leistungen

		Soll	Haben
	4830 Sonstige Verbindl. geg. Finanzbehörden	232,86	
	4860 Verbindl. a. vermögenswirksamen Leistung.	40,00	
an	2800 Bank		272,86

Beispiel 2: Vermögenswirksame Leistungen des Arbeitnehmers

Ein Arbeiter (Steuerklasse III/1,0/rk) bezieht einen Monatslohn von 2.100,00 € brutto. Seine Abzüge betragen 487,03 € (Lohnsteuer, Solidaritätszuschlag und Kirchensteuer 56,00 €, Sozialversicherungsanteil 424,73 €). Der Arbeitgeberanteil zur Sozialversicherung beträgt 405,83 €.

Er hat einen vermögenswirksamen Sparvertrag und lässt durch den Arbeitgeber monatlich 40,00 € an ein Kreditinstitut zum Erwerb von Investmentanteilen überweisen.

Buchung:

		Soll	Haben
	6300 Gehälter	2.100,00	
an	4830 Sonstige Verbindlichkeiten geg. Finanzbehörden		56,00
an	2670 Sozialversicherungsvorauszahlungen		424,73
an	4860 Verbindl. a. vermögenswirksamen Leistungen		40,00
an	2800 Bank		1.579,27
	6400 Arbeitgeberanteil zur Sozialversicherung	405,83	
an	2670 Sozialversicherungsvorauszahlungen		405,83

Beispiel 3: Vermögenswirksame Leistungen des Arbeitgebers und des Arbeitnehmers

Ein Angestellter (Steuerklasse I/–/bekenntnislos) bezieht ein Monatsgehalt von 1.905,00 € brutto. Laut Tarifvertrag erhält er vom Arbeitgeber monatlich 20,00 € vermögenswirksame Leistungen, die einschließlich seines Beitrags von 20,00 € an die Bausparkasse überwiesen werden.

Gehaltsabrechnung:

Bruttogehalt		1.905,00
+ vermögenswirksame Leistungen AG		20,00
= steuerpflichtiges Gehalt		1.925,00
– Lohnsteuer, SolZ, Kirchensteuer	246,34	
– Sozialversicherungsanteil	389,33	635,67
		1.289,33
– vermögenswirksame Leistungen		40,00
= Nettogehalt (Auszahlung)		1.249,33
Arbeitgeberanteil zur Sozialversicherung		372,01

1 Buchen Sie die folgende Gehaltsabrechnung.

Bruttogehalt		1.905,00
+ vermögenswirksame Leistungen des Arbeitgebers		20,00
= steuerpflichtiges Gehalt		1.925,00
– Lohnsteuer, Solidaritätszuschlag	246,34	
– Sozialversicherungsanteil	389,33	635,67
....		1.289,33
– vermögenswirksame Leistungen (AG und AN)		40,00
= Nettogehalt (Auszahlung)		1.249,33
Arbeitgeberanteil zur Sozialversicherung		372,01

2 Ein Angestellter, Steuerklasse III/1,0/rk, bezieht ein Bruttogehalt von 2.599,88 € monatlich. Er erhält vom Arbeitgeber lt. Vertrag 40,00 € vermögenswirksame Leistungen, die an die Bausparkasse überwiesen werden. Seine Abzüge betragen: Lohnsteuer, Solidaritätszuschlag und Kirchensteuer 173,60 €, Sozialversicherungsanteil AN = 533,92 €, AG = 510,16 €.
Stellen Sie eine Gehaltsabrechnung auf und bilden Sie die Buchungssätze.

3

Brutto-gehalt	Steuer-klasse	LSt, SolZ, KiSt	Soz.-Vers.-Anteil	Vor-schüsse	Vermögensw. Leistungen AG	Vermögensw. Leistungen AN
2.900,00	II/1,0/rk	525,93	586,53	100,00	–	40,00
2.399,88	I/–/ev	430,22	493,47	–	40,00	–
1.699,94	III/2,0/ev	2,50	347,86	200,00	20,00	20,00

Errechnen Sie die Nettogehälter und buchen Sie in den entsprechenden Konten am Monatsende.

42 Rechenaufgaben für die Prüfungsvorbereitung

1 Der Umsatz eines Geschäftes betrug am langen Samstag vor Weihnachten 5.425,00 €, während er sich ein Jahr vorher nur auf 3.980,00 € belief.
Wie viel Prozent ist der Umsatz gegenüber dem Vorjahr gestiegen?

2 Ein Lebensmitteleinzelhändler bezieht verschiedene Sorten Äpfel: Boskop 150 kg zu 0,85 €/kg, Jonagold 210 kg zu 0,60 €/kg, Golden Delicious 140 kg zu 0,80 €/kg. An Frachtkosten werden 70,00 € in Rechnung gestellt. Wie viel Euro Gewichtsspesen entfallen auf die Sorte Boskop?

3 Aus den USA beziehen wir Rotwein und Whiskey. Die Rechnung beläuft sich auf 2.400,00 USD. Wir begleichen unsere Schuld unter Abzug von 7½ % Rabatt und 2 % Skonto. Wie hoch ist der zu überweisende Betrag in Euro? Kurs: 1,4000 USD

4 Ein Kaufmann bezieht 2 Kisten, brutto 226 kg, Tara 1 kg je Kiste. Einkaufspreis 1,16 € für 1 kg, Provision 2 %, Transportkosten 44,20 €. Handlungskosten 16½ %, Gewinn 12½ %, Umsatzsteuer 7 %. Verkaufspreis für ½ kg?

5 Berechnen Sie die Zinsen für ein am 2. Januar gewährtes Darlehen von 750,00 €, das am 31. März mit 6¼ % Zinsen zurückgezahlt wird.

6 Es werden geliefert: 144 m Nessel, je m 2,95 € (brutto 48 kg), und 124 m Kleiderstoff, je m 7,50 € (brutto 57 kg). An Bezugskosten entstehen: Bahnfracht für 100 kg 28,80 €, Hausfracht 9,50 €, Versicherung 14,80 €; Provision 30,20 €. Berechnen Sie den Einstandspreis je Meter bei anteiliger Verteilung der Bezugskosten.

7 Ein Einzelhändler stellt nach dem Jahresabschluss fest, dass für Handlungskosten 15 %, für Gewinnzuschlag 18 % und für Umsatzsteuer 19 % festgelegt werden müssen. Wie hoch sind a) der Kalkulationszuschlag, b) der Kalkulationsfaktor, c) die Handelsspanne, d) der Kalkulationsabschlag?

8 Ein Verkäufer bekommt neben seinem Gehalt eine Umsatzprämie. Im Mai erhielt er für einen Umsatz von 7.260,00 € eine Prämie von 163,55 €. Im Juni verkaufte er für 8.275,60 €. Wie hoch ist seine Prämie?

9 Es wurden vier verschiedene Waren im Gewicht von 24 kg, 28 kg, 36 kg und 42 kg bezogen. Die Bahnfracht betrug 53,00 €, Hausfracht 5,50 €. Wie viel Euro Bezugskosten entfallen auf jeden Warenposten?

10 Aus einem Jahresabschluss hat ein Kaufmann für das neue Geschäftsjahr folgende Kalkulationsgrundlagen ermittelt: Handlungskosten 16⅔ %, Gewinnaufschlag 17 ½ %, Umsatzsteuer 19 %. Es sind zu ermitteln: a) Kalkulationszuschlag, b) Kalkulationsfaktor.

11 Von einer Ware beziehen wir 12 Kisten mit je 60 Paketen. Der Verkaufspreis des Paketes ist 0,68 €. Der Rabatt beträgt 30 % des Nettoverkaufspreises. Wie hoch ist der Verdienst, wenn die Bezugskosten 15,75 € betragen und 16⅔ % Handlungskosten sowie 7 % Umsatzsteuer zu rechnen sind?

12 Eine Rechnung über 325,80 € ist am 24. Mai fällig. Nach mehrfacher Mahnung zahlt der Kunde endlich am 23. August. Für die verspätete Zahlung belasten wir ihn mit 6 ¼ % Verzugszinsen sowie mit den uns entstandenen Auslagen von 4,80 €. Welchen Betrag hat er zu überweisen?

13 Wir gewähren am 15. April einen Kredit von 1.920,00 € zu 3 %. Wann wurde dieser einschließlich Zinsen mit 1.940,00 € zurückgezahlt?

14 Der Jahresumsatz eines Geschäftes mit 15 Verkäuferinnen und Verkäufern betrug rund 3.294.000,00 €. Bedient wurden an 300 Tagen 36 600 Kunden. Wie viel Euro Ware setzte jede Verkaufskraft täglich um und wie viel Kunden bediente sie täglich?

15 Wir beziehen 350 kg einer Ware zu 72,50 € je 50 kg mit 2 % Skonto. Die Bezugskosten betragen 16,20 €. Was kostet 1 kg im Verkauf, wenn wir mit einem Kalkulationszuschlag von 30 % zu rechnen haben?

16 Vier Einzelhandelskaufleute beziehen gemeinsam 625 kg einer Ware zum Preis von 4,25 € je kg. Davon erhalten A 27,5 %, B 18,8 %, C 46,5 % und D den Rest. (Auf volle kg aufrunden!) Welchen Betrag hat jeder der vier Partner zu bezahlen?

17 Bei einem Zinssatz von 8½ % berechnet uns ein Lieferant für 3 Monate 59,50 € Verzugszinsen. Wie viel Euro beträgt die Lieferantenrechnung?

18 Die Zahlungsbedingungen eines Lieferanten lauten: Ziel 2 Monate, bei Zahlung innerhalb von 30 Tagen 2 % Skonto. Welchem Zinssatz entspricht der Skontoabzug?

19 Wir zahlen am 20. Oktober für ein Darlehen von 16.000,00 € einschließlich 9 % Zinsen 16.900,00 € zurück. Wann hatten wir das Darlehen erhalten?

Sachwortverzeichnis